意愿与自由

奥古斯丁意愿概念的道德心理学解读

吴天岳 著

北京大学出版社

图书在版编目(CIP)数据

意愿与自由:奥古斯丁意愿概念的道德心理学解读/吴天岳著.—北京:北京大学出版社,2010.3
(爱智文丛)
ISBN 978-7-301-17106-6

Ⅰ.①意… Ⅱ.①吴… Ⅲ.①奥古斯丁,A.(354~430)-道德心理学-研究 Ⅳ.①B503.1

中国版本图书馆 CIP 数据核字(2010)第 062167 号

书　　　　名:	意愿与自由:奥古斯丁意愿概念的道德心理学解读
著作责任者:	吴天岳　著
责　任　编　辑:	田　炜
封　面　设　计:	奇文云海
标　准　书　号:	ISBN 978-7-301-17106-6/B·0900
出　版　发　行:	北京大学出版社
地　　　　址:	北京市海淀区成府路 205 号　100871
网　　　　址:	http://www.pup.cn　电子邮箱:pkuphilo@163.com
电　　　　话:	邮购部 62752015　发行部 62750672　出版部 62754962
	编辑部 62752022
印　刷　者:	北京山润国际印务有限公司
经　销　者:	新华书店
	650mm×980mm　16 开本　28.25 印张　351 千字
	2010 年 3 月第 1 版　2010 年 3 月第 1 次印刷
定　　　　价:	45.00 元

未经许可,不得以任何方式复制或抄袭本书之部分或全部内容。
版权所有,侵权必究
举报电话:010-62752024;电子邮箱:fd@pup.pku.edu.cn

For hh

目 录

序　言 …………………………………………………………（1）

导　论 …………………………………………………………（1）

第一部分　意愿作为心灵的根本动力

第一章　肉欲与意愿 ……………………………………（19）

第一节　肉欲的发生与意愿的无力 ……………………（21）

　　一　术语辨析：肉欲与性欲，肉体与身体 ……………（22）

　　二　性欲与意愿的无力 ………………………………（28）

　　三　不服从意愿的肉欲与对肉欲的斥责 ……………（33）

　　四　性欲与灵魂的其他情感 …………………………（36）

　　五　欲念与饥渴 ………………………………………（40）

第二节　肉欲是一种自愿倾向吗？ ……………………（46）

第二章　情感的发生与意愿 ……………………………（55）

第一节　《上帝之城》第九卷和第十四卷中的情感理论 ……（56）

第二节　情感的最初波动与意愿 ………………………（65）

　　一　塞涅卡论情感的"最初波动" ……………………（65）

二　奥古斯丁对"最初波动"的早期反思 …………………（69）
　　三　《三一论》第十二卷中的最初波动 …………………（74）
第三章　罪与罚中的羞感与意愿 ……………………………（85）
　第一节　卢克莱提亚羞感的悖谬 ………………………………（88）
　第二节　亚当和夏娃的羞与肉欲 ………………………………（98）
第四章　理智和意愿 ……………………………………………（111）
　第一节　重思奥古斯丁早期著作中的美好生活概念 …………（116）
　第二节　"无知"(Ignorantia)与"无力"(infirmitas)：
　　　　　人性的初始状态 ………………………………………（134）
　第三节　知识(Scientia)与爱(Caritas) …………………………（147）

第二部分　意愿的自由与道德主体性

第五章　意愿的独立性 …………………………………………（161）
　第一节　奥古斯丁论意愿存在的自明性 ………………………（163）
　第二节　意愿独立性的形而上学基础 …………………………（170）
　　一　《论灵魂的不朽》中心灵的独立性 ………………………（171）
　　二　《论自由决断》第一卷中的心灵的独立性 ………………（176）
　　三　《论自由决断》第三卷论意愿的原因 ……………………（181）
　　四　《上帝之城》第十二卷论最初的恶的意愿 ………………（185）
　第三节　意愿独立性的心理学论证 ……………………………（199）
第六章　自由决断与自由 ………………………………………（214）
　第一节　理想的自由与现实的自由 ……………………………（215）
　第二节　奥古斯丁研究中的自由决断(liberum arbitrium)
　　　　　和自由(libertas) ………………………………………（222）
　第三节　自由决断与自由选择 …………………………………（230）

一　奥古斯丁早期著作中的自由决断 …………………（230）
　　二　尤利安论意愿和自由决断 ………………………（236）
　　三　奥古斯丁对尤利安自由决断观念的批评 ………（241）
　第四节　自由（Libertas）与善的意愿 …………………（248）
第七章　意愿与道德责任 …………………………………（259）
　第一节　意愿与有意之罪 ………………………………（261）
　第二节　意愿与无意之罪（involuntary sin）…………（270）
　　一　奥古斯丁研究中的"无意之罪" …………………（270）
　　二　习性（Consuetudo）与道德责任 ………………（279）
　　三　肉欲（Concupiscentia）与道德责任 ……………（285）
第八章　神圣恩典与自由意愿 ……………………………（307）
　第一节　神圣必然性与人的意愿（Necessitas diuina et uoluntas
　　　　　humana）：从预知到预定 …………………（309）
　　一　《论自由决断》第三卷中的神圣预知与自由意愿 …（309）
　　二　《上帝之城》第五卷和《〈若望福音〉布道辞》第53篇中的
　　　　神圣预知与自由意愿 ……………………………（322）
　　三　与"半裴拉基派"论争中的神圣预定和自由意愿 …（332）
　第二节　信仰的发端：例证上帝准备的意愿 …………（340）
　　一　奥古斯丁"信仰的发端"观念的发展 ……………（343）
　　二　权能与意愿：对奥古斯丁晚年"信仰的发端"观念的
　　　　理论反思 …………………………………………（362）
结　论 ………………………………………………………（371）

参考文献 ……………………………………………………（382）
　一　缩写 …………………………………………………（382）
　二　原始文献 ……………………………………………（383）

1. 奥古斯丁著作集:缩写、拉丁书名、中文译名、
      版本以及翻译 ································(383)
   2. 其他古代作家著作 ·····························(387)
  三 研究文献 ··(389)
主题索引 ··(418)
奥古斯丁著作出处索引 ································(427)
后 记 ··(438)

序 言

自由决断(*liberum arbitrium*)问题和意愿(*uoluntas*)的作用乃是奥古斯丁思考和写作中的核心问题。这位古代晚期的基督教思想家对西方思想的决定性影响延续到18世纪,毫无疑问促成了我们今天仍然使用的意愿概念的形成,不仅是在哲学论辩中,而且也表现在我们处理道德责任问题时的日常语言中。吴天岳这位年轻的哲学家,来自一个完全不同的文化传统,却有勇气研究这一核心难题,而没有被关于这一主题浩如烟海的二手文献吓倒,这非常值得赞扬。他的著作有一个明确的焦点:即对意愿作为灵魂官能的功用的哲学追问,以便更好地把握意愿对于我们理解道德责任的重要性。

在第一部分中,作者系统地探究意愿作为心理现象和其他心理活动的关系,从非理性的情感到理智认识。这一研究进路首先考察了奥古斯丁对肉欲(*concupiscentia carnis*)这一圣经概念极富煽动性的解释:肉欲乃是不可控制的灵魂情感性活动,它标示出意愿本质的无力。然而,意愿在情感的形成中起着一定作用,它默许灵魂前意愿(pre-volitional)的活动(在斯多亚派的术语中称为情感发端或"最初波动")。在对奥古斯丁情感理论的一般性叙述之后的一章中,是对羞这一感觉的深刻剖析,展示出意愿在这一初看起来只是单纯的非反思性情感中的内涵。奥古斯丁阐明羞这一感觉不仅反映了意愿在面对肉欲时的无力，而且揭示了意愿赢回自己尊严的努力。在第一部分的最后一章中，作者考察了理智和意愿在道德决断过程中各自的作用。通过重新考察奥古斯丁对自己追寻美好生活（beata uita）的反思，作者富有信服力地表明，唯理智论或者唯意愿论的解读都没有公正地对待奥古斯丁对道德决断的理解。

　　这部著作的第二部分探究奥古斯丁对意愿功能的创新理解的道德意义。将意愿作为一个心理力量和它作为一个道德官能勾连起来的桥梁是奥古斯丁最富争议的自由（libertas）观念。作者首先仔细地考察了奥古斯丁为意愿的独立性所作的论证。正如奥古斯丁所示，没有任何外在之物，无论是低下的还是崇高的存在者，能够强迫意愿产生一个特定的倾向。甚至当我们在自己内心中经历到奥古斯丁所说的两个相互矛盾的意愿（duae uoluntates），意愿也没有受任何内在力量的强迫，尽管会受到它们的限制。然而，这只是代表意愿自由的否定方面，免受强迫的自由（libertas a coactione）。更重要的是要关注自由的肯定方面，这常常被误读为单纯的选择的能力，或者说中立的自由（libertas indifferentiae）。而对文本的仔细解读表明意愿的自由决断（liberum uoluntatis arbitrium）本质上是一种行善的能力，只有它才能保障幸福生活。这一对于自由的原创性的幸福主义解释为奥古斯丁的道德主体理论提供了强有力的支持。一个人不仅要为他可以加以避免的自愿的恶行负责，而且也要为那些使得向善的选择变得艰难的某些生活条件负责。正如先前所论，甚至肉欲也不只包含意愿内在的软弱，而且揭示了意愿的默许，这确立了它在意愿恶时的道德主体性。结尾的一章处理意愿的自由如何能与神恩相容，这一难题不仅困扰着奥古斯丁，而且困扰着在他之后若干世纪的哲学家和神学家。哲学家们常常尖锐地批评奥古斯丁在其生命中的最后阶段采取了过于僵硬的教条化理解。吴天岳则证明奥古斯丁的观点在哲学上是可以捍卫的。恩典作为对于意愿官能的内在作用,它并没有破坏意愿获得自己行为倾向的自由。

这一哲学分析显明奥古斯丁的意愿概念和他对人的"自我"的理解之间的紧密关系。正如奥古斯丁在他的论著《论自由决断》的一段精彩论述中所言:"如果我们得以愿和不愿的意愿不是我自己的,那么我真不知道还能把什么说成我自己的。"(III, 1, 3)奥古斯丁对意愿及其有条件的自由的现实理解提供了对于人性的微妙而丰富的刻画,它仍然能够激发我们自己对于自我的反思。这本著作的作者以一种独到的方式,找到了他自己穿越奥古斯丁著作全集的路径,不是把自己限制在那些容易亲近的早期的所谓哲学著作中,而是在他的考察中包含了晚期的神学著作,后者展示了——如果人们知道如何去解释它——,对于人的心灵复杂的意愿结构和情感结构的令人震惊的洞见。作者所有的反思都建立在对拉丁文本仔细的阅读和精确的解释之上。这一著作不仅是一部博学的学术性的历史著作,同时也是奥古斯丁心理学的出色导论,它将帮助我们更好地理解这样一个我们今天在解释道德主体性时仍然使用的主要概念。

作为吴天岳博士论文的导师和鲁汶大学哲学系的前系主任,我非常高兴看到这部博士论文能够出版以供中国的哲学家们使用。

卡洛斯·斯蒂尔
(Carlos Steel)

导　论

　　观念自有其历史。然而,对观念形成发展的历史考察,却并不总是那么精确可靠。有时为了精简篇幅以便在宏大叙事中更好地勾勒历史线索,它往往自觉不自觉地过度简化一个具体的思想家在观念形成的漫长历史中的作用。而当作为研究对象的观念在当下的哲学思考中仍然活跃,情形甚至会变得更糟:思想史家们往往会受到自己对这一观念的先入之见的影响,将当代的思考模型以一种年代错乱的方式读入历史文本,既错误地扭曲了相关哲学论述的原生形态,同时也使当代的哲学思考错失了借助历史文本的重新挖掘开拓新的思维范式的可能。不幸的是,这样的情形一再发生在奥古斯丁的意愿(*uoluntas*)概念上。

　　意愿或意志(英:will,德:Wille,法:volonté)[1]一词,在西方近代

---

　　[1]　本书取"意愿"这一翻译,而不取较为流行的"意志",首先是为了强调它在西文中既指心灵中某种决定我们的选择和取向的能力,同时也泛指我们的一切行为倾向,类似于欲求。而"意志"一词过于偏重第一重含义,用它来翻译相关的动词(拉:*velle*;英:will)以表达出于意愿的行为(想、要、愿意)则比较困难。此外,这么做也是要对奥古斯丁的相关反思和当下的哲学讨论在术语上有所区别,尤其是避免将奥古斯丁所谈论的自由意愿和当代形而上学所关注的自由意志问题直接混同起来。这一翻译的合法性,我期待后面的论证能给出一个有力的证明。

语言中被广泛地用来描述人的行为动机，尤其是道德行为。然而，在古希腊语中，并没有一个特定的术语可以等同于意愿这一概念。[1] 这一语言事实引导着诸多现代思想史家断定意愿并不像理性（λόγος）那样直接出自希腊的思想传统，而是一个被发现或者被发明的概念。[2] 相当一段时间，学界甚至广泛接受在古希腊哲学中不仅没有这一术语，而且不包含任何有关意愿概念及其相关的道德哲学论题的理论反思。[3] 与此相应，奥古斯丁被看作"第一个意愿哲学家"[4]，正是他原创性地构建了意愿概念，从而深刻地影响了他的哲学后继者，"从早期经院哲学一直到叔本华和尼采"[5]。

而在更晚近的研究中，哲学史家们开始质疑上述结论的合法性，先前的思想史考察不仅过于受到古典语文学进路的影响，而且极其依赖

---

[1] 例见 Dodds 1951，6，105；Dihle 1982，尤见 20-36。（本书引用的现代文献，为简便起见，只注出作者姓氏和出版年代，相关出版信息请查对书后的参考文献。同时为方便检索，当代外国学者人名一般不音译，保持其拉丁字母形态。）

[2] 古典哲学史家 Charles Kahn 和 Terence Irwin 的两篇相关论文的标题鲜明地体现了这一点，它们分别是《发现意愿：从亚里士多德到奥古斯丁》和《谁发现了意愿》，见 Kahn 1988；Irwin 1992。

[3] 例见 Dodds 1951，6，105；Snell 1953，182-183；Arendt 1978，II，3-7。上世纪 70 年代有两部以意愿为题的专著讨论古希腊哲学中的相关理论：法国学者 André-Jean Voelke 1973 年写成的《斯多亚派的意愿观念》和英国学者 Anthony Kenny 1979 年出版的《亚里士多德的意愿理论》。然而 Voelke 和 Kenny 都承认，希腊哲学家并没有明确地形成一个在后笛卡尔哲学中为人熟知的意愿概念，只是借助其他概念和理论模型探讨了相关的哲学心理学和伦理学问题。见 Voelke 1973，6-7；192-201；Kenny 1979，vii-ix。直到 90 年代，哲学史家如 MacIntyre 仍然认为基督教以前的古代思想家并没有意愿概念。见 id. 1990，111。

[4] Arendt 1978，II，84，Dihle 1982，123。

[5] Dihle 1982，123。

近代以降的意愿概念。[1] 他们转而认定在近代哲学传统中"意愿"这一概念下包含一系列相互关联的论题,例如行为的自愿性、意向性、道德主体性等等,由此转向古代史料中对于这些论题而不是相关术语的讨论。他们因此提出奥古斯丁之外的若干思想家竞选意愿的发明者,从柏拉图直到公元7世纪的忏悔者马克西莫斯。[2] 尽管如此,在大多有关意愿发明权的争论中,奥古斯丁有关意愿(*uoluntas*)及其自由决断(*liberum uoluntatis arbitrium*)的反思仍然举足轻重。[3] 尽管学者们强调奥古斯丁意愿概念折中主义特征以及它受惠于其希腊罗马先行者,他们仍然认为奥古斯丁在意愿的发展史中起到了关键的——如果不是最关键的——作用,因为他用一个贯穿一切的意愿概念将一系列道德心理学现象统一了起来。[4]

---

[1] 例如荷兰学者 Mansfeld 1991, 111 称:"在我看来,这一问题(案:指意愿的发现)直到现在仍然是在错误的方向上行进;我所说的正是德国人称为 *Wortphilologie* 的方向,这个术语我建议把它翻译为'词典语文学(dictionary philology)'。古典语文学家和古代思想史家们将我们的 'will' 一词(或他们自己的语言中的对应词)作为他们的出发点去寻找希腊语中和这一术语及其相关项的对应,同时当他们发现了少量的对应词(名词、形容词、动词)之后,他们又把(我们的 'will' 一词)作为规则,并且得出结论,即在希腊思想中没有任何东西可以对应那被他们漫不经心地称为'我们的意愿观念'。"

[2] 英国学者 Richard Sorabji 在他自己有关意愿的思想史叙事中对此做出了很好的概括,意愿发明者的候选人按编年顺序包括柏拉图、亚里士多德、斯多亚派的克吕希普斯、波塞东尼乌斯、柏拉图派的盖仑、斯多亚派的塞涅卡、斯多亚派的爱比克泰德、奥古斯丁和忏悔者马克西莫斯。见 id. 2000, 318-340, at 318。而支持这些候选者的相关论述依次见 Sedley 1991, 146-152; Irwin 1992, 453-473; Mansfeld 1991, 107-145; Gilbert 1963, 17-35; Kahn 1988, 234-259; Dihle 1982; Gauthier 1970, vol.1, 259ff。而在更晚近的文献中,比利时学者 Gerd Van Riel 则认为普罗提诺的 *boulesis*(欲求)这一术语已经明确地表达了意愿概念,它构成奥古斯丁早期意愿概念的核心,见 id. 2007。

[3] 当然也有例外,如法国学者 Rene Gauthier 如此断言:"人们在奥古斯丁那里所注意到的'意愿'的踪迹,没有任何一点可以在斯多亚派那里发现。"见 id. 1970, vol.1, 259。而美国学者 Sarah Byers 更进一步将奥古斯丁的 *uoluntas* 等同于斯多亚的 *hormê*(欲求),见 ea. 2006, 171-189。

[4] Cf. Kahn 1988, 255-259; Sorabji 2000, 335-357。晚近更多有关奥古斯丁意愿概念思想来源的研究,见 Rist 1997, 14-18; Byers 2006, 171-189; Van Riel 2007。

遗憾的是,在最近有关意愿概念的观念史考察中,很少有学者致力于将奥古斯丁的意愿理论置于其原初的语境中来考察,以便忠实地呈现奥古斯丁的 *uoluntas* 概念。无论是奥古斯丁的仰慕者还是批评者,都令人吃惊地一致认同他的意愿概念开启了中世纪和近代哲学中的唯意愿论(voluntarism)传统。[1] 这一传统以意愿为心灵的根本能力,认为它优于理智和情感,和希腊哲学传统中以苏格拉底、亚里士多德为代表的唯理智论主张形成鲜明对照。[2]

相当一部分学者将奥古斯丁的意愿概念等同于纯粹的意志力,它"先于并且独立于理智的认识活动,而且也根本不同于感性的和非理性的情感"[3]。此外,他们普遍认为奥古斯丁接受甚至创造性地将败坏的意愿(*mala uoluntas*)作为道德的恶的最终原因。[4] 对于这些学者而言,奥古斯丁的意愿犹如某种中立于善恶的双向力量。他们认为,作为意志力的意愿,全然无视我们的认知和感受,在我们的道德生活中展示着其绝对的支配地位,因为没有任何东西可以先于意愿并且在意愿之外决定意愿决断所指向的方向。与这一对意愿的绝对能力的强调相应,奥古斯丁所说的意愿的自由决断(*liberum uoluntatis arbitrium*)也被等同于选择的官能,或者是能够不按实际所发生的方式行事的能力,它规定着理性存在的基本自由。

这一对奥古斯丁哲学心理学的唯意愿论的解读对于理解奥古斯丁

---

[1] 这一哲学立场鲜明地体现在中世纪的波那文图拉、根特的亨利、邓司各脱、奥康的威廉等人的思想之中。有关中世纪唯意愿论传统的研究,见 Korolec 1982, 629-641; Kent 1995, 98-143; Stone 2001a, 795-826; id. 2004, 65-98。

[2] 这一对奥古斯丁道德心理学的泛泛勾勒甚至影响到专门的奥古斯丁研究,例如英国学者 Gerald O'Daly 和 Christopher Kirwan 有关奥古斯丁自由理论的专门论述。

[3] Dihle 1982, 127。亦见 Arendt 1978, II, 88ff; Irwin 1992, 454-455。

[4] Gilbert 认为正是奥古斯丁将 *mala uoluntas* 这一概念引入道德哲学,见 id. 1963, 18,亦见 Dihle 1982, 128。Sorabji 则认为奥古斯丁把恶的意愿等同于骄傲作为其他恶的原因,这一点可以追溯到普罗提诺,见 id. 2000, 334。

的道德哲学也产生了深刻影响。首先,它假定在奥古斯丁的心灵哲学中,意愿这一心理现象奠定了所有其他的心灵活动和我们外在的公开行为。[1] 作为奠基性活动的意愿,它乃是心灵的自发活动,它的产生不受任何其他官能的制约,同时也没有任何外在的原因。由此,这一没有原因的意愿自身成为我们的心灵状态和道德行为的原因,它因此通过自由选择决定着我们的道德品质。我们必须为我们的心灵状态和道德行为承担罪责,这只是因为它们是出于意愿选择的自愿行为,而我们完全有可能不如此选择。因此,意愿及其选择替代了传统的理智或实践理性,被视为奥古斯丁哲学中道德主体性的根基。

概而言之,根据上述唯意愿论解释,奥古斯丁所说的意愿乃是心灵的绝对自由的能力,它不受任何条件限制,在任何时刻任何情形下都能够在不同行为模式中进行选择,因此它也成为构建我们的道德责任的核心官能。

如此解释奥古斯丁意愿理论的一个直接后果是使得他的相关主张无法经受住严格的哲学考察,特别是当代英美分析传统的心灵哲学的考验。英国哲学家吉尔伯特·赖尔(Gilbert Ryle)在其出版于1949年的《心灵的概念》一书中强有力地批驳传统的意愿概念,拒绝认为心灵中存在这样一种独立的能力或官能。他断定意愿概念只是一个人为的神话,它对于描述和分析道德行为来说只是一个非法的和无用的工具。[2]

赖尔首先指出,意愿这一概念没有经验根基。在我们的日常观察中,没有人会用这一术语来刻画自己的心灵状态或公开的行为,人们更多的会去谈论他们的欲望和推理。在赖尔看来,柏拉图和亚里士多德没有提到意愿,不是因为他们忽视了日常生活中的一个关键要素,而是

---

[1] See Dihle 1982, 129; Sorabji 2000, 335.
[2] Ryle 1949, 61. Ryle 提到通过诉求意愿的隐秘作用来解释和刻画我们品行的理论,可以追溯到斯多亚派和奥古斯丁。见 id. 1949, 64。

因为他们不需要这样一个虚构的心灵器官来解释"灵魂的本性和品行的源泉"[1]。其次,我们也并不能证明,而只能假定意愿和我们的自愿活动之间的关联。[2] 第三,意愿理论并没有令人满意地解释笛卡尔哲学传统所带来的心身问题。一方面,"意愿的神话"预先假定了心灵的存在,并且将其作为我们的意愿所引起的有目的行为的因果解释。而另一方面,心灵根据其定义并不在机械世界的因果秩序之中,而物体的运动变化则依赖这一秩序。[3] 而第四个反驳则更加关键,意愿作为对我们的自愿行为的因果解释,总是潜藏着无穷倒退的危险:我们总会去追问意愿自身是不是心灵的自愿行为。[4]

此外,赖尔还长篇累牍地指出我们完全不需要假设意愿这样一个心灵内在的器官来解释"有意的"和"无意的"、"意志坚强的"和"意志软弱的"等日常语汇。[5] 最后,赖尔指出意愿概念预设了心灵的三重构成:思想/感觉/意愿,这只是一个笛卡尔式的"类机械论的心灵理论",心灵如同机械身体中的幽灵,而意愿理论不过是这一主张的不可避免的延伸。反映在意愿理论中的不过是对人性的二元论描述,它将人还原为幽灵所驱动的机器。[6]

赖尔的主张在当代学界影响深远,而如果上述对奥古斯丁 *uoluntas* 概念的唯意愿论解释成立的话,那么如此重构出来的奥古斯丁的意愿理论势必无法从赖尔尖锐的批评中幸存下来。因此,奥古斯丁对于意愿概念的反思对于我们来说也就只有知识考古的和展示性的意义,而从哲学的角度看则不再具有任何现实的重要意义。

[1] Ryle 1949, 64-65.
[2] Ibid., 65-66.
[3] Ibid., 66.
[4] Ibid., 67.
[5] Ibid., 67-74.
[6] Ibid., 75-82.

在我们展开为奥古斯丁意愿哲学的辩护之前,需要指出的是,晚近奥古斯丁学界和当代英美心灵哲学的研究进展却已经向我们昭示,我们完全有可能从哲学上捍卫奥古斯丁的意愿理论,并进而为我们当下的相关反思提供新的思想资源。

首先,上述唯意愿论解释深受中世纪和近代哲学中的意愿概念影响,其合法性在晚近的研究中遭遇严峻质疑。[1] 将奥古斯丁所说的意愿还原为纯粹的意志力,这一过于简化的解释模型未能如实地呈现理智在奥古斯丁心灵哲学,特别是其早期哲学对话中的重要作用。与此形成对照的是,部分学者开始强调奥古斯丁意愿理论中的理智维度。例如,美国学者詹姆斯·韦策尔(James Wetzel)在其1992年出版的《奥古斯丁与美德的限度》一书中,深入地考察奥古斯丁原创性的意愿心理学中的柏拉图主义传统。韦策尔认为在奥古斯丁的道德哲学中,意愿首先指对于善的回应,它不仅需要我们对有关善的知识提供必要的信息,而且实际上直接受我们对于善的认识所推动。[2] 而在有关奥古斯丁恩典的卓越研究中,德国学者约瑟夫·勒斯尔(Josef Lössl)在出版于1997年《理智的恩典:希波的奥古斯丁的恩典理论的认识论和解释学维度》一书中,强有力地指出奥古斯丁所说的恩典(gratia)首先是一种理智力量,它直接作用于人得以认识善的理智功能。[3] 因此,在奥古斯丁谈论恩典和自由意愿的关系时,他实际上关心的是两种理智能力的相互作用,而不是通常人们认为的神圣意志和人的意志的冲突。这一对奥古斯丁哲学和神学的理智主义解释是否适用于其意愿理论,我将在之后的论述中逐步展开。然而它们的出现,至少告诫我们在草

---

[1] 例见 Wetzel 1992;2000;Rist 1994;2000a;Lössl 1997;2004。
[2] Cf. Wetzel 1992,尤见 1-16;219-222.
[3] Cf. Lössl 1997; id. 2004. 在后一篇文章中,Lössl 扼要地回顾了奥古斯丁学术中唯意愿论和唯理智论的解释传统。见 id. 2004, 53-56。

率地给奥古斯丁贴上唯意愿论者的标签之前,应当仔细地在其历史语境中推敲奥古斯丁哲学中的意愿和自由决断。

其次,在英美分析导向的哲学传统中,意愿这一概念近年有所复兴,这特别归功于美国哲学家哈里·法兰克福(Harry Frankfurt)有关责任、自由和个人概念的相关论述,它们又重新构建在一个较为精致的意愿概念之上。[1] 奥古斯丁学者同时敏锐地注意到法兰克福的二阶欲望理论和奥古斯丁意愿概念之间的相似性。[2] 这一当代哲学的进展也从另一个角度正面地肯定了我们在赖尔之后仍然可以在哲学上有意义地思考意愿概念,同时奥古斯丁对于意愿的丰富而深入的反思也同样可能成为我们当代人性反思的灵感来源。

本书力图构建或者说重构奥古斯丁意愿理论在哲学上的贡献。在笔者看来,它超越了唯意愿论和唯理智论的思考框架,同时以一种崭新的形态与我们当下的理论反思息息相关。在此,我们先对这一研究的目的、范围、结构和研究方法作一个简单的说明。

必须突出强调的是,这是一个哲学研究而不是历史研究,甚至不是思想史或观念史研究,尽管它仍然是在历史文本中展开。借用伯尔纳德·威廉姆斯(Bernard Williams)的著名区分,和单纯致力于重现历史,关注哲学概念的历史语境的观念史不同,我们的这样一个哲学史研究,其中"第一位的是哲学,它允许对于相关思想的更加系统化的整理"[3]。在这里我们关心的不是奥古斯丁的意愿概念如何区别于他的先行者和后继者,以此断定他是否真正发明了意愿这一观念。正如加

---

[1] Cf. Frankfurt 1988;1999. 而正如 Gary Watson 所见,这一复兴同时还和当代的两个哲学倾向相关:一是不断增长的对与康德主体性理论的兴趣,一是自由主义在道德心理学中的复苏。见 Watson 2004, 123。

[2] Cf. Wetzel 1992, 222ff. Hopkins 1994, 3-40; Rannikko 1997, 30-33; 221-231.

[3] Williams 1994, 19.

拿大学者约翰·里斯特(John Rist)所见,这样一种观念史的考察要求我们详尽地分析所有与此相关的古代和中世纪哲学文本,这是一个过于庞大的计划。[1] 更重要的是,这样一个计划假定我们这些当代的研究者对于意愿概念已经达成共识,拥有一个能够充分地解释我们的行为尤其是道德行为的意愿理论。然而,这只是个幻象,我们仍然行进在通往具有解释力的意愿理论的途中。[2] 因此,更值得尝试的做法是将我们的研究核心集中在奥古斯丁有关意愿的洞见之上,它们的哲学价值被那些相关的观念史考察的解释所扭曲,因而被不公正地忽略了。我们将竭力澄清种种误读,既要避免年代错误的危险,同时又要将奥古斯丁哲学论证的强度通过哲学分析的语言呈现出来。

然而,本书也不可能覆盖奥古斯丁意愿理论的所有方面。例如,我们不会详细讨论意愿在认识过程中所起的联结作用,也不会处理奥古斯丁三一论中的神圣意愿,尽管人的意愿肖似于它。本书的讨论将严格限定在道德心理学的范畴,关注和人的道德动机相关的心理活动,或者说,在道德语境中考察人的心灵状态及其行为,同时追问这些哲学心理学的分析结果会如何影响道德哲学的论争,尤其是有关我们的道德责任的理论反思。奥古斯丁的意愿概念非常适合这样一种跨学科的研究进路。以下的论证将进一步充分地展示:一方面,意愿(*uoluntas*)在奥古斯丁的哲学心理学中代表一种独立的和基础性的心理官能(faculty),另一方面,意愿的自由决断(*liberum uoluntatis arbitrium*)在他的道德哲学中又充当着道德主体性的根基。

对意愿及其自由决断的反思,贯穿于奥古斯丁写作生涯的始终,从皈依大公教会之后对摩尼教的犀利反驳,直到临死前和裴拉基派的埃

---

[1] Rist 2000a, 205-207.
[2] 晚近英语哲学界重建意愿哲学的尝试,见 O'Shaughnessy 1980; Frankfurt 1988; 1999; Pink 1996; Wallace 1999; 2006。

克拉努的尤利安(Julian of Eclanum)的苦涩论争。我们没有必要详细地讨论奥古斯丁卷帙浩繁的全集中每一个包含着意愿(uoluntas)和自由(libertas)的段落。以下的研究将以奥古斯丁就任希波主教(395—396年)之后的晚期著作为重点,特别关注他和埃克拉努的尤利安以及所谓的"半裴拉基派"的论战著作。这不仅是因为它们代表着奥古斯丁对意愿的反思的最后成就,而且也是由于奥古斯丁晚年的思考常常遭遇误解。思想史家们普遍相信奥古斯丁在其晚年有关原罪和预定论的神学论战中丢弃了他早年关于意愿自由的哲学洞见。与这一主流论断相反,我将在接下来的章节中论证,奥古斯丁在其最后著作中才真正深刻地理解了意愿的历史性和现实性。当然,这一对晚期著作的强调并不意味着在奥古斯丁早期和晚期的意愿理论之间存在不可弥合的鸿沟。我将在具体的论述中证明奥古斯丁在晚年神学论争中的成就乃是其早年的哲学反思的深化。有鉴于此,我们对于奥古斯丁意愿理论的重构将不会断然摒除其神学语境,而是要致力于澄清原罪、恩典、神圣预定这样一些和我们的道德行为直接相关的神学概念的哲学内涵,以此展示神学思考如何推进了奥古斯丁对于意愿的哲学理解。

　　本书的目的在于从道德心理学的视角系统性地重构奥古斯丁的意愿概念,我们将同时考虑意愿这一概念的心理和道德层面,并以此将整个研究粗略地分成两个部分。前一部分采用现象描述的方式来考察意愿在心灵生活中的作用,以此刻画意愿的心理维度。而后一部分则分析奥古斯丁以其对意愿的哲学心理学洞见为根基的道德主体性理论,论证性地阐述意愿的道德面向。

　　在这里,需要对本书的结构和前后两个部分所采用的不同的研究方法作进一步的解释。首先,我直接进入奥古斯丁有关意愿和其他心灵活动关系的描述,而不从泛泛地概括或界定他的意愿概念开始。理由很简单:任何一般化的概括都包含着过度简化的危险。这一点对于意愿观念尤为适用,因为意愿如此紧密地和其他心理活动以及我们的自愿行为联结在一起,以至于在我们的日常经验中很难辨识它的存在和作用,这一点也正是赖尔反驳意愿概念的理由之一。而奥古斯丁非常敏感意愿作为活生生的经验这一特性,他从来不曾把人的意愿和其他心灵活动剥离开来,作为心灵的一种能力而加以抽象地谈论。[1] 对奥古斯丁来说,意愿首先是需要细致地观察和描述的经验,而不是抽象地定义和概括的概念。意愿在奥古斯丁哲学心理学中的这一本质特征抵制粗暴的简化和曲解,如我们在先前有关意愿发现的思想史论争中所看到的那样。

其次,晚近有关奥古斯丁意愿理论的研究不公正地忽视了奥古斯丁有关意愿作为心理能力的洞见。大部分研究集中在和自由意愿相关的论题上,诸如必然性与意愿的自由,恩典和自由意愿,罪和意愿等等。很少有学者专门分析探讨意愿和其他心理活动,特别是与道德行为相

---

[1] 考虑到这一点,我们必须指出,当我们在奥古斯丁的著作中谈论"意愿官能(the faculty of the will)",这并不是在中世纪官能心理学的意义上将它视为灵魂的一个独立部分。它只是用来指灵魂的某种特定能力,它奠定了灵魂的种种意向或行为倾向。这一点在后文中有关单数的意愿(*uoluntas*)和复数的意愿(*uoluntates*)的区分中将得到进一步澄清。见4.1和5.3。奥古斯丁很少在著作中明确地提到意愿官能(*facultas uoluntatis*),下为一例:*trin*. X, 11, 17. "Vti est enim assumere aliquid in **facultatem uoluntatis**; frui est autem uti cum gaudio non adhuc spei sed iam rei. Proinde omnis qui fruitur utitur; assumit enim aliquid in **facultatem uoluntatis** cum fine delectationis. Non autem omnis qui utitur fruitur si id quod in **facultatem uoluntatis** assumit non propter illud ipsum sed propter aliud appetiuit." (黑体为笔者所加)

关的心理动机之间的关系。[1] 人们往往不加解释地断定意愿乃是心灵的独立力量,它完全无视情感和实践推理等其他心理能力而自行其是。然而,当我们实际进入奥古斯丁的文本,我们则会吃惊地发现他从来不曾将意愿的独立性视为一个无须解释的自明事实。恰恰相反,奥古斯丁总是耐心地辨析意愿和其他心理活动的纠缠,这构成他在有关原罪和预定论的神学语境中捍卫人的自由的理论根基。简单地说,奥古斯丁对于自由和道德主体性的论述预设了他的哲学心理学洞见。如果没有恰当地理解作为心理力量的意愿,我们就会很容易接受唯意愿论者对于意愿自由简明然而粗糙的解释。因此,我们有必要从哲学心理学的角度重新考察意愿这一熟悉的心理现象,以如实地呈现奥古斯丁意愿概念尚未得到充分发掘的丰富性。[2]

基于以上理由,要忠实地重构奥古斯丁的意愿哲学,我们应当从他有关心灵生活中意愿经验的丰富描述开始。在本书的第一部分,我们将仔细地考察意愿和其他心灵活动的关联,既包括感性的活动,也包括

---

[1] 一个值得提出的例外是荷兰学者 Nico den Bok 1994 年发表的长文《意愿的自由:奥古斯丁对人之意愿反思的系统性和传记性探究》,他着重区分了自由决断和意愿(liberum arbitrium and uoluntas),将它们视为两种不同类别的意愿能力。见 id. 1994, 237-270。在这篇文章中,Bok 系统性地考察了奥古斯丁著作中有关意愿作为灵魂能力的讨论。然而,这一研究在其广度和深度上都极为有限。首先,它对奥古斯丁意愿概念的理解主要基于对《论恩典和自由决断》以及《论训斥与恩典》这两部晚年著作中相关讨论的语义分析。尽管作者也概述了奥古斯丁此前有关这一论题的思想进展,但是很多有关意愿和其他心理现象关联的讨论都被忽略了。其次,Bok 将自由决断等同于选择的能力,并且断定我们的道德责任在于这一选择能力。然而,在后文的讨论中我们将指明这两个哲学预设都歪曲了奥古斯丁的自由理论和行为主体性理论。

[2] 需要指出的是,本书并不是第一本有关奥古斯丁意愿哲学的专著。晚近出版的从哲学立场而不是神学立场考察奥古斯丁意愿反思的专著包括 Wetzel 1992; Rannikko 1997。Wetzel 深入地探讨了意愿和美德的微妙关系,而 Rannikko 的博士论文则实际上集中在自由决断概念上。二者都没有对意愿作为心灵动力给予应有的重视。此外,Simon Harrison 新近出版的专著集中讨论《论自由决断》一书中的意愿概念,但论题过于狭隘,而且过于专注奥古斯丁此书中的论证展开过程,而不是对其哲学论证自身的分析和评估。见 Harrison 2006。

理智的活动。我们将采取一种现象描述的方式，力图如实地再现我们内在经验中所遭遇的意愿现象。在这一描述中，我们将暂时假定意愿的存在以及它和神圣恩典的共容性，而集中关注意愿在和其他心灵活动的纠缠中如何暗示和显现自身。

在种种心理现象中，情感或灵魂的感受(emotions or the affections of the soul)将作为深度分析的焦点，这出于如下理由：首先，奥古斯丁有关心灵的非理性活动的原创性见解同样常常被学界误读。而更重要的是，奥古斯丁的情感理论以他的意愿概念为中心，我们将指明这是理解他的道德主体性理论的关键。对心灵的这一非理性的自发活动的分析将进一步分成三个部分：在第一章中，我将通过批驳当代学者对于奥古斯丁肉欲(*concupiscentia carnis*)概念的误读来展现奥古斯丁这一独特概念。根据奥古斯丁的原罪理论，正是因为肉欲这一原罪的后果的存在，人才会经历非理性情感的困扰。我将指出，肉欲界定了人性的生存论状态和意愿自身的无能无力，它构成灵魂的进一步情感表达的基本出发点。第二章则关注奥古斯丁有关情感的发生学论述，着力分析这一心理过程的初始阶段所包含的无意的心理波动是否包含着意愿的默许。在第三章中，羞感将被抽取出来，以此解释一种高阶的情感形态(higher-order affection)如何对于上述无意的心理波动的作出回应。我将详细论述意愿如何在这一高阶的或反思性的情感中展示自己的权威。在第一部分的最后一章中，我将转向灵魂的理性层面，处理理智在行为决断中的作用。这一章同时也将初步回应有关奥古斯丁行为理论的唯理智论和唯意愿论解释论争。

在第二部分中，我将重新考虑在前面的论述中作为预设接受下来的意愿的存在及其自由。这一从意愿到自由的论证转向基于如下理由：

首先，在奥古斯丁的论著中，*uoluntas*（意愿）这一术语频繁地出现在 *libera uoluntas*（自由意愿）、*liberum uoluntatis arbitrium*（意愿的自由

决断)这样的短语中。尽管并不是奥古斯丁创制了这样的表达方式，但是学界普遍接受奥古斯丁是第一个以哲学的方式严肃地对待这些术语的思想家。[1] 这一文本的证据表明奥古斯丁道德心理学中意愿和自由的本质关联。

其次，在奥古斯丁的道德哲学中，自由被看作意愿的本质特征，正是这一不可褫夺的自由使意愿成为道德责任的唯一根基。在奥古斯丁四十余年的写作生涯中，意愿—自由—主体性—责任这一内在关联从来不曾被放弃。

最后但并非最不紧要的一点，奥古斯丁所谈论的意愿自由从来不缺乏尖锐的批评者，特别是针对他成为希波主教之后所撰写的晚期神学论著。如所周知，对于自由概念的根本分歧正是奥古斯丁晚年和裴拉基(Pelagius)及其追随者凯利撒士(Caelestius)、尤利安艰苦论战的核心所在。原罪及其后果，肉欲(*concupiscentia carnis*)为他们提供了理想的战场。此外，5世纪其他反对裴拉基派的神学家，所谓的"半裴拉基派"，他们也同样拒绝奥古斯丁的预定论，认为这是对意愿自由的根本威胁。[2] 在现代奥古斯丁研究中，即使奥古斯丁的同情者也难以接受他的在全能的恩典统摄下的自由概念。[3]

---

[1] *Libera uoluntas* 出现在卢克莱修的《物性论》(*De natura rerum*) II, 256f。(将此行读作 *uoluntas* 而不是 *uoluptas*，见 Fowler 2002, 322-341 and Appendix A, 407-427。)卢克莱修有关自由意愿的论述基本上是伊壁鸠鲁的原子偏斜运动的拉丁版本。在那一语境中，自由意愿指的实际上是原子不可预知的运动，通过它有生命的存在得以跟随它们自己的快乐。参见 Gilbert 1963, 20; Furley 1967, 235ff; Kahn 1988, 248ff; Bobzien 2000, 287-337。而 *liberum arbitrium* 这一短语在奥古斯丁的《论自由决断》一书之前偶然见于李维、塞涅卡、拉克坦修的著作，见 *Thesaurus Linguae Latinae*,'arbitrium', col. 412-413, 引自 Madec 2001, 241。

[2] 有关这一论战的全面参考书目，见 Oligary 2003, XIX-LVII。

[3] 例如 Burnaby 1991 (1938), 231. "但是几乎所有奥古斯丁在他七十岁之后写的东西，都不过是一个能量耗尽、爱已冷却的人的作品"。亦见 Bonner 1986, 347; Peter Brown 2000, 389。

要完成对奥古斯丁意愿概念的道德心理学重构,我们必须面对奥古斯丁最富争议的自由概念,它是沟通作为心理动力的意愿和作为道德官能的意愿之必不可少的桥梁。而此时,我们也不能再满足于单纯的现象描述,而必须全力通过哲学论证来建构奥古斯丁有关意愿自由的论断。否则,奥古斯丁对于人事中的道德主体性的捍卫就纯粹是经验性的信念,而缺乏任何论证性的力量。另一方面,对于意愿经验的现象呈现仍然是必不可少的,因为它将保障我们对意愿自由的哲学论证行进在正确的方向上,不背离其历史和理论语境。

因此,在第二部分的论述中,我们不可避免地会重新遭遇第一部分中已经处理过的主题,例如我们会在论证人对于无意之罪的责任时从新的视角考察奥古斯丁的肉欲概念。这并不是要将对意愿自由的追问和作为心理动力的意愿观念剥离开来,而是努力将奥古斯丁的心理洞见系统性地重置回其原初的伦理语境。

在第五章中,我将重构奥古斯丁为意愿的存在及其独立性所作的哲学论证。通过细节的考察展示意愿的本质独立性,它从消极的方面规定了意愿免受强迫的自由。接下来我将在第六章中推进到著名的自由决断和意愿的真正自由的区分,以此正面揭示意愿自由的积极方面。第七章将论证这一对人的自由的原创性概念如何支撑奥古斯丁对道德责任的理解,既包括对有意的行为,也包括对无意的心理波动的责任。其中,奥古斯丁晚期著作中对无意之罪的分析将是考察的重点。在全书的最后一章中,我将处理奥古斯丁的恩典概念。其目的在于判定预定的恩典和此前所构建的意愿自由是否相容。我将以信仰的发端(*initium fidei*)这一案例来解释神恩如何作用于意愿而不夺走我们的自由。如果说第七章关注的是恶的意愿(*mala uoluntas*)的起源和人在其中的道德主体性,那么,第八章则以善的意愿(*bona uoluntas*)为核心探讨人作为行为主体对于这一意向产生所作的贡献。我期待,对奥古斯丁的这一道德心理学重构,在结束时会为我们指明奥古斯丁的意愿概念对于理解人的自我本性的重要意义。

第一部分

意愿作为心灵的根本动力

第一章
肉欲与意愿

对"肉欲"(*Concupiscentia carnis*)[1]这一概念的反思在奥古斯丁晚年的精神生活中占有重要地位。特别是在这位希波的主教和其晚年最强有力的论敌埃克拉努的尤利安(Julian of Eclanum)的激烈论争中,有关肉欲和人的自由意愿的争吵贯穿始终,成为理解奥古斯丁最后年月与裴拉基派论争的关键。[2]这场论战源于奥古斯丁写于418—421年的《论婚姻与肉欲》(*De nuptiis et concupiscentia*)一书。该书一开篇,奥古斯丁即宣称此书的目的在于"将婚姻的善同肉欲的恶区别开来,正

---

[1] 本书尽管使用"肉欲"来翻译拉丁文 *Concupiscentia carnis*,但需要强调的是这一概念在奥古斯丁思想中并不具有中文所传达的强大的性暗示,也就是说它并不必然地仅仅和性欲联系在一起,这在后文中将得到阐明。

[2] 参见 Brown 2000, 374。有关尤利安本人肉欲概念的神哲学背景,参见 Lamberigts, 2008, 245-260。有关这一论题在整个裴拉基论争中的重要性,见 Bonner 2002, 374ff. 以及 Lössl 2001, 250-318。有关奥古斯丁与尤利安论争的一般性介绍,见 Lamberigts, 2002, 175-198。

是由于后者,因肉欲而出生的人承袭了原罪"[1]。几乎同一时期,奥古斯丁完成了《上帝之城》第十四卷,其中有关亚当的罪与罚的叙述同样环绕着肉欲及其效应。[2]这一主题随后在《驳尤利安》(*Contra Iulianum*)一书中发展为长长的一卷。[3]即使如此,这仍不能阻止奥古斯丁在临终一刻继续长篇累牍地与尤利安争执与此相关的神学哲学细节。[4]在近代学术中,肉欲同样属于奥古斯丁研究中最常被解释、最常被误解或者过度解释的术语。[5]在本章中,我将分别处理两种富有代表性,然而迥然相异的对奥古斯丁肉欲概念的现代诠释。一种解释批评奥古斯丁的立场,强调肉欲作为一种自然生理和心理现象同意愿的根本对立;而另一种主张则试图把肉欲还原为出自意愿的自愿意向,以此为奥古斯丁的立场辩护。通过批判性地检省他们的论证和相关文本,我们将更加全面和精确地呈现肉欲这一心理现象和意愿的微妙勾连。

---

[1] *nupt. et conc.* I, 1, 1. "Intentio igitur huius libri haec est, ut, quantum nos Dominus adiuuare dignatur, carnalis concupiscentiae malum, propter quod homo, qui per illam nascitur, trahit originale peccatum, discernamus a bonitate nuptiarum." 为统一行文风格,本书所引述古代哲学文本,均为笔者参考相应西文译本从原文译出。只有《忏悔录》一书借鉴了周士良先生的中译本。本书具体使用的奥古斯丁著作缩写、拉丁书名、中文译名、版本以及西文翻译请参见本书所附的"参考文献"。

[2] 有关《上帝之城》第十四卷的写作年代,参见 BA 33, 29,亦见 Brown 2000, 283 及 O'Daly, 1999, 34-35。

[3] 亦即该书的第四卷。这部论战著作写于421—422年间,逐行批驳尤利安的《致图尔班提乌斯》(*Ad Turbantium*)一书,后者今天仅存残片。

[4] 在其最后一部著作《驳尤利安残稿》(*Contra Julianum opus imperfectum*)中,奥古斯丁总是先完整地引用尤利安的著作《致弗洛茹斯》(*Ad Florum*),再逐条驳斥。由于这一不同寻常的努力,尤利安这一八卷本著作中的六卷才得以相对完整地流传后世。

[5] 有关奥古斯丁肉欲这一术语的专门研究,见法国学者 François-Joseph Thonnard 的经典文章,见 id. 1965, 59-105。亦可参见 Bonner, 1962, 303-314; id. 1986-1994b, 1113-1122; Bianchi 1993; Burnell 1995, 49-63,以及 Verschoren 2002, 199-240。

第一节 肉欲的发生与意愿的无力

我们从当代学者对奥古斯丁肉欲概念的批驳开始,这毕竟是主流的学术立场。由于这一术语自身的性暗示,那些并不同情这位年老主教的当代评述者们常常指控他对性和婚姻持悲观态度,这在若干世纪中深刻地影响了西方基督教传统。当然,西方学界近年来已经正当地质疑了这一论断的合法性,奥古斯丁有关性爱的洞见的丰富性也逐渐浮出水面。[1]尽管如此,学者们仍然坚信奥古斯丁对性欲的解释与他那问题重重的原罪观念纠缠在一起,从哲学的角度看并没有多少独立价值。与此相对,尤利安更加精致同时也更加自然主义的性欲观更受当代哲学史学者青睐。这一立场鲜明地体现在理查德·索拉布吉(Richard Sorabji)晚近的著作《情感与心灵的平安》中,该书以希腊化和罗马时期斯多亚派情感哲学的命运为主线,清晰而生动地刻画了古代晚期思想中的情感概念。这部博学且富有洞见的著作结尾一章对比奥古斯丁和尤利安对于欲念和意愿关系的理解,索拉布吉断言:"奥古斯丁对欲念的斥决以意愿这一观念为中心。我坚信尤利安赢得了哲学争论并且证明了奥古斯丁的反驳无力。然而在政治战场,尤利安败了。"[2]政治战场,或者说这一论争的接受史,并非我们此处所要关心的。[3] 本节将仔细考

---

[1] 晚近有关奥古斯丁性爱观的研究,可以参见 cf. Peter Brown 1983a, 49-70; id. 1983b 1-13; id. 1988, 387-447; E. Clark, 1986, 139-162; 1992, 221-245; Hunter 1994, 153-177; Lamberigts 2000, 176-197; and Cavadini 2005, 195-217。

[2] Sorabji, 2000, 400;416。

[3] 在给《情感与心灵的平安》的书评中,Peter Brown 已经言简意赅地呈现了所谓奥古斯丁在政治战场上的胜利。Brown 将奥古斯丁的思想还原到其社会文化语境中,令人信服地阐明了奥古斯丁有关性爱的洞见并没有如 Sorabji 所暗示的那样主宰其后的岁月。值得注意的是,Brown 并没有质疑 Sorabji 有关这一论题哲学层面的评述。见 Brown 2002, 185-208。

察索拉布吉的这一论断,以此确认奥古斯丁对性欲及其和意愿的关系在哲学上是否仍然可以捍卫。首先,我们将要深入检视奥古斯丁的肉欲概念。然后通过分析几处核心文本来考察奥古斯丁有关性欲及其与意愿关系的反思。通过这一细致的文本解读工作,我们再来细致地分析索拉布吉对奥古斯丁肉欲观的批评。

一 术语辨析:肉欲与性欲,肉体与身体

首先,我们需要澄清奥古斯丁用来指示性欲的相关术语:欲念(libido)和肉欲(concupiscentia carnis),后者有时也简称欲(concupiscentia)。"欲念"(libido)是一个经典词汇,可以追溯到古典时期,通常可用来泛指所有欲望(cupiditates);而"肉欲"或"欲"(concupiscentia)则是一个典型的圣经语词,用来翻译希腊词 ἐπιθυμία。[1] 奥古斯丁在其著作中常常引述《若望一书》中所提到的三重欲:"你们不要爱世界……原来世界上的一切:肉欲(concupiscentia carnis),眼目之欲(concupiscentia oculorum),以及人生的骄奢(ambitio saeculi),都不是出于父,而是出于世界。"(2:15-16)[2] 与后两种属灵的恶疾相对比,肉欲看起来和感官的快乐紧密地结合在一起。而且,当这一欲念或者贪欲的对象没有特别说明时,它通常指那推动我们性器官运动的欲念。[3] 在

---

[1] Bonner 1986-1994b, 1114.

[2] 奥古斯丁最早在《论音乐》(De musica) VI, 14, 44 中引用这句圣经,参见 Verschoren 2002, 221。另可参见《论真宗教》(De uera religione) 3, 4; 38, 70-71; 55, 107; Conf. X, 30, 41ff。James O'Donnell 扼要的总结了奥古斯丁有关这一引文的论述,见 id. 1992, iii. 203-208。本书的圣经引文据天主教思高圣经,个别处依奥古斯丁所使用的拉丁引文略有调整。

[3] ciu. Dei XIV, 16,"tamen cum libido dicitur neque cuius rei libido sit additur, non fere adsolet animo occurrere nisi illa, qua obscenae partes corporis excitantur."

这样的场合,"欲念"和"肉欲"完全可以换用。[1]

然而,我们必须指出的是在圣经传统中,肉欲绝不能等同于性欲。甚至他的论敌尤利安在其对若望所说的三重欲的解读中也强调了这一点:

> 这一肉欲当然绝不包含任何对性器官的指涉。而我要说,使徒若望借着这个词所要打击的是渴念纷繁诗篇的耳朵。我要说,他用这个词严惩的是饕餮者的味觉。我要说,他斥责的是在芬芳中迷死的鼻子,也就是不同于你(案:指奥古斯丁)所想的一切。[2]

在此,尤利安致力于指出奥古斯丁把肉欲当做性的欲求来横加责难,这并没有圣经上的文本依据。在对这一责难的回应中,奥古斯丁明确地肯定他从来不曾将这一圣经语词限定在性的领域:

> 你这么说,好像我们说过肉欲只是在生殖器官的快感中汹涌澎湃。肉欲,当然可以在任何一种身体感官中得以确认,只要肉体在其中拥有对抗心神(*spiritus*)的欲望。而且,如果心神没有更强的欲望来反对肉欲,它就会把人拖向邪恶的行为,它也因此被证明为是一种恶。[3]

---

[1] 例如 *nupt. et conc.* II, 7, 17, "sed inter tot nomina bonarum rerum, id est corporum, sexuum, coniunctionum, libidinem uel concupiscentiam carnis iste non nominat (sc. Julian)." 参见 Bonner 1962, 303-314。

[2] *c. Iul. imp.* IV, 28 Iul. "Hac quippe concupiscentia carnis nullum absolute genitalium tenetur indicium. Dicam ergo aures hoc uocabulo uariorum sitientes carminum uerberari, dicam castigari a sancto Iohanne helluonum palatum, dicam culpari immorientes odoribus nares, totum postremo praeter id quod tu arbitraris."

[3] Ibid., "Ita hoc dicis, quasi nos concupiscentiam carnis in solam uoluptatem genitalium dicamus aestuare. prorsus in quocumque corporis sensu caro contra spiritum concupiscit ipsa cognoscitur, et quoniam si non aduersus eam spiritus fortius concupiscat, ad mala pertrahit, malum esse conuincitur."

很显然,此处的肉欲可以运用到所有感官快乐上。而且,与这种当受斥责的肉欲形成对照,奥古斯丁同时承认了某些可称颂的欲的形式,例如心神之欲(*concupiscentia spiritualis*)、智慧之欲(*concupiscentia sapientiae*)、自然之欲(*concupiscentia naturalis*)和婚姻之欲(*concupiscenita nuptarum*)。[1]在《上帝之城》第十四卷中,奥古斯丁列数多种不同的欲念形式,远远超出了性欲的范围,包括对报复的欲念(愤怒),对金钱的欲念(贪婪),对荣耀的欲念(虚荣),对统治权的欲念等等。[2] 因此,肉

---

[1] 关于心神和智慧之欲,参见 *nupt. et conc.* II, 10, 23, "in concupiscentiae autem nomine aliquando gloriandum est, quia est et concupiscentia spiritus aduersus carnem, est et concupiscentia sapientiae." 亦见 *ciu. Dei* XIV, 7; *c. Iul.* VI, 16, 50。这一对"欲"的正面肯定可以追溯到奥古斯丁早期的反摩尼教著作,如《论天主教之道与摩尼教之道》(*De moribus ecclesiae catholicae et de moribus Manichaeorum*) I, 17, 32。相关研究可参见 Verschoren 2002, 210。关于自然之欲,需要强调的是尤利安也使用 *concupiscentia naturalis*,但指的是"性的必要手段",而奥古斯丁则用来指所有人对幸福的普遍欲望。参见 *c. Iul. imp.* IV, 67 Julian: "Igitur quia concupiscentia naturalis nec pudoris opprobrio potuit coargui et conditoris sui dignitate defensa est, ad hoc solum, ut non quasi magnum bonum, quippe quod sit hominibus pecoribusque commune, sed quasi necessarium sexibus instrumentum ..." Augustine: "Cur enim non dicis concupiscentia carnis, sed dicis 'concupiscentia naturalis'? nonne concupiscentia beatitudinis concupiscentia est naturalis? Cur ambigue loqueris?" 关于肉欲和婚姻之欲的区分,参见奥古斯丁 *ep.* 6*, 5, "Ex hoc errore concupiscentiam nuptiarum, hoc est concupiscentiam pudicitiae coniugalis, concupiscentiam legitime propagandae prolis, concupiscentiam uinculi socialis, quo uterque inter se sexus obstringitur, non discernunt a concupiscentia carnis, quae licitis atque illicitis indifferenter ardescit et per concupiscentiam nuptiarum, quae hac bene utitur, frenatur ab illicitis et ad sola licita relaxatur, contra cuius impetum repugnantem legi mentis omnis castitas pugnat et coniugatorum, ut ea bene utantur, et continentium uirginumque sanctarum, ut ea melius et gloriosius non utantur. Hanc ergo concupiscentiam carnis, in qua est solum desiderium concumbendi, non discernentes a concupiscentia nuptiarum, in qua est officium generandi, impudentissime laudant, de qua primi homines erubuerunt, quando foliis ficulneis illa membra texerunt quae ante peccatum pudenda non fuerant; nudi quippe erant et non confundebantur, ut intellegamus istum motum, de quo confusi sunt, in natura humana cum morte fuisse conceptum." 相关讨论,见 Bonner 1982 以及 Brown, 1983, 50-51。

[2] *ciu. Dei* XIV, 15. "Est igitur libido ulciscendi, quae ira dicitur; est libido habendi pecuniam, quae auaritia; est libido quomodocumque uincendi, quae peruicacia; est libido gloriandi, quae iactatia nuncupatur... Quis enim facile dixerit, quid uocetur libido dominandi..."

欲并不必然和性活动联系在一起,它也不是因此而被拒斥。那潜藏于种种当受斥责的感官快乐之后的是一种更深层的无序和混乱,亦即它和心神的本质对立,和人的属灵的维度的截然对立。在此,我们可以轻易地辨识出使徒保禄有关灵肉交战观念的影响:"因为肉体的私欲反对心神。"(《迦拉达书》5:17, *caro enim concupiscit aduersus spiritum*)这一背景说明了奥古斯丁为何在其神学体系中将肉欲定义为一种道德的恶。而在我们对这一圣经术语的哲学解析中,关键的是肉体(*caro*)这一神学概念的实际所指,尤其是它与身体(*corpus*)之间有何勾连。

首先要强调的是这一语境中的肉体并非身体这一物质实体,后者乃是人的本性中必不可分的要素。[1] 奥古斯丁在疏解《罗马书》7:18("我也知道,善不在我内,即不在我的肉体内,因为我有心行善,但实际上却不能行善。")中的"肉体"一词明确地肯定了这一点:

> 他把那源自肉身的病态倾向或情感(*morbidus quidam carnis adfectus*)之所在,而不是身体的外形,称为肉体(*caro*)。身体的四肢不应当用来充当罪恶的武器,也就是说,不应当成为那束缚着我们的肉体部分的"欲"的武器。因为,就有信德者的身体实体及其本性来说,无论是在婚姻还是禁欲中,它都是天主的殿堂。[2]

在这一文本中,身体的尊严毫不含混地同当受斥责的肉体区别开来。

---

[1] 奥古斯丁强调身体乃是灵魂不可或缺的伴侣,见 *b. uita* 2, 7; *ord*. II, 19, 50; *mor*. I, 4, 6; *conf*. X, 6, 9; *s*. 150, 4-5 etc。

[2] *nupt. et conc*.. I, 31, 35. "Carnem autem nunc appelauit, ubi est morbidus quidam carnis adfectus, non ipsam corporis conformationem, cuius membra non adhibenda sunt arma peccato, id est eidem ipsi concupiscentiae, quae hoc carnale nostrum captiuum tenet. Nam quantum ad ipsam corporalem substantiam atque naturam, in uiris fidelibus, siue coniugatis siuecontinentibus, iam templum Dei est."亦见 ciu. Dei XIV, 2.。对肉体和身体的这一区分可以追溯到奥古斯丁的早期著作《论信仰和象征》(*De fide et symbol*)10, 24,不过在那一文本中其用意在于论述肉身之复活。

后者象征着这样一个场域,在其中无序的倾向得以呈现自身。它被称之为无序的、混乱的或者病态的,是因为它对抗人的本性中的属灵的维度,亦即对于永恒不变的善的追求,它超越了一切尘世中可以朽坏的事物。肉体或者肉欲使人沉溺于当下的有限世界,而忘却了人同时也是灵性的存在(a spiritual being)。显然,源自肉体的这一不健康倾向奴役了我们的有形身体,使它成为满足尘世欲求的工具。尽管如此,在这一灵肉区分中仍然含混的是:这一扭曲的倾向究竟只是身体的败坏,还是人的整个本性的缺陷? 如果我们把肉体解释为有缺陷的身体,解释为一切尘世欲念的根源,并和作为一切心神之欲的源泉的心神或者灵魂形成对立。这样,我们很轻易地将这一涉及两种不同倾向的区分还原为某种身—心实体二元论。换句话说,我们仍然需要阐明为什么从身心二分到灵肉区分,这一转化并不是仅仅涉及术语变换的语词游戏。

奥古斯丁的答案简单明了:作为病态倾向的肉欲,它首先是灵魂而不是身体的缺陷。没有灵魂的参与,人绝无可能感受到任何倾向或情感(adfectus),无论是属灵的,还是来自肉身的。依据奥古斯丁的本体论等级秩序,灵魂绝对优先于身体,因此它不可能被动地任由身体推动。[1] 身体的感受总是预设了来自灵魂的积极参与:

> 经上确实是如此真真切切地且令人深信不疑地写道:"因为肉体之欲对抗心神,心神之欲对抗肉体。"但是我想每一个人,无论有学识的还是没受过教育的,都不会怀疑,没有灵魂,肉体决不可能有所欲(concupiscere)。因此,肉欲的原因尽管不应该只在灵

---

[1] 例如 *Gn. litt.* XII, 16, 33. "Nec sane putandum est facere aliquid corpus in spiritu." Etienne Gilson 将其简明扼要地概述为,"身体不可能以任何方式作用于那居于高位的灵魂"。见 Gilson 1949, 76。

魂里找,但同样也不该只在肉体里找。它生于二者:它来自灵魂,因为没有灵魂就感觉不到快乐(dilectatio);它来自肉体,因为没有肉体,感觉到的就不是肉体的快乐。[1]

在这一释经著作中,灵肉的紧张不再视为身心的实体分裂,而是追求快乐的不同方式的对立。这一快乐被说成是肉体的,这不是因为它单纯起源于身体或者是肉体,而是因为灵魂在肉体的刺激中察觉到这一快乐的存在,并且灵魂和肉体一起构成肉欲,从而同仅仅来自心神的灵性的渴念形成对照。[2] 用奥古斯丁自己的话说:"没有灵魂,肉体决不能有所欲,即使我们说肉体有所欲,这也是因为灵魂在以一种肉体的方式(carnaliter)有所欲。"[3]

肉欲在此被揭示为异常的或者说病态的灵魂欲求方式。在《上帝之城》第十四卷中,通过诉诸圣经引文,奥古斯丁进一步将肉体解释为对人的一种特定指称(迷失于尘世中的罪人),而肉欲也相应地被解释为按照人自身而不是按照上帝的引导来生活的悖逆欲望。[4] 如所周知,这明白无误地导向"自爱(amor sui)"与"爱上帝(amor Dei)"这一划分尘世之城与上帝之城的关键区分。[5]

---

[1] *Gn. litt.* X, 12, 20. "Verissime quippe ac ueracissime scriptum est: *Caro concupiscit aduersus spiritum, et spiritus aduersus carnem*; sed tamen carnem sine anima concupiscere nihil posse puto quod omnis doctus indoctusque non dubitet. Ac per hoc ipsius concupiscentiae carnalis causa non est in anima sola, sed multo minus est in carne sola. Ex utroque enim fit: ex anima scilicet, quod sine illa delectatio nulla sentitur; ex carne autem, quod sine illa carnalis·delectatio non sentitur."

[2] Ibid., "carnem itaque concupiscentem aduersus spiritum dicit apostolus carnalem procul dubio delectationem, quam de carne et cum carne spiritus habet aduersus delectationem, quam solus habet."

[3] *perf. iust.* 8, 19. "Non enim caro sine anima concupiscit, quamuis caro concupiscere dicatur, quia carnaliter anima concupiscit."

[4] *ciu. Dei* XIV, 3-4.

[5] 见 *ciu. Dei*, XIV, 28。

二　性欲与意愿的无力

以上文所重构的肉欲概念为根基，我们得以推进到奥古斯丁在《上帝之城》第十四卷第十六章中对性欲的精微细腻的刻画：

这一（欲念）所征服的不仅仅是整个身体，不仅是外在的而且是内在的。当心灵的情感（*affectus*）和肉体的欲求（*appetitus carnis*）联合在一起或者混合在一起时，它所撼动的是整个人，因此随之而来的是一种大过其他一切的快乐，这身体快乐（*corporis uoluptas*）如此强大，以致在它达到高潮时，那警惕感，也就是说思想的清醒意识就完全被淹没了……那为了（繁殖后代）这一目的而被创造出来的部分本应当是他的心智的仆人，即使是在生育这一工作中，就像他的其他肢体在完成分配给它们的种种使命中都服务于心智一样。这些肢体他们根据意愿的许可而行动，而不会被欲念的刺激所唤醒。

但是甚至那些热衷于这种快乐的人也不能如他们所愿的那样让自己被这种欲念推动，或者是为了婚姻内的交合，或者是为了污秽的恶行。有时，这一冲动不请自来；有时，与之相反，它甚至抛弃那些最诚挚的爱人，欲念还在心灵中燃烧时，在身体里却已经冷却了。因此，以一种奇怪的方式，欲念不仅拒绝服侍生殖的意愿（*generandi uoluntas*），而且甚至拒绝那放纵的欲念自身。在大多数场合，它全然反对心灵的控制，有时它也会自我分裂：它唤醒了心灵,但这不意味着它将因此而唤醒身体。[1]

在这段长篇引述中,我们可以即刻明确地辨析出性欲的三个特征:首先是这一欲念的强大动力不仅改变了我们身体的状态,而且改变了我们的灵魂或理性心灵,这甚至于达到这样的程度,心灵的理智活动会被这一感官力量所阻绝。其次,我们见证了身体对心灵的反叛,亦即性器官对抗意愿的控制。最后,当然并非最不重要的一点是,肉欲作为一种不可控制的力量,它不仅不服从意愿的命令,甚至不顾欲念自身,不管那妄图沉浸于感官快乐中的欲念。

毫无疑问,上述欲念的特征都可以还原到它的不服从性或叛逆性。在《上帝之城》第十四卷第十五章中,奥古斯丁将它和其他令人搅扰的情感(例如悲伤和痛苦)归之为对我们的始祖未能遵守上帝诫命的惩罚:"简单地说,在对那罪恶的惩罚中,用来报应那不服从的不正是不服从吗?"[2]这作为惩戒的不服从或者叛逆性正是肉欲,它鲜明地(尽管不是唯一地)体现在我们的性欲中。值得注意的是,在同一章中,奥古斯丁列举了欲念(*libido*)的不同形式,性欲并没有被单列出来作为原

---

[1] *ciu. Dei* XIV, 16. "Haec autem sibi non solum totum corpus nec solum extrinsecus, uerum etiam intrinsecus uindicat totumque commouet hominem animi simul affectu cum carnis appetitu coniuncto atque permixto, ut ea uoluptas sequatur, qua maior in corporis uoluptatibus nulla est; ita ut momento ipso temporis, quo ad eius peruenitur extremum, paene omnis acies et quasi uigilia cogitationis obruatur. ...ut etiam in hoc serenade prolis officio sic eius menti ea, quae ad hoc opus create sunt, quem ad modum cetera suis quaeque operibus distribute membra seruirent, nutu uoluntatis acta, non aestu libidinis incitata? Sed neque ipsi amatores huius uoluptatis siue ad concubitus coniugales siue ad inmunditias flagitiorum cum uoluerint commouentur; sed aliquando inportunus est ille motus poscente nullo, aliquando autem destituit inhiantem, et cum in animo concupiscentia ferueat, friget in corpore; atque ita mirum in modum non solum generandi uoluntati, uerum etiam lasciuiendi libidini libido non seruit, et cum tota plerumque menti cohibenti aduersetur, nonnumquam et aduersus se ipsa diuiditur commotoque animo in commouendo corpore se ipsa non sequitur."

[2] Ibid., XIV, 15. "Denique, ut breuiter dicatur, in illius peccati poena quid inoboedientiae nisi inoboedientia retributa est?"

罪的唯一后果。[1] 尽管如此,在讨论始祖亚当和夏娃的最初过犯时,奥古斯丁却有充分理由关注性欲,正如《创世纪》3:7 中写道:"于是二人的眼立即开了,发觉自己赤身露体,遂用无花果树叶,编了个裙子围身。"显然,他们的眼睛必然注意到了发生在身体上的某种变化。然而,令他们困扰或者尴尬的并不是裸露的身体自身,因为在他们公然抗命之前,他们的身体就是无所遮蔽的,如《创世纪》中明确写道:"当时,二人都赤身露体,并不害羞。"[2] 此外,上帝所创造的身体自身是善的,在其自然状态中也不应该使灵魂困窘:尤其是当时在伊甸园中,人类始祖的灵魂蒙受恩典,与身体处于和谐的关系之中。

在奥古斯丁看来,人类堕落之后改变的是心灵的内在推力,它驱使着本来无可诟病的身体器官运动。这一新的冲动被命名为"欲念"(*libido*),它激荡着肉体,全然不顾我们的意愿。[3] 同时,奥古斯丁将他们遮掩自己身体的行为确认为他们的羞感的自然表达。这一羞耻感使得内在于性之中的欲念或肉欲同其他令人困扰的情感区别开来[4]:

> 而且,贞节感(*uerecundia*)并不会去遮掩出于愤怒的行为和与其他情感相关联的言语举动,就像它遮掩出于欲念的行为(*opera libidinis*)那样,后者在性器官中得以实现。但这难道不正是因为在其他情感中,身体的器官并不是由这些情感自身所驱动,而是在意愿认可了这些激情之后由意愿所驱动吗?意愿统领着这些器官的使用权。因为没有一个被激怒的人能够出言或是动手,除非他的舌头或者手通过某种方式被意愿的命令所驱动。而这些器官

---

[1] 见第 24 页注释[2]。
[2] 《创世纪》2:25,"Nudi errant, et non confundebantur." 引自 *ciu. Dei* XIV, 17。
[3] *ciu. Dei* XIV, 17, "Quod itaque aduersus damnatam culpa inoboedientiae uoluntatem libido inoboedenter mouebat, uerecundia pudenter tegebat."
[4] 有关《上帝之城》中奥古斯丁羞感观念的深入讨论,参见本书第三章。

在没有愤怒的情况下也能被同一意愿所驱动。但是性器官却在某种意义上如此完全地堕落到欲念的淫威下,以至于当欲念缺席时,它就无力运动,除非欲念自然而然地产生或是被别人所唤醒。正是这点使我们为之害羞,正是这点使我们红着脸躲避旁观者的目光。[1]

此处的关键在于意愿的作用。在"愤怒"这一情感经验中,意愿保持着它对身体的完全控制:它作为决定性因素支配着那些和情感或激情[2]的表达密切相关的身体活动,诸如口出恶言、出手相向之类。与此形成鲜明对比的是,即使我们产生了生育后代的强烈意愿,这意愿自身却不足以完全控制其实现所必需的性器官的运动。后者只受欲念或者肉体欲望主宰,而肉欲对意愿的权威往往不屑一顾。在这里,奥古斯丁强调意愿的无力乃是出于欲念的行为(opera libidini)的本质特征。意愿不得不通过遮掩身体的羞处来捍卫自己的尊严。这一防御性的反应同样证实了心灵在最初面对欲念时的软弱无力:如果意愿当初强大到足以控制性欲或其他肉欲,它就无须遮掩或隐蔽无辜的身体。

---

[1] ciu. Dei XIV, 19, "Quod autem irae opera aliarumque affectionum in quibusque dictis atque factis non sic abscondit uerecundia, ut opera libidinis, quae fiunt genitalibus membris, quid causae est, nisi quia in ceteris membra corporis non ipsae affectiones, sed, cum eis consenserit, uoluntas mouet, quae in usu eorum omnino dominatur? Nam quisquis uerbum emittit iratus uel etiam quemquam percutit, non posset hoc facere, nisi lingua et manus iubente quodam modo uoluntate mouerentur; quae membra, etiam cum ira nulla est, mouentur eadem uoluntate. At uero genitales corporis partes ita libido suo iuri quodam modo mancipauit, ut moueri non ualeant, si ipsa defuerit et nisi ipsa uel ultro uel excitata surrexerit. Hoc est quod pudet, hoc est quod intuentium oculos erubescendo deuitat."

[2] 奥古斯丁著作中有关情感的术语表达,见 ciu. Dei IX, 4, "... his animi motibus, quae Graeci πάθη, nostri autem quidam, sicut Cicero, perturbationes, quidam affectiones uel affectus, quidam uero, sicut iste (sc. Apuleius) de Graeco expressius, passiones uocant." Cf. Ibid., VIII, 17; XIV, 5; conf., X, 21ff. 相关讨论,见 Gerard J. P. O'Daly's and Adolar Zumkeller, "Affectus (passio, perturbatio)" AugLex 1: 166-180, 尤见 166-167。

在奥古斯丁看来,意愿的无力是在亚当和夏娃堕落之后才发生的。而且,这一事实揭示了他们心灵状态的根本变化。穷其一生,奥古斯丁坚持认为欲念或肉欲并不存在于伊甸园中,或者至少在人类堕落前完全服从意愿的号令,尽管我们无法通过自己的经验证明这一点。[1]在乐园中,灵魂处于与身体的完美和谐之中,不存在性欲的反叛,甚至不存在其他类别的情感,诸如欲望(*cupiditas*)、恐惧(*timor*)、悲伤(*tristitia*)和空洞的快乐(*inaniter laetum*)。[2] 意愿的统治力无处不在,以至于睡眠都不能够违背他们的意愿(*inuitus*)。[3] 这一对乐园的理想主义的刻画使得奥古斯丁很自然地相信生殖器官那时和其他身体部分一样由意愿的许可所驱动。[4] 正是由于丧失了意愿的这一统治力,亚当和夏娃才第一次经历了羞愧。从那时起,不听号令的性欲就成了人类灵魂最当受谴责的情感。

---

[1] *ciu. Dei* XIV, 24. 正如 Sorabji 在其书中所提到,法国学者 Émile Schmitt 将奥古斯丁有关人类在偷食禁果之前是否存在肉欲的主张区分为三个阶段:1)在写于 388-389 年的《〈创世纪〉解:驳摩尼教》中,奥古斯丁断然否认乐园中人类还需要生殖繁衍(*Gn. adu. Man.* II, 21, 32)。2)在出版于 416 年的《〈创世纪〉字义解》和写于 418—420 年的《上帝之城》中,奥古斯丁确认了生育对于亚当和夏娃的身体的意义,但是认为性活动应当以意愿的认可为前提(*Gn. litt.* IX, 10, 16-18; ciu. Dei XIV, 24 etc.)。3)在后来发现的大约写于 420 年的书信 6*中,奥古斯丁承认伊甸园中也有可能存在肉欲,但却是在一个虚拟的条件从句中:如果乐园中曾经存在肉欲,它也应当是在意愿的控制下(*Ep.* 6 *, 8; *c. Iul.* IV, 11, 57)。见 Schmitt 1983,参见 Sorabji 2000, 406-409。晚近有关奥古斯丁著作中人类初始状态的研究,见 Bouton-touboulic 2005, 41-52。

[2] *ciu. Dei* XIV, 26, "Sicut in paradise nullus aestus aut frigus, sic in eius habitatore nulla ex cupiditate uel timore accidebat bonae uoluntatis offensio. Nihil omnino triste, nihil erat inaniter laetum."

[3] Ibid., "Non lassitude fatigabat otiosum, non somnus premebat inuitum."

[4] Ibid., "In tanta facilitate rerum et felicitate hominum absit ut suspicemur non potuisse prolem seri sine libidinis morbo, sed eo uoluntatis nutu mouerentur membra illa quo cetera, et sine ardoris inlecebroso stimulo cum tranquillitate animi et corporis nulla corruptione integritatis infunderetur gremio maritus uxoris.

三 不服从意愿的肉欲与对肉欲的斥责

我们现在回到尤利安和索拉布吉对奥古斯丁的性欲观的尖锐批评。他们二人坚信性欲是一种自然情感(*affectio naturalis*),它不应该和其他感受区分开来,无论是身体的感受(例如饥饿感)还是灵魂的感受(例如愤怒)。[1]

索拉布吉极力论证奥古斯丁对性欲的谴责的哲学根据在于它不服从意愿这一经验事实。这表现在两个不同的方面:首先是男性的性器官只由欲念唤醒而不受意愿控制这一现象。[2] 其次是这一感官的快乐会妨碍灵魂的理智官能。这两点在我们前面对《上帝之城》十四卷十六章文本的分析中已经提到。针对第一点,索拉布吉断言奥古斯丁未能注意到在其他情感经验中同样存在不能自主的生理反应,它们同样不听意愿的号令。斯多亚派哲学家将这些反应解释为灵魂的"最初波动(*primus motus*)",它们应当同建立在心灵认可基础上的真正的情感表达区别开来。索拉布吉在《情感与心灵的平安》一书中认为,奥古斯丁未能真正理解斯多亚这一哲学概念,这就使得他对性欲和其他情感的区分在哲学上不可捍卫。[3] 相应地,仅仅因为肉欲不服从意愿就对其横加责难,这只是出于神学或信仰的偏见,在哲学上毫无说服力可

---

[1] 例见 *c. Iul.* V, 5, 2; *c. Iul. imp.* I, 71; IV, 29; IV, 670。

[2] 例如 *ciu. Dei* XIV, 16ff; *c. Iul.* IV, 11, 57; IV, 13, 62; V, 5, 20。Peter Brown 正确地指出,Sorabji 受晚近女权主义奥古斯丁学者误导,认为奥古斯丁对性的反思本质上是一种纯粹男性的立场。见 Brown 2002, 199ff。奥古斯丁有关女子中的肉欲的讨论,见 *c. Iul.* IV, 13, 62。

[3] Sorabji 2000, 372-384. chapter 24, 尤见 380-383。对 Sorabji 相关论证的批评以及奥古斯丁对意愿和最初情感波动的更加分析性的介绍,见 2.2。(以下在注释中提到本书的其他章节时,用三位数字分别对应章、节和小节。)

言。而奥古斯丁对欲念或肉欲的第二点谴责，即肉欲快感阻碍我们的理性活动，索拉布吉只是简单地将其归结为"它不服从意愿这一核心事实的表象"[1]。

除开这一主要基于斯多亚派情感学说的批评之外，索拉布吉还质疑奥古斯丁这一神学偏见自身的合法性，即欲念之所以是恶，因为它不受意愿的控制。他指出，这一欲念和意愿的对立已经预设了意愿将欲念判断为恶，而不是相反。也就是说，欲念被看作道德上的恶首先不是因为它的不服从，而是基于某些更基础的理由，它们决定着意愿的评判。紧接着，索拉布吉进一步揭示这些理由纯粹是主观的，只属于奥古斯丁自己的个人历史，特别是他年轻时的经历，并不能普适于人类经验。[2] 最后，索拉布吉引述奥古斯丁对春梦的解释表明，并不是在所有情况下欲念都是因为它对意愿的抵制而成为恶。性欲之所以当受谴责，可能是因为欲求了自己合法伴侣之外的对象。[3]

要捍卫奥古斯丁的立场，回应索拉布吉的批评，我们有必要简要地回顾前面的分析已经达至的几个重要论点：首先，肉欲（*concupiscentia carnis*）的含义要比性欲宽广得多；其次，这一术语所包含的贬义并不必然与性相关，尽管它们往往被混作一谈。我们必须指出，索拉布吉未加辨析地将欲念或肉欲等同于性欲从一开始就扭曲了奥古斯丁的理论。在奥古斯丁的肉欲观念中关键的是内在于灵魂中的一种普遍的无序状态，它显然超越了性的领域。当然，在奥古斯丁的讨论中，肉欲最为鲜明地呈现在性行为中。此外，奥古斯丁还认为原罪的传递确实是通过生育中必不可少的性行为。但这并不能证明我们所承继的肉欲可以混

---

[1] Sorabji 2000, 405.
[2] Ibid., 412-413.
[3] Ibid., 415.

同为性欲,因为后者不过是这一普遍的无序状态的典型形式而已。[1]

第二点需要质疑的是性欲当受谴责是否在于其对意愿的不服从,索拉布吉断言这是奥古斯丁贬斥性欲的哲学根基。然而,在此前关于肉体(caro)含义的讨论中,我们已经阐明,奥古斯丁把肉欲看作道德上的恶,是因为它使我们倾向于按照肉体的需要而不是按心灵的灵性渴求生活。它当受责难,因为它剥夺了人的属灵价值,把人降格到动物的层面。奥古斯丁认为,动物也有欲念,但它们的欲念却不是恶,因为在它们那里欲念并不对抗理性。[2] 简言之,肉欲之所以在人这一理性生物这里成为问题,是因为它威胁到人性的属灵维度。考虑到这一点,性欲对意愿的叛逆应当更确切地解释为性欲之为恶的重要标志而不是其原因。

此外,只有当欲念所不服从的意愿是善的意愿时,这一不服从才能充当性欲之为恶的指标。奥古斯丁在强调乐园中没有性欲和其他让人困扰的情感时已经暗示了这一点:"正如乐园中没有极端的冷或热,在乐园的定居者那里也不会产生欲望或是恐惧,阻碍他的善的意愿(bona uoluntas)。"[3] 奥古斯丁在这里着力指出意愿的正当性,这决不是无的放矢。举例来说,如果性器官的活动所不服从的是想要通奸的意愿,那么这一反叛显然不应受责难。在这一情形下,我们可以想象奥古斯丁仍然会认为性欲作为肉欲的一种典型形式,它难逃谴责。因为,它使我们想要享受尘世中可以朽坏的东西,这无疑会降低人作为灵性的造物的尊严。在这一特定的案例中,性欲的缺席,并不意味着肉欲这一灵魂病态的倾向已经彻底根除。然而,想要通奸,或者说发生不合法性关系

---

[1] 参见 Sage 1969, 75-112; Hunter 1994, 167-170。

[2] *c. Iul.* IV, 5, 35. "Haec autem libido ideo malum non est in belluis, quoniam non repugnat rationi, qua carent."

[3] *ciu. Dei* XIV, 26. 见第32页注释[2]。

的意愿无疑更应谴责,哪怕由于欲念或者肉欲的阻挠它未能成为现实。这是因为,前者乃是出于自愿的决断,它彰显出灵魂的恶意,而后者只是发生在灵魂身上的自发冲动,它先于意愿的决断,不受意愿的控制。[1] 如果说,与合法伴侣为了生育而发生的性行为是将我们所继承的肉欲之恶用于善途,那么,通奸者则从这一天生而来的恶中创造出更大的恶。而在这两种情形中,灵魂所承继的肉欲无疑都在对抗着意愿的号令。[2] 这一区分充分表明对奥古斯丁来说,欲念不服从意愿并不是性欲之为恶的根基。

最后,肉欲并不只是抵制意愿的命令,它甚至对抗"那放纵的欲念(*lasciuiendi libido*)自身"[3]。如果说,不服从可以看作责难欲望或欲念的理由,那么欲念的自我分裂无疑更具有说服力。概而言之,由于忽视了奥古斯丁肉欲观念中所包含的保禄式的灵肉张力,索拉布吉未能认识到奥古斯丁对性欲的抨击,其合法性并不在于性欲不服从意愿,或是奥古斯丁自己的个人经历,而是在于某种关涉个体在尘世中所内在的更加深刻的无序,即肉体欲望和灵性渴求的对立。

四 性欲与灵魂的其他情感

总体而言,索拉布吉的批评根除了奥古斯丁性欲观的神学语境,无

---

[1] *c. Iul. imp.* III, 187. "Si enim talis esset ista concupiscentia, quae carnali suo motu nec praecederet nec excederet hominis uoluntatem, sed eius simper sequeretur arbitrium, profecto nec Manicheus, quid in ea iuste reprehenderet, inueniret nec eam quispiam nostrum in paradise coniugatos habere non potuisse contenderet nec Ambrosius de praeuaricatione primi hominis eam traxisse nos diceret, quia concupiscere contra spiritum non uideret."

[2] *c. Iul.* IV, 7, 39. "Aliud quippe est malo bene uti, quod iam inerat; et aliud est malum perpetrare, quod non erat; illud enim est de malo tracto ex parentibus uoluntarium bonum facere; hoc uero malum a parentibus tractum aliis malis iam propriis et uoluntariis aggerare."

[3] *ciu. Dei* XIV, 16,见第29页注释[1],亦见 *c. Iul.* III, 13, 26。

视肉与灵、自爱与爱上帝之间的关键区分。在接下来的讨论中,我将阐明这一盲点同样弱化了他反对奥古斯丁的具体论证,特别是奥古斯丁对性欲和其他情感所作的区分。前文提到,索拉布吉从斯多亚派的"最初波动(primus motus)"概念出发,认为情感活动中最初的反应(propatheia)是无意的和自然的,它们不同于建立在意愿认同基础上的完整情感。索拉布吉认为奥古斯丁接受但误解了这一概念,从而使其情感理论在哲学上难以立足。[1] 我们将在下一章中深入地比较奥古斯丁对情感"最初波动"概念的创造性阐释与斯多亚派经典理论的异同。在这里,我们暂且将讨论局限在与性欲相关的一个小问题上:性器官无法控制的勃起是否能够等同于无意的"最初波动"。

《上帝之城》中与此最为相关的一段文本,我们已经在第二小节中引述过了。在那段文字中,意愿在性器官活动面前的无能为力,与意愿在表达愤怒情感时(口出恶言、挥拳相向等)对身体的强力控制形成鲜明对峙。索拉布吉指控奥古斯丁并不是在比较同类事物。在他看来,性器官的反应应当被看作性欲实现的最初波动,然而,在愤怒中由意愿指挥的身体活动则已经是完整情感的明确表达。追随塞涅卡的提议,索拉布吉认为男性的勃起和愤怒中所包含的脸红心跳、怒发冲冠一样,都是不由自主的生理反应。[2] 这些最初的生理震颤被视为由外界刺激的表象直接触发,因此和人的道德没有任何本质关联。[3]

然而,此前我们已经强调对奥古斯丁来说,肉欲首先是灵魂的一种扭曲或病态的倾向。这一论断显然也适用于性欲,因为性欲不过是肉

---

[1] Sorabji 2000, 372-384.

[2] 塞涅卡《论愤怒》II, 3, 2. "Nam si quis pallorem et lacrimas procidentis et inritationem umoris obsceni altumue suspirium et oculos subito acriores aut quid his simile indicium adfectus animique signum putat, fallitur nec intellegit corporis hos esse pulsus." Cf. Sorabji 2000, 66-75.

[3] Cf. Sorabji 2000, 73.

欲的一种特定形式。因此,在奥古斯丁的情感理论中,性兴奋决不简单地只是一个生理事实,而是由隐蔽的心理力量所推动的身体变化。更重要的是,在奥古斯丁眼中,这一心理力量在道德上不是中立的,因为它对抗着我们的灵性维度。这一立场显然与奥古斯丁的论敌尤利安对性兴奋的纯生理解释大相径庭,在后者看来,推动我们身体变化的只是生殖器的热度(calor genitalis)。[1]

正如前文所言,奥古斯丁绝不相信身体能够在灵魂不主动参与的情形下直接作用于灵魂。性欲也不例外。因此,奥古斯丁在《上帝之城》第十四卷第十六章中区别性欲和其他情感时,他一定已经未加言明地预设生殖器官的活动也包含着灵魂的作用,尽管灵魂可能无意于此。这是因为这些活动不可能在没有灵魂预先暗示的条件下发生。在奥古斯丁的心灵哲学中,此处所说的灵魂的暗示不再是那能够不顾我们意愿的倾向性而直接侵入脑海的心灵印象(mental impression)。奥古斯丁在注解《创世纪》中有关人的堕落这一章节时,这一暗示被明确地等同于来自蛇的诱惑。[2] 在对奥古斯丁灵魂最初波动的讨论中,我将证明,奥古斯丁在这一诱惑中确认了某种"念想的快感(cogitationis delectatio)"。[3]。这一快感无疑已经是灵魂对最初的心灵印象的回应,尽管它可能不是出于自愿,我们也无力控制它的发生。要觉察到这一快感,灵魂必然会受到外来刺激所激发的印象的作用,这意味着意愿已

---

[1] c. Iul. IV, 2, 7. "Si calor genitalis coniugalis honestatis minister ab immoderatis procursibus tam studio fidelium, quam doni uirtute retinetur, nec exstinguitur per gratiam, sed frenatur: probabilis est in genere suo et in modo suo, et solis accusatur excessibus." Peter Brown 已经正确地指出奥古斯丁的"肉欲"观念和尤利安的"性器热度"属于两个完全不同的世界,见 Peter Brown 1983, 63。尤利安的"生殖器热度"观念可能受到斯多亚派"生命之火(ignis uitalis)"概念的影响,相关文献,参见 Lamberigts 2008。

[2] 参见 Gn. adu. Man. II, 14, 21;s. dom. mon. I, 12, 34; trin. XII, 12, 17。

[3] trin. XII, 12, 17,相关讨论见 2.2.2。

经以一种隐秘的方式认同了来自心灵印象的暗示或诱惑。对于奥古斯丁来说,正是这一隐蔽的快感使生殖器官的活动成为可能,同时也支撑着其他心灵最初的不自觉的反应。正如前文所述,奥古斯丁坚信在堕落之前,这一意愿的隐蔽的认同,人完全有能力控制。而支撑奥古斯丁这一神学论断的是他对人性内在缺陷的现实洞察和对人性软弱能被治愈的乐观信念。索拉布吉敏感地觉察到早期基督教教父如奥古斯丁对情感最初波动这一传统概念理解的变化。[1] 然而,他忽视了奥古斯丁所谓的神学偏见下所隐藏的对人性的深刻理解,特别是对人的意愿的健康和软弱性的洞察。

当然我们必须指出,在《上帝之城》第十四卷的这一关键文本中,奥古斯丁未能强调在愤怒这一情感中,和在性欲中一样,也存在灵魂的最初波动,它以非自愿的方式揭示灵魂在情感中所受的触动。但是,在其他场合,奥古斯丁同样反思这一情感经验中普遍存在的无意反应,不论是生理的还是心理的,他把它们同样视为灵魂有罪的证据。[2] 这一不可控制的反应(如心跳加速、颤栗)为所有情感所共有,它令人不安地搅扰着灵魂。

然而,即使承认奥古斯丁在上述关键文本中忽视了性欲和其他情感的共性,我们仍然有理由捍卫奥古斯丁对性欲特殊性的强调:与性息息相关的情感只能以一种非自愿的方式得以表达,而且如果没有了这一对最初感官刺激的不可自制的回应,它就不能得以实现;与之相对,其他的情感可以选择更可控制的方式来表达自己。尽管在其形成的初始阶段,愤怒这样的情感也呈现为无意的或非自愿的反应,例如脸色苍白、潸然泪下、唉声叹气等等,然而,它们的实现或完成却并不必然预设

---

[1] Sorabji 相信这一变化始于奥利金,终结于奥古斯丁。参见 id. 2000, 343ff。
[2] 例如 *trin*. XII, 12, 17; *ciu. Dei* XIV, 4-6。

这些无意识的不可自主的心灵波动。在第三章对奥古斯丁羞感概念的分析中,我们将进一步指出,奥古斯丁利用性欲的这一特殊性论证了为何性欲更令我们蒙羞,哪怕其他的情感会带来更加灾难性的后果。

五　欲念与饥渴

在对奥古斯丁性欲观的批评中,索拉布吉还征引尤利安对欲念和饥渴、消化、睡眠的比较来论证性欲不应当从这些身体需要中单列出来。根据奥古斯丁的引述,尤利安在意愿的号令(*imperium*)和认可(*consensus*)之间做出重要区分。[1] 和尤利安一样,索拉布吉认为饥渴、消化如同生殖器的活动一样,"不需要号令,而只需要意愿的认可"[2]。

首先应当提到的是,奥古斯丁已经指出尤利安在其论证中并没有恪守这一区分,而这一点索拉布吉在转述时有意或无意地忽视了。在某些场合,尤利安断言生殖器官也服从心灵的号令,而在其他语境中,他又坚持他们"非由心灵的号令所推动,而是在等待认可"[3]。尤利安论证中的这一前后不一致,至少表明尤利安对性欲和意愿关联的理解有待进一步的澄清,同时也暗示了上述难以维持的区分难逃独断臆造之嫌疑。当然,按照尤利安的思路,这一不一致或许可以解释为性器官在正常情况下服从意愿的号令,因为它没有被"疾病或放纵所阻碍",

---

〔1〕 出自 *c. Iul.* V, 5, 20-22。

〔2〕 Ibid., V, 5, 20. "hoc genus motus in his habendum putasti, quae multa in nostro corpore ordine suo ac dispensatione secreta, uoluntatis non imperium, sed consensum requirunt." See Sorabji 2000, 409.

〔3〕 Ibid., V, 5, 22. "Non moueri haec ad animi imperium, sed potius exspectare consensum."

而它只在处于病态的条件下才变得桀骜不驯。[1]

然而,即使承认性器官的活动只是偶尔不服从意愿的命令,奥古斯丁仍然可以抗辩,正是这一例外的情形揭示了性的真正本性。因为这一偶发的不服从表明存在着某种独立于意愿的力量,它支撑着性行为所必需的身体变化。我们看到,这些身体的变化和它们的推动力显然先于意愿明确的认可,这一点无疑是尤利安本人也承认的:"(它们)等待认可(*expectare consensum*)。"当然,奥古斯丁还会强调这些先于意愿认可的活动同样反映意愿自身的状态,尽管是以一种未加言明曲折隐晦的方式。在评述尤利安的这一主张时,奥古斯丁转引了尤利安文本中来自西塞罗《自我安慰》(*De consiliis suis*)的一个例子来说明性器官的兴奋会受音乐的影响。

> 这样你就会明白,我所说的恰如其分,这一其他的感官所侍奉的欲望在某种意义上有自己的法则,以致它足以激起自己的活动,或是从自己的兴奋中消退。我之所以这么说,是因为你也已经承认,"它要认同而不是号令"。而且,正如你接下来所说,"它能被其他的刺激所激发,或者被一段旋律所打断和平息",而如果它服从人的意愿,这绝不可能发生。[2]

---

[1] *c. Iul.* V, 5, 20. "ubi primum dixisti: 'Cum uentum fuerit ut filii seminentur, ad uoluntatis prorsus nutum membra in hoc opus creata famulari; et nisi eorum impedimenta, aut de infirmitate, aut de immoderatione proueniant, seruire animi imperio'; postea uero, 'hoc genus motus in his habendum putasti, quae multa in nostro corpore ordine suo ac dispensatione secreta, uoluntatis non imperium, sed consensum requirunt'."

[2] Ibid., V, 5, 23. "Vides ergo quam congruentius ego dixerim, sui iuris hanc esse quodam modo, cui seruitur ab aliis sensibus, ut in opus suum dignetur assurgere, uel a sua commotione requiescere. Hoc enim ego ideo dixi, quia, sicut ipse confessus es, "consentitur ei potius quam imperatur". Nam, et quod "aliis concitatur stimulis, uel modulamine frangitur et sedatur", sicut ipse prosequeris, profecto non fieret, si seruiret hominis uoluntati."

换而言之,奥古斯丁和尤利安都不认为性兴奋的直接推动力就是意愿的号令。对尤利安来说,它是"生殖器热度"(*calor genitalis*)这一纯生理反应,而对奥古斯丁则是欲念或肉欲(*libido or concupiscentia carnis*),它们首先归属于我们的灵魂。然而,在尤利安对意愿的号令和认可的区分中,奥古斯丁和尤利安关于性兴奋推动力的更加根本的差异则被忽视和掩盖了。由此可见,这一区分并未触及他们论争的核心论点,亦即意愿在性冲动之前的无力。

其次,尤利安诉诸欲念和其他身体需要的比较并不足以消解奥古斯丁对欲念的责难。人们确实可以说,饥渴的出现无视灵魂的号令,这和性欲一样,但是我们绝不会因为这些自然欲求而受责难。正如 Sorabji 已经正确地指出的是,这一比较中的饥渴"不应当仅仅视为身体的需要,而是实际的渴望(actual wants)"[1]。这一点无疑是在回应奥古斯丁对尤利安论证的批评:

> 无论如何,你不应该拿这欲念(*libido*)和饥饿或我们其他的烦扰做比较。毕竟,没有人会在他愿意的时候,就会饥饿、口渴或是消化食物。这些是身体的需要(*indigentia*),它们必须得到更新或是宣泄。我们必须留意它们,以免身体受损或是死亡。但是,如果我们的认可(*assensus*)没有交付欲念,身体难道会受损或是死亡吗?因此,请你把那些我们耐心忍受的恶同那些我们需要克制加以压服的恶区分开来。[2]

---

[1] Sorabji 2000, 409.
[2] *c. Iul.* V, 5, 22. "Nec tamen ideo debes istam libidinem fami uel aliis molestiis nostris comparare. Quod enim nemo cum uult esurit, aut sitit, aut digerit; indigentiae sunt istae reficiendi uel exonerandi corporis, quibus subueniendum est, ne laedatur, aut occidat: numquid autem laeditur aut occidit corpus, si libidini non adhibeatur assensus? Discerne ergo mala quae per patientiam sustinemus, ab eis malis quae per continentiam refrenamus."

显然,在奥古斯丁看来,身体的烦扰或身体的需求是无可责备的,因为它们是我们在此世生存所必需的。与此相对的是,尽管性欲对于我们的生殖繁衍也是必须的,但它确实包含了灵魂不服管束的倾向,它使得我们珍视此世的生命,远胜过不朽的生命。这使得性欲和饥渴等其他身体需要区别开来,后者可以作为纯粹的生理现象加以解释,它们的满足也只在于获取相应的物质对象。

为了回应这一可能出现的批评,索拉布吉不再直接拿饥渴来作比较,而是提供了其他两种可能的比较:(1)性器官的生理变化与唾液分泌和消化过程作比较;(2)性欲和餐饮的欲望作比较。索拉布吉想当然地认为,这两种比较的结果必然是性的欲求和其他身体欲望并没有实质区别,这将使奥古斯丁对性欲的苛刻批评丧失依据。

然而,实际情形却并不像索拉布吉所设想的那样理所当然。对于第一个比较,奥古斯丁或许会说这两者都是身体的自然运动,因此无可厚非。正如先前所强调的,奥古斯丁从不会责难身体和它的运动变化自身。在人类堕落之前,奥古斯丁相信仍然有可能存在性兴奋,但那时它们服从意愿的号令,显然不包含任何恶。奥古斯丁坚持他所斥责的只是那由肉欲所推动的性兴奋,因为这肉欲威胁着人的灵性价值。[1] 简而言之,对奥古斯丁来说,那使性行为成为问题的是它的推动力,而不是相关的活动自身。

在索拉布吉所质疑的那段文本中,奥古斯丁并不是简单地把饥渴作为单纯的身体需求打发掉。恰恰相反,他非常敏锐地注意到身体需求和感性欲望或欲念(*sentiendi libido*)之间的区别。在《驳尤利安》IV,14,67中,奥古斯丁清楚地将饥饿同口腹之爱区分开来:

---

[1] *c. Iul.* IV, 13, 62. "Numquam uero ego motum genitalium reprehendi generaliter, quod tu dicis: "dedicative"; sed illum motum reprehendi, quem facit concupiscentia, qua *caro concupiscit aduersus spiritum*".

>因此，当自然以某种方式要求它所缺乏的维生之物时，这并不会被称之为欲念(libido)，而是叫作饥或渴。但是当这需求被满足时，口腹之爱(amor edendi)却仍然令心灵不得安生，这就是欲念，这就是恶，人不应当屈从于它，而应当抵制它。[1]

这一口腹之爱被看作感性欲念的一种形式，它当受谴责，因为它与我们灵性的渴求相对立：

>但是我们现在正在处理的感性欲念(sentiendi libido)，正是那对肉体快乐的欲求驱使着我们朝向感性，不管我们在心灵里是认可还是抗拒。它与智慧之爱相对立，它是美德的仇敌。就它包含在两性交合的那部分来说，婚姻使这恶能用在好处，即配偶们通过它繁衍子孙但却不是因它的缘故而行事。[2]

显然，这一感性欲念只是肉欲的另一种称谓。此处性欲明确地作为感性欲望的一种特殊形式出现。如果说性欲之所以可恨是由于它和人的灵性相悖，那么口腹之爱也是这样一种被扭曲的追逐尘世之物的欲望。如果索拉布吉所建议的第二种比较中餐饮的欲望可以等同于这种口腹之爱，那么很显然奥古斯丁会认为二者同样应该被唾弃。当然，我们可以说餐饮的欲望可以只是指向维生之物的自然倾向，在道德上中立，而不是使心灵朝向肉体快感的口腹之爱。但是，奥古斯丁显然不会承认

---

[1] c. Iul., IV, 14, 67. "Cum ergo natura quodam modo poscit supplementa quae desunt, non uocatur libido, sed fames aut sitis: cum uero suppleta necessitate amor edendi animum sollicitat, iam libido est, iam malum est, cui cedendum non est, sed resistendum." Obviously in this text libido is used as a general term of all kinds of desire.

[2] Ibid., IV, 14, 65. "Libido autem sentiendi est, de qua nunc agimus, quae nos ad sentiendum, siue consentientes mente, siue repugnantes, appetitu carnalis uoluptatis impellit. Haec est contraria dilectioni sapientiae, haec uirtutibus inimica. Hoc malo, quantum attinet ad eius eam partem qua sibi sexus uterque miscetur, bene utuntur nuptiae, cum coniuges procreant filios per illam, nihilque faciunt propter illam."

这一区分,因为他不接受任何灵魂的倾向或感受可以是中立的。欲望或者为善或者为恶,这取决于欲望的对象是否可以合法化。对于奥古斯丁来说,重要的是趋善避恶。因此,如果某种欲望对它的欲求对象无动于衷,它就必然是一种恶。[1] 相应地,所谓的餐饮的欲望或者是单纯的生理需求,或者是贪欲的别名。如果是前者,它无可指摘,不同于性欲;如果是后者,那么它和性欲一样都是背离属灵本性的尘世之爱。

上述论证足以说明性欲和其他的灵魂感受(如愤怒)和身体感受(如饥饿)之间的相似与不似之处。通过诉诸肉欲这一神学概念,奥古斯丁呈现了一幅更加复杂、更加精致的性爱图景,它全然不同于尤利安及其当代知音索拉布吉的纯生理学图景。性欲和其他感性欲望一样,因为它们对抗人性的属灵维度而被奥古斯丁视为道德上的恶。另一方面,在性行为中肉欲又如此不可或缺,这使得性欲不同于其他感性欲念,由它所唤起的性兴奋因此也不能同唾液分泌或消化过程一样被解释为中立的生理活动。在与性相关的身体活动中,欲念篡夺了意愿对身体的控制权。

我们不难看出奥古斯丁把性欲作为心理和道德现象的精微处理可以追溯到圣经传统,特别是保禄书信中有关灵肉对立的神学主张。然而,在本节的讨论中我们看到,这一性欲观同样植根于他有关灵魂和身体等级秩序的形而上学体系之中,在其中,灵魂的主动参与乃是灵魂感受或情感产生的关键。此外,这一主张也紧密地嵌入他以意愿为核心的道德心理学体系之中。因此,如果我们可以接受奥古斯丁有关灵肉紧张,有关肉体迷恋与精神渴求的基本概念,作为一个理论的出发点,那么,我们确实可以在他的哲学心理学的框架内捍卫奥古斯丁对性欲

---

[1] *c. Iul.*, IV, 2, 7. "Quod autem ipsa concupiscentia facit, siue ad licitum siue ad illicitum indifferenter ardescere, utique malum est." 这一句出自奥古斯丁对尤利安的"生殖器热度"的驳斥中,然而,这一原则无疑也适用于所有类型的欲念或欲望。

的斥责。[1]

作为对索拉布吉的回应,我认为奥古斯丁在同尤利安的论争中在哲学战场上并没有失败:首先,奥古斯丁提供了对性欲以及它和意愿之间关联的前后融洽的哲学解读;其次,这一解读既考虑了性行为在人的生活中的特殊性,同时又如此娴熟地以哲学分析的方式熔铸相关的神学论断。奥古斯丁原创性地将性欲指向人性内在的无力,在奥古斯丁的哲学人类学中,欲念或肉欲作为对亚当和夏娃最初过犯的惩戒,它规定着堕落之后的人的基本生存状态,特别是作为情感动物的人。这一特征首要地但并不唯一地体现在我们的性欲之中。然而,近代以降流行的以欲念或"力比多"为心灵中立倾向的性欲观,或忽视或掩盖了性欲与我们的基本生存处境的本质关联,这也正是我们今天之所以要回到奥古斯丁所谓"神学偏见"之后的哲学洞察的意义所在。

第二节 肉欲是一种自愿倾向吗?

在以上讨论中,意愿的重要性通过它和肉欲的强迫性倾向的对峙得以体现。意愿因此被刻画为一种独立的心灵能力,它通过向着心灵自身和肉体器官发号施令(*imperium*)来展示自己的动力。显然,这一动力在面对来自叛逆性的肉欲的抵制时遭遇挫折,特别是在性欲这一案例中。根据这一观点,此处意愿的作用呈现为一种消极被动的状态,它只是无力地承受着来自灵魂其他活动以及来自身体的搅扰和抵抗。意愿的这一防御性处境显得与意愿在其他心理活动(例如我们接下来要讨论的情感和道德决断)中的积极作用格格不入。

---

[1] Carlos Steel 在对本书英文稿的批评中指出,奥古斯丁的这一立场可以追溯到柏拉图主义强调理智渴求和感性欲望之间紧张关系的传统,Simo Knuuttila 也持有类似的观点,见 id. 2004, 156-157。

此外,如果考虑到奥古斯丁有关原罪的神学理论,肉欲被看作是人性中内在的有罪倾向。它的罪过只有通过洗礼的圣事才能被赦免。即便如此,经受洗礼的圣徒也不可能在此生中根除肉欲的存在。[1] 此前我已经证明肉欲之为恶,在于它在本质上对抗人的属灵本性。但是,当这一我们继承而来的不驯服的灵魂欲望被看作是人必须为之负责的有罪行为时,上述假定就成了问题,因为此时本性的自然缺陷被明确地看作是道德上的恶。如果这一有罪的倾向完全外在于意愿,我们就很难解释我们为这一继承而来的恶的道德责任。[2] 正是基于这一困难,法国学者弗朗索瓦-约瑟夫·托纳尔(François-Joseph Thonnard)将肉欲明确地认作一种自愿的倾向(*tendence volontaire*)。[3] 在这一节中,我将仔细考察托纳尔有关这一极端论断的论证,以期能够更加全面地理解意愿和欲念之间的微妙关系。

　　托纳尔首先扼要地描述了奥古斯丁所论及的意愿这一心灵现象,概括出四个特征:(1)从本体论上看,意愿乃是出自灵魂这一精神实体。(2)意愿作为心灵现象,体现在我们所有的有意识行为之中,而它自己的行为则以爱(*amor*)为形式,例如将我们的视觉与其对象连接起来的行为。(3)只有意愿的自由决断才能为我们的道德责任奠定根基。(4)严格说来,自由意愿是我们的公开行为的唯一动力因。[4]

　　在这一描述中,托纳尔明确承认意愿在我们有意识的活动和主动行为中的普遍权威。这一权威统辖着我们的内在和外在的活动,当然也统辖着一切道德行为。在这一预设的基础上托纳尔进一步论证肉欲

---

　　[1] 参见 Thonnard 1974a,该文细致地讨论了肉欲与原罪的微妙关联,另见 Sage 1967; id. 1969。

　　[2] 我将在第七章中再深入讨论奥古斯丁如何解释无意之罪,特别是肉欲的道德责任。以下的讨论我们仍然将论述限定在有关肉欲和意愿的心理过程上。

　　[3] Thonnard 1965, 69-72, 亦见 id 1974b。

　　[4] Ibid., 69.

也是这样一种自愿行为。遗憾的是,托纳尔此前的经验性描述并不足以支持他的这一过强的论断。因为,它并没有表明什么是意愿这一独特的心理现象的本质特征。因此,它也没能明确地定义我们的自愿行为,使其能和无意的行为形成对照。

托纳尔在其文章中进一步指出肉欲显然满足之前所提到的意愿的四个特征中的前两个特征:它来自灵魂,同时也是我们有意识的活动,并且作为一种"自爱"的形式将我们同尘世之物联结起来。接下来,他试图更加明确地界定自愿行为的特征,他引述奥古斯丁早年在《论自由决断》III,1,2 中有关自然行为和自愿行为的区分,断定意愿本质上乃是免受外力和内在必然性的自发运动。为证实这一论断,托纳尔进一步引述奥古斯丁更早的在《论两种灵魂》中对意愿的定义:意愿乃是"心灵的活动,不受强迫,或者是为了不失去某物或者为了获得某物"[1]。在这里,不受强力再一次被托纳尔看作自愿行为的本质特征,并且是道德责任的唯一基础。如此,肉欲就必须是一种自愿的行为,否则我们就无须为它承担罪责。

托纳尔也并没有忽视肉欲作为原罪的必然性特征,他竭力论证这一天生的必然束缚可以用一种间接的方式理解成自愿的活动:首先,肉欲乃是亚当自愿地出于骄傲的过犯的后果,而骄傲本身就是肉欲的一种特殊形式。其次,托纳尔证明肉欲活动通过我们对于所欲求的事物的心灵图像而能够被心灵注意。[2] 而我们之前已经观察到意愿官能统辖所有有意识的行为,因此,这一心理现象按理(*en droit*)也应当受自由意愿统治。最后,肉欲活动实际上(*en fait*)也是自发地产生,不受任何外力作用。

---

[1] duab. an. 10, 14. "*animi motus, cogente nullo, ad aliquid uel non amittendum uel adipiscendum.*"

[2] 见 Thonnard 1965, 62-69。

根据这一论述,托纳尔将奥古斯丁的意愿概念界定如下:"存在于此世的人们的个人意识之中的天生倾向,道德上为恶,指向独立于上帝的快乐。"[1]

尽管如此,托纳尔的论证由于建立在一个极为模糊的意愿图景之上,它很难回应奥古斯丁的如下论断:肉欲的现实性"不是出于意愿,而是出于必然性(non sit uoluntatis, sed necessitatis)"[2]。首先,我们必须指出的是,托纳尔有关意愿的论述过于依赖奥古斯丁早期的意愿概念。而尤利安也曾经利用《论两种灵魂》10,14 中的意愿定义来驳斥奥古斯丁晚年的主张。奥古斯丁自己在回应中对这一早期定义作了明确限制,认为它只能用来指人的意愿在堕落之前的完满状态,而不是现实中在肉欲面前无能无力的意愿。[3]

通过将强迫的缺席作为意愿的本质特征,托纳尔对于自愿行为的界定显得过于宽泛,几乎所有我们可以意识到的心灵活动都被看作是有意的行为,并且必须为之承担道德责任,而这无疑同我们的日常经验相冲突。例如,在我们的梦境中出现的心灵图景同样不受外力强迫,也可以看作心灵自发的行为,但它显然很难说成是自愿的。[4] 把它们称之为自愿的行为,托纳尔无疑混淆了我们的权能之内和权能之外这一重要区分。[5]

---

[1] Thonnard 1965, 95.
[2] *nupt. et conc.* I, 8, 9. "quod nunc id habet adiunctum, non sit uoluntatis, sed necessitatis, sine qua tamen in procreandis filiis ad fructum perueniri non potest ipsius uoluntatis."
[3] 分别见 *c. Iul. imp.* I, 47; *Retr.* I, 15, 3. 对这一论争的详细分析,见 6.3.2—3。
[4] 见 *Gn. litt* XII, 15, 31. "... cupiditates, quae ad naturalem carnis motum non pertinent, quem casti uigilantes cohibent et refrenant, dormientes autem ideo non possunt, quia non habent in potestate quae admoueatur expressio corporalis imaginis, quae discerni non possit a corpore..."
[5] 例见 *lib. arb.* III, 25, 37; *ciu. Dei* V, 10. 有关奥古斯丁权能概念的进一步讨论见本书第六章和第八章。

此外,在这一语境中,我们需要证明我们有充足的理由将肉欲看作一种应当受谴责的天生行为倾向,并且它是一种自愿的意向。而在托纳尔的论证中,他已经假定了所有的有意识的心理活动都是自愿的,而罪的责任在于其行为的自愿性,因此,他实际上已经假定了所有的罪都是自愿的。[1] 论证的目标因此成了论证的隐含前提,而没有进一步清晰的说明,这使得整个论证过程丧失了可信性。

显然,当托纳尔将肉欲还原为一种自愿的倾向时,他未能理解肉欲在和意愿关联时的特殊性,这一特殊性使得肉欲和其他情感活动得以区分开来。换句话说,对于托纳尔的这一唯意愿论解释来说,肉欲对意愿的叛逆仍然是一个挑战。

令人遗憾的是这一在其他方面极为出色的奥古斯丁心理学的捍卫者和那些尖刻的批评家们一样,都没能注意到奥古斯丁自己在晚年的著作中,以如此简洁而精湛的方式理清了肉欲、欲望(*desiderium*)和意愿的微妙关联。在如下段落中,奥古斯丁试图解释肉欲如何会在洗礼宽恕了我们的罪过之后残存下来:

> 肉欲确实是这样一种东西,它甚至能滞留在那些通过克制的美德和自己斗争的人之中,尽管因为出生而沾染的这肉欲的罪恶(*reatus*)已经在重生时终结。因为它为了使自己处于现实性之中(*actu*),不是通过迷惑和怂恿心灵、不是借着心灵的认可来酝酿和滋生罪恶,而是通过激发(*commouendo*)心灵所抵制的恶的欲望(*mala desideria*)。它的现实性(*actus*)就在于这一活动(*motus*),尽管当心灵不认可时,它不会产生任何作用(*effectus*)。因为在人的内心中,除了这一现实性,也就是说,除了这一活动之外,还存在另一种恶,也就是出自先前的活动的另一种活动,而这后一种活动

---

[1] 笔者在第七章中将对这个原则提出质疑。

我们称之为欲望。毕竟并不总是存在我们与之斗争的欲望。但是,如果那欲望的对象既没有出现在正在思考的心灵之前,也没有出现在身体感官面前,即使这时欲望并不存在,恶的品质(*qualitas mala*)却可以存在,而它并不是由任何诱惑所激发。这就像胆怯存在于一个胆怯者心中,甚至在他并不胆怯的时候。但是,当那欲望的对象出现时,它不再能违背我们的意愿激发恶的欲望,这就意味着[身心的]完满健全。[1]

在这一生动的分析中,奥古斯丁将肉欲刻画为潜在于所有人——包括那些领洗的圣徒——之中的恶的品质,它可以被现实化为指向不正当对象的确定欲望。肉欲作为不确定的行为倾向,或者是一种盲目的力量,它以确定的和明确的欲望作为工具来展现它的破坏力,或者用保禄的话来说,来反对心神。在此前的分析中我们一再重复,这一灵魂病态的倾向,作为一种继承而来的品质,它的出现和消失都无视意愿的号令,遵循自己的法度,如果它也有法度的话。其实在我们的身体上也是一样,意愿并没有能力靠着发号施令来根除身体的疾病。[2]

然而,确定的或者说完整的欲望的形成显然不同于肉欲这一心理

---

[1] *c. Iul.* VI, 19, 60. "Quiddam uero tale est carnis concupiscentia, ut maneat in homine, secum per continentiam confligente, quamuis eius reatus qui fuerat generatione contractus, iam sit regeneratione transactus. Actu enim manet non quidem abstrahendo et illiciendo mentem, eiusque consensu concipiendo et pariendo peccata; sed mala, quibus mens resistat, desideria commouendo. Ipse quippe motus actus est eius, quamuis mente non consentiente desit effectus. Inest enim homini malum et praeter istum actum, id est, praeter hunc motum, unde surgit hic motus; quem motum dicimus desiderium. Non enim semper est desiderium contra quod pugnemus: sed si tunc non est, quando non occurrit quod concupiscatur siue animo cogitantis, siue sensibus corporis; fieri potest ut insit qualitas mala, sed nulla sit tentatione commota; sicut inest timiditas homini timido, et quando non timet. Cum uero occurrit quod concupiscatur, nec desideria mala nobis etiam nolentibus commouentur, sanitas plena est."

[2] 例见 *c. Iul.* III, 15, 29; VI, 19, 62。

现象,在这一过程中意愿起着更为积极的作用。我将在下一章的分析中论证这一主张。这里只需要指出在上面的这段引文中,奥古斯丁强调尽管意愿无力根除肉欲这一恶品质,但在这一有罪的行为倾向产生之后,意愿有能力认可或者不认可这一强力诱惑。一个有德行的人或者圣徒尽管仍然承受着这一盲目的破坏力的搅扰,但通过克制的美德,他不会在思想中沉溺于肉欲的念头所带来的快感,更不会把这一隐蔽的不确定的欲求转化为明确的对某种不正当对象的欲望。而没有了意愿的这一明确认可,恶的欲望也同样不可能转化为外在的罪行。用奥古斯丁的话来说,当意愿拒绝认可时,这一潜在的恶不会产生任何作用。

显然,在奥古斯丁看来,在意愿针对肉欲产生之后的主动回应中,意愿重新夺回了自己在肉欲直接驱动我们的身体和恶的欲望时所丧失的权威。这一观点暗示了意愿能够独立于肉欲的妨害而做出自己的决断。而在上述引用的段落中没有提到的则是意愿和肉欲自身的关系,或者说意愿这一心灵活动和人身上内在的向恶倾向以及自发的反对属灵本性的心灵活动之间的关系。

可以确定的是,意愿在最初和肉欲遭遇时,它备感无能无助,尤其是面对性行为中肉欲无可左右的叛逆力量。意愿没有能力清除这一非自愿的灵魂疾病。然而,这并不是这两种心灵的自发运动关系的全部。首先,奥古斯丁极力反对尤利安把他的肉欲概念同摩尼教的恶的实体等同起来,而后者绝对外在于心灵自我的真正本性,它来自黑暗的本源。[1] 而肉欲作为灵魂之中与属灵本性相顽抗的品质,在奥古斯丁看来,它乃是人性中有待疗治的缺陷或隐疾。他坚持认为:"要使我们彻底摆脱它,它不是作为某种外在的本性从我们这里割离,而是要在我们

---

[1] 例见 *c. ep. Pel.* III, 9, 25; *c. Iul.* I, 8, 38; *c. Iul. imp.* III, 166ff; VI, 14. 摩尼教的肉欲观,见 Oort 1987。

之中得到治愈，因为它是我们的本性的疾病(languor)。"[1] 这一点将在我们有关肉欲与道德责任的论述中更加明确。[2] 现在需要指出的只是，肉欲不仅和我们的本性紧密相关，而且并不全然外在于我们的意愿。

首先，从原罪神学的立场看，肉欲的发生乃是作为对亚当和夏娃自愿地冒犯上帝的罪过的惩戒。这一针对心神的敌视，或者说肉体对属灵本性的反叛，提醒我们注意到我们的始祖曾经同样背叛了至善。人类最初的罪源自意愿的不服从，因此与之相对应的惩罚则是不服从意愿。[3] 最初的罪出自心灵的意愿的自主决断以此抗拒上帝的诫命。相应地，它应得的报应也应当是抵制意愿命令的自发冲动。如果这一冲动完全和意愿官能无关，以至于它全然不会影响到意愿的功用，那么它就很难说得上是对我们的始祖的有罪的意愿的恰当判决。当然，亚当和夏娃的罪如何传递给他们的后人这一哲学难题，不是我们这里所要关注的。值得注意的是，奥古斯丁原罪学说中所确认的意愿和肉欲的亲密关系。

此外，奥古斯丁对于肉欲这一灵魂难以约束的行为倾向也提供了更为哲学化的描述。假定这一天生的与我们的灵性渴求的冲突存在于我们的心灵之中——这一点我们或许可以通过我们在道德抉择中所经历的犹豫难决加以印证，我们不得不承认这一无序的倾向属于我们自己，尽管我们会通过克制的美德压制它的作用。肉欲的在场决定了我们可朽的存在在此世中的实际状态，它同时也就限定着我们的意愿和

---

[1] c. Iul. VI, 19, 62 "... neque ut ea penitus careamus, uelut aliena natura seiungatur a nobis, sed quia nostrae naturae languor est, sanetur in nobis."

[2] Cf. 7.2.3.

[3] ciu. Dei XIV, 15. 见第 29 页注释[2]。

自我。[1] 肉欲不仅通过顽抗意愿的号令来影响我们的意愿,而且通过它的束缚性力量攫取(*trahere*)意愿的认可(*assensus*)。[2] 意愿这一概念,从来不代表一种绝对的力量,而指的是灵魂受到制限的自主意向,这一点乃是奥古斯丁意愿心理学的一个重要洞见,我们将在后面的讨论中不断回到这一点,并且通过他有关意愿自由和独立性的论证将它在理论上确立起来。[3]

　　肉欲和意愿的亲密关联揭示了这二者的对立并不是两种相互分离的力量的对峙,而是同一个灵魂交互作用的两种现象的冲突。意愿尽管受到肉欲的存在的束缚和制约,它仍然在这一交互关联中起着主导作用:首先,肉欲的出场自身被刻画为意愿的无能无力;其次,肉欲这一隐蔽的灵魂品质,要展示其力量需要通过一定的活动现实化,而这一现实化自身包含着意愿的默许,这才使它有可能从盲目无定的冲动变成对于特定事物的欲望;最后,这一欲望最终转化为外在的行为,同样需要意愿明确的认可。在那些有德行的人那里,意愿始终有能力拒绝来自肉欲的诱惑和冲动。尽管这一亲密关联不足以像托纳尔所设想的那样将肉欲解释成自愿的倾向,但它毫无疑问地揭示了意愿在心灵活动中的基础性作用,甚至不出自意愿的叛逆冲动也不可能离开意愿而发生作用。

---

[1] *nupt. et conc.* II, 26, 42; *c. Iul.* III, 26, 63.

[2] *c. Iul. imp.* II, 221, (1) "sed peccatum, sine quo nemo nascitur, creuit uoluntatis accessu originali concupiscentia trahente peccantis assensum." Cf. 7.2.3,特别参见第 286 页注释。

[3] 见本书第五章和第六章。

第二章
情感的发生与意愿

作为指向低级的善的行为倾向,肉欲首先是心灵的一种活动(*motus*)。同样明确的是,这一心灵的意向在本质上与人性中更高的属灵层面相冲突。肉欲的这两个特征非常吻合古代世界对于情感的定义,奥古斯丁在《上帝之城》VIII,17 中曾经提到:情感是"心灵反理性的活动(*motus animi contra rationem*)"。

此前的讨论强调肉欲的特殊性以展示奥古斯丁对意愿的无能无力的洞察。在这一章中我们将进一步考察意愿在其他情感形成中的相对积极的构成性作用,一方面是和意愿在肉欲前的软弱形成对照,更重要的是完成奥古斯丁哲学心理学对于这一非理性活动的一般性描述。

奥古斯丁著作中对情感最为详尽的哲学讨论出现在《上帝之城》的第九卷和第十四卷。在这一语境中,所有的情感都被还原为意愿的行为倾向(*uoluntates*,复数的意愿)[1],而这将引导着我们去考察情感行为中的非自愿因素,或者说情感最初不受意愿控制的反应。这在斯

---

[1] *ciu. Dei.*, XIV, 6. "Voluntas est quippe in omnibus; immo omnes nihil aliud quam uoluntates sunt." 我将在后面的讨论中解释意愿作为心理官能(单数的意愿)和意愿作为行为倾向(复数的意愿)之间的关联。

多亚的哲学传统中被称为情感的"最初波动"。我们将仔细地探究奥古斯丁对于意愿权威性的强调如何能与心灵的这一无意识的情感反应相容。[1]

第一节 《上帝之城》第九卷和第十四卷中的情感理论

在《上帝之城》中，奥古斯丁是在论及阿普留斯（Apuleius）的《论苏格拉底之神》一书时引入有关情感的论题。阿普留斯在他的书中提出了对于苏格拉底常常提到的守护神明（δαίμων）的定义："类属活物，灵魂为情所动，心灵明理，身轻如气，光阴永驻。"[2]在柏拉图派看来，神明这样理性的心灵居于众神和世人之间充当调停者，因为他们像众神那样拥有空灵的或不朽的身躯，但又和人一样为情所困。[3]

为了驳斥这一异教的神明概念，奥古斯丁在《上帝之城》第八卷中首先引述刚才提到的情感定义，将其界定为非理性的活动。接下来他指出，这一非理性的困扰（perturbatio）揭示了神明们过着比世人更加悲惨的生活。[4]更糟的是，正如普罗提诺早已指出的，神明们的不朽使得他们比人更加不幸，因为这意味着他们要永远忍受情感的纠缠。[5]

---

[1] 我们不可能也没有必要仔细考察奥古斯丁情感理论的所有细节，这里我们关注的仍然是在情感发生过程中意愿的作用，尤其是在情感最初形成的阶段。晚近有关奥古斯丁情感理论的一般论述，参见 O'Daly 1986-1994a; Brachtendorf 1997; Sorabji 2000, 372-384; Bermon 2003; Van Riel 2004; Knuuttila 2004, 152-172。

[2] Apuleius, *De deo Socratis* XIII, see *ciu. Dei* IX, 8. "quod ait daemones esse genere animalia, animo passiua, mente rationalia, corpore aeria, tempore aeterna?"

[3] *ciu. Dei* VIII, 14. "Habent enim cum diis communem inmortalitatem corporum, animorum autem cum hominibus passiones."

[4] Ibid. VIII, 17. "...restat ut daemones sicut homines ideo perturbentur, quod animalia sunt non beata, sed misera."

[5] Ibid. IX, 10. Cf. Plotinus, *Enneades*, IV, 3, 12.

在这一语境中,情感的负面内涵被充分强调以突出哲学家们对于神明的信仰和崇拜的荒谬。在第八卷中,奥古斯丁并没有进一步解释这一对情感或非理性活动的敌意。

在《上帝之城》第九卷中,奥古斯丁再次通过征引阿普留斯的著作中对神明的描述来继续他对情感的讨论:

> 因此,神明们会慈悲、会愤慨、会痛苦、会快乐,他们承受人的心灵所经历的一切方面。同样地,由于种种念头,在他们心旌动摇、心智陷于汪洋时,情绪的骚动也会汹涌澎湃。而所有这些狂风暴雨使得他们在狂乱中远离天界众神的平静。[1]

按照奥古斯丁的解释,这一生动的描述表明神明的理性心灵,而不是他们灵魂中低下的部分,直接受到这些激情的困扰。[2] 因此,神明们至少在道德上并不比人更值得尊崇。因为人类当中的圣人(sapiens)还能以他们的品德和智慧击退情感对理智的进一步侵袭,尽管灵魂的较低部分会为情所动这一点天性使然,他无可更改。[3]

奥古斯丁认为这一对圣人情感的刻画源于传统,不仅柏拉图派和亚里士多德派接受,甚至斯多亚派也不会有异议。然而这和人们通常谈论的斯多亚派有关圣人"无情"($ἀπάθεια$)的理想相抵牾。在斯多亚

---

[1] Apuleius, *De deo Socratis* XII, 引自 *ciu. Dei*, IX, 3. "igitur et misereri et indignari, et angi et laetari omnemque humani animi faciem pati, simili motu cordis et salo mentis per omnes cogitationum aestus fluctuare. Quae omnes turbelae tempestatesque procul a deorum caelestium tranquillitate exultant."

[2] *ciu. Dei* IX, 3. "Num est in his uerbis ulla dubitatio, quod non animorum aliquas inferiores partes, sed ipsas daemonum mentes, quibus rationalia sunt animalia, uelut procellosum salum dixit passionum tempestate turbari?"

[3] Ibid., "Vt ne hominibus quidem sapientibus comparandi sint (sc. daemones), qui huius modi perturbationibus animorum, a quibus humana non est inmunis infirmitas, etiam cum eas huius uitae condicione patiuntur, mente inperturbata resistunt, non eis cedentes ad aliquid adprobandum uel perpetrandum, quod exorbitet ab itinere sapientiae et lege iustitiae."

派看来,圣人的灵魂应当不沾染任何无可控制的情绪或情感。而在《上帝之城》第九卷第四章中,奥古斯丁力主圣人也必然有情有感,圣人不同于常人之处只在于他不会成为情感的奴隶。就此而言,斯多亚派和柏拉图派、逍遥学派的主张并无二致。

为了论证这一点,奥古斯丁重述了格利乌斯(Aulus Gellius)在《阿提拉之夜》中提到的风暴中的斯多亚哲学家的故事。据说这位斯多亚哲学家在风暴来临时"他的心灵略有波动而紧缩(contrahi),脸色苍白(pallescere)"[1]。格利乌斯依据斯多亚派灵魂学说,认为这些生理的或者心理的波动,乃是直接由心理图像(phantasiai)所触发,它们不在我们的控制范围之内。而只要圣人没有认可(sunkatatithetai)或者屈从于(cedere)它们,他的心灵就没有真正地为这些不自觉的反应所触动,也就是说不曾为情所动。[2]

奥古斯丁的转述在涉及哲学家反应的细节时,做了少许但极为关键的改变,"他因恐惧而略有战栗(pauescere metu),或者因悲伤而紧

---

[1] Cf. Aulus Gellius, *Noctes Atticae*, 19, 1. "… sapientis quoque animum paulisper moueri et contrahi et pallescere…"

[2] Ibid., "…sapiens autem, cum breuiter et strictim colore atque uultu motus est, ou *synkatatithetai*, sed statum uigoremque sententiae suae retinet, quam de huiuscemodi uisis semper habuit ut de minime metuendis, sed fronte falsa et formidine inani territantibus. Haec Epictetum philosophum ex decretis Stoicorum sensisse atque dixisse in eo, quo dixi, libro legimus adnotandaque esse idcirco existimauimus, ut rebus forte id genus, quibus dixi, obortis pauescere sensim et quasi albescere non insipientis esse hominis neque ignaui putemus et in eo tamen breui motu naturali magis infirmitati cedamus, quam quod esse ea, qualia uisa."格利乌斯所引述的斯多亚派哲学家的学说出自爱比克泰德《谈话录》中亡佚的第五卷。

缩"[1]。奥古斯丁因此断言斯多亚派的圣人确实为恐惧或悲伤这样一些情感所搅扰,尽管这些最初的情感反应发生无可避免。在奥古斯丁看来,这一战栗和紧缩尽管不包含着心灵的认同,但它们也绝不是灵魂自然的无意反应。它们明确地表示出心灵的情感状态,因为它们同为心灵自发的活动,而且直接对抗理性的决断,这符合传统的情感定义。

通过分析斯多亚派所说的圣人也会不可避免地遭受情感,奥古斯丁同时也表明了他自己对于情感这一非理性活动的立场。显然,他对于斯多亚派哲学家在风暴中的反应的解释依赖于柏拉图的灵魂观,而奥古斯丁自己在后来的讨论中也认为在古代各哲学流派中柏拉图的主张最接近真理。[2] 在情感对于普通人心灵的困扰之中,奥古斯丁责备的是灵魂的较低的部分,而不是像斯多亚派那样把它归之于心灵的理性官能的错误判断。与此同时,西塞罗的影响在奥古斯丁的论证中也极为显眼。[3] 在这两种思想来源的作用下,情感的出现对于奥古斯丁来说就是独立于理性心灵的判断。这使得奥古斯丁自己的立场和格利乌斯所提到的斯多亚派的唯理智论主张泾渭分明。

而一旦确认了斯多亚派的圣人也会为情所动,奥古斯丁所关注的

---

[1] ciu. Dei IX, 4. "... necesse est etiam sapientis animum moueant, ita ut paulisper uel pauescat metu, uel tristitia contrahatur, tamquam his passionibus praeuenientibus mentis et rationis officium;..." 此处的翻译参照了 Richard Sorabji 的相关评述,见 R. Sorabji 2000,378-379。晚近的研究指出这一变化导致了奥古斯丁对斯多亚派的情感理论,特别是情感的最初阶段的致命误解,见 J. Brachtendorf 1997, 297-298; R. Sorabji 2000, 375-379。

[2] Cf. Ibid. XIV, 19. "Hinc est quod et illi philosophi, qui ueritati proprius accesserunt, iram atque libidinem uitiosas animi partes esse confessi sunt, eo quod turbide atque inordinate mouerentur ad ea etiam, quae sapientia perpetrari uetat, ac per hoc opus habere moderatrice mente atque ratione." 考虑到柏拉图的《理想国》586D, 589ff 等段落,我们不难确认此处所说的哲学家实际上就是柏拉图主义者。有关新柏拉图派对奥古斯丁情感理论的影响,见 Van Riel 2004。

[3] 有关西塞罗对奥古斯丁情感理论的影响,见 Brachtendorf 1997。奥古斯丁情感理论的其他来源,亦见 O'Daly 1987, 40-54。

就只是调节和抑制这些令人心神不安的行为倾向,而不是去根除它们。这一点尤其适用于基督徒,为了这一目的,人们应该首先确认情感的起源和动机所在,以便恰当地对待它们,正如《上帝之城》IX,5 所言:

> 因此在我们的教诲里,要问的不是一个虔诚的灵魂是否会愤怒,而是他为什么愤怒;不是他是否会悲伤,而是这悲伤从何而来;不是他是否恐惧,而是他恐惧什么。因为我并不认为一个思维正常的人会去谴责为了修正罪人而向其发怒,为了安慰受折磨的人而替他难过,或者是为了危险中的人不致死去而为他担惊受怕。[1]

对于奥古斯丁来说,情感自身并不总是会受到谴责。那决定情感道德价值的,一方面是情感所指向的对象的内在价值,另一方面则是忍受着情感的行为主体的意向。而在上述这些事例中,更具有决定性的理当是主体的意向,它赋予情感正面价值。例如我们可以同样冲着罪人发怒,但并不是为了纠正他,而只是为了宣泄我们的怒气。显然,这样的愤怒并不是一种值得称赞的行为,尽管它或许可能推动这个罪人去纠正自己的错误,从而达到正当的愤怒所追求的效果。实际的效果在这里显然不能决定灵魂的行为倾向的正义与否。就道德价值而言,当我们将一个心理动机转化为外在行为时,此时关键的就是心灵的意向自身,这一点在《上帝之城》第十四卷中进一步得到证明。

需要强调的是,奥古斯丁并不因此认为情感这样的心理现象就是自然的,它自身的存在无可挑剔。首先,奥古斯丁从来不曾放弃情感作

---

[1] *ciu. Dei* IX, 5. "Denique in disciplina nostra non tam quaeritur utrum pius animus irascatur, sed quare irascatur; nec utrum sit tristis, sed unde sit tristis; nec utrum timeat, sed quid timeat. Irasci enim peccanti ut corrigatur, contristari pro adflicto ut liberetur, timere periclitanti ne pereat nescio utrum quisquam sana consideratione reprehendat."

为灵魂非理性活动的传统定义。而只要情感的发生不听从理性,并且阻碍着心灵的理智活动,那么这一非理性的活动就其自身而言(per se)仍然是我们尘世生活的弱点(infirmitas),它显然不会发生在神圣天使身上。[1] 以上所引述的案例只是表明人性的这一弱点可以被用在正当的目的上(in usum iustitiae),并且也因此不受责难。[2] 当然,我们只有在充分考虑那先于意愿认同的"最初波动"的道德特性之后才能使这一论点得以完善。

在此之前,我们先来看《上帝之城》第十四卷中有关情感的讨论。奥古斯丁在该卷中严格地考察了柏拉图派的身心二元论的伦理学后果。该理论主张所有的恶都可以归结到身体通过欲望、恐惧、快乐、悲伤这样一些情感而对灵魂发生的影响。[3] 与这种人性二元论的主张不同,奥古斯丁坚持认为灵魂所经历的情感不仅来自肉体的影响,而且也来自它自身。[4] 我们的心灵可以在不受身体感觉刺激和生理变化的作用下经历情感的搅扰,例如对于我们曾经的心灵创痛的记忆,或者是某种着魔似的虚幻念头等等。奥古斯丁在他早年的《论灵魂不朽》(387)一书中明确地将欲望、快乐、恐惧和悲伤称为"灵魂的情感"(passiones animae),这和"身体的情感或感受"(passiones corporis)相对,

---

[1] ciu. Dei IX, 5. "Sed adhuc merito quaeri potest, utrum ad uitae praesentis pertineat infirmitatem etiam in quibusque bonis officiis huiusce modi perpeti affectus, sancti uero angeli et sine ira puniant, quos accipiunt aeterna Dei lege puniendos, et miseris sine miseriae compassione subueniant, et periclitantibus eis, quos diligunt, sine timore opitulentur..."

[2] Ibid., "Deo quippe illa ipsam mentem subicit regendam et iuuandam mentique passiones ita moderandas atque frenandas, ut in usum iustitiae conuertantur."

[3] Ibid., XIV, 5. 奥古斯丁此处接受斯多亚派对于情感的传统分类:cupiditas, laetitia, metus, tristitia。

[4] Ibid. "Vnde etiam illis (sc. Platonici) fatentibus non ex carne tantum afficitur anima, ut cupiat metuat, laetetur aegrescat, uerum etiam ex se ipsa his potest motibus agitari." 亦见 ciu. Dei XIV, 15. 有关情感中灵魂和身体的交互作用,参见 O'Daly 1987, 40-54。

后者包括衰老、病痛、痛苦等等。[1] 此外,正如英国学者杰拉德·奥达利(Gerald O'Daly)所言,情感作为困扰这一概念中就已经预设了理性心灵的在场。[2] 因此,情感令人不安的出场不能够仅仅归结于身体的病态或败坏。

奥古斯丁坚持认为,我们日常所谈论的情感不仅仅必然包含着灵魂的出场,而且意愿在其中起着决定性的作用:

> 然而,决定不同的乃是一个人的意愿的品质。如果它是败坏的,那么[情感]活动(*motus*)就是败坏的;但如果它是正直的,情感就不仅无可指摘,而且值得称颂。意愿存在于所有情感之中,情感只不过是意愿的行为(*uoluntates*,复数的意愿)。欲望和快乐如果不是那认同了我们所愿意的东西的意愿,它们又是什么?而恐惧和悲伤如果不是那反对我们所愿意的东西的意愿,它们又是什么?……泛而言之,事物纷繁多样,我们或追求或逃避,而意愿也正因此而被引诱或被冒犯,所以它也就或受动摇或完全转变成为这种或那种情感。[3]

---

[1] *imm. an.* 5, 7. "Namque aut secundum corporis passiones, aut secundum suas, anima dicitur immutari. Secundum corporis, ut per aetates, per morbos, per dolores, labores, offensiones, per uoluptates. Secundum suas autem, ut cupiendo, laetando, metuendo, aegrescendo, studendo, discendo." It deserves notice that *uoluptas* as physical pleasure is distinguished from the mental joy of *laetitia*. For an in-depth examination of Augustine's terminology for enjoyment, see Van Bavel, 1993, which lays out the terms *laetitia*, *gaudium* and *iucunditas*.

[2] O'Daly 1987, 47.

[3] *ciu. Dei* XIV, 6. "Interest autem quails sit uoluntas hominis; quia si peruersa est, peruersos habebit hos motus; si autem recta est, non solum inculpabiles, uerum etiam laudabiles erunt. Voluntas est quippe in omnibus; immo omnes nihil aliud quam uoluntates sunt. Nam quid est cupiditas et laetitia nisi uoluntas in eorum consensione quae uolumus? Et quid est metus atque tristitia nisi uoluntas in dissensione ab his quae nolumus? ... Et omnino pro uarietate rerum, quae appetuntur atque fugiuntur, sicut allicitur uel offenditur uoluntas hominis, ita in hos uel illos affectus mutatur et uertitur."

这与斯多亚派将灵魂的"认可"($\sigma\nu\gamma\kappa\alpha\tau\acute{\alpha}\theta\varepsilon\sigma\iota\varsigma$, consentio)作为情感根基的主张极为相近。二者都相信没有灵魂或者心灵的认可或赞同,人不会为情感所触动。对于他们来说,真正的情感决不是单纯的冲动(无论是生理的还是心理的),而是或者奠基于理性的信念和判断之上(斯多亚),或者等同于由意愿这一心灵能力而来的欲求(奥古斯丁)。

这一相似性引导着部分学者断言奥古斯丁的情感理论直接来自斯多亚派,只不过是将其唯理智论的(intellectualistic)主张替换为唯意愿论的解释。[1] 然而,这一解释的直接后果是将我们的情感经验等同于意愿对相关冲动的主动认可,而在认可之前我们所经受的身心变化则被排除在"情感"这一概念之外。这就无可避免地和《上帝之城》第九卷中的主张相冲突,在那里奥古斯丁认为圣人尽管并不认可情感但仍然会为情所动,斯多亚派哲学家在暴风雨中灵魂战栗紧缩,这些非出自愿的不自觉地情感反应都被看作是心灵为情所动的明确表现,而它们和肉欲一样,显然不是意愿的行为。[2]

不幸的是,在《上帝之城》中,奥古斯丁没有对上述理论冲突做出进一步的解释。他默认情感现象中心灵一开始的回应,尽管是不自觉的或者说先于意愿的决断,但已经是情感的明确标示。然而,不清楚的是,这些灵魂当即发生的、不可抑制的波动如何能包含真正的意愿或意愿的认可。要捍卫《上帝之城》第十四卷第六章以意愿为核心的情感理论,就必须明确地说明意愿在情感形成的初始阶段的作用,无论它如

---

[1] 见 G. O'Daly 1987, 89; Bonnie Kent 甚至断言奥古斯丁并不区分情感和意愿,见 Kent 2001, 221。

[2] 德国学者 Johannes Brachtendorf 正确地指出了这两种情感理论可能存在的冲突,但他认为它们根本不可调和,见 id. 1997, 300。

何隐蔽。[1] 在下一节中,我们将仔细地考察奥古斯丁有关有罪的欲望(*cupiditas*)形成三阶段的分析,以此来展示他如何确认最初的情感回应中所包含的意愿的默认(*an implicit assent of the will*)。奥古斯丁对欲望的最初阶段的创造性诠释,尽管不忠实于斯多亚的情感理论,但为我们提供了对意愿和情感生活更加精致而深刻的理解。[2]

---

〔1〕 这一挑战在最近的学术界中还没有得到认真对待。例如,Richard Sorabji 只是宣称奥古斯丁视而不见斯多亚派有关不自觉的最初波动和基于决断的情感之间的区别,见 Sorabji, 2000, 276-280。Simo Knuuttila 在回应 Sorabji 对奥古斯丁的情感理论的批评时,也只是断言奥古斯丁接受斯多亚的情感理论,其意旨在于揭示原罪已经渗透到我们对心灵印象的最初回应这一层面。在讨论情感和意愿的关联时,Knuuttila 正确地注意到意愿在我们的行为中的不同呈现,并且坚持情感的最初阶段可以称为自愿的仅仅在于它们的性质和强度都受到习性的影响,而习性则奠立于意愿的决断之上(例如,*conf.* VIII, 5, 11; *s. dom. mon..* I, 12, 34)。然而,Knuuttila 忽略了意愿在印象的形成过程和我们的最初回应中的作用,而只是认为情感的最初波动属于灵魂较低的情感部分。而且 Knuuttila 还宣称奥古斯丁并不认为这一最初的快感或者欲求是有罪的,他完全忽视了奥古斯丁在其后期论著中立场的转变,这一点将在后文对《三一论》相关文本的分析中阐明。

〔2〕 正如索拉布吉所言,奥古斯丁有关最初波动的论述完全依赖于格利乌斯对斯多亚派理论的转述,后者自身就容易让人误解,这导致奥古斯丁最终扭曲了斯多亚派的 *primus motus* 这一概念。见 Sorabji 2000, esp. 375-384。然而,我们并不能由此断定奥古斯丁全然无视最初的情感回应和完整的情感之间的区别。当奥古斯丁在《〈旧约〉前七经问答》中再次提到格利乌斯所讲述的这一故事时,他论述道,即使承认斯多亚派圣人可以不为情所困(*perturbatio*),但这并不意味着他没有情感(*affectiones*)。当然,在《上帝之城》中奥古斯丁并没有在术语上做出这一区别。见 *qu. hep.* I, 30. "De eo quod scriptum est: *Circa solis autem occasum pauor irruit super Abraham, et ecce timor magnus incidit ei*; tractanda est ista quaestio, propter eos qui contendunt perturbationes istas non cadere in animum sapientis; utrum tale aliquid sit quale A. Gellius commemorat in libris *Noctium Atticarum*, quemdam philosophum in magna maris tempestate turbatum, cum esset in naui et animaduersum a quodam luxurioso adolescente; qui cum ei post transactum periculum insultaret, quod philosophus cito perturbatus esset, cum ipse neque timuerit neque palluerit; respondit, ideo illum non perturbatum, quia nequissimae animae suae nihil timere deberet, quod nec digna esset pro qua aliquid timeretur. Ceteris autem studiosis, qui in naui fuerant, exspectantibus protulit librum quemdam Epicteti stoici, ubi legebatur non ita placuisse Stoicis, nullam talem perturbationem cadere in animum sapientis, quasi nihil tale in eorum appareret affectibus, sed perturbationibus ab eis definiri, cum ratio talibus motibus cederet; cum autem non cederet, non dicendam perturbationem. Sed considerandum est quemadmodum hoc dicat A. Gellius, et diligenter inserendum." 有关这段文本的评述,见 J. Brachtendorf 1997, 298-299; S. Byres 2003, 437-438。

第二节　情感的最初波动与意愿

一　塞涅卡论情感的"最初波动"

在进入奥古斯丁有关欲望生成的讨论之前,有必要简短地评述塞涅卡对情感的"最初波动"(*primus motus*)所做出的斯多亚派正统解释。这基于如下理由:首先,有学者指出这一概念很可能由塞涅卡本人自创。[1] 其次,塞涅卡也用 uoluntas 这一术语来指代心灵的认可,以此作为情感(如愤怒)形成的本质构成要素。[2] 最后,正如学者们已经注意到,奥古斯丁对欲望的三分乃是以塞涅卡对情感形成中的三次波动为模本。[3]

塞涅卡发展(如果不是发明)了"最初波动"这一概念来调和斯多亚传统中的两种情感观念。[4] 一种将情感定义为心灵中不服从理性的活动,这一定义可以追溯到斯多亚派的创始者芝诺(Zeno of Citium)[5],而奥古斯丁之前在《上帝之城》第八卷中引述的正是这一著名

---

[1]　见 Sorbaji 2000, 61,亦见 Inwood 1993, 150-183。亦有学者将这一情感中包含的初始冲动概念归于更早的思想家,见 Graver 1999, 300-325;Stevens 2000, 139-168。

[2]　见 Seneca *De ira*, II, 1, 4. "Nobis placet nihil illam per se audere sed animo approbante; nam speciem capere acceptae iniuriae et ultionem eius concupiscere et utrumque coniungere, nec laedi se debuisse et uindicari debere, non est eius impetus qui sine uoluntate nostra concitatur." 有关塞涅卡著作中 uoluntas 这一概念的研究,见 R. Sorabji 2000, 328-330;Inwood 2005, 132-156。

[3]　例如 Byres, 2003,尤见 notes 5 和 24。

[4]　见 Sorbaji, 2000, 61;亦见 Inwood 1993。

[5]　Cf. Stobaeus, *Anthologium*, II, 88, 8;Cicero, *De officiis*, I, 136;Galen, *De placitis Hippocratis et Platonis*, V, 1, 4. 引自 Sorabji 2000, 55.

定义。[1] 另一种定义则包含在前文提到的格利乌斯的报告中:情感即某种特定的理性判断。这一主张可以回溯到克里希普(Chrysippius),他被尊称为斯多亚派的第二创始人。[2] 这两种主张很自然地导致如下问题:情感如果是理性判断,它如何能不服从心灵或理性自身? 塞涅卡因此确定情感形成中存在三个不同阶段或不同的波动。

> 且让你知晓情感如何开始,如何滋长或产生影响:那最初的波动是无意的(non uoluntarius),它好似情感的预备或是某种预兆。其后的[波动]伴随着意愿(cum uoluntate),但并不坚决——举例说,我可能会因为自己受了伤害而认为应当进行报复,或者是因为有人犯下了罪行而认为应当施予惩罚。第三波动则完全不受控制,它完全压倒了理性,它寻求不计一切地报复,而不仅仅是按照适当的方式。"[3]

毫无疑问,这一进程的第二阶段代表着意愿的认可,它建立在理性判断(iudicium)的基础上,确定在一定条件下发泄怒气的冲动(impetus)的合法性。这一判断确认了行为主体受到伤害或不公正对待这一印象,并且因此决意要进行报复。[4] 当这一决定付诸实施时(efferatur),它却

---

[1] *ciu. Dei* VIII, 17. "... quia uerbum de uerbo πάθος "passio" diceretur motus animi contra rationem."

[2] 参见 Galen, *De placitis Hippocratis et Platonis*, V, 1, 4. 有关克里希普将情感等同于判断的评述,见 Sorabji 2000, 29-54。

[3] Seneca, *De ira*, II, 4, 1. "Et ut scias quemadmodum incipiant affectus aut crescant aut efferantur, est primus motus non uoluntarius, quasi praeparatio affectus et quaedam comminatio; alter cum uoluntate non contumaci tamquam oporteat me uindicari cum laesus sim aut oporteat hunc poenas dare cum scelus fecerit; tertius motus est iam impotens, qui non si oportet ulcisci uult sed utique, qui rationem euicit."

[4] Ibid., II, 3, 5. "Ergo prima illa agitatio animi quam species iniuriae incussit non magis ira est quam ipsa iniuriae species; ille sequens impetus qui speciem iniuriae non tantum accepit sed approbauit ira est, concitatio animi ad ultionem uoluntate et iudicio pergentis."

变得全然不可控制,而且通过忽略报复的适当性(si oportet)而压倒了之前的理性判断。简而言之,在情感中,一个错误的理性判断最终导致不服从判断自身的情感波动。正如索拉布吉令人信服的论证所示,将理性判断和它实际效果相分离,这解释了斯多亚派情感的不同定义之间的表面冲突。[1]

在这一解释模型中,塞涅卡将情感形成过程中最初的不安或激动界定为心灵的不自觉或者说不情愿的波动,它们先于理性的判断。[2] 由于不包含理性判断以及随后的情感行为,这些先于心灵认可的波动,借用塞涅卡在《论愤怒》中所使用的术语,它们并非要去表达情感的明确冲动(impetus)。[3]

在愤怒这一案例中,塞涅卡相信最初的激动不安或震动,是由某种受到不公对待的印象(species iniustitiae)所激发(incussit)。[4] 这一印象完全随机而发,例如,舞台上的虚拟情景,或是历史文献中有关不义的场景的刻画,甚至是军号声都可能造成这样的印象。[5] 相应地,对这一印象的即时反应也自发产生,并且和冲击心灵的这些偶发图像紧密相连。

与奥古斯丁强调情感的必然性相似,塞涅卡也承认这些心灵非自

---

[1] Sorabji 2000, 55-65,尤见 62。

[2] 这一对于未加认可的情感冲动的在先性,而不仅仅是独立性的强调,被认为是塞涅卡情感心理学的原创性贡献。见 Sorabji 2000, 67。

[3] Seneca, De ira, II, 3, 4. 值得注意的是在另一处有关情感形成的分析中,塞涅卡用"impetus"这一术语来指心灵印象所诱发的情感倾向,亦即心灵最初所经受的不安或激动。见氏著 Epistulae morales 113, 18. "Omne rationale animal nihil agit nisi primum specie alicuius rei inritatum est, deinde impetum cepit, deinde adsensio confirmauit hunc impetum." Brad Inwood 因此区分复杂冲动和单纯冲动。后者可以不反映我们的意愿,因而不是真正的冲动。见 Inwood 1993, 172。

[4] Seneca, De ira, II, 3, 5. 见第66页注释[4]。

[5] Ibid., II, 2, 3-4.

觉的反应乃是由于人性的某种内在特点而生,因此即使是圣人也难以豁免。[1] 这一反应在一定程度上体现着我们的性格,但它决不能等同于完全的情感,后者乃是建立于心灵的决断之上,哪怕是错误地使用理性做出的判断。举例来说,一个人在表演或观看戏剧时所产生的情感反应显然不是愤怒情感的真正表达,因为他的心灵并不愿意受这些不自觉的反应推动而有所行动,进而不计一切地去报复或者实施惩戒。因此,这些即刻的心灵回应,用塞涅卡自己的话说,只是"情感的发端、前奏"(*principia proludentia affectibus*)。[2]

在这些对心灵印象的心理反应之外,塞涅卡还列举了若干往往被误认为情感的自愿表达的生理波动,例如脸色苍白(*pallor*)、哭泣、性兴奋(*irritatio umoris obsceni*)、叹惜、眨眼等。这当中,在面临危险时脸色苍白已经显示为理解奥古斯丁《上帝之城》第九卷中情感理论的关键。这些类别的波动,在塞涅卡看来,并不是情感的标示和心灵的指针,因为这些现象不过是身体的不安和冲动。[3] 这些身体的不自觉活动,如同心灵最初的搅扰一样,不在我们的能力内,也不服从理性。[4] 塞涅卡还强调即使是有德行的人们也不能免除这些生理反应,它们反映着人性的自然局限。

---

[1] Seneca, *De ira* II, 2, 2. "… est enim uoluntarium animi uitium, non ex his quae condicione quadam humanae sortis eueniunt ideoque etiam sapientissimis accidunt, inter quae et primus ille ictus animi ponendus est qui nos post opinionem iniuriae mouet."

[2] Ibid., II, 2, 5. "… sed omnia ista motus sunt animorum moueri nolentium nec affectus sed principia proludentia affectibus."

[3] Ibid., II, 3, 2. "Nam si quis pallorem et lacrimas procidentis et irritationem umoris obsceni altumue suspirium et oculos subito acriores aut quid his simile indicium affectus animique signum putat, fallitur nec intellegit corporis hos esse pulsus."

[4] Ibid., II, 2, 1. "Omnes enim motus qui non uolumtate nostra fiunt inuicti et ineuitabiles sunt, ut horror frigida aspersis, ad quosdam tactus aspernatio; ad peiores nuntios subriguntur pili et rubor ad impoba uerba suffunditur sequiturque uertigo praerupta cernentis; quorum quia nihil in nostra potestate est, nulla quo minus fiant ratio persuadet."

而在格利乌斯和奥古斯丁讲述的故事中,那位斯多亚哲学家同样诉诸上述理论,用心灵认同前的心理和生理反应来解释他在风暴中略显胆怯的表现。他坚持认为最初的震动,例如脸色苍白(pallor)或战栗(pauor),都来自不由自主的心灵图像。而且,尽管心灵无可避免地经受这样的波动或者说为其触动,但却并不是必然地要认可。他同时强调理性的判断或者决断的能力始终保持不变,决定着心灵的认可或否认。[1]理清了斯多亚派的"最初波动"这一概念,我们来看奥古斯丁如何论证这些先于意愿决断的波动可以被算作情感的明确标志。

二 奥古斯丁对"最初波动"的早期反思

早在388—389年,奥古斯丁撰写《〈创世纪〉解:驳摩尼教》,第一次尝试解析《创世纪》中的创世神话来对抗摩尼教的二元宇宙观。此时,他就已经采用斯多亚派的术语来分析有罪的欲望的形成过程。他将这一心理过程和亚当夏娃在伊甸园中最初的罪相类比:

> 直到如今,当我们中的任何一人堕入罪恶时,所发生的不外乎如下三者:蛇、女人和男人。首先是暗示(suggestio),或者在我们的念想(cogitatio)中,或者来自身体感官,诸如看、触、听、尝、嗅。如果,当暗示已经形成,而我们的欲望却没有被推动着(moueri)朝向罪,那么蛇的诡计就没有得逞。而如果欲望被推动了,那么,这就仿佛女人已经被说服了。但是,有时理性能够警醒地遏制已经唤起的欲望,并且使其平息下来。如果是这样的话,我们就没有堕入罪,而是通过一定的抗争赢得荣誉。如果理性确实地认可(con-

---

[1] 见 Aulus Gellius, *Noctes Atticae* 19, 1. *ciu. Dei* IX, 4,见第58页注释[1]—[2]以及第59页注释[1]。

sentire)并且决定(*decernere*)我们的欲念(*libido*)所要求的应当被实现,那么,他就因此远离至福生活,如同男人被驱逐出乐园。罪就已经可以算在他头上,即使这有罪的欲望没有被实现,这是由于良知因着[心灵的]认可就招致罪恶。[1]

奥古斯丁将罪的完成解析为三个步骤。其中,来自斯多亚情感理论,特别是塞涅卡有关愤怒生成的诠释的影响清晰可辨:与塞涅卡所谈到的心灵初始的焦虑不安或单纯冲动相似,奥古斯丁也承认先于并且独立于理性认可的情感波动,他把它也称为欲望(*cupiditas*)。其次,这一欲求也被看作是对我们的心灵图像或暗示的回应,它或者来自心灵内部或者来自感觉。正是理性的认可,而不是单纯的念想或者心灵图像自身,使得这初始的冲动成为一个确定的指向禁制之物的罪行。此处,奥古斯丁细致地区分了理性判断在其中所起的两个不同层次的作用:一是仅仅在内心里认可这一情感倾向;而另一层则是决意将其付诸公开的行为。奥古斯丁强调单纯的认可足以表明罪的完成。

上述分析在略加修订后也收录在奥古斯丁完成于 394 年的论著《论登山宝训》中。他借此来评述基督的教诲:"凡注视妇女,有意贪恋她的,他已在心里奸淫了她。"(《马太福音》5:28)奥古斯丁在此明确地将最初的暗示等同于 *phantasmata*,亦即前文所提到的心灵图像,塞涅

---

[1] *Gn. adu. Man.* II, 14, 21 "Etiam nunc in unoquoque nostrum nihil aliud agitur, cum ad peccatum quisque delabitur, quam tunc actum est in illis tribus, serpente, muliere, et uiro. Nam primo fit suggestio siue per cogitationem, siue per sensus corporis, uel uidendo, uel tangendo, uel audiendo, uel gustando, uel olfaciendo: quae suggestio cum facta fuerit, si cupiditas nostra non mouebitur ad peccandum, excludetur serpentis astutia; si autem mota fuerit, quasi mulieri iam persuasum erit. Sed aliquando ratio uiriliter etiam commotam cupiditatem refrenat atque compescit. Quod cum fit, non labimur in peccatum, sed cum aliquanta luctatione coronamur. Si autem ratio consentiat, et quod libido commouerit, faciendum esse decernat, ab omni uita beata tamquam de paradiso expellitur homo. Iam enim peccatum imputatur, etiamsi non subsequatur factum; quoniam rea tenetur in consensione conscientia."

卡称为"显现"(uisa)。而与夏娃相当的第二步,则不再称为欲望或欲念,而是代之以快感(delectatio)或欲求(appetitus),以此作为对心灵图像的当下回应。同时,心灵的认可也再一次却认为罪在我们内心得以完成的决定性因素。[1]

简而言之,暗示、欲望或快感、认可可以看作大致相应于塞涅卡所说的显现、最初波动、意愿或判断。二者显著的区别在于斯多亚派绝不会接受用欲望或者快感来指代先于理性认可的情感波动,因为它们已经是完成的情感,预设了心灵的认同。与此相反,奥古斯丁把这些心理活动只看作是心灵的骚动,它必须同那些指向非法对象并且经由心灵认可的明确意向区别开来。[2] 通过将上述三个阶段类比于蛇、夏娃和亚当,奥古斯丁确认最初的念想和当下的回应(以欲望或快感为形式)都不是有罪的,只要理性作为心灵的决定性力量并没有认可这些行为倾向。

然而,需要谨慎的是,不可因此断言灵魂的最初波动泛泛而言在道德上是完全中立的。我们需要注意到人类始祖亚当和夏娃的灵魂在冒犯上帝之前,被认为是处于蒙受福佑的状态中,与我们这些在可以朽坏的世界中的灵魂全然不同。即使在奥古斯丁的第一部《创世纪》注解中,他坚持认为在乐园中肉体里也有欲望,但它并非我们今天的肉欲(concu-

---

[1] s. dom. mon. I, 12, 34, "Nam tria sunt quibus impletur peccatum: suggestione, delectatione, consensione. Suggestio, siue per memoriam fit siue per corporis sensus, cum aliquid uidemus uel audimus uel olfacimus uel gustamus uel tangimus. Quod si frui delectauerit, delectatio illicita refrenanda est. Velut cum ieiunamus et uisis cibis palati appetitus adsurgit, non fit nisi delectatione; sed huic tamen non consentimus, et eam dominantis rationis iure cohibemus. Si autem consensio facta fuerit, plenum peccatum erit, notum Deo in corde nostro, etiamsi facto non innotescat hominibus."

[2] Ibid., 相关评述见 Sorabji 2000, 372。

piscentia carnis)和人的灵性相抵牾,正相反,它必然顺从理性。[1] 因此,由蛇的暗示所唤起的初始欲求或者快感,至少在伊甸园里,它还不是与理性相冲突的心灵骚乱。而且,乐园中没有羞这一情感的假定也证实了亚当和夏娃灵魂的单一性以及他们原罪之前的贞洁。[2]

在《论登山宝训》中,奥古斯丁还意识到在肉欲形成习惯之前,几乎没有快感,或者我们很难察觉到它的在场。[3] 因此,魔鬼的暗示或诱惑在从未经历过肉欲的夏娃心中所唤起的最初的快感,显然不是一种不可抗拒的心理冲力,如同尘世中的我们的情感波动一样。所有这些都指向亚当和夏娃曾经享有的完全自由。在其思想的这一早期阶段,奥古斯丁甚至还认为耶稣的使徒们同样分有这一免受情感张力搅扰的自由。[4] 考虑到这一点,当心灵认可蛇不怀好意的暗示和初始的

---

[1] *Gn. adu. Man.* II, 12, 16. "Deinde, ut quisque huic suae parti recte dominetur, et fiat quasi coniugalis in seipso, ut caro non concupiscat aduersus spiritum, sed spiritui subiugetur, id est concupiscentia carnalis non aduersetur rationi, sed potius obtemperando desinat esse carnalis, opus habet perfecta sapientia."

[2] Ibid., II, 13, 19. "Quod autem nudi erant Adam et mulier eius, et non confundebantur, simplicitatem animae castitatemque significant."

[3] *s. dom. mon.*, I, 12, 34. "Verum tamen delectatio ante consuetudinem uel nulla est uel tam tenuis, ut prope nulla sit; cui consentire magnum peccatum est, cum est illicita."

[4] Ibid, I, 4, 11-12. 在其晚年反思这一著作时,奥古斯丁明确地放弃了这一信念。见 *Retr.* I, 19, 1-2, "In quorum (*sc. s. dom. mon.*) primo propter id quod scriptum est: *Beati pacifici quoniam ipsi filii Dei uocabuntur, Sapientia*, inquam, *congruit pacificis, in quibus iam ordinata sunt omnia nullusque motus aduersus rationem rebellis est, sed cuncta obtemperant spiritui hominis, cum et ipse obtemperat Deo.* Quod merito mouet quomodo dixerim. Non enim cuiquam prouenire in hac uita potest, ut lex repugnans *legi mentis* omnino non sit in membris, quando quidem etiamsi ei sic resisteret spiritus hominis, ut in nullum eius laberetur assensum, non ideo tamen illa non repugnaret. Proinde quod alio loco, cum eamdem sententiam euangelicam repetens dixissem: *Beati pacifici quoniam ipsi filii Dei uocabuntur*, adiunxi dicens: *Et ista quidem in hac uita compleri possunt, sicut completa esse in Apostolis credimus*, sic accipiendum est, non ut in Apostolis hic uiuentibus nullum carnis motum arbitremur spiritui repugnasse, sed hactenus hic ista posse compleri, quatenus in Apostolis credimus esse completa, ea mensura scilicet perfectionis humanae, quanta in hac uita potest esse perfectio."

快感时,这是完全自愿的认可,是心灵完全自由的决定。罪,特别是人类最初的罪的自愿性特征,正是奥古斯丁早期道德神学著作的一个重要论题,他以此来对抗摩尼教对善恶的二元论解释。[1] 因此,在这一语境中,奥古斯丁很少关心意愿在其他心理活动中的作用,而是将相关讨论集中在作为我们行为的动力因的心灵的认同之上。无论是在内心中接受那不正当的快感,还是决意将这一欲望转换为实际的行为,都是心灵的认同,它作为决定性因素奠定我们的心灵状态和外在行为的道德特质。

此外,还应当注意到,在术语的使用上,奥古斯丁早期对罪恶欲念形成过程的分析只强调了理性的判断,而没有明确地提到意愿这一能力和理性认可之间的关系。[2] 然而,如所周知,奥古斯丁在其早期思想中,同时承认意愿及其自由决断是我们道德责任的唯一根基。[3] 在上文提到的两段文本中,奥古斯丁简单地接受了斯多亚的传统,以心灵和理性为"认可"的根基。而我在下文中将论证,意愿在情感形成过程中的缺席,乃是由于奥古斯丁尚未明确地将意愿确认为心灵的奠基性力量,如我们在他晚年所写的《上帝之城》第十四卷第九章中所读到的那样。

在奥古斯丁对最初波动的早期反思中,他为心灵初始的快感洗脱罪名的努力和他对人类始祖所犯下的最初的罪行的分析紧密联系在一起。正由于此,奥古斯丁自己晚年在重新思考其早期著作时,明确地质疑我们是否有权将人类堕落前的状态和尘世中的人相类比。[4] 而且,

---

[1] 例如 *duab. an.* 11, 15, "Ergo peccatum est uoluntas retinendi uel consequendi quod iustitia uetat, et unde liberum est abstinere."我们将在第七章中深化这一论题。

[2] 见第71页注释[1]。

[3] 例见 Augustine, *lib. arb.* III, 17, 47-III, 18, 50; *diu. qu.* 3, 4, 24; *uera rel.* 14, 27; *duab. an.* 10, 12。

[4] Cf. *retr.* I, 19, 1-2, 见第72页注释[4]。

由于没有明确认识到意愿在其他心理现象形成中的作用,奥古斯丁未能处理灵魂最初的心理波动是否已经是令人困扰的情感这一难题。由此可见,奥古斯丁早期的最初波动观念受其早期对意愿的理解所限,并不能代表他对这一难题的最终见解。

三 《三一论》第十二卷中的最初波动

奥古斯丁在《三一论》第十二卷中重新考察了情感生成中初始快感的问题。该卷约作于 416 年,一年后,奥古斯丁完成了《上帝之城》的前十卷。[1] 在这不成熟作品中,奥古斯丁提供了对心灵初始波动的不同解释,它植根于对意愿在道德心理学领域的作用更加深刻的理解。奥古斯丁再一次借用了蛇、夏娃和亚当的类比。

> 因此,当心灵的意向(intentio animi)为了理性谋算功能的实现,踊跃地投身于现世的和有形的事物中,而那肉体感觉或动物感觉强加给它一种去享受自身的诱惑(illecebra),也就是说,把这些事物作为某种私己的、个别的善来享受,而不是作为公众的、共同的也就是不变的善来享受,这就好像是蛇在和那女人说话。但是,认可(consentire)这一诱惑,就意味着吃那被禁止的树上的[果子]。然而,如果这一认可(consensus)满足于(contentus)单纯的念想中包含的快感(sola cogitationis delectatio),而肢体受到居于高位的顾问权威的钳制,因此未能交予罪恶,作不义的武器,这在我看来,就如同那女人独自吃了禁制之果。但是如果与此相反,在认可了错误地使用那通过身体感觉而感知到的事物时,还决定无论是

---

[1] 《三一论》的写作日期参考 Madec 1996, 78-79,《上帝之城》的写作日期则见 O'Daly 1999, 34。

何种罪恶,只要有可能,就要让它在身体上实现。这就应当理解为那女人给了她的男人,并且和他一起吃了那违禁之果。这是因为心灵的意向,它掌握了驱使肢体行为,或者阻止肢体的行为的最高能力,只有它打算屈从并且受恶行奴役时,心灵才能决定不仅仅要甜蜜地思考罪恶,而且甚至要将它付诸实效。[1]

将这段叙述与此前引自《〈创世纪〉解:驳摩尼教》的段落并置,我们不难确认其中的关键区别:夏娃所象征的快感不再是先于心灵认可之前的初始欲求,而是一个确定的情感状态,它预设了心灵的默许。换而言之,这一念想所包含的快乐不再是对心灵图像的直接和即刻的反应,而是经过心灵缄默地认可的自发的情感回应。相应地,这一念想的快感(*cogitationis delectatio*),即使心灵没有完全明确认可并将其付诸实效,它已经是对上帝诫命的逾越,也就是去吃那禁制之果。因为这一快感并不被看作对来自我们心灵图像的暗示的自然反应,而是一种特定的情感,它蕴涵着我们心灵的默许,要去享受尘世中可以朽坏的事物自身。这一情感当受斥责,因为它使心灵偏离了对至善的沉思。或者用奥古斯丁的术语来说,它使我们远离智慧之爱(*caritas sapientiae*)转而

---

〔1〕 *trin*. XII, 12, 17. "Cum ergo huic intentioni mentis quae in rebus temporalibus et corporalibus propter actionis officium ratiocinandi uiuacitate uersatur carnalis ille sensus uel animalis ingerit quandam inlecebram fruendi se, id est tamquam bono quodam priuato et proprio non tamquam publico atque communi quod est incommutabile bonum, tunc uelut serpens alloquitur feminam. Huic autem inlecebrae consentire de lingo prohibito manducare est. Sed iste consensus si sola cogitationis delectatione contentus est, superioris uero auctoritate consilii ita *membra* retinentur ut *non exhibeantur iniquitatis arma peccato*, sic habendum existimo uelut cibum uetitum mulier sola comederit. Si autem in consensione male utendi rebus quae per sensum corporis sentiuntur ita decernitur quodcumque peccatum ut si potestas sit etiam corpore compleatur, intellegenda est illa mulier dedisse uiro suo secumsimul edendum inlicitum cibum. Neque enim potest peccatum non solum cogitandum suauiter uerum etiam efficaciter perpetrandum mente decerni nisi et illa mentis intentio penes quam summa potestas est membra in opus mouendi uel ab opere cohibendi malae actioni cedat et seruiat."

贪恋对可变的事物的知识（*scientia*），这使得人类从天堂堕入尘世。[1]

同时，蛇所代表的暗示也不再像前文提到的奥古斯丁早期的释经著作那样，只是指斯多亚派所谈论的心灵印象，而是某种诱惑（*illecebra*）、邀请，它直接指向某种不正当的享受，与我们的心理行为直接相关。也就是说，奥古斯丁的心理图像已经不再只是单纯的认知事件，而是本质上具有道德含义。

回到《三一论》的这段论述，我们注意到奥古斯丁对理性的"认可"（*consensus*），或者心灵对其行为的控制有了更深刻的认识。在这一文本中，除去作为外在的公开行为的动力因的"认可"之外，奥古斯丁开始确认包含在心灵图像所唤起的快感或冲动中所包含的未加言明的（*implicit*）默许。我们可以从心灵能够自由地（*libenter*）保留和衡量这些危险的念想这一事实，分辨出心灵对它们的隐蔽认可。这些念想可以不自觉地违背意愿产生，但是我们对它们的回应，即便是当下的回应，在奥古斯丁看来，仍然是取决于我们的。在它们呈现在我们的脑海里时，我们应当也能够将它们驱逐出去。因此，这一心灵的默许，没有受到外来强迫的影响，它决定着初始快感的道德特质，哪怕此时心灵有关如何行事的明确决断还没有作出。基于这点，奥古斯丁明确地将夏娃在念想这些事物时所感受到的快感明确地界定为应当受惩罚的罪，尽管是轻微的罪行，它远远不如心灵决意要将这一念想在行为中完成时那么严重。[2]

---

[1] *trin*. XII, 11, 16. "Cum enim neglecta caritate sapientiae, quae simper eodem modo manet, concupiscitur scientia ex mutabilium temporaliumque experimento, inflat, non aedificat..."

[2] Ibid., XII, 12, 18. "Nec sane cum sola cogitatione mens oblectatur inlicitis, non quidem decernens esse facienda, tenens tamen et uoluens libenter quae statim ut attigerunt animum respui debuerunt, negandum est esse peccatum sed longe minus quam si et opere statuatur implendum. Et ideo de talibus quoque cogitationibus uenia petenda est..."

需要强调的是,包含在念想快感中的默许,应当同前文中提到的我们在内心中对初始快感的认可区别开来。[1] 后者导向对违禁之物的已经完全成型的欲念,因此应当作为实际的个人之罪(本罪)而受惩戒,即使它只是一个欲望,并没有化作实际行为。因为这已经是一种享乐,它发生在我们的良知中,呈现于上帝之前。然而,在念想快感这一层面,心灵的认可并不是以明确的心灵决断的形式出现,而是对危险的诱惑的未加言明的默许。

这一微妙的区别也体现在奥古斯丁对相关词汇的选择上,他用 *contentus*(满意)来刻画夏娃食禁果的行为所代表的心灵状态。这一认可或默许满足于因它当下的心灵状态中所包含的初始快感,也就是满足于念及违禁之物所带来的快感。举例来说,在前文提到的贪恋女子这一案例中,我们不难设想有这样一种初始的默许,它沉溺于一般而言的女子的形体之美中,沉溺于能够享受这尘世之美的念想,以及这一念想所带来的快感。在奥古斯丁看来,这一快感当受指摘,因为它源自心灵的认可,尽管没有言明,但它阻碍着心灵的理性官能去沉思永恒不变之善。我们所讨论的这一初始的默许并不必然导致心灵的明确认可,或者心灵对某个具体的女子的确定情感或是欲念。因为它完全可以保持为对女子躯体之美的朦胧之爱(an indeterminate love),而不必转化成对某个特定女子的具体之爱。此外,这两种认同同样不同于心灵最终将其在一定条件下转化为实际行为的决意,后者包含着心灵更加主

---

[1] S. Knuuttila 未能注意到夏娃所象征的快感已经包含了心灵隐蔽的认可,他把《三一论》XII,12,18 中提到的最初的认可等同于内心对初始快感的认可,这一盲点使他错误地认为在《三一论》中初始的念想快感仍然是无可指责的,并因此误以为奥古斯丁的相关立场并没有任何变化。见 Knuuttila 2004,170。

动的参与,它要思虑具体的现实条件和将情感付诸实效的可能性等等。[1]

在这里要强调的是,心灵认可不同层面的呈现不应当剥离开来,仿佛它们是来自灵魂的三种不同功能。奥古斯丁坚持认为,即使只有夏娃吃了那果子,整个人类也要受谴责。考虑到夏娃的象征意义,这就意味着只要心灵默许了那违禁的诱惑,那么整个心灵都将被证明为有罪。[2]此处的蛇、女人和男人只是同一心灵不同行为的象征。与奥古斯丁前期的讨论相对立,这些不同的行为明确地归诸于心灵意向(*intentio animi*)的不同表达。随后,奥古斯丁又明确地将心灵意向等同于意愿这一心灵能力:

> 因为这是同一位格(*persona*),也就是同一个人,他应该作为整体而受谴责,除非这些被视为纯粹的念想之罪(*solius cogitationis peccata*)经由中保者[基督](*Mediator*)的恩典而被赦免,因为尽管它们不包含付诸行为的意愿(*uoluntas operandi*),但却包含取悦心灵的意愿(*uoluntas oblectandi*)。[3]

在这一论述中明确强调的是同一意愿能力决定着对违禁的快感未言明

---

〔1〕 在前文引用的《三一论》段落中,奥古斯丁将最后两种心灵的认可(内心的认可与付诸行为的认可)合并为心灵将初始快感付诸实效的决断。然而,联系奥古斯丁早年的相关讨论,我们不难确认他成熟思想中所包含的三种不同层次的心灵认可。在这里,内心的认可与付诸行为的认可间的区别,没有被提出来,首先是因为这一区别已经在早年的释经著作中得到澄清。其次,《三一论》第十二卷的目的在于内在的人包含着上帝的肖像,它所关注的是个人的内心生活。至于情感这样的内心活动如何转化为外在的身体行为并非焦点所在。

〔2〕 Knuuttila因此将夏娃等同于心灵的情感层面,认为奥古斯丁如同柏拉图一样确认了灵魂较低的情感部分,这无疑忽视了奥古斯丁对心灵奠立于意愿官能之上的统一性的强调。见 Knuuttila 2004,170-171。

〔3〕 *trin*. XII, 12, 18. "Haec quippe una persona est, unus homo est, totusque damnabitur nisi haec quae sine uoluntate operandi sed tamen cum uoluntate animum talibus oblectandi solius cogitationis sentiuntur esse peccata per mediatoris gratiam remittantur."

的默许以及使灵魂的初始骚动得以完成的明确决定：或者使它成为特定的欲念这一情感,或者使它成为一个实际的身体行为。也正是意愿的这一出场使得它们从自然的生理心理反应转变为道德事件。

虽然如此,夏娃所象征的快感,尽管伴随着意愿最初的默许,仍然不能混同于完全实现的情感,例如对某一个特定的禁制之物的欲念。以上的论述已经提到了奥古斯丁所提供的神学理由。前者只是轻微的过犯(venial sins),而后者则是不折不扣的本罪(personal sin)。这一论断同样可以通过如下证据加以确立。因为意愿的在场并不表明初始的念想快感,作为对来自心灵图像的诱惑的当下回应因此就可以视为自愿的行为。

首先,正如我们在下一章中将进一步指明的,奥古斯丁对羞感的分析表明生理快感作为对身体感觉的直接回应,完全可以被强加给心灵,而不顾及他或她自己的意愿。例如,当人的身体被暴力侵犯的时候,完全有可能违背意愿地感受到肉体的快乐。[1]

其次,正如奥古斯丁早年在评述欲念的形成过程时已经表明的,这一初始快感的强度受我们习得的习性(consuetudo)左右。[2] 这一习性的形成源自我们自愿地受这些预备情感(preliminary affections)奴役,而当它一再反复并且没有被理性纠正或抵御,它反过来又成为我们初

---

[1] 见奥古斯丁对411年罗马陷落期间遭受身体暴力但并没有蒙羞自杀的基督教妇女的辩护,*ciu. Dei* I, 16, "Sit igitur in primis positum atque firmatum uirtutem, qua recte uiuitur, ab animi sede membris corporis imperare sanctumque corpus usu fieri sanctae uoluntatis, qua inconcussa ac stabili permanente, quidquid alius de corpore uel in corpore fecerit, quod sine peccato proprio non ualeat euitari, praeter culpam esse patientis. Sed quia non solum quod ad dolorem, uerum etiam quod ad libidinem pertinet, in corpore alieno perpetrari potest: quidquid tale factum fuerit, etsi retentam constantissimo animo pudicitiam non excutit, tamen pudorem incutit, ne credatur factum cum mentis etiam uoluntate, quod fieri fortasse sine carnis aliqua uoluptate non potuit." 相关评述,见本书第三章。

[2] s. *dom. mon.*,. I, 12, 34. Cf. Knuuttila 2004, 169.

始情感的不自愿的原因。如果这一习惯性的情感回应没有导致指向违禁对象的明确欲念,它就应当被看作是无意的罪(an involuntary sin),同那些由心灵自愿的自由决断所导致的罪区别开来。[1]

再次,奥古斯丁相信在乐园中不存在令人困扰的情感骚动,不存在那些违背我们意愿的妨碍理性活动的心理波动。亚当和夏娃享有完全的免受心灵的非理性波动搅扰的自由。[2]而作为他们的原初的罪行的后果,这一自由不可逆转地丧失了,尘世中的人在出生时就伴随着不顺从的肉欲(*concupiscentia carnis*)。在被逐出乐园后,人类才开始被恐惧、痛苦等情感所折磨。

最后,奥古斯丁有关基督情感的描述迂回地肯定了常人情感波动的无意性。根据圣母玛丽亚无玷受孕教义,基督并未受肉欲的感染,因此他的一生如古井无波,不受心灵的非理性和无意的波动左右。然而,基督同时却展现了那些内在于他的身体和心灵之中的真实情感,例如悲伤、愤怒等等,但它们却是完全的自愿行为:"确实,正是他愿意,他才接受这些情感到他作为人的心灵中来,这正如同正是他愿意,他才成了人。"[3]简而言之,基督的情感完全是他自己的意愿行为。情感波动的这一理想状态恰好说明在我们这并不完满的人生中,情感包含着无意的、不自觉的方面,因此需要治愈和修复。

至此,我们呈现了情感最初波动的两个不同侧面。那单纯念想的快感既是人性自身所限定的无意反应,同时又是包含着意愿默许的真实情感。

---

[1] *conf.* VIII, 5, 10-11;*c. Iul. imp.* I, 105. 有关奥古斯丁习性(*consuetudo*)这一概念的细致研究,参见 Prendille 1972, 29-99;而有关习性所导致的无意之罪,参见 7.2.2。

[2] *ciu. Dei* XIV, 10.

[3] *ciu. Dei* XIV, 9. "Verum ille hos motus certae dispensationis gratia ita cum uoluit suscepit animo humano, ut cum uoluit factus est homo."

一方面,心灵最初的波动受到心理强制力的作用,它既来自我们习得的习性,也来自我们与生俱来的不服从理性的对可朽世界的内在倾向。我们在第一章中已经看到,奥古斯丁把后者称为"肉欲"(*concupiscentia carnis*),并认为它来自我们的原罪。其次,那在我们心灵中激发情感初始波动的东西,无论是心灵图像还是外在的诱惑,都不在我们的权能之内。[1] 我们最初的情感反应如此紧密地与心灵图像及其强力诱惑联结在一起,仿佛它们必然伴随着这些不可控的念头出现,例如,当心灵中出现某种危险的图景时,我们本能地不安战栗。简单说,这一初始的恐惧不受意愿的控制,这一事实在于人性自身的软弱。

　　另一方面,这一心理现象同时也是灵魂本真的情感波动,它回应着单纯的念头。我们已经提到,在奥古斯丁的本体论秩序中,身体不能直接作用于灵魂,除非心灵的意向(*intentio animi*)参与其中。[2] 由于这一点,即使是对有形物体的外在视觉,没有心灵的注意,它也不能得以形成。[3] 而我们从记忆中重构的内在图像则同样预设了这一意向的连接功能。[4] 因此,斯多亚派所说的 *phantasiae*(心灵图像)被奥古斯丁解释为心灵意向的构造,而心灵的意向和心灵的意愿(*uoluntas animi*)实

---

[1] cf. Augustine, *De spiritu et littera*. 34, 60. "nemo habet in potestate quid ei ueniat in mentem, sed consentire uel dissentire propriae uoluntatis est." 亦见 *ges. Pel.* 4, 12; *perseu.* 8, 19.

[2] 参见第26页注释[1]。

[3] *trin*. XI, 2, 2. "Cum igitur aliquod corpus uidemus, haec tria, quod facillimum est, consideranda sunt et dinoscenda. Primo, ipsa res quam uidemus,… deinde, uisio,… tertio quod in ea re quae uidetur quamdiu uidetur sensum detinet oculorum, id est animi intentio."

[4] Ibid., XI, 3, 6.

际上别无二致。[1] 与意愿在我们的感知、记忆等认知活动中的基础作用相应，我们对这些图像或念头的情感回应也不可能没有意愿的贡献，关键仍然在于澄清这一贡献的特质。

在认知过程中，意愿的任务仅仅在于连接或分离感官与可感对象，记忆与感觉等，以此获得或避免一定的心灵图像。[2] 意愿的这一功能被正确地解释为心灵的意向或注意(*intentio atque attentio animi*)。[3] 注意力作为认识过程中一个必要的连接环节，它并不必然表明心灵将这些认知图像接受为道德上善的图像，这取决于意愿更高层次的功能。我们常常能察觉到我们所恨的恶，却未能注意到我们所爱的善，意愿不得不承受那些发生在我们的感觉里并侵入我们心灵的东西。[4]

与此相对，初始情感的出现，例如初始的念想的快感，它实质性地包含了意愿对来自心灵图像的诱惑的默许。这一引诱(*illecebra*)，乃是理解意愿在情感反应中的贡献的关键。心灵在此面对的不仅仅是来自认知活动的心灵图像，而且还有包含在上述图像中的行动的暗示。[5] 由于它和行为的本质关联，我们这里所讨论的暗示可能是恶也

---

[1] *trin.* XI, 2, 5. "... et uoluntas animi quae rei sensibili sensum admouet, in eoque ipsam uisionem tenet." 亦见 XI, 4, 7. "et quod est intentio uoluntatis ad corpus uisum uisionemque copulandam ut fiat ibi quaedam unitas trium... hoc est eadem uoluntatis intentio ad copulandam imaginem corporis quae inest in memoria et uisionem cogitantis, id est formam quam cepit acies animi rediens ad memoriam." 奥古斯丁有关 *phantasiae* 和意愿关联的讨论，可以参见 Solère 2003, 103-136, 尤见 105-106.

[2] *trin.* XI, 8, 15 "Voluntas porro sicut adiungit sensum corpori, sic memoriam sensui, sic cogitantis aciem memoriae. Quae autem conciliat ista atque coniungit, ipsa etiam disiungit ac separat, id est uoluntas."

[3] *mus.* VI, 5, 9-10; *quant.* 25, 48; *uera rel.* 33-36; *Gn. litt.* XII, 16, 33; *trin.* XI. 亦见 O'Daly 1987, 84-87; Solère 2003, 103-136, 尤见 124ff.

[4] *trin.* XI, 8, 15. "Et agit (sc. uoluntas) hoc quantum potest. Nam cum in hac actione propter conditionem seruilis mortalitatis difficultatem patitur, cruciatus est consequens ut uoluntati nihil reliqui fiat nisi tolerantia."

[5] Ibid., XII, 12, 17, 引文见第 75 页注释 [1]。

可能是善,它有待心灵的评估。在奥古斯丁的类比中,这相当于蛇的诱惑。[1] 但是,亚当和夏娃并不会为他们受到诱惑而受谴责,因为他们要意识到这一诱惑,这只包含心灵注意力的集中,而不包含意愿的判断或许可。

然而,对这一有罪的暗示的当下回应,哪怕只是在这个念头中享受些许快感(这由夏娃吃禁制之果所象征),已经包含着对这一暗示在道德上是否适宜的默许。奥古斯丁相信,在伊甸园中,这一默许乃是在亚当和夏娃的能力之内,或者说,是意愿的自由决断,因为他们享有完全的自由,与我们这些生于原罪或肉欲阴影下的人类不同。[2]

通过仔细地考察奥古斯丁的情感理论中的意愿概念,特别是意愿不同层次的认同,我们可以对心灵初始的情感回应有一个更加精确和平衡的认识。它们在此世中不可避免地出现,生动地呈现出意愿内在的有待治愈的软弱。对情感的最初波动这两个侧面的正确理解足以解释我们之前提到的奥古斯丁《上帝之城》情感理论的表面冲突:在第九卷中他着力刻画圣人无意的悲伤和恐惧,而在第十四卷中则强调有意的认同在情感完形中的关键作用。

其次,一旦阐明了意愿在心灵初始的情感回应中的贡献,我们就不难理解意愿在情感生成中的核心作用。以愤怒为例,当一个人产生了被人冒犯的印象,他首先体验到一系列生理反应,诸如脸红心跳、呼吸急促等。这些反应不仅揭示了心灵违背意愿所承受的搅扰,而且也暗示了意愿自身的软弱性。其次,愤怒这一情感表达出一个人在受到冒犯之后意愿的报复倾向。再者,意愿这一能力推动着我们的身体去发

---

[1] *Gn. adu. Man.* II, 14, 21; *s. dom. mon.*. I, 12, 34; *trin.* XII, 12, 17. Sorabji 认为用暗示或者诱惑来取代斯多亚的中立的心灵印象源自奥利金的福音书评注,见 Sorabji 2000, 346。

[2] *ciu. Dei* XIV, 10.

泄心中的怒气,例如,或口出恶言,或拳脚相向,而这些肢体动作无疑都在服从意愿报复的欲望。因此,我们难以想象愤怒这样的特定情感的产生能够不包含意愿的参与,无论是被动的还是主动的。

奥古斯丁的这一情感理论尽管借助了斯多亚派相关论述的基本框架,包括心灵图像、最初波动、心灵的认可等要素。但二者的根本差异清晰可见,其根由在于他们对 uoluntas 这一核心观念的不同理解。在塞涅卡的《论愤怒》中,尽管他也提到意愿及其认同,但它不过是理性判断的另一种称谓,这使得他不得不把情感的最初波动设定为先于心灵认可的无意波动。奥古斯丁承认我们无力控制最初的情感波动,但同时认为这恰好反映了意愿在面对暗示和诱惑时的无力,它不再拥有绝对地进行选择的自由,而总是作为一个本质上有其局限性的现实能力作出相应的决断,决定着心灵不同层面的活动,从感性认知到理性认识,从情感反应到理性行为。在这一对意愿及其软弱性的理论框架中,奥古斯丁更好地呈现出情感的不同阶段与意愿这一心灵的奠基性能力之间的内在关联,从无意的波动中的默许直到明确的情感行为中的自由决断,他在其成熟期著作中因此也提供了一个前后融洽的以意愿为核心的情感理论。尽管他对最初波动的解释背离了斯多亚传统,但却为他更深入地反思原罪对我们情感行为的影响,为我们在后面的章节中理解情感波动这样的无意行为的道德责任敞开了新的可能。

第三章
罪与罚中的羞感与意愿

目前为止,情感主要是作为心灵的搅扰而出现,它和肉欲一样暴露出意愿的软弱和局限。而在《上帝之城》第十四卷中,奥古斯丁同样承认在"上帝之城"里也存在正当的情感(rectas affectiones),它源自正直的爱(rectus amor)。[1] 他将这样的情感刻画为人们在克服了先前我们所提到的种种应受谴责的情感之后,而获得的崭新的情感经历,例如,上帝之城的公民们会为自己偶然产生的有罪的欲望而痛苦。德国学者约翰内斯·布拉赫滕多夫(Johannes Brachtendorf)受哈里·法兰克福(Harry Frankfurt)的启发,将这些反观性的情感称之为二阶情感(second-order affections),它们能够帮助意愿指引其他的情感活动走向正道。[2] 例如,一个有信仰的基督徒会想要受到诱惑,以便坚定他自己的信仰。这样的人也会为自己有罪的欲念而悲叹。在奥古斯丁看

---

[1] ciu. Dei XIV, 9. "... ciues sanctae ciuitatis Dei in huius uitae peregrinatione secundum Deum uiuentes metuunt cupiuntque, dolet gaudentque, et quia rectus est amor eorum, istas omnes affectiones rectas habent."

[2] Brachtendorf 认为这一"二阶情感"的观念可以追溯到西塞罗,后者曾经专门评述阿尔希比亚德如何为自己的无知和自满而悲伤。见西塞罗, *Tusculanarum disputationum* III, 32, 77; IV, 28, 61. 引自 Brachtendorf 1997, 294, n. 18.

来，正是意愿的认同和正当性使得这些二阶的情感表现成为值得嘉许的心灵表现。[1]

在本章中，我将论证羞感(pudor)也属于这一类正面的情感，它的出现展示出在被一阶情感中的无意反应挫伤之后，意愿如何赢回自己的尊严。由于奥古斯丁对于这一情感的洞见长期被误读和埋没，我将从羞感的一般性讨论开始，然后推进到奥古斯丁晚年著作中对这一情感的深度考察。

"羞感文化"(shame-culture)这一术语最初由人类学家们引入，用来刻画以日本为代表的这样一种类型的社会：它接受公众的评断或者其他外在的传统和约束作为道德行为的标准，由此而同强调道德的内在性的西方社会的"罪感文化"(guilt-culture)形成鲜明对照。[2] 在《希腊人和非理性》这部探究希腊文化精神之深远影响的著作中，多兹(E. R. Dodds)将羞感文化这一观念延展到荷马时期的希腊社会。[3] 此后，古典学者们相继指出，对羞(aidos)的道德内涵的强调从荷马时期一直延伸到公元前5世纪，随后强烈地影响了柏拉图和亚里士多德的道德哲学。[4] 当代对希腊文化的研究中，羞感仍然被视为希腊道德观念的核心，这在伯尔纳德·威廉姆斯(Bernard Williams)著名的赛瑟(Sather)古典讲座的标题中表现无遗："羞与必然"，尽管他提供了一种全然不同于前述学者的对羞感的更加内在化的解释。[5] 与羞感文化相对应，罪感文化通常被认为只强调对罪的内在的确认，因此无视外在

---

[1] Cf. *ciu. Dei* IX, 5.
[2] 对羞感与罪感文化的经典考察，见 Benedict 1946，尤见 222-224。而这一文化分类方式又可以追溯到 Margaret Mead 1937 年的著作 *Cooperation and Competition among Primitive Peoples*，参见 Cairns 1993，尤见 27-47。
[3] Dodds 1951，尤见 43-47。
[4] Adkins 1960，尤见 154ff。
[5] Williams 1993，特别见其中第四章对羞和自主性的讨论。

的规范约束。如此看来似乎毋庸置疑,奥古斯丁这一原罪观念最为热诚的捍卫者,对羞这一现象应当没有任何值得留意的论述。而事实上,羞这一主题,特别是它对于奥古斯丁道德哲学的意义,即使在奥古斯丁学界也很少被关注。[1] 学者们通常认定羞在奥古斯丁的价值体系中没有独立的地位,羞仅仅是一种作为对原罪的惩罚而存在的否定性情感,在其中我们体察不到任何对人的本性或是德性的肯定和确认,真正体现奥古斯丁的人性观的是他对人作为罪人的反思和强调。

耐人寻味的是,在最近的研究中,已有学者指出奥古斯丁年轻时内心的争斗和他最终皈依基督教更多地是由羞感而不是由罪感所引导。[2] 这已经暗示了解读奥古斯丁有关羞感的思考的另一种可能。固然,我们不能否认奥古斯丁对羞的讨论大多在原罪和作为惩戒的肉欲(carnis concupiscentia)的语境之中。[3] 但通过细致的解读我们将发现,这并不会减损奥古斯丁对羞这一现象的精辟评述,尤其是他对羞感在人类堕落后出现的深刻的道德心理学的解析和本体论的洞察。在《上帝之城》中,奥古斯丁不仅展示了他对亚当和夏娃最初的羞感的洞察,同时在第一卷中以一整节对卢克莱提亚的传奇中所体现的羞感进行批判性的解读,而这一传奇人物的受辱和出于羞愤的自杀,长期以来则被视为德性的范例(exemplum virtutis)。[4] 重读奥古斯丁对这两个案例的转述和诊断,我深信,必将有助于我们更加深刻地理解羞感和意

---

[1] 只有法国学者 François-Joseph Thonnard 在他为奥古斯丁晚年的《论婚姻与肉欲》的 BA 法文译本的注释中概述了奥古斯丁的羞感心理学,特别提到了《上帝之城》的第十四卷。见 BA 23, 671-675。Donald Capps 则从心理学的角度考察了羞感在奥古斯丁思想发展,尤其是皈依中的作用,见 id. 1990a, 1990b。而 Dennis Trout 则仔细考察了奥古斯丁有关卢克莱提亚的受辱与蒙羞的分析的历史背景,见 id. 1994, 53-70。

[2] Capps, 1990b, 176。

[3] 例见 ciu. Dei XIV, 17-26; Gn litt., XI, 31, 40-34, 46; nup. et conc., 1, 4, 5-6, 7; c. Iul., IV, 16, 82; c. Iul. imp., IV, 44。

[4] Cf. Trout 1994,尤见 61。

愿在高阶的情感反应中的作用。

第一节　卢克莱提亚羞感的悖谬

卢克莱提亚受辱和自杀的传奇故事,尽管它的真实性在当今学界受到普遍质疑,对于罗马人却具有极其重要的道德和政治意义。[1]这个传奇频繁地被罗马的政治家、诗人、历史学家和哲学家引述来阐发他们对自由(无论是个人的还是公众的)和德性(特别是贞节)的理解。《上帝之城》中有关卢克莱提亚的叙述主要源自史学家李维[2]。李维在《建城以来史》中对这一传奇的生动叙述可简要重构如下[3]:

在阿尔代亚(Ardea)被围困的一个夜晚,一群年轻罗马王族开始夸耀他们妻子的品德。克拉丁(Tarquinius Collatinus)坚持说他的妻子卢克莱提亚远胜过其他人,他建议他的伙伴们不妨来一次出其不意的暗访,看看谁的妻子品行最为出色。这群年轻人随即奔赴罗马,发现他们的妻子正在宴饮狂欢。而在克拉提亚(Collatia),卢克莱提亚则坐在大厅里纺线。毫无疑问,桂冠归于这位贤德的夫人,然而这次胜利却将带给她致命的打击,因为她的美丽(*forma*)和贞节(*castitas*)点燃了罗马末代国王塔克文(Tarquinius Superbus)的儿子塞克图斯·塔克文(Sextus Tarquin)的邪恶欲念(*mala libido*)。

几天之后,塞克图斯·塔克文带着个奴隶回到了克拉提亚。入夜,他走进卢克莱提亚的房间,手里拿着匕首,威逼利诱企图动摇卢克莱提

---

[1] Donaldson 1982, 5-12.
[2] 参见 Angus 1906, esp. 28,亦见 Hagendahl 1967, 1:195-206, 2:650-666。而李维和其他古罗马史学家有关卢克莱提亚的叙述,显然来自某个已经亡佚的更早的记载,见 Donaldson 1982, 5。
[3] 见 Livy, *Ab urbe condit* I. 57-60。

亚的心。一切徒劳无功之后,他威胁着要杀掉她并把一个裸体奴隶的尸体放在她身旁,以此宣称他们被捉奸在床而受死。这可能发生的巨大羞辱令卢克莱提亚震惊不已,她屈服了。但是,第二天她召集自己的丈夫和兄弟,让他们每人带一个可信任的朋友作为见证。她向他们讲述了自己的遭遇,坚称"只有身体遭到了践踏,灵魂是无辜的;死亡将为此作见证"[1]。在他们答应为她的受辱报仇之后,卢克莱提亚用匕首刺进了自己的胸膛。随后,贤德的卢克莱提亚的死亡成为了塔克文暴政最为雄辩的证据。在卢克莱提亚自杀的见证人之一小布鲁图斯的领导下,罗马人起来反对并推翻了王族统治,建立了共和国。

李维将卢克莱提亚的受辱和死亡刻画为"德性的例证",这在古代罗马极有影响。正如丹尼斯·特劳特(Dennis Trout)所指出:"对于马西姆斯(Valerius Maximus)、塞涅卡、昆体良和普鲁塔克来说,她的名字就是贞节和一种不同寻常的男子勇气的代名词。"[2]甚至在早期基督教教父中,卢克莱提亚仍然如同德性的星座一般耀眼。德尔图良将卢克莱提亚作为他最喜爱的例子来激励基督徒朝向更贞节的生活。[3]卢克莱提亚同时也在哲罗姆所敬仰的女性名单中占一席之地,这些女性如此珍视自己的贞节,宁愿自杀也不愿苟活在羞辱之中。[4]然而,当奥古斯丁为那些经历了公元411年罗马陷落而幸存下来的基督教妇女辩护时,卢克莱提亚自愿的死亡却成为一个问题:一些基督教女子在罗马的陷落中承受了同样悲惨的命运,但她们却并没有出于羞愤而自杀。卢克莱提亚的事迹很容易被奥古斯丁的论敌用来羞辱这些命运不

---

[1] 见 Livy, *Ab urbe condit*, I. 58 "ceterum corpus est tantum uiolatum, animus insons; mors testis erit."

[2] 见 Trout 1994,61。

[3] Tertullian, *Ad martyras* 4, *De exhortatione castitatis* 13, *De monogamia* 17, *Ad uxorem* I, 6, 引自 Clark 1992, 221-245, 尤见 225。亦见 Trout 1994,61。

[4] Jerome, *Ad Jouinianum*, I, 46, 49, 见 Donaldson 1982, 25, and Trout 1994,62.

济的女子。[1] 身为主教,奥古斯丁自觉有义务捍卫他的基督徒同胞的纯洁,抗辩异教徒对卢克莱提亚守贞的颂扬。给予这些战争的牺牲者以安慰,这一具有护教性质的目的构成了奥古斯丁探究卢克莱提亚的自杀的道德内涵和意蕴的基本背景。[2]

我们暂且略过奥古斯丁这一辩护,直接进入《上帝之城》第一卷第十九节对卢克莱提亚的传奇的重新解读。在简短地重述了李维版本的卢克莱提亚的故事之后,奥古斯丁随即毫不容情地提问:"我们该说什么呢?她应当被看作通奸者还是一个贞节的女子?"[3]奥古斯丁很清楚这个问题的答案对于古罗马人来说是显而易见的,而且问题自身毫无价值可言,正如对这个故事的一句古老的评语所言,"是有两个人,但只有一个犯了通奸"[4]。同时,奥古斯丁显然也赞同这一评语后的道德判断,亦即贞节的德性并不会仅仅因为身体所承受的暴力而被破坏。这一论点充分体现在前文所引述的卢克莱提亚的遗言中:"只有身体遭到了践踏,灵魂是无辜的。"对李维来说,与性相关的纯洁或是贞节位于灵魂的宝座中。奥古斯丁从未质疑这一观点,并且将它包容进他的有关意愿认同的理论之中。在奥古斯丁眼中,如果意愿(*uoluntas*)能够保持坚定不移,不屈服于欲念的(*libido*)强力冲动,即使心灵不能够摆脱被另一个行为主体所不情愿地唤起的身体的渴望,甚至有可能在其中实现了身体的快感,这些欲望的承受者是无辜的,至少没有自愿地犯罪。[5] 这一论点将在后文讨论奥古斯丁对基督教妇女所受侮辱的分析中得到深化。然而,当奥古斯丁带着这一想法重思卢克莱

---

[1] *ciu. Dei* I, 16; I, 19.
[2] Ibid., I, 16.
[3] Ibid., I, 19, "Quid dicemus? Adultera haec an casta iudicanda est?"
[4] Ibid., I, 19, "Duo, inquit, fuerunt, et adulterium unus admisit."
[5] Ibid., I, 16.

提亚的案例时,卢克莱提亚自我强加的死刑判决就变得完全不可理喻。如果卢克莱提亚并没有认同由那次暴力侵犯所唤起的肉欲而犯下通奸的罪行,那么,她的自杀,如果看作是自我施予的惩罚,而被判决的罪行并没有任何依据甚至根本不存在,这毫无疑问是不公正的。而在奥古斯丁眼里更糟糕的是,自杀同样是杀人,而且在这里是处死一个贞节的无辜的女子,很明显是一桩重罪。[1] 另一方面,如果我们将这次自杀认为是正当的惩罚,我们就必须被迫承认卢克莱提亚并未免于令人羞辱的通奸罪行,而这一点在将卢克莱提亚加冕为贞节女英雄的古代传统中显然是不可想象的。进而言之,即使在这样一种情形下,自杀作为杀人的一种方式仍然是不可以被宽恕的,因为它只不过是试图以一桩新的重罪去消解已有的罪行。卢克莱提亚的死再次被解释为一个不可解决的悖谬。[2] 奥古斯丁也由此得出结论:"完全找不到摆脱[悖谬]的出路,人们只能问:如果她是通奸者,为什么会受颂扬? 如果她是贞节的,为什么会被处死?"[3]

奥古斯丁对这位传奇女英雄毫不友善的剖析看起来似乎是一种时代错乱的胡言,这对一个生活在古代羞感文化中的女子来说是不公正的。[4]我们很容易认为我们能够比奥古斯丁更好地理解这样一位贤德女子的处境:她生活在一个强调荣誉和羞感的价值胜过一切的社会中,因此公众的评断,即使是一个错误的或是充满敌意的判断,对于一个关心自己在公众前形象的人来说,都是决定性的,甚至是致命的。人们往往难以容忍在自己的同胞面前丧失名誉或是丢掉面子的痛苦。同时,

---

〔1〕 有关奥古斯丁对自杀的理解,见 Bardy 1959a; Baudet 1988。

〔2〕 *ciu. Dei* I, 19.

〔3〕 Ibid., "nec omnino inuenitur exitus, ubi dicitur: 'Si adulterata, cur laudata; si pudica, cur occisa?'"

〔4〕 燕卜荪(William Empson)将奥古斯丁对卢克莱提亚的攻击刻画为"卑鄙下流的",认为他不懂得在道德上如何宽容他人。引自 Donaldson 1982, 29。

我们还知道，在古代罗马一个女子的贞节往往同他的男性亲属的名誉勾连在一起[1]，身体的被践踏，不管是通奸还是强暴，都意味着她自己的贞节和她丈夫名誉的毁损。[2]因此，在这样的处境中，自杀通常被视为一个"理性的"选择以避免强奸的受害者被误认为是通奸的爱好者。卢克莱提亚也宣称她拒绝成为一个例证，可以被其他确实不贞的妇女援引，作为她们苟活的理由。[3] 尽管如此，如果我们耐心地追随奥古斯丁对于贞节这一传统德性的重新估价，我们将发现他的这一有些极端且带有偏见的观点并不能够简单地还原为一种用罪的术语对羞感文化作出的时代错乱的解释。

奥古斯丁并未止步于揭示卢克莱提亚的自我谋杀所暗藏的内在悖谬，他接着给出了对这一命运不济的女子自杀动机的诊断。首先，奥古斯丁承认卢克莱提亚并没有认同那唯一的通奸者的欲念，但他随即指出，"尽管她遭受通奸者的侵犯而自己没有成为通奸者，她却杀死了自己，这不是出于贞节之爱(*pudicitiae caritas*)，而是由于来自羞感的软弱(*pudoris infirmitas*)"[4]。理解奥古斯丁对异教徒的贞节德性的重估，这是一个至关重要的区分。对奥古斯丁来说，显然羞(*pudor*)就其自身而言不能像挚爱(*caritas*)或是贞节(*pudicitia atque uerecundia*)一样被看作一种德性。尽管卢克莱提亚的羞感起源于她拒绝被等同于她身体所受的践踏，拒绝被等同于她那不受控制的欲念——她为会被看作通

---

[1] Cf. S. Dixon, "Women and Rape in Roman Law", *Kønsroller, parforhold og samliusformer*: *Arbejdsnotat* nr. 3 (Copenhagen, 1982); S. B. Ortner, "The Virgin and the State", *Feminist Studies* 4.3 (1978): 19-35, 引自 Joshel 2002, 174.

[2] 见 Joshel 2002, 179, 亦见 *Donaldson* 1982, 23。

[3] Livy, op. cit. I, 58, "ego me etsi peccato aboluo, suppicio non libero; nec ulla deinde impudica Lucretiae exemplo uiuet."

[4] *ciu. Dei* I, 19, "Quod ergo se ipsam, quoniam adulterum pertulit, etiam non adultera occidit, non est pudicitiae caritas, sed pudoris infirmitas." 引用时对 Dyson 的翻译略有改动。

奸者的可能性而感到羞辱,并且深信她真实的自我要远胜于此,但是,这一羞感作为自发的和防御性的反应有其内在的弱点。

我们可以追寻奥古斯丁对羞和贞节的区分来阐明这一观点。首先,正如那句古老的谚语所言,"羞栖身于目光之中"[1]。出于羞感,卢克莱提亚竭力用极端行为来维护她作为贞节妇女的自我形象,然而,这一自我形象主要依赖于公众的评判和社会风俗。她的行为更像是对他人批判的眼光的回应而不是对自我价值的深入洞察和自信的表达。这是对在公众前丢脸的潜在威胁的畏惧,而不是对一个人作为世界中的独一个体的爱。奥古斯丁还指出这个高贵的罗马妇人"极度渴求颂扬"(*laudis auida nimium*)并且认为"她必须借助自我惩罚将自己的心灵状态呈现于他人眼前(*ad oculos hominium*),因为在他人眼前她不能够展现自己的良知(*conscientia*)"[2]。

"他人眼前"(*ad oculos hominium*)这一要素揭示出这一类型的羞感内在的疲弱乏力的根源:羞感依靠其自身并不能将这位贤德女子最为内在的良知带到人们的视野中。她心灵的窗户始终是晦暗的不能被他人所看穿,羞感不足以承担跨越不同心灵间鸿沟的重任。羞感本应当守护着真正自我的纯洁,抵抗任何可能来自他人的恶意判断,但在卢克莱提亚的案例中却最终导致了自我生命的终结,而这仅仅是出于对那些实在或虚构的观众的现实或只是想象的判断的恐惧。

与卢克莱提亚的事迹中所呈现的羞感的软弱相对立,奥古斯丁坚持认为在罗马浩劫中受难的基督教妇女不仅展现了贞节的荣耀(*gloria*

---

[1] Aristotle, *Rhetoric*, II, 6, 1384a35。

[2] *ciu. Dei* I, 19,"Puduit enim eam turpitudinis alienae in se commissae, etiamsi non secum, et Romana mulier, laudis auida nimium, uerita est ne putaretur, quod uiolenter est passa cum uiueret, libenter passa si uiueret. Vnde ad oculos hominum testem mentis suae illam poenam adhibendam putauit, quibus conscientiam demonstrare non potuit."

castitatis），同时也用一种更恰当的方式表达了羞的感觉。由此我们回到奥古斯丁在《上帝之城》第一卷第十六节中的一段评述，它值得我们全文征引：

> 首先应当提出并且加以确认的是：那使人可以正当生活的德性位于心灵的宝座之中（*ab animi sede*）；德性由此命令身体的其他器官；它借助圣洁的意愿而使身体变得圣洁；而且当这一意愿毫不动摇保持坚定，无论他人从身体中攫取了还是在身体中做了什么，这一切受害者无力在自己不犯罪的条件下摆脱，这时受害者是没有罪责的。而且，不仅仅是那些与痛苦相关的（*ad dolorem*），甚至涉及欲念的（*ad libidem*）都可能被强加在他人的身体上，但当这一切发生时，它们并不足以褫夺最坚定的心灵所持守的贞节，但却能触发羞感，以免人们相信那些不能够离开肉体的快乐而实现的行为同时也伴随着心灵的意愿（*cum mentis etiam uoluntate*）。[1]

在引入这一段评述前，奥古斯丁已经指出在这些事例中利害攸关的不是贞节这一德性，而是关于羞和行为理由（*pudor atque ratio*）的讨论。[2]正如我们前文提到的，奥古斯丁坚持认为贞节这一德性取决于心灵的决断。依据奥古斯丁的行为理论，心灵通过意愿的命令做出决断并且控制身体。因此心灵的德性不可能在意愿不认同的情形下被玷

---

[1] *ciu. Dei* I, 16, "Sit igitur in primis positum atque firmatum uirtutem, qua recte uiuitur, ab animi sede membris corporis imperare sanctumque corpus usu fieri sanctae uoluntatis, qua inconcussa ac stabili permanente, quidquid alius de corpore uel in corpore fecerit, quod sine peccato proprio non ualeat euitari, praeter culpam esse patientis. Sed quia non solum quod ad dolorem, uerum etiam quod ad libidinem pertinet, in corpore alieno perpetrari potest: quidquid tale factum fuerit, etsi retentam constantissimo animo pudicitiam non excutit, tamen pudorem incutit, ne credatur factum cum mentis etiam uoluntate, quod fieri fortasse sine carnis aliqua uoluptate non potuit."

[2] Ibid., "Hic uero non fides, non pietas, non ipsa uirtus, que castitas dicitur, sed nostra potius disputation inter pudorem atque rationem quibusdam coartatur angustiis."

污。同时,意愿的决断哪怕是强奸暴行的受害者的决断,也不可能被身体的侵犯者所强迫,否则,心灵的决断就不是自由的,而这一意愿也很难被称为她或他自己的意愿。很显然,谈论一个被强迫的自愿行为是荒谬的。[1] 所以在那些从罗马的浩劫中幸存的基督教女子的案例中,毫无必要去争论她们的信仰、虔敬和贞节的德性,因为相信她们完全屈从于那野蛮的暴力,并且享受那被敌人所强加的身体快感,这无疑是欠缺考虑的,而且残忍的。很明显,由于没有屈服于她们身体令人困扰的欲念,这些女子坚守着她们的贞节毫不动摇,当她们忍受着敌人的践踏时,她们是无罪的。相应地,她们也没有理由在上帝前产生原罪之外额外的负罪感,因为上帝见证了她们身体所遭受的苦难和她们灵魂的坚贞。

然而,罪孽感的缺席并不意味着取消了这一处境中羞感产生的合法性。这些受害者在身体被践踏时,不仅违背自己的意愿承受着痛苦的侵袭,同时也不情愿地经历着欲念的满足和相应的肉体快感,或者说我们之前所提到的情感的"最初波动"。之前的讨论已经充分表明,那不顺从的肉欲(concupiscentialis inoboedientia)和情感的最初波动,它们能够依着自己的律法驱使自身,毫不顾忌意愿的决断,例如在我们的梦中意愿就对这些桀骜不驯的欲望无可奈何。当然,如果没有对那欲念的认同,也没有罪可言。[2] 然而在这样的处境中,羞的感觉却可能被触发,作为一个可见的标志暗示隐藏着的意愿的内在决断,这一点在前文所引奥古斯丁对这些命运悲惨的女子的贞节的评述的最后一句中已经被强调了:"它们并不足于褫夺最坚定的心灵所持守的贞节,但却能

---

[1] *lib. arb.*, III, 1, 2-3; III, 17, 48-59; *conf.*, VIII, 9, 21; *ciu. Dei* XII, 7. 我们将在第六章中深入地讨论意愿和自由的关系。

[2] *ciu. Dei* I, 25, "Quod si illa concupiscentialis inoboedientia, quae adhuc in membris moribundis habitat, praeter nostrae uoluntatis legem quasi lege sua mouetur, quanto magis absque culpa est in corpore non consentientis, si absque culpa est in corpore dormientis." 有关梦境的道德责任的讨论,见 *conf.*, X, 30, 41,相关研究见 Haji 1999, 166-182。

触发羞感,以免人们相信那些不能够离开肉体的快乐而实现的行为同时也伴随着心灵的意愿。"

首先,羞的感觉使自我和这些令人搅扰的心理波动隔离开来,这些冲动在他人侵犯了我们的身体之后而出现在心灵之中。羞感表达出这些冲动的承受者并不愿意将他自己降格为肉欲的傀儡,如同动物一般,因为他在面对肉欲时清晰地感觉到自己的窘迫不安而不能将所发生的一切视为理所当然。这一令人困扰的不适感默默地回应着意愿对肉欲的拒斥,而这肉欲无疑不是由意愿的决定所带来。

在此,羞感作为对肉体欲念的反应,它如此直接而自发产生,以至于它自身不可能奠基于任何心灵的理性谋划的基础之上。因为,我们很显然不可能在理性谋划的基础上确切地决定何时、何地、为何而羞。羞的感觉往往突如其来地不期而至。羞将它自身展现为与心灵亲密相连的一种自然感觉,它独立于理智的理性谋划和意愿的自由决断。因此,在羞感的发生中最为关键的首先是心灵自身的状态和它的自我评价,尽管心灵不能够以审慎选择的方式来决定羞感。

当然,羞感和心灵的这一内在关联仍然晦暗不明,有待进一步的澄清,但已经可以证实的是,羞的感觉首先并且首要地来源于心灵最为内在的处境,而不是公众的评断或是社会风尚。一个有德性并且自信的人应当平静地蔑视这些很可能束缚心灵的陈规旧俗,但对于心灵自身的不安与困惑,则是另一回事。出于这一考虑,我们也就能够理解在奥古斯丁的眼中,这些基督教女子只是在内心深处感到惶惑,在上帝的目光下感到羞愧,这种不安窘迫的感觉首先所牵涉的并不是他人的目光。[1] 这一点已经在美国学者伊丽莎白·克拉克(Elisabeth A. Clark)对早期基督教中有关羞的修辞研究中正确地得到了强调:"对所

---

〔1〕 见 *ciu. Dei* I, 19。

有基督徒而言,那最终使人感到羞的是上帝。那洞察一切的眼睛始终见证着基督徒内在的思想和外在的行为。"[1]

因此,受难者的良知对于那全能的观察者不再是隐匿不见的,也就没有必要以出于羞感的外在的极端行为来作为自己内在良知的见证。源自对上帝和他人的爱的贞节美德以及羞感的自然表达,对这些基督教女子来说,已经足以清除他们对潜在的被人怀疑的羞辱的恐惧。[2] 此处所呈现的是羞感的一种更加有力、更为本真的表达,它捍卫着个人内在的自我评价不受任何他人恶意判断的侵扰。与此相关的是建立于意愿的认可和认同基础上的主体的自我形象,而不是相应于社会风尚和他人的评判的假象的自我形象。奥古斯丁强调一个伟大的灵魂应当在纯洁良知的光照下蔑视他人的判断,尤其是那些庸俗不堪的、往往包裹着嫉妒的阴暗错误的判断。[3]

然而,一个新的困惑却随着上文所重构的奥古斯丁对羞的解释自然而生:如果灵魂不认同肉欲并且确信自己的贞节和无辜,为什么它仍然在羞的感觉中感到窘迫和困扰呢? 羞从来不是一件让我们舒心的事情。在我们的内在自我深处,一定发生了什么而让羞成为这一心灵的内在变化的记号。即使确认了贞节的德性,羞感仍然一如既往地袭来,尽管它更加本真、更加贴近心灵。上文对奥古斯丁重思卢克莱提亚案例的重述,仅仅展示了他对羞这一现象,对羞和良知与自我评价之间的本质联系的洞见。未能触及的是羞感的心理根源和本体根源这一核心

---

[1] Clark 1992, 235.

[2] *ciu. Dei* I, 19, "habent autem coram oculis Dei sui nec requirunt amplius, ubi quid recte faciant non habent amplius, ne deuiant ab auctoritate legis diuinae, cum male deuitant offensionem suspicionis humanae."

[3] Ibid., I, 22, "maiorque animus merito dicendus est, qui uitam aerumnosam magis potest ferre quam fugere et humanum iudicium maximeque uulgare, quod plerumque caligine erroris inuoluitur, prae conscientiae luce ac puritate contemnere."

问题。这一难题将我们导向奥古斯丁在《上帝之城》第十四卷中对亚当和夏娃原初的羞感的叙述，它将揭开羞感所暗示的自我最为内在的紧张和人的基本的生存状态。

第二节 亚当和夏娃的羞与肉欲

前面已经提到，《上帝之城》第十四卷撰写于公元418年至420年之间，正值他和裴拉基派论战时期。[1] 奥古斯丁在他对亚当的堕落的反思中，追溯基督徒所接受的人类社会的起源，以此从新的角度考察羞感的发生，这最终指向一种对羞的全新理解，它突破了以他人在场为基本思维构架的传统羞感概念。[2]

首先，奥古斯丁着重指出在人类堕落之前的伊甸园中并不存在羞这一情感。这一点明白无误地写在《创世纪》中："当时他们都赤身裸体，并不害羞。"[3] 然而当他们吞吃了禁忌之果公然违背上帝的律令的时候，圣经中写道："于是二人的眼开了，发觉自己赤身露体，遂用无花果树叶给自己编了个裙子。"[4] 这一遮蔽自己身体的行为，奥古斯丁将它判定为人类始祖在意识到自己的赤裸之后的尴尬和羞愧的自然表

---

〔1〕 见第20页注释〔2〕。

〔2〕 奥古斯丁强调尽管人最初作为个体而被创造出来，但是人类比其他任何物种都更具有社会性，因为亚当并不是单独一人。亚当和夏娃的亲密关系，在奥古斯丁看来象征着人类社会的统一性。见 ciu. Dei XII, 22 ; XII, 28。

〔3〕 《创世纪》2:25，引自 ciu. Dei XIV, 17, "Nudi errant, et non confundebantur"。奥古斯丁此处所引用的圣经原文和他在《〈创世纪〉字义解》XI, 1 中引用的版本略有出入，在后者那里，奥古斯丁明确地提到害羞(pudere)这一动词。"Et errant ambo nudi Adam et mulier ejus et non pudebat illos." 本书中圣经引文的翻译尽可能贴近奥古斯丁所用的拉丁文译本，同时参考了思高圣经学会中文译本。

〔4〕 《创世纪》3:7，引自 ciu. Dei XIV, 17, "Et aperti sunt oculi amborum et agnouerunt quia nudi errant, et consuerunt folia fici et fecerunt sibi campestria."

达。由于《创世纪》的作者断定在乐园中绝无羞感产生的可能,因此在亚当和他的妻子身上一定发生了什么,而这一新事物首先被"他们的眼"注意到。"于是二人的眼开了"显然不能够从字面上解读为他们在堕落之前一直生活在黑暗之中,如今才能看见事物。因为亚当显然能够看见他所命名的动物,而夏娃也看见那果树适于食用,同时愉悦眼球。[1] 所以我们有必要从超越字义的角度来理解这一段圣经文本。在有关肉欲的讨论中,我们已经提到,人类的始祖因此意识到在眼睛早已熟悉的赤裸的身体之中出现了新的状况。[2]

很明显,他们遮蔽性器官的行为暗示出了这一新发生的窘迫感在身体上的确切定位。正如奥古斯丁自己多次提到,生殖器官在拉丁语中可以被称为"*membra pudenda*"(羞处)。因为整个人的身体包括羞处都是由上帝所造,它们就其自身而言必然是善的。生殖器官在乐园之中就一直存在,因而不应当为羞感发生时人所感到的困扰而被责难。相应地,那引发了羞感的新状况首先也应当定位于灵魂之中,这一变化无疑决定性地改变乐园之中身体和灵魂之间曾经拥有的亲密和谐的关系。

> 尽管他们的器官还如同最初的时候一样,这些器官最初却不是令人为之害羞的。因此,他们开始觉察到他们叛逆的肉体里新的冲动(*motus*),这正是他们自己的叛逆的应得的惩罚。[3]

---

[1] 见《创世纪》2:20;3:6. 引自 *ciu. Dei* XIV, 17. "quando quidem et ille uidit animalia, quibus nomina inposuit, et de illa legitur: *Vidit muler quia bonum lignum in escam et quia placet oculis ad uidendum.*" 亦见 *Gn. litt.* XI, 40.

[2] *nupt. et conc.* I, 5, 6. "*Aperti sunt oculi amborum*, intellegere debemus adtentos factos ad intuendum et agnoscendum quod nouum in eorum corpore acciderat, quod utique corpus patentibus eorum oculis et nudum cotidie subiacebat et notum."

[3] *ciu. Dei* XIII, 13, "quae prius eadem membra erant, sed pudenda non erant. Senserunt ergo nouum motum inoboedientis carnis suae, tamquam reciprocam poenam inoboedientiae suae."

我们已经知道，这一叛逆的冲动被命名为"欲念或者肉欲"（*libido or concupiscentia carnis*），因为它不顾意愿的决断令肉体欲火中烧。[1] 这一肉欲概念首先可以通过我们的日常经验加以确证：肉体的欲望或者欲念可以唤醒我们的性器官，即使我们并不愿意如此，反之当我们燃烧着强烈的生殖意愿时，这一狂放不羁的欲望有时却使我们备受挫折。[2] 在前文对遭受劫难的基督教女子的分析中，我们也观察到肉体的欲念遵循着自己的法度，对抗着意愿的决断。依循使徒保禄的说法，奥古斯丁将它称之为反抗心灵的"罪的法度"（*lex peccati*）。[3] 在此，奥古斯丁将羞感的产生放置于不受控制的欲念和意愿的软弱无力的语境之中。要探究奥古斯丁道德心理学体系中羞感的本性，首先我们应当理解欲念或者肉欲的侵扰，其次是意愿在羞感的产生中所扮演的角色，最后我们就可以藉此一窥羞感所揭示的自我形象。

在第一章的讨论中，我们已经看到，尽管欲念或者肉欲首先出现在性的领域之中，但这一术语的负面含义却并不由性的疆域所限定。奥古斯丁自己精辟地指出，那奠基于这些不同形式的欲念之下的，是人类为自己身体或者自己灵魂谋取好处的渴望，也就是按照人自身而不是按照上帝的真理生活的欲望。[4] 因此，肉欲并不因为与性有关而令人害羞，而是因为它是如此强力的驱动力量，以至于能把身体从意愿的控

---

[1] *ciu. Dei* XIV, 17, "Quod itaque aduersus damnatam culpa inoboedientiae uoluntatem libido inoboedenter mouebat, uerecundia pudenter tegebat."

[2] Ibid., XIV, 16, "Sed neque ipsi amatores huius uoluptatis siue ad concubitus coniugales siue ad inmunditias flagitiorum cum uoluerint commoueantur; sed aliquando inportunus est ille motus poscente nullo, aliquando autem destituit inhiantem, et cum in animo concupiscentia ferueat, friget in corpore."

[3] 见《罗马书》7:23，引自 *ciu. Dei* XIV, 17. "Cognouerunt ergo quia nudi errant, nudati scilicet ea gratia, qua fiebat ut nuditas corporis nulla eos lege peccati menti eorum repugnante confunderet."

[4] 见 *ciu. De*, XIV, 4; XIV, 28. Cf. 1.1.1。

制中剥离出来并且推动着肉体按照自己的法度生活。正是这一难以驾驭的心灵倾向在亚当和夏娃的原罪之后降临在他们身上,令他们为之困扰。在此被认作对人类原初过犯的惩诫,同时也是羞的源泉的,不是自然的性冲动,而是心灵的反叛倾向,它使得人们不再关注人类作为属灵生物的灵性价值。

然而,这一对欲望或者欲念的解释自然会带来这样一个问题:为什么性活动中所包含的欲望总是(尽管不是唯一的)令我们脸红,而其他难以驾驭的令人困扰的欲望却不会,即使后者往往更给我们压迫感,甚至带来的后果更加严重。举例而言,强烈的复仇欲望比一个通奸者的欲念往往更有破坏力。奥古斯丁对这样的责问很敏感,且让我们再次回到《上帝之城》第十四卷中这段著名论述:

> 而且,贞节感(uerecundia)并不会去遮掩出于愤怒的行为和与其他情感相关联的言语举动,就像它遮掩出于欲念的行为(opera libidinis)那样,后者在性器官中得以实现。但这难道不正是因为在其他情感中,身体的器官并不是由这些情感自身所驱动,而是在意愿认可了这些激情之后由意愿所驱动吗?意愿统领着这些器官的使用权。因为没有一个被激怒的人能够出言或是动手,除非他的舌头或者手通过某种方式被意愿的命令所驱动。而这些器官在没有愤怒的情况下也能被同一意愿所驱动。但是性器官却在某种意义上如此完全地堕落到欲念的淫威下,以至于当欲念缺席时,它就无力运动,除非欲念自然而然地产生或是被别人所唤醒。正是这点使我们为之害羞,正是这点使我们红着脸躲避旁观者的目光。[1]

---

[1] *ciu. Dei* XIV, 19, 原文见第 31 页注释[1]。

正如前文所论,对奥古斯丁来说,这里至关重要的乃是意愿的角色。在愤怒这一情感里,意愿保持着它对身体完全的控制,并且作为身体运动的决定性因素控制着这一情感或者激情的身体表达。同时,情感自身也是意愿认可的结果,或者说意愿的行为(*uoluntates*,复数的意愿)。因此,愤怒的情感明确地传达出在受人冒犯之后想要报复的意愿。而相应地宣泄怒火的身体活动,例如口出恶言、拳脚相向等等,也是直接由来自意愿官能(*uoluntas*,单数的意愿)的号令所推动。而与此形成鲜明对照的是,即使我们有强烈的生育的意愿,奥古斯丁坚持认为,为了实现这一意愿所必需的性器官的活动并不完全听从意愿的号令。它如此屈从于欲念的威权,毫不顾忌意愿这一心灵能力。

理解了情感和意愿之间的紧密关联,我们回到一般的情感反应和羞感这一高阶情感之间令人困惑的关系中。毫无疑问,当我们意识到我们不正当地将怒气发泄在错误的人身上,特别是当受害者是我们所真正关爱的人身上时,我们也会感到困扰尴尬甚至脸红。然而,这种感觉只是在我们的情感退潮之后才会来临。根据奥古斯丁的理解,当我们完全被这情感所控制的时候,我们不会为这些情感的兴起而感到羞愧,因为我们并不认为在那一时刻我们的行为完全脱离了意愿的控制。

根据奥古斯丁对意愿在情感发生中奠基性作用的强调,我们同样可以构建出在肉欲中羞这一令人不适的感觉和在其他情感中的尴尬的感觉之间的区别。后者往往来自事后的反思,它更接近懊悔而不是羞,因为我们确信,是我们意愿的错误决断引导着我们去如此行为,而且我们也可以通过审慎的思考去避免意愿的这一错误。这一尴尬的感觉所关涉的更多是那些可以尽量减少甚至避免的错误行为,而不涉及自我形象的迷失或者是自我评估的受挫。

与此相对立的是,在性的欲念中,即使当这一令人困扰的欲望被应用于完全正当的目的,例如为了在婚姻中延续后代,我们仍然会对性的欲念自身感到羞愧。这是因为,尽管我们相信自己能够拒绝向这些欲念屈服,可是我们却不能够仅仅凭借意愿的决断去控制那和性欲的满足紧密相连的我们身体的活动。用奥古斯丁自己的话来说:"当它们(案:指欲念)被节制和克制的[德性]所冻结时,它们的运用是在人的能力控制下的,可是它们的活动却不是。"[1]

简而言之,在性欲这一案例中,我们在躯体欲望狂风骤雨般的冲击前显得全然无力,它以自己的方式驱动着我们的生殖器官。正是由性欲所驱动的这一身体的活动不受意愿左右,这使得我们为之羞赧,甚至要为合法合理的性交寻求隐私权。当我们意识到这一不受控制的肉欲时,羞的感觉就应期而至。更重要的是,在这一肉体的欲念得到实现之前,羞感就试图唤醒我们的良知去对抗这叛逆的冲动,因为它的不可控制的特性威胁着我们的自我价值。当这一努力失败时,我们不仅仅为我们在性欲驱动下所做的一切害羞,而且更重要的是,我们会为这欲望的出现自身羞赧,因为性欲的在场同时又是我们性关系的实现所不可或缺的。

性欲和其他情感的这一差别同样体现在奥古斯丁有关身体和灵魂的等级框架之中。他接受柏拉图派的传统,特别是通过西塞罗的转述,确认性欲和愤怒为灵魂较低的部分,它们在等级上低于理性。特别是,性欲和生殖器官被视为一个不听从理性命令的生物。[2]这些令人困扰的甚至无法无天的情感应当被心灵和理性所节制。当一种情感,例如愤怒攫获了人的灵魂时,这可以被解释为非理性的灵魂对抗理性灵魂

---

[1] *nup. et conc.*, II, 7, 18, "Quae tamen etsi frenentur temperaantia uel continentia, usus eorum aliquantum, motus tamen eorum non est in hominis potestate."

[2] Cf. Plato, *Republic*, 435Bff, 586D; 589Cff; *Timaeus*, 41D-42D, 69Aff, 91B; Cicero, *De re publica*, III, 25, 37; *ciu. Dei* XIV, 19; XIV, 23. 奥古斯丁情感理论中柏拉图派的影响,参见 Van Riel 2004。

的叛乱。可以说,灵魂被它自身,被它自身低级的部分所击溃。尽管这低级部分的胜利将灵魂带入可怜的混乱状态,但灵魂却没有完全异化到背离自身,仿佛自己被某种异质的事物完全控制。它可以产生强烈的困惑感和懊悔感,但却不会触发意味着自我价值丧失的羞感。然而,当灵魂被肉体的欲望所征服,不仅仅心灵和理性被迫屈从于灵魂的非理性活动,而且身体也被震离了灵魂的节制而仅仅听从欲望的冲动。根据奥古斯丁对柏拉图式的等级制的存在观的重新解释,灵魂显然是要高于身体的,因为只有灵魂才能赋予身体生命力。[1] 因此,

> 当灵魂的邪恶部分不顺从时,灵魂较少感到害羞,不像身体不听从它的意愿和命令时那样。因为身体异于并且低于灵魂,而且没有灵魂他就不能生活。[2]

因此,羞感的根源在此被揭示为身体的悖逆和意愿的软弱。在奥古斯丁对亚当和夏娃的堕落的重述中,这一羞感的源泉自然地被解释为对人类自愿地背叛上帝的正当惩罚,因为这一背叛无疑来自他们的意愿自由选定的不服从的态度。奥古斯丁相信在乐园中,性器官是可以像其他的器官一样使用的,也就是说它同样听从意愿的命令。因为在那里在那时没有羞感也没有其他情感的搅扰。[3] 即使我们可以设想性欲同样存在于乐园之中,这一性欲必然也是在意愿的完全控制之下的,否则有了狂放不羁的欲念和不受控制的身体活动,也就有了心灵

---

[1] *ciu. Dei* XIV, 23. "Et utique ordine naturali animus anteponitur corpori, et tamen ipse animus imperat corpori facilius quam sibi."

[2] Ibid., "Minus tamen pudet, cum sibi animus ex uitiosis suis partibus non obtemperat, quam cum ei corpus, quod alterum ab illo est atque infra illum est et cuius sine illo natura non uiuit, uolenti iubentique non cedit." 奥古斯丁随即强调,这并不意味着理性灵魂完全丧失了对肉体欲望的节制能力。因为灵魂总是能阻止其他的身体器官参与到对这肉体贪欲的享受之中。

[3] Ibid., XIV, 10; XIV, 24.

和身体以及心灵自身内在的冲突,乐园里的生活就很难说得上是幸福的。灵魂和身体的和谐,意愿和情感包括性欲的和谐,都在见证着乐园生活的幸福。然而,我们却不可能用任何实例来证明人的这一和谐状态,因为在我们的生活中我们只能经历到意愿和肉欲的冲突。[1] 在前文的分析中,我们强调了意愿在面对肉欲的压迫性力量时的无力状态,这只是呈现了羞的现象中意愿阴暗的角色。在随后的讨论中,我们将敞开意愿在它和肉欲和羞感的关联中更加积极主动的功用。在这样一个对意愿在羞感中的角色的全面展示之后,我们将发现羞感生动地暗示出这样一道鸿沟,它横亘于我们最初在乐园中的理想本性和我们在尘世中的现实本性之间。

首先,我们回到亚当堕落的故事中遮掩羞处这一行为的象征意义。正如我们前面所强调的,这一行为显然揭示了身体活动对理性灵魂的反叛,因而应该向旁观者遮掩这一难以驾驭的身体活动。另一方面,遮掩的举动同时也是来自意愿的命令,用来捍卫个体的尊严不受他人的评判。它表明心灵和理性拒绝认同身体的这些反叛行为。羞感的这一维度同样在奥古斯丁驳斥尤利安对欲望和婚姻的讨论中得到了强调,

> 因此,当人类始祖觉察到肉体里的这一活动,它因为不顺从而是不得体的,他们为自己的赤裸感到羞涩,因而用无花果叶去遮蔽他们的那个器官。以那样一种方式,来自他们的羞感的一个决断(*arbitrium*)掩蔽了那不顾他们意愿的决断而被唤起的行为,同时,因为他们为自己不得体的欲望而羞愧,他们借着遮蔽这些器官

---

[1] *ciu. Dei*, XIV, 23. "Et ideo illae nuptiae dignae felicitate paradisi, si peccatum non fuisset, et diligendam prolem gignerent et pudendam libidinem non haberent. Sed quo modo id fieri posset, nunc non est quo demonstretur exemplo."参见第32页注释[1]。

而做了得体的事。[1]

这一解释将羞的感觉和随后的遮掩羞处的行为区别对待。前者只是一种对由叛逆的身体所引起的骚动自然的自发的反应。而后者则是对这一不请自来的情感中暗藏的对人格尊严的冒犯的自主的回应。尽管意愿丧失了对肉欲的产生和退潮的完全控制，肉欲独立地驱动着性器官，但是意愿仍然能够拒绝认同肉欲的诱惑力并且能够阻止身体的其他部分去服务这一情感。去遮掩羞处这一行为确切地传达了意愿的内在决断，并且使得最初由羞感无言地暗示的晦暗的自我形象走到光亮中来。由于自然的羞的感觉，心灵开始意识到某种不得体的东西已经发生在身体的自然活动之中；借着遮蔽身体的外在行为，心灵则显明了它的真正本性不能够被降格到如此低下的生存方式，亦即像一个野兽一样任由肉欲驱使。遮掩的行为很显然是迈向人的尊严的确认的更进一步，因为它是由人的意愿所号令、所引导。另一方面，遮掩自己的行为又如此紧密地和羞的感觉联系在一起，它昭示了羞感是迈向最终由意愿的自我保护的决断所实现的自主性的第一步。正是以意愿的这一决断为根基，贞洁的德性才被确立为人的性格的一种卓越性，一种真正的美德。

因此，在羞的感觉中，我们不仅洞察到人的灵魂和意愿在面对肉体欲望时的软弱，而且也确认了那微弱的但确实存在着的一丝光亮，它使我们即使在这尘世之中也可以捍卫自我的尊严。羞这一现象同时揭示出人的生存的局限性和可能性。我们在羞感的引导下觉察到我们在此世的现实的生存状态，觉察到意愿自身内在的软弱性和灵魂潜在的自

---

[1] *nup. et conc.* I, 6, 7, "Hunc itaque motum ideo indecentem quia inoboedientem, cum illi primi homines in sua carne sensissent et in sua nuditate erubuissent, foliis ficulneis eadem membra texerunt, ut saltem arbitrio uerecundantium uelaretur quod non arbitrio uolentium mouebatur, et quoniam pudebat quod indecenter libebat, operiendo fieret quod decebat."

主性。正是凭借这一点,羞感不仅像其他情感或者激情一样令我们不适,令我们困扰,它同时也是紧密关联着自我同一性的一种深刻的感觉。因为在羞感中所揭示的正是我们是谁。正如美国学者海伦·梅瑞尔·林德(Helen Merrell Lynd)在她对羞感和自我同一性的研究中所强调的:"羞是这样一种经验,它影响着自我同时也被自我影响。整个自我的卷入,这正是羞感的突出特性之一,这也使得羞感成为同一性的一个线索。"[1]

羞和自我的亲密联系使我们即使在合法的场合也更加关注那使我们蒙羞的活动的隐私权。在婚内性行为中,即使是双方亲生的孩子也被禁止在旁观看。因为羞的感觉逃避着他人的目光,哪怕心灵清楚地知道它的生育行为的合法性和正当性。[2] 在奥古斯丁看来,这样一种羞感,首先是一种当下的自发的对自我在蒙羞的境遇中所遭遇的变化的察觉,而不是完全依赖于习俗观点和他人判断的事后反思。羞这一自然情感拒斥一切来自他人目光的注意力,它保护着自我不暴露在他人眼前而被判断。相应地,社会风俗,例如遮蔽赤裸的身体乃是建立在羞感的这一保护性功能之上。而不是反过来由习俗观念来决定羞感的自然表达。这一点在前文对卢克莱提亚的受辱和经历了罗马浩劫的基督教妇女的分析中已经得到证明。也正是出于这一考虑,奥古斯丁大力批驳犬儒派的谬误,他们明目张胆地蔑视并且践踏着自然的羞感(pudor naturalis),误以为这是愤世嫉俗的恰当表现。[3]

在《上帝之城》中,通过对卢克莱提亚的受辱和亚当遮蔽自己这些案例的解析,在罪与罚的语境中,奥古斯丁提供给我们的是对羞感的极

---

[1] Lynd 1961, 49。这一论点早已为舍勒所强调,"身体羞感的首要的和确切的功能证实去遮掩和隐蔽一个活的个体","羞感就是一种普遍的因为自我而产生的罪感",见 Scheler 1987, 6;18。

[2] 见 ciu. Dei XIV, 18, "Sic enim hoc recte factum ad sui notitiam lucem appetit animorum, ut tamen refugiat oculorum."

[3] 参见 Ibid., XIV, 20。

为复杂和微妙的描绘,它始终强调羞感超越社会风尚和公众评判的内在价值。奥古斯丁通过考察羞感的保护性功能来揭示它和自我价值以及自我同一性的亲密关联。同时,通过和其他情感相比较,他将羞感定位在它和意愿的动力之间的内在联系上。出于对人类救赎的神学关注,对奥古斯丁来说,自我同一性的问题首先是人的自我作为一个个人如何在全能的上帝之前呈现。

正如前面的研究所强调的,奥古斯丁断定这一自我形象从根本上建立在意愿的自由决断的基础之上。相应地,奥古斯丁对羞的探究选取了一条更加内在的路径,它聚焦于意愿在情感发生特别是在肉欲产生中的角色。羞感既呈现了意愿在面对肉欲时的挫败感,也呈现了意愿重新获取对人的整个存在的控制的努力。肉欲与心神或人的灵性维度的对抗,以及人在情感的初始阶段不由自主的心灵波动,这些都呈现着意愿的无力和有限。意愿在此以一种非自愿的方式展现着自身的存在,它消极而被动地承受着这些情绪的搅扰。

而羞感也是在面对自我的无力时出场,它作为我们对不由自主的情感波动的反应,它自身并不是建立在意愿的自由决断之上。在与羞相关的情感行为中,意愿的决断是通过遮掩自身这一明确的外在行为得以表达,而不是羞感这一对其他的心灵波动的情感反应。然而,羞感作为高阶的情感,它无疑比其他的初始情感反应更亲近意愿在其自由决断中所捍卫的自我形象。羞感自发地拒绝被降格为不由自主的心灵活动。或者说,羞感预示了意愿在其自由决断中对那些搅扰心灵的情感波动的明确拒斥。

通过更加耐心和细致地解读奥古斯丁有关羞感的讨论,我们看到奥古斯丁在罪与罚的语境中,借助身体、灵魂和意愿等术语,生动而富有穿透力地再现了羞感这一心灵现象。奥古斯丁将羞感置于最初的情感波动(或天生的肉欲)与意愿的明确决断之间,强调羞感和自我确认的亲密关联。一方面,它拒绝将羞感等同于对社会风俗的消极回应,而把羞感看作是对人的心灵状态的本真表达。然而,奥古斯丁从来没有高估羞感和自我价值的关联。对于他来说,羞只是迈向真正的自我之爱的第一步,它完全不能等同于建立在意愿的决断基础上的贞洁的德性。

此外,在羞感中自发呈现的自我形象并不总是可靠的。在《忏悔录》第二卷中,他明确地在著名的偷梨事件中谈到羞感如何背离理想的真正自我:"只消别人说:'走,干一下!'便会为自己还不算无耻(*impudens*)感到羞愧(*pudere*)。"[1]也正是基于这一理由,在乐园里并没有这一反观性的情感,而在复活之后的来生里也不会有。奥古斯丁在《上帝之城》第十四卷第九章中评述其他高阶情感时强调,即使是这些正当的情感反应也是出于人性的软弱(*ex humanae condicionis infirmitate*),它们也会使我们违背自己的意愿沉溺其中,例如我们为自己的无知悲伤,这无疑值得称颂,但是如果这悲伤超过了限度,在我们不愿意的时候仍然难以自拔,那就另当别论了。[2]同样地,羞感也来自人在情感上的软弱本性,在人达至完满的幸福之前,也需要神恩的救治。

在本章中,我们看到羞感的正面含义和它的内在局限都源于意愿的参与。前者反映着意愿在被肉欲冒犯之后,想要积极地凭借外在的努力捍卫自己的尊严;而后者则揭示出这一对自我尊严的保护只是伴随着意愿的默许,而不是意愿的明确决断。与第二章的讨论相一致,羞感作为一种情感,即使是高阶的情感,它仍然包含着一个不听意愿号令

---

[1] *conf.* II, 9, 17. "sed cum dicitur, 'eamus, faciamus,' et pudet non esse impudentem."

[2] *ciu. Dei* XIV, 9. "Proinde, quod fatendum est, etiam cum rectas et secundum Deum habemus has affectiones, huius uitae sunt, non illius, quam futuram speramus, et saepe illis etiam inuiti cedimus. Itaque aliquando, quamuis non culpabili cupiditate, sed laudabili caritate moueamur, etiam dum nolumus flemus. Habemus ergo eas ex humanae condicionis infirmitate."

的初始阶段。

至此,我们对意愿在情感中的作用的现象描述可以就此告一段落。我们见证了,意愿的自愿行为受到这些灵魂的非理性活动的限定,特别是我们继承而来的肉欲倾向和情感中无意的"最初波动"。与此同时,令人心神不安的情感,从它的初始阶段开始,又反过来展现着意愿的软弱,在那里意愿只是默默地认可,而不能自由地做出决断。然而,奥古斯丁仍然断定,尽管意愿为肉欲所困,它仍然保持着本己的独立性,决定着在我们身体的自主行为上得以实现的情感。当一个不定的冲动或者欲望需要被转化为一个特定的针对某种行动或对象的欲求时,这一过程总是预设了意愿的明确认同或自有决断,它不受任何内力和外力的强迫。当然,就当前的进展而言,这仍然是一个有待证明的论题。我们将在讨论完意愿和实践理性的关系之后,在第二部分中重新回到这些形而上学和道德难题。

第四章
理智和意愿

　　此前的讨论聚焦于意愿在心灵的非理性行为中的作用,特别关注了意愿在情感生成过程中不明显的出场和默许,这一点细微难辨,学界多有忽略。与此相对,在奥古斯丁的哲学心理学中,不难辨识出意愿在理智活动中不可或缺的作用。当代学者甚至断言奥古斯丁的相关哲学讨论带有明显的唯意愿论(voluntaristic)特征。[1] 在导入奥古斯丁有关理智和意愿在心灵决断中的作用以及二者之间的关系的探讨之前,我们先来粗略地考察一下意愿在理性认知过程中的功用。

　　首先,意愿或心灵的意向性行为在感觉这一现象中占有核心地位。从其早期著作开始,奥古斯丁就坚持认为,如果没有心灵的意向(*intentio*),可感对象就不能呈现于感官之前。[2] 根据奥古斯丁对存在者的等级制思考,灵魂,作为人性中较高的部分,它不可能直接受人性较低的部分即身体的作用,除非是灵魂主动地通过它自己的意向或注意力来主动地参与到感觉的发生过程之中。奥古斯丁对灵魂优越地位的强

---

[1] 例见,Dihle 1982, 125-7;O'Daly 1987, 6。
[2] Cf. *mus.* VI, 5, 10; *quant.* 25, 48; *uer. rel.* 33, 61ff.

调,为他对感性认识的意向性解释提供了坚实的本体论基础。在《三一论》第十一卷中,他明确地将上述心灵的注意(intentio animi)等同于心灵的意愿(uoluntas animi),"它将感官引向可感事物,并且使这一视觉在感官中得以确定"[1]。意愿的这一联结能力(uis copulandi)在感觉过程中明白无误地展示出心灵的主动性和优越性。

在《三一论》的同一卷中,奥古斯丁还将这一对感知的主动论解释拓展到心灵的其他认知活动。正如心灵的注意力将感官和可感对象联结在一起,意愿也能将心灵的内在目光转向保存在记忆中的物体图像,以此形成内在的视觉。[2] 与此相似,要获得理性知识,意愿首先要将心灵的眼睛专注于刻印在记忆中的物体的相似性上,以此在内心中达至认识(cognitio)。没有意愿在先集中注意力,要形成对时空中的事物的理性认识是绝无可能的。[3] 此外,对永恒真理或上帝的理智认识要从埋藏于记忆中的潜在的可能性转变为理智的现实直观,这必须要借助爱,而爱不过是意愿的强力(ualentior)表现。[4]

意愿作为认知活动的本质性要素的重要性使得英国学者杰拉德·奥达利(Gerard O'Daly)断言:"意愿的这一核心作用,以及它与认知活动的融合,这些特征使奥古斯丁的哲学和他的希腊—罗马前辈截然区

---

[1] trin. XI, 2, 5. "… et uoluntas animi quae rei sensibili sensum admouet, in eoque ipsam uisionem tenet."

[2] Ibid., XI, 3, 6. "Quia etiam detracta specie corporis quae corporaliter sentiebatur, remanet in memoria similitudo eius, quo rursus uoluntas conuertat aciem, ut inde formetur intrinsecus, sicut ex corpora obiecto sensibili sensus extrinsecus formabatur."

[3] Ibid., XII, 15, 25.

[4] Cf. Ibid., XIV, 12, 15ff. 关于意愿和爱的关系,参见 Ibid., XV, 21, 41,更详细的讨论见后文。

分开来。[1]

尽管如此,在本书中,我将不再进一步深入考察意愿在认知形成中的功能,而是关注决断形成过程中意愿和理智各自的贡献,正是这一决断使我们的心理状态转化为外在的行为。如此选题,主要是出于如下考虑:

首先,奥古斯丁在其著作特别是《三一论》中详尽地讨论了意愿在我们的理智认知和理性认知中的动力作用。意愿的这一认识论维度已经得到学界的充分注意和研究。[2] 与情感变化中隐蔽的意愿不同,奥古斯丁哲学中意愿在认知活动中的联结作用已经牢固地确立了。

更重要的是,本书第一部分的目的在于确立奥古斯丁哲学中道德责任归属的心理学基础。基于这一考虑,这里关键的不是思辨理性中所包含的意愿要素,而是实践理智和道德意愿在确立人的道德行为中的实际作用。对于奥古斯丁来说,理智从来不是单纯的认识能力,只涉及我们对于可理解事物的认知和把握,特别是作为永恒真理的上帝。正相反,它首先是一个伦理学术语,直接相关于我们的善恶行为。理解能力的最终目的不在于达到有关事物的知识,不论是世俗的还是神圣的,而在于帮助我们达至美好的生活:"理解(*intellegere*)只不过是按照心灵之光更加清楚地、更加完满地生活。"[3] 在《三一论》中,奥古斯丁仔细地区分了同一个理性心灵的两种不同功能:

> 正像同一个肉体存在于男人和女人两种形态中,心灵的同一本性包含我们的理智(*intellectus*)和行动,或者是建议与执行,或者

---

[1] O'Daly 1987, 6. 在这一论断的注释中,O'Daly 提到 Lorenz 1964 和 Holte 1962 作为其理论来源。很显然,Dihle 对奥古斯丁心灵哲学的唯意愿论解释也极大地影响了 O'Daly 的研究。

[2] 除了 O'Daly 的卓越贡献之外,还应当提到 Gilson 1949;Bubacz 1981;Liugi 2008。

[3] *lib. arb.* I, 7, 17. "Intellegere autem quid est nisi ipsa luce mentis inlustrius perfectiusque uiuere."

是我们的理性和理性欲求（*appetitus rationalis*），或者是任何其他可以用来表达它们的术语，因此正如经上曾经说过："二人应成为一体（*caro*）"（《创世纪》2:24），关于它们也可以说："二者成为一心（*mens*）。"[1]

在随后的讨论中，奥古斯丁还按照《格林多前书》8:1中的暗示，区分了对永恒事物的沉思和对有形物体的理性认识，前者指向智慧（*sapientia*），而后者则成为知识（*scientia*）。[2] 在这一语境中，奥古斯丁引入上述区分，意在强调三一上帝的肖像应当在理性心灵的高等功能中找寻，亦即在智慧之中，在对永不改变的真理的沉思中找寻。值得注意的是，奥古斯丁并没有把智慧与知识的差异还原为理智官能和意愿官能的对立，而将其视为两种不同的认识形式：对永恒事物的理智认识（*cognitio intellectualis*）和对现世的事物的理性认识（*cognitio rationalis*）。[3] 后者亦被称为行动的知识（*scientia actionis*），因为它所考虑的可朽的事物对于筹划人在此世的行为是必须的。[4]

这一认识官能的低等功用类似于古代哲学传统中的实践理智，它显然促成了心灵作出相应的决断并外化为相应的行为。因此，即使我们承认在认知过程中，意愿扮演了关键的联结作用，我们仍然不能因此

---

[1] *trin.* XII, 3, 3. "Et sicut una caro est duorum in masculo et femina, sic intellectum nostrum et actionem, uel consilium et exsecutionem, uel rationem et appetitum rationalem, uel si quo alio modo significatius dici possunt, una mentis natura complectitur ut quemadmodum de illis dictum est: Erunt duo in carne una, sic de his dici posit: 'Duo in mente una.'"

[2] Ibid., XII, 14, 22, "Distat tamen ab aeternorum contemplatione actio qua bene utimur rebus, et illa sapientiae, haec scientiae deputatur."

[3] Ibid., XII, 15, 25. "Si ergo haec est sapientiae et scientiae recta distinctio ut ad sapientiam pertineat aeternarum rerum cognitio intellectualis, ad scientiam uero temporalium rerum cognitio rationalis, quid cui praeponendum siue postponendum sit non est difficile iudicare."

[4] Cf. Ibid., XII, 12, 17. "Nunc de illa parte rationis ad quam pertinet scientia, id est, cognitio rerum temporalium atque mutabilium nauandis uitae huius actionibus necessaria…"

断定究竟是意愿还是实践理智或行动的知识最终决定着我们的道德决断,并因此成为道德主体性的根基。[1] 或者说,我们仍然必须要追问一个行为在道德上是值得称赞的,这究竟是由于实践理智的运用,还是出于意愿的正当倾向。究竟意愿的意向只是实践推理的情感延伸,还是意愿对于我们的最终决定拥有绝对主权,以致它可以全然不顾理性的结论行事?正如我们在导言中所见,这在后来的经院哲学中发展为唯理智论和唯意愿论的对立。

与此同时,正如众多学者所见,奥古斯丁强调我们的一切理智活动和意愿行为,或者说我们心灵的所有决断最终都指向同一目的:美好生活(beata uita)。幸福主义常常被看作是理解奥古斯丁道德哲学的钥匙。[2] 正如奥古斯丁在《忏悔录》中反思自己寻求上帝并最终皈依上帝这一人生中最重要的决断时所言,"我寻求你天主时,是在寻求美好的生活(beata uita)"[3]。此外,奥古斯丁还明确地强调美好生活是哲思的唯一目的。[4] 这一主张源自西塞罗。奥古斯丁18岁那年读到这位拉丁哲人的对话《荷尔顿西乌斯》,这激发了他对哲学这一爱智(amor sapientiae)之学毕生的热爱,因为不朽的智慧是通往美好生活的唯一途径。[5]

基于奥古斯丁哲学这一幸福论特征,我们对其意愿和理智学说的

---

[1] 我将在第七章从道德哲学的角度重新考察这一问题。在这里我只是关注道德决断这一心理行为之中意愿作为心理能力的贡献,从哲学心理学的视角考察意愿在特定的道德行为(尤其是理性的道德行为)中的贡献。

[2] 参见荷兰学者 Ragnar Holte 有关奥古斯丁幸福哲学的经典研究,见 id. 1962;亦见 Gilson 1949, 1-10; Rist 1994, 48-53。当然,如后文所见,奥古斯丁对幸福或美好生活的理解因为它的基督教语境显然不同于他的古希腊和罗马先行者的幸福论。

[3] *conf.* X, 20, 29. "Cum enim te, deum meum, quaero, uitam beatam quaero."

[4] *ciu. Dei* XIX, 1. "Quando quidem nulla est homini causa philosophandi, nisi ut beatus sit;"

[5] *conf.* III, 4, 7.

考察也将专注于那些直接和我们幸福相关的事务或行为上,来探究理智和意愿在与此相关的心灵决断过程中的各自贡献,以此决定究竟是实践理智还是意愿行为最终决定性地将我们带向美好生活。在本章中,首先我将扼要地介绍奥古斯丁早期哲学中的美好生活这一概念,以此呈现至福生活中所包含的理智和意愿要素。在此之后,我将仔细地分析奥古斯丁对人类在此世的初始状态的描述,特别是人类因他们的始祖的原罪而继承的特征。这一考察意在揭示人要达至理想的生存状态必须克服的内在困难,这困难既属于理智,也属于意愿。在最后一节中,我们则要简单地分析神的恩典如何帮助我们克服这些与生俱来的缺陷,将我们最终带至幸福的永生。[1] 在这一系列考察中,我们将着重考察意愿和理智在其中各自的分量和相互关系。

第一节　重思奥古斯丁早期著作中的美好生活概念

很自然地,我们的讨论从奥古斯丁的《论美好生活》开始,这部动笔于386年的对话体著作,完成于奥古斯丁皈依基督教后不久,它集中展示了奥古斯丁早期对人类生活的最终目的的深入反思。对话一开篇,奥古斯丁就断言经由哲学港湾通往幸福的天乡的旅程,应当由理性开启,由意愿(*uoluntas*)引导。[2] 奥古斯丁接受西塞罗的假定,认为我们所有人都愿意或者想要幸福。[3] 因此,他顺理成章地首先把美好生活和意愿或者愿望的满足联系起来:幸福的人拥有他所意愿或者想要

---

〔1〕 在这一语境中,我将接受奥古斯丁的神学前提,将恩典视为美好生活必不可少的条件,而有关恩典和我们的意愿及其自由如何可以相容的讨论,我将留到最后一章再作展开。

〔2〕 *b. uita* 1, 1. "Si ad philosophiae portum, e quo iam in beatae uitae regionem solumque proceditur,... ratione institutus cursus et uoluntas ipsa perduceret..."

〔3〕 Cicero, *Hortentius* frag. 36 Müller, 亦见 id. *Tusculanae disputationes* V, 28. 奥古斯丁在《三一论》中也引用了这一句,见 *trin.* XIII, 5, 8。

的东西。[1] 然而,奥古斯丁的母亲莫妮卡当即对这一表述做了一个重要的补充,事关所论及的意愿或者欲望的正当性:"如果他所意愿和拥有的东西是好的(bona),他就是幸福的;但是如果他所意愿的是坏的东西——即使他拥有它们——他就是不幸的。"[2] 这两点合起来构成了西塞罗对幸福或美好生活的完整定义,它一再出现在奥古斯丁后来的著作中,例如在《三一论》中,他仍然坚持认为:"没有人是幸福的,除非他拥有所有他意愿的东西,并且他从不意愿坏的东西。"[3]

与上述对意愿的正当性的强调相一致,《论美好生活》中的对谈者们将注意力转向意愿的对象。[4] 他们无一例外地认为是欲望对象自身的善好,而不仅仅是欲望的实现,才切实地保障了我们的旅程通往应许的福祉。这一论题的转换悄然将幸福或美好生活中的主观情感要素悬搁至背景之中,而使至福生活的客观维度成为关注的焦点。

而要达至幸福,首先就必须知道什么是我们应该欲求的,并且了解如何获得这些指向幸福的善。知识和理性认识由此被确认为幸福的必要条件。出于同一理由,缺乏理性和知识的动物也就不具备获取幸福的可能性。[5] 理性这一官能被赐予人类正是为了使他们有可能获得

---

[1] *b. uita* 2, 10, "Videturne uobis, inquam, beatus esse qui quod uult non habet?"

[2] Ibid. "Tum mater: Si bona, inquit, uelit et habeat, beatus est; si autem mala uelit, quamuis habeat, miser est." Cf. Cicero, *Hortensius*, frag. 39, 引自 *b. utia* 2, 10, *ep.* 130, 5, 10, 和 *trin.* XIII, 5, 8. "Ecce autem non philosophi quidem sed prompti tamen ad disputandum omnes aiunt esse beatos qui uiuant ut ipsi uelint... Falsum id quidem. Velle enim quod non deceat id est ipsum miserrimum, nec tam miserum est non adipisci quod uelis quam adipisci uelle quod non oporteat."

[3] *trin.* XIII, 5, 8, "Beatus igitur non est nisi qui et habet omnia quae uult et nihil uult male."

[4] *b. uita*, 2, 10. "Et Licentius: Sed dicendum, inquit, tibi est, ut beatus sit quisque, quid uelle debeat, et quarum rerum eum oporteat habere desiderium."

[5] Cf. *diu qu.* 5. "Animal, quod caret ratione, caret scientia, nullum autem animal, quod scientia caret, beatum esse potest. Non igitur cadit in animalia rationis expertia ut beata sint."

至福。[1]

　　那么,我们在追求幸福时,什么才是意愿的正当对象呢?奥古斯丁的答案直接而明确:只有永恒的或永存的事物,也就是上帝才能成为我们的美好生活的本体论根基。因为尘世的事物会消散,即使我们并不情愿,这一可以朽坏的特性使我们总是处于匮乏之中(*indigus*)。[2] 这一点对话的参与者们都认同,他们争议的只是我们拥有这一不可朽坏的善的确切方式。有三种建议:(1)"谁善好地生活(*bene uiuere*),谁就拥有上帝";(2)"谁做上帝所愿意人做的事(*facere quae deus uult fieri*),谁就拥有上帝";(3)"谁没有不洁的灵(*non spiritus immundus*),谁就拥有上帝"。[3] 而这三种观点不过是同一核心观念的不同显现,即正直生活,而且它出现在那正在寻求上帝但尚未拥有上帝的人身上。[4] 显然,人类生活的完满状态所需的条件要超出上述三种(实为一种)道德品质。

　　然而,奥古斯丁并没有直接定义何为拥有上帝,而是转而讨论幸福的对立面,即不幸(*miseria*)。对谈者们都同意不幸和缺乏(*egestas*)密不可分,尤其是缺乏智慧(*egere sapientia*)。[5] 这一智慧随即等同为上帝的智慧(*Dei sapientia*)、真理自身、或圣经中的圣子。[6] 相应地,拥有上帝也就意味着认识和享受这一神圣智慧,正如奥古斯丁在结尾处

---

[1] Cf. *lib. arb.* III, 15, 42.

[2] *b. uita* 2, 11.

[3] Ibid. 2, 12. "Hic Licentius: Deum habet, qui bene uiuit-Trygetius: Deum habet, inquit, qui facit quae Deus uult fieri. Puer autem ille minimus omnium (sc. Adeodatus): Is habet Deum, ait qui spiritum inmundum non habet."

[4] Ibid., 3, 18-19.

[5] Ibid., 4, 23ff, 尤见 4, 27. "Nescio, inquit, tqamen et nondum plane intellego, quomodo ab egestate posit miseria aut egestas a miseria separari. Nam et iste, qui diues et locuples erat et nihil, ut dicitis, amplius desiderabat, tamen, quia metuebat ne amitteret, egebat sapientia."

[6] *b. uita*, 4, 34.

所言：

> 因此，这就是灵魂的彻底满足，这就是美好生活：虔敬地、完满地认识是谁将你带到真理之中，你所满心享受的是什么样的真理，是通过什么你和那至上的度量联系在一起。[1]

我们可以清晰地辨识出理智认识之于美好生活的重要性。借助对神圣真理的完满认识，我们就能从智慧的缺乏中解脱出来，摆脱尘世的一切不幸。因此，要活得幸福，也就要拥有神圣真理，即分有这一智慧，通过分有而使自己成为有智慧的人。显然，认识和这里所说的分有主要是通过我们的理智官能得以实现的，正如法国学者夏瓦·布瓦耶（Charles Boyer）所论，奥古斯丁将幸福等同于拥有上帝，这就使得美好生活变成了理智生活（uita intellectualis）。[2]

这一唯理智论（intellectualistic）倾向同样在奥古斯丁其他早期哲学对话有关美好生活的描述中占据了上风。在其最早的现存著作《驳学园派》中，奥古斯丁将幸福定义为"依据人身上最好的部分生活"，即依据理性或理性心灵行事。[3] 正是在这一幸福主义的语境中，奥古斯丁来处理学园派有关真理的可能性和确定性的问题。[4] 奥古斯丁很快意识到真理自身即至高的善应该取代理性心灵成为美好生活的标准

---

[1] b. uita. 4, 35. "Illa est igitur plena satietas animorum, hoc est beata uita, pie perfecteque cognoscere, a quo inducaris in ueritatem, qua ueritate perfruaris, per quid conectaris summo modo."

[2] 见 Charles Boyer 1921, 226-227, 引自 BA 10, 718. 亦见 Holte 1962, 215。

[3] c. Acad., I, 2, 5. "Quid censes, inquam, esse aliud beate uiuere, nisi secundum id quod in homine optimum est uiuere?"

[4] 有关奥古斯丁《驳学园派》知识论论证中的幸福主义主张，见 Harding 2006。

和根基,这一点在以上对《论美好生活》的分析中已经论证过了。[1] 但是,不论是理性还是作为真理的上帝,其中理智认识对于美好生活的意义可谓不言而喻。

在另一部早期著作《论秩序》中,奥古斯丁在界定哲学的双重使命时,说明了哲学知识如何能成为幸福的真正根基:

> 与[哲学]相关的是两重问题:一有关灵魂,一有关上帝。前者使我们能够认识我们自己,后者使我们认识我们的本原……前者使我们配得上美好生活,后者则使我们成为幸福的人。[2]

另外一个有启发性的例子来自《论自由决断》第一卷中有关理解(*intellegere*)的讨论,奥古斯丁将它置于"存在—生活—理解"(*esse-uiuere-intelligere*)这一本体论等级秩序的首要地位,他告诉他的朋友埃伏第乌斯(Evodius):

> 在你看来,生活的知识(*scientia uitae*)要好过生活自身吗?抑或你将知识理解为某种更高的更真实的生活,因为只有理解了的人才能有知识?而理解(*intelligere*)又是什么,难道不正是借着心灵的光照更加光彩地更加完满地生活吗?因此,如果我没有弄错的话,你不是将别的东西置于生活之上,而是将更好的生活置于

---

[1] 在 *Retr.* I, 1, 2, 中,奥古斯丁很后悔自己早年曾将理性心灵作为幸福的根基。"Hoc quidem uerum est; nam quantum attinet ad hominis naturam, nihil est in eo melius quam mens et ratio. Sed non secundum ipsam debet uiuere, qui beate uult uiuere, alioquin secundum hominem uiuit, cum secundum deum uiuendum sit, ut possit ad beatidudinem peruenire; propter quam consequendam non se ipsa debet esse contenta, sed deo mens nostra subdenda est."

[2] *ord.* II, 18, 47. "Cuius (sc. philosophiae) duplex quaestio est: una de anima, altera de Deo. Prima efficit ut nosmet ipsos nouerimus, altera, ut originem nostrum… . illa nos dignos beata uita, beatos haec facit…"

生活之上。[1]

正如前文所提到的,这里的理解显然不是单纯的理性认识或思辨理性的活动,而是某种更高的生活形态。理智的洞见确保我们心灵的决断行进在正确的方向上以便通达幸福。

此外,需要注意的是,美好生活中理智活动的优先地位也是由美好生活的本体论根基所决定的。在《论美好生活》中,奥古斯丁论证了人的幸福在于拥有作为神圣智慧、作为永恒真理的上帝。而依据奥古斯丁的观点,永恒真理毫无疑问就是至高的存在者自身。而考虑到《论自由决断》中的"存在—生活—理解"(esse-uiuere-intelligere)这一等级秩序,显然上帝就是那既存在,又有生命,同时还能理解的存在者[2]。与人类心灵变动不居的片面理解不同,神圣理智总是以永恒不变的方式把握真理,而且是完全地把握真理,它无疑优于人所拥有的最高官能[3]。用奥古斯丁自己的术语说,上帝就是第一生命、第一本质或第一智慧,它永不改变,超越人的心灵[4]。

另一方面,这一至高的存在者对于较低的理智生物来说又不是全然不可以通达的。我们的理智通过(secundum)永恒不变的真理来作出判断,真理乃是我们所依赖的推理规则,尽管我们并不能裁判这些规则

---

[1] lib. arb. I, 7, 17. "Meliorne tibi uidetur uitae scientia quam ipsa uita? An forte intellegis superiorem quandam et sinceriorem uitam esse scientiam, quoniam scire nemo potest nisi qui intellegit? Intellegere autem quid est nisi ipsa luce mentis inlustrius perfectiusque uiuere? Quare tu mihi, nisi fallor, non uitae aliud aliquid, sed cuidam uitae meliorem uitam praeposuisti."

[2] Ibid. 亦见 lib. arb. II, 3, 7. "Quia cum tria sint haec, esse uiuere intellegere, et lapis est et pecus uiuit, nec tamen lapidem puto uiuere aut pecus intellegere; qui autem intellegit, eum et esse et uiuere certissimum est."

[3] 见 lib. arb. II, 6, 13。

[4] uera rel. 31, 57. "Nec iam illud ambigendum est incommutabilem naturam, quae supra rationalem animam sit, deum esse et ibi esse primam uitam et primam essentiam, ubi est prima sapientia."

自身。这意味着我们通过内省我们的理智功能就能够确认永恒真理或神圣理智的存在。[1] 如所周知,奥古斯丁认为对上帝存在的确认预设了心灵对自己存在的确认,而后者可以通过"若我受骗,则我存在"(*si fallor, sum*)这一著名论证加以确立:心灵在自己存在这一点上是不可能弄错的,因为即使它受人欺骗,它也无从否认它作为受骗者依然存在。[2] 当然,对上帝存在的确信还不足以让我们拥有这一不变的本质,我们的理智还需要通过依附(*inherere*)真理自身使自己得以清除尘世的可朽的特性。[3] 这正指向奥古斯丁著名的"光照说":我们的理智还需要被真理之光照亮。

而在写于 387 年至 388 年间的《论灵魂的数量》这部著作中,奥古斯丁将灵魂飞升到智慧的过程图解为七步,其中最后的一步正是沉思真理(*contemplatio ueritatis*)。[4] 考虑到上述本体论背景,以及认知在我们追求幸福的努力之中的不可或缺性,我们很容易把幸福等同于拥有上帝,等同于完满地沉思永恒真理。[5]

然而,即使是在《论美好生活》结尾,当奥古斯丁明显站在唯理智

---

〔1〕 *lib. arb*., II, 12, 34. "Et iudicamus haec secundum illas interiors regulas ueritatis quas communiter cernimus, de ipsis uero nullo modo quis iudicat." 亦参 *uera rel*. 31, 57.

〔2〕 *lib. arb*. II, 3, 7; *uera rel*. 39, 73; *trin*. XV, 12, 21; *ciu. Dei*, XI, 26. 这论证了笛卡尔著名的"我思故我在"的论题,当然笛卡尔坚持认为自己是独自达到这一结论的。而且当代学者也充分注意到这两个论证的相异之处以及它们在两位哲学家的思考中所处的不同位置。晚近的研究,可以参见 Matthews 1992, Menn 1998, Hanby 2003, Marion 2008, 尤见 89-98。

〔3〕 *lib. arb*., II, 12, 34.

〔4〕 见 *quant*. 33, 70-76, 尤见 33, 76. "Iam uero in ipsa uisione atque contemplatione ueritatis, qui septimus atque ultimus animae gradus est." 亦参 *doc. Chr*. II, 7, 9-11。

〔5〕 通过引述 *b. uita* 2, 7; *sol*. II, 1, 1; *lib. arb*. II, 17, 46; and *doc. Chr*. I, 8, 8, Holte 同样断言智慧即理解(*intelligere*),它的完满形式就是美好生活,见 Holte 1962, 215, 亦见 Lössl 2004, 57。

论立场上刻画幸福生活时,他也没有忘记提到幸福在于享受真理。[1]而在另一个段落中,他直言在灵魂中拥有上帝就是享受(frui)上帝。[2]正如奥古斯丁若干年后在《忏悔录》[3]中追叙自己386年皈依基督的历程时所言,他阅读了柏拉图派著作(libri Platonicorum)[4]和重读保禄书信之后,在理智上已经取得极大进展,不再困惑于上帝作为非物质的实体,也理解了现实中的恶究竟源于何处,甚至他已经开始爱上上帝,或者说他已经不缺乏有关上帝的正确的理智认识。然而,这一切理智认知的准备却并不足以使他"一心享受上帝",他因此在基督信仰前仍然徘徊不前。[5]当然,我们必须要强调,在《论美好生活》这一很快完成于皈依之后的对话录中,奥古斯丁并没有明确地将认识上帝和享受上帝区分开来。看起来在奥古斯丁早期对幸福的哲学反思和他十余年后对自己的皈依经验的讲述之间存在不一致之处,事关幸福的真正根基:理解还是享受? 这一表面的不一致提醒我们在给奥古斯丁贴上理智主义的标签之前应当首先澄清这一文本中"享受"(frui, fruitio)的含义。

"享受"和"使用"(frui et uti)的区分是奥古斯丁研究中的一个重要论题,特别是有关我们究竟应该"享受"还是"使用"我们的人类同胞

---

[1] *b. uita* 4, 35. 见第119页注释[1]。

[2] *b. uita* 4, 34. "Hoc est animo Deum habere, id est Deo frui."

[3] 通常认为《忏悔录》,至少是前九卷写于397年至401年之间,参见Fleteren 1999, 227。法国学者P.-M. Hombert最近指出,该书后四卷可能完成于403年。

[4] Cf. Ibid., VII, 10, 16. 这些柏拉图派文本的确切归属一直是有争议的话题,备选的作品包括普罗提诺《九章集》中的几篇以及波菲利的《神谕哲学》。关于这一漫长的论争,可以参看O'Donnell 1992, II, 421-424 和 Führer 1997, 90-93。

[5] 参见 *conf.* VII-VIII, 尤见 17, 21。

的争论,众说纷纭。[1] 本书无力也无意卷入这一有关我们对于其他同胞态度的激烈论争,就本章的论证而言,我们只需刻画奥古斯丁所理解的享受上帝(*fruitio Dei*)的实质所指,特别是其中理智和意愿的关系。

在写于396年的《论基督教教诲》一书中,奥古斯丁在幸福主义的语境中引入享受和使用这一组概念:我们享受那些使我们幸福的东西;我们使用的东西,则有助于我们达到并且坚守那些使我们幸福的东西。[2] 我们对这两类不同事物的态度的区分显而易见:

> 享受就是在爱之中(*amore*)因为某物自身(*propter se ipsam*)而依附于(*inherere*)它。而使用则是指向(*referre*)那对于获得你所爱的东西有用的某物,——只要你所爱的正好是你应当爱的东西。[3]

奥古斯丁对"享受"的描述突出了两个特征:一是这一行为的自足性。享受的对象被设定为我们行为的目的,而无须任何额外的动机推动。考虑到这一点,奥古斯丁强调至高的存在者是唯一适合享受的对象。因为上帝是没有任何能够超越它的存在[4],因此我们不可能因为某种更高的实体而去使用他。此外,如前所述,只有拥有上帝才能使我们

---

[1] 对这一区分的概述,以及对奥古斯丁相关思想来源的考证,参见 Orenz 1953; O'Donovan 1982; Verheijen, 1987. Anthony Dupont 在其硕士论文中详细地考察了当前的文献状况,特别是有关我们对其他同胞的态度,参见 Dupont 2004。

[2] *doc. Chr.* I, 3, 3. "Res ergo aliae sunt quibus fruendum est, aliae quibus utendum, aliae quae fruuntur et utuntur. Illae quibus fruendum est, beatos nos faciunt. Istis quibus utendum est, tendentes ad beatitudinem adiuuamur, et quasi adminiculamur, ut ad illas quae nos beatos faciunt, peruenire, atque his inhaerere possimus."

[3] *doc. Chr.* I, 4, 4. "Frui est enim amore inhaerere alicui rei propter se ipsam. Vti autem, quod in usum uenerit, ad id, quod amas obtinendum referre, si tamen amandum est." Translation is cited with slight modification.

[4] *lib. arb.* II, 6, 14. "Non enim mihi placet Deum appellare, quo mea ratio est inferior, sed quo nullus est superior."

幸福,而幸福是我们的生命的最终目的,因此我们对上帝的爱或者享受和我们对幸福的意愿一样,都是因为对象自身,而不是出于其他的考虑。与此同时,上帝作为我们爱的终极对象,他自身又是无上的存在者,因此也就是至善(summum bonum),而我们通过享受至善而获得幸福。[1]

至善是通过真理(ueritas)而为我们所知并且有所把握。[2] 因此,我们享受或者爱至善也就是享受我们的理智认识所通达的神圣智慧。此处,至善和神圣真理或智慧的相交,部分地解释了奥古斯丁为什么在《论美好生活》的结尾把享受上帝等同于拥有上帝。

然而,我们当前的目的却并不仅在于凸现享受至善和认识神圣真理之间的相同之处,而更重要的是在于揭示二者之间的微妙区别,否则我们就难以解释为什么在奥古斯丁自己的皈依经历中,他在理智上接受了基督教教义却不能即刻全身心地拥抱这一信仰。[3] 这给我们指出《论基督教教诲》第一卷中所界定的"享受"这一行为的另一特性,即它和爱(amor or dilectio)的本质关联。[4] 此外,包含在享受之中的爱

---

[1] doc. Chr. I, 5, 5; I, 32, 35. 亦见 lib. arb. II, 13, 36. "Beatus est quippe qui fruitur summo bono."

[2] lib. arb. II, 13, 36. "Immo uero quoniam in ueritate cognoscitur et tenetur summum bonum eaque ueritas sapientia est, cernamus in ea teneamusque summum bonum eoque perfruamur."

[3] 一直有学者认为奥古斯丁实际上经历了两次不同的皈依:一是理智的认同,一是意愿的根本转变。这分别呈现于《忏悔录》第七和第八卷之中,相关讨论可以追溯到20世纪初有关奥古斯丁在386年是否真诚地皈依了基督教的论争,相关综述,参见 O'Meara 1980a (1950), 19-21,以及 Courcelle 1950, 7-12。这一论争的重要后果之一在于使我们注意到奥古斯丁理智的皈依,不同于他对基督教的道德的或意愿的皈依,即所谓双重皈依学说,这一主张延续到当代的讨论之中,例如 Brachtendorf 2005, 119。此处无意介入这一论争,只需强调奥古斯丁在《忏悔录》第八卷中讲述他自己和别人的皈依故事时,他一再强调了阅读的作用,也就是说他在谈论意愿的转变时,仍然在不断地强调理性认识的推动作用。

[4] 亦见 mor. I, 3, 4. "Quid enim est aliud quod dicimus frui, nisi praesto habere quod diligis?"

总是伴随着 *laetitia*，*gaudium*，*delectatio* 和 *uoluptas* 这一系列情感，它们都可以粗略地翻译为"快乐"。[1] 例如，在奥古斯丁对《诗篇》最早的释义中(约作于 392 年)，他强调我们应该带着喜悦享受(*ad gaudium perfrui*)那最高的善，亦即内在的善。[2] 而在另一篇出自 391 年的文本中，奥古斯丁确认："我们被告知要去享受那些我们从中获取快乐(*uoluptas*)的事物。"[3] 这一对快乐的强调还出现在他更晚写成的《三一论》中，在其中他还对拥有上帝所包含的快乐作了特别的说明：

> 因为使用就是将某物带到意愿这一官能(*facultas uoluntatis*)之中，而享受则是带着喜悦使用(*cum gaudio*)，这喜悦不是出于期望而是出于当下的事物。因此，每一个享受的人他都使用，因为它为了愉快(*delectatio*)的目的将某物带到意愿的官能中。但不是所有使用的人都享受，如果他把某物带到意愿的官能中，不是为了这事物自身，而是为了别的目的才想要这么做。[4]

奥古斯丁在其成熟著作中明确地再次强调意愿在幸福状态时的关键地位，再考虑到奥古斯丁自己皈依历程中理智的认同和意愿的转变之间的微妙关联，这足以推动我们重新反思之前我们对奥古斯丁早期著作中的对美好生活的理智主义解读。

---

[1] Cf. Lorenz 1951, 82-83. 亦见 Van Bavel, 1993.

[2] *En. Ps.* 4, 8. "Sed quia unusquisque id bonum uult a Deo impetrare quod diligit, nec facile inueniuntur qui diligant bona interiora, id est, ad interiorem hominem pertinentia, quae sola diligenda sunt, caeteris autem ad necessitatem utendum, non ad gaudium perfruendum;" 引自 Van Bavel 1993.

[3] *diu. qu.* 30. "Frui ergo dicimur ea re de qua capimus uoluptatem."

[4] *trin.* X, 11, 17. "Vti est enim assumere aliquid in facultatem uoluntatis; frui est autem uti cum gaudio non adhuc spei sed iam rei. Proinde omnis qui fruitur utitur; assumit enim aliquid in facultatem uoluntatis cum fine delectationis. Non autem omnis qui utitur fruitur si id quod in facultatem uoluntatis assumit non propter illud ipsum sed propter aliud appetiuit." The translation is quoted with modification. 亦见 *ciu. Dei*, XI, 25. 相关评注，见 Van Bavel 1993, 502.

首先,奥古斯丁在谈论享受上帝时,强调其中所包含的爱与快乐,这暗示了美好生活或幸福生活在日常语用中所包含的情感层面。在日常语境中,如果说一个人在幸福中找不到快乐,而且对美好生活毫无感情,这无疑是荒谬的。当然,这一快乐无疑应当和身体的快乐或快感区分开来,因为后者会违背人的意愿而消散。对于我们幸福必不可少的快乐源自拥有至高的善,将其作为我们的福祉的永恒不变的根基。它不再是偶然发生在灵魂身上倏忽易逝的感受,而是理性心灵在符合本性的活动中的持久满足。正如奥古斯丁在《忏悔录》中所述,美好生活就是源自真理的喜悦(*gaudium de ueritate*)。[1] 与此相似,爱上帝绝不意味着要将上帝作为私有财产占有,而是分有那唯一能够保障我们的幸福的神圣智慧和至善。这是对上帝全心的投入,或者说是对作为爱的上帝的认同,如同《玛窦福音》22:37 中所言:"你应全心、全灵、全意,爱上主你的天主。"[2]

但是,仅仅提到幸福生活中的爱和快乐并不足以反驳将美好生活等同于理智生活的唯理智论主张。[3] 因为唯理智论者仍然可以坚持认为这一爱和快乐并不能独立存在,而是本质上依赖人的理智活动,没有对永恒真理的理智认识,超验的爱和涤除了偶然性的快乐就全然不可设想。此外,正如下文将进一步证明的,如果对至善的爱不完满,那

---

[1] *conf.* X, 23, 33. "Beata quippe uita est gaudium de ueritate."

[2] 引自 *doc. Chr.* I, 22, 21. "… *ex toto corde, et ex tota anima et ex tota mente.*"

[3] Ragar Holte 也注意到美好生活的两个特征:对上帝的理智认识和对上帝的自愿归附。然而,他却根据唯理智论的基本解释框架将它们解释为神圣理智与人的理智互动的表现:"我们注意到在'理智的(intellectuelle)'这一术语中——我们考虑的是智慧和美好生活之间的紧密关系——存在着一种双重相似的特性:理智的观照首先是神圣的行为(光照,*illuminatio*),但也对应于一种理智朝向上帝的自愿趋向。"见 id. 1962, 220. 然而这一对美好生活的描述的主要问题在于,来自神圣者的恩典并不限于理智直观这一领域,而是直接地影响到我们自愿的趋向,使我们能够依附上帝。这在后文中的讨论中将更加明确。

么对他的认识也不可能完满。[1] 换句话说,如果理智彻底地把握上帝的神圣本质,它就已经在爱和快乐中享受上帝。正如美国学者詹姆斯·韦策尔(James Wetzel)所言:

> 爱这一用语旨在突出情感之于幸福的重要性,并且暗示其中人的利益的私己特性,但是奥古斯丁对于这一出于美德的爱的圆满状态的实际描述则是冷静的、理智化的。当爱达致其所爱,其结果正是光照(illumination)。[2]

相应地,爱所代表的意愿活动,也可以解释为"首先是认识着善的理智的一种行为"[3]。因此,要说明意愿在人的至福状态中的独立价值,我们必须要在爱和快乐等一系列浅表的语言证据之外寻找更加深刻和坚实的根基。

在《八十三杂问》中,奥古斯丁特辟一问专门讨论"什么应当被爱"。奥古斯丁在那里通过分析爱的对象的合法性,详尽地讨论了和幸福相关的知识和爱的关系。而奥古斯丁自己在晚年重新检省早年著作时,又特别修订了此处有关爱的主张。这一修订恰好向我们指明了在通往美好生活的旅程中,理智和意愿如何可能相互分离。

《八十三杂问》第三十五问:"什么应当被爱"大约写于391年。[4]

---

[1] *diu. qu.* 35, 2. "nullumque bonum perfecte noscitur, quod non perfecte amatur."

[2] 见 Wetzel 1992, 72. Wetzel 此处评述的是奥古斯丁在写于387年至388年间的《论天主教德行与摩尼教德行》,其中将对上帝的爱作为美德的根基。见 *mor.* I, 11, 18. "At eum sequimur diligendo, consequimur non cum hoc omnino efficimur quod est ipse, sed ei proximi, eumque mirifico et intelligibili modo contingentes, eiusque ueritate et sanctitate penitus illustrati atque comprehensi."

[3] Lössl 2004, 57.

[4] 《八十三杂问》这本论文集汇集了奥古斯丁在395年至396年成为希波主教前所写的短文,而这一问题属于其中处理道德哲学的一组论集(*diu. qu.* 30-40),其确切年代最难以确认。此处我依从英文译者 David L. Mosher 的建议,参见 FC 70, 20。

奥古斯丁首先感到困惑的是,是否爱自身也应当被爱?首先,他对爱下了一个定义,"爱只不过是因为某物自身而欲求(appetere)某物"[1]。这一心灵的倾向就其本质而言总是意向性的,它指向某物。基于这一考虑,奥古斯丁断言爱的合法性首先在于其所牵扯的对象。相应地,不是所有指向一定对象的爱自身都是可爱的,因为我们也会爱那些不应当去爱的低级事物。

正如在《论美好生活》中已经清楚阐明的,尘世中可以朽坏的事物,它们在不顾及我们意愿的情形下会消散,会远离我们的爱,而爱的真正对象应当总是呈现在爱的面前:只要我们爱它,它就不会消散。而在当前的这一文本中,奥古斯丁则明确地进一步断定:"这也就是说,拥有它[案:指爱的对象]也就是去认识它。"[2]奥古斯丁认为如果我们对爱的对象占有的方式不同于认识,那么这一占有就不在我们的能力之内。此处,他预设了理智认识在我们的意愿的能力之内,它不会违背我们的意愿消散。而这一有关爱的对象的界定显然把有形的物质排除在应当去爱的范围之外,因为认识它们并不等同于拥有它们。

奥古斯丁同时考虑了两种可能的对上述定义的批评:其一,人们应当爱的事物,例如幸福生活,人们可以爱它但并不拥有它。其二,人们可以通过认识来拥有数学知识,但并不一定真正地因为数学知识自身而爱它。

对于后一个反驳,奥古斯丁的回应非常明确,"任何一种善,如果人们不爱它,那就不可能完满地(perfecte)拥有它或者认识它"[3]。此

---

[1] *diu. qu.* 35, 1. "Nihil enim aliud est amare, quam propter se ipsam rem aliquam appetere."

[2] Ibid., "Id autem est, quod nihil est aliud habere quam nosse."

[3] Ibid., "Quanquam bonum quod non amatur, nemo potest perfecte habere uel nosse." The English translator carelessly interpreted *nosse* as "to have".

处的"完满地"这一修饰在奥古斯丁晚年的修订中成为关键,这一点后文再谈。此处它只是表明只有当我们欲求我们认识的对象,并且把它作为欲求的目的而不是手段时,这时我们对它的认识才会完满。或许有人会疑惑,为何爱在这里必不可少,难道说我们要正确地认识疾病,就必须去爱它们吗?此处的关键在于奥古斯丁强调我们的知识和爱的对象在这里指向的都是善,而善同时也是我们理性行为的基本动因,如果我们认识了善但却不追求善,这无疑会让我们怀疑所认识的是否是真正的善,或者我们先前对善的认识并不完备。

另一方面,奥古斯丁并不认为第一个反驳和他有关爱的真正对象的定义相冲突。因为如果我们爱一个事物,但却不能获得所爱的对象,这只是表明我们对于这一对象的占有是通过不同于认识的方式来实现的,例如先前提到的对尘世的眷恋。然而,在奥古斯丁看来,这一情形决不可能发生在美好生活这一爱的真正对象之上。因为对幸福的爱绝不可能完满(perfect),除非我们切实地拥有幸福。而正如《论美好生活》所论,拥有幸福,这只能在对永恒真理的认识中才能实现。奥古斯丁因此得出结论:"那么,没有任何认识了美好生活的人会是不幸的,因为如果美好生活是应当爱的(它当然是),那么认识它也就是拥有它。"[1]

在随后的讨论中,奥古斯丁将永恒等同于为了达致幸福而应当去爱的对象。而正如此前所述,要拥有这一永恒的善,或者说至高的存在者,只能通过人性中最为卓越的要素,即心灵(mens),也就是理智或理性。[2]奥古斯丁再次强调幸福生活既包括爱也包括必要的知识,"心

---

[1] *diu. qu.* 35, 1. "Nemo igitur beatam uitam nouit, et miser est: quoniam si amanda est, sicuti est, hoc est eam nosse quod habere."

[2] Cf. *diu. qu.* 35, 2. "Omnium enim rerum praestantissimum est quod aeternum est: et propterea id habere non possumus, nisi ea re qua praestantiores sumus, id est mente."

灵所拥有的东西,它是通过认识来拥有的,而它不可能完满地认识那它没有完满地去爱的东西"[1]。

到此为止,奥古斯丁对幸福的解释与他在《论美好生活》中将拥有上帝等同于理智认识相差不远。在这里,他进一步将幸福的理智特征拓展到我们享受美好生活所必需的爱。爱在这一语境中不再拥有独立的地位,对上帝完满的爱就是对上帝完满的认识,这一等同反过来强有力地支持着美好生活就是理智生活这一唯理智论解释。

然而,奥古斯丁并没有止步于此,他立刻强调爱不仅在于理性心灵之中,还出现在心灵的其他部分(*caeteris animi partibus*)。爱作为一种特别的欲望或欲求(*appetitus*)同样出现在心灵的非理性部分中,它有可能受到其他情感的搅扰。当然,奥古斯丁同时强调以非理性欲望形式呈现的爱,低于并且应当屈从于对上帝的理智之爱,后者使得心灵"在伟大的安宁和平静中沉思永恒者"[2]。尽管如此,奥古斯丁仍然坚持认为心灵的较低部分也应该以永恒作为爱的对象,这一低级的爱同样包含在福音书中所说的对上帝的"全心、全灵、全意"的爱之中,它和心灵的理智之爱一起完成了上帝这一诫命所要求的毫无保留的投入。

正如理智是在平静的沉思中爱上帝,灵魂的非理性部分则是在情感之中享受上帝。而如果美好生活在于拥有上帝,亦即认识和爱上帝,那么灵魂的情感作为爱上帝的一种方式在我们对幸福的追求之中也应占有一席之地。然而,承认这一非理性的爱无疑会对前述唯理智论的解释带来灾难性的后果。对于这样一种爱来说,认识所爱的对象并不

---

[1] Cf. *diu. qu.* 35, 2. "Quidquid qutem mente habetur, noscendo habetur; nullumque bonum perfecte noscitur, quod non perfecte amatur."

[2] Ibid., "Neque ut sola mens potest cognoscre, ita et amare sola potest. Namque amor appetitus quidam est; et uidemus etiam ceteris animi partibus inesse appetitum, qui si menti rationique consentiat, in tali pace et tranquillitate uacabit mente contemplari quod aeternum est."

等于拥有它。而这一点恰好在奥古斯丁自己晚年重新审视这篇短文时得到了回应：

> 我并不完全赞同我的这一论断,"对于那应当被爱的东西来说,拥有它也就是去认识它"。因为经上说到的这些人确实拥有上帝:"你们不知道,你们是上帝的殿堂,上帝的圣灵住在你们内吗?"(《哥林多前书》3:16)然而,他们确实不认识上帝,或者说他们没有按照应当的方式认识上帝。我还说,"没有任何认识了美好生活的人会是不幸的,"我要说的是"按照应当的方式认识了美好生活"。谁会对美好生活全然无知呢?在这些至少能够运用理性的人之中,他们都知道自己想要成为幸福的人。[1]

这两处细致的更正,正如法译者古斯塔夫·巴尔迪(Gustave Bardy)所见,标示出"拥有"和"认识"的深刻差别。[2]

年迈的奥古斯丁强调这一事实,只有达至顶点的对上帝认知才能等同于拥有上帝,并将我们指向幸福。奥古斯丁并不否认这一对永恒真理的完全理解同时也就是对至善的全心热爱。因为要真正地爱上帝,我们就必须全心地依附上帝这一至高存在,也就是依附永恒真理和神圣智慧。正因为作为爱的上帝和作为理智的上帝之间没有丝毫实质性的区别[3],对上帝作为永恒真理的完满的理智认识和由于上帝的

---

[1] *retr.* I, 26. "In qua illud quod dixi id esse amandum quod nihil est aliud habere quam nosse, non satis adprobo. Neque enim deum non habebant quibus dictum est: Nescitis quia templum dei estis, et spiritus dei habitat in uobis?; nec tamen eum nouerant, uel non sicut noscendus est nouerant. Item quod dixi: *Nemo igitur beatam uitam nouit et miser est*, nouit dixi, quomodo noscenda est. Nam quis eam penitus nescit, eorum dumtaxat qui iam ratione utuntur, quando quidem beatos se esse uelle nouerunt?"

[2] Bardy 1952, 718.

[3] 见 *trin.* VIII, 8, 12; XV, 3, 5; XV, 17, 31. 奥古斯丁对作为爱的上帝的理解,参见 Van Bavel, 1987, 69-80。

圣爱而得以成全的对上帝无保留的爱之间也不应当有任何间隔。因此，拥有上帝既是理智的沉思，也是意愿的归依。也因此，在人类生活的理想状态之中，没有必要去区分理智的官能和意愿的官能，这一幸福图景既是理智主义的，也是意愿主义的。

然而，以上只代表心灵的理想状态或完满状态。奥古斯丁在其早期著作中相信智者或圣徒在今生中就有可能实现美好生活。然而，他在晚年的《再思录》中小心地纠正了这一过于乐观的信念。[1] 正如加拿大学者约翰·里斯特(John M. Rist)在其对奥古斯丁幸福观的唯理智论解释中所见，最晚在390年，在奥古斯丁写作《论真宗教》时，他已经认为人类有关上帝的知识只有在此生之后才能得以完满。[2] 这也就意味着在人类生活理想状态中的理智和爱(或意愿)的同一性在此世毫无可能。意愿和理智实际的运作也因此有可能不同于其理想状态，而这一点也在我们之前提到的奥古斯丁自己的皈依经历中得到印证：理智的认信还需要意愿的归依才能得以成全。

奥古斯丁成熟著作中幸福的这一彼岸性将我们的注意力转向人性的实际处境，我们因此关注究竟是什么使得我们在此生中不能获得真正的幸福。对于在异乡中寻求救赎的朝圣者来说，关键的首先不是应许的理想，而是实际的处境。正如彼得·布朗(Peter Brown)在其奥古斯丁经典传记中所言，奥古斯丁之所以改变了有关幸福在此生中是否可能的态度，这和它对人类行为中内在的恶的反思相关。在写于392—394年间的反摩尼教著作中，"奥古斯丁开始意识到成就理想生

---

[1] 例如 b. uita, 4, 25, 相应的更正见 retr. I, 2; ord. II, 9, 26, 相应的更正见 retr. I, 3, 2; sol. I, 7, 1, 相应的更正见 retr. I, 4, 3. 更多的出处见 Rist 1994, 50, note 11. 而对奥古斯丁早年岁月这一乐观信念的详尽分析，见 P. Brown 2000, 139-150。

[2] uer. rel. 53, 103. "Post hanc autem uitam et cognitio perficietur, quia *ex parte nunc scimus.*" 见 Rist 1994, 50, note 11。

活的极度困难"[1]。这一困难首先体现在我们从先祖所承继的人性的初始状态中。基于这一理由,我们将在下一节中进一步考察奥古斯丁对人的灵魂初始特征的反思,来决定究竟是理智的缺陷还是意愿的软弱或者二者共同挫败了我们获取完满的努力。在这基础上我们来看上帝的恩典如何救治我们内在的痼疾,作用于我们的理智和灵魂,使我们为将来的完满幸福做好准备。

第二节 "无知"(*Ignorantia*)与"无力"(*infirmitas*):人性的初始状态

首先需要强调的是,我们这里所谈及的人类的初始状态并非指上帝起初所造的亚当和夏娃的本性,而是我们这些堕落之后的人在现世中所处的实际状态。而且,我们的目的在于揭示阻碍我们达至美好生活的内在要素,在下面的讨论中我们将不触及人的自然能力,例如感觉、推理、自由决断等。与此相反,以下的研究将关注人性中的阴影,奥古斯丁将它归结为"无知"(*Ignorantia*)与"无力"(*infirmitas*)。

在大约完成于395年的《论自由决断》第三卷中,奥古斯丁第一次将我们的初始状态表述为"无知"与"无力"。[2] 他在解释了引发意愿犯罪的缘由之后引入这一表述。在整个《论自由决断》一书中,奥古斯丁坚持认为意愿的自由决断是人类所犯下的所有恶行的最终原因。因此,我们把罪恶归因于任何意愿之外的动机都是毫无意义的。在这一语境中,罪自然地被界定为出于意愿的自愿行为。然而,已有学者注意到在《论自由决断》第三卷中,奥古斯丁同样承认我们的罪恶行为中的非出于意愿的动机,并且相应地将和意愿并不直接相关的罪行称之为

---

[1] P. Brown 2000, 141. Cf. *duab. an.* 13, 19; *c. Fort.* 22.

[2] *lib. arb.* III, 17, 47ff. 这当然不是要否认奥古斯丁在此前已经注意到原罪对于人类本性的影响,参见 Verschoren 2002,亦见 C. Harrison 2006, 168-197。

"无意之罪"(involuntary sin)。而这一主张甚至可以追溯到奥古斯丁更早地在 392—394 年间写成的反摩尼教著作。[1]

前文关于肉欲的讨论足以表明,对于奥古斯丁来说,意愿的决断并非自虚无中产生,而是在其本质上受到我们的生存处境的限制。有些错误的行径由于无知(*per ignorantiam*),有些当受谴责的行为则出于必然(*necessitate*)。此时,即使人们有意行正义之事,他们也无能为力。[2] 奥古斯丁将这两类虽然无意但仍会受到责备的行为追溯到人性的初始状态。根据奥古斯丁的原罪理论,这些使人陷入困境之中的初始状态,乃是上帝施加给世人的惩罚,作为对亚当和夏娃最初的有意过犯的补偿。用奥古斯丁自己的术语来说,我们生来"就伴随着无知的盲目和困苦(*difficultas*)的折磨"。[3] 在被神意治愈之前,人性的这一悲惨处境伴随着我们在此世中的一切行为:我们或者对所作所为的前因后果茫然无知,因此不能做出正确的决断,或者意愿做出了正确的道德选择,却又因为困乏无力而不能将其转化为相应的行为。[4]

然而,现在还不是讨论我们对于无意行为——特别是由人与生俱来的道德缺陷所导致的无意之罪——的道德责任的恰当时机。我同时

---

[1] 参见 Burnaby 1991 (1938), 187; P. Brown 2000, 141ff; Alflatt 1974, 114-118; O'Connell 1991. Wetzel 1992, 87ff. Harrison 2006, 168-197, 尤见 193-197. 我将在第七章中深入地讨论"无意之罪"这一概念。

[2] *lib. arb.* III, 18, 51. "Et tamen etiam per ignorantiam facta quaedam inprobantur et corrigenda iudicantur... Sunt etiam necessitate facta inprobanda, ubi uult homo recte facere et non potest."

[3] Ibid., III, 19, 53. "...ut cum ignorantiae caecitate et difficultatis cruciatibus nasceremur..."

[4] Cf. Ibid., III, 18, 52. "Nec mirandum est quod uel ignorando non habeat arbitrium liberum uoluntatis ad eligendum quid recte faciat; uel resistente carnali consuetudine, quae uiolentia mortalis successionis quodam modo naturaliter inoleuit, uideat quid recte faciendum sit et uelit nec possit implere."

也假定"无知"与"无力"是对我们所继承的原罪的正当惩罚。这一神学预设对于奥古斯丁对人类初始困境的观察和反思乃是必须的。基于本章的目的和第一部分所遵循的忠实现象的基本原则,我将把我们的目光局限在人性的这两个先天缺陷的心理特征之上,而不讨论其神学或本体论特性以及伦理后果。

显然,"无知"乃是理智的缺陷,它常常导致令人羞辱的错误。[1] 首先,我们可以断定,这一理智的失败主要涉及的不是思辨或理论知识,而是我们的道德行为所依恃的实践理性。它首先是对于我们"应当成为何种人"(*qualis esse debeat*)或"我们应该做什么"的无知。[2] 尽管只有对永恒真理的静观才意味着达至幸福,但是,正是"行为的知识"(*scientia actionis*)[3] 推动着我们借助正当的爱过有德性的生活,并且确保我们在此世通往幸福的历程中行走于正道之上。在将"无知"解释为我们的理智官能的天生局限时,我们必须将其和现实行为的本质勾连牢记于心。

更重要的是,我们不应该把"无知"和婴儿的天真无邪混同起来。因为"无知"乃是作为亚当和夏娃后裔的有罪的灵魂的普遍特征。最初的这一对人承受着无知的惩罚,因为他们尽管先前知道该怎么做,但却没能行正当之事。这一原罪及其惩罚以某种神秘的方式传递给我们这些后人,我们因此被剥夺了在道德谋划中做出正确判断的能力。尽管如此,我们同样被赐予相应的能力,去为这一与生俱来的痼疾寻求救治。[4] 因此,如果我们忽略了去寻找(*neglegere quaerere*)我们所无知

---

[1] *lib. arb.* III, 18, 52. "Ex ignorantia dehonestat error..."
[2] Ibid., III, 18, 52; III, 19, 53.
[3] 见第114页注释[3]—[4]。
[4] 亦即意愿寻求恩典佑助的能力,这一点我们下一节再详述。

的正义,那么由于无知而来的错误行径也就应当受到谴责。[1]

另一方面,婴儿的天真与其心灵羸弱的状态相应。而这一状态无疑会在婴儿长大时伴随着灵魂力量的成长而逐步减弱。[2] 这一特定的无知可以通过学习来克服,早年的奥古斯丁深受柏拉图派影响,学习的过程也就是记忆(*reminisci*)和回忆(*recordari*)的过程。[3] 因此,谴责婴儿无知,例如它不知道如何说话,这无疑是荒谬的,因为对语言的无知乃是婴儿的天性所决定的,它和自愿的行为毫无关联。"婴儿并没有忽略这一官能,他也并没有因为任何自己的错误而失去他曾经拥有的东西。"[4]

借助这一区分,我们可以更好地理解奥古斯丁为什么拒绝把作为人天生缺陷的"无知"归于严格意义的人性,尽管我们所有人不可避免地生于这样的状态之中。这是为了强调"无知"败坏了上帝所创造的人性,它是对我们先前的自愿之罪的惩罚,它也应受斥责。尽管我们对于这一心灵天生状态的道德责任还有待论证,"无知"和刑罚的本质关联已经足以暗示这一理智缺陷和我们的自愿行为的亲密关系。

---

[1] *lib. arb.* III, 19, 53-54. "... non tibi deputatur ad culpam quod inuitus ignoras, sed quod neglegis quaerere quod ignoras, neque illud quod uulnerata membra non colligis, sed quod uolentem sanare contemnis; ista tua propria peccata sunt. Nulli enim homini ablatum est scire utiliter quaeri quod inutiliter ignoratur, et humiliter confitendam esse inbecillitatem, ut quaerenti et confitenti ille subueniat qui nec errat dum subuenit nec laborat. Nam illud quod ignorans quisque non recte facit, et quod recte uolens facere non potest, ideo dicuntur peccata quia de peccato illo liberae uoluntatis originem ducunt..."

[2] 奥古斯丁有关灵魂成长的主张,见 *quant. an.* 15, 26-19, 33。

[3] *quant. an.* 20, 34. 亦见 *ep.* 7, 1, 2; *sol.* II, 20, 35. 而奥古斯丁在成熟著作中对这一主张的反思,见 *trin.* XII, 15, 24。

[4] *lib. arb.* III, 22, 64 "Loqui enim non nosse atque non posse infanti naturale est; quae ignorantia difficultasque sermonis non modo inculpabilis sub grammaticorum legibus sed etiam humanis adfectibus blanda atque grata est; non enim ullo uitio illam facultatem comparare neglexit aut ullo uitio quam comparauerat amisit."

与"无知"相似,"困苦"(在后期著作中则为"无力")标示出我们的心灵在道德行为领域的不足。然而,这里的不足并不在于不能认识到应该去做的事情,而在于心灵无能把它的所知转化为现实,即使它强烈地希望能够正当行事。这一道德困境和"无知"一样属于惩罚的范畴,我们要为其承担责任。

和"无知"明显的理智特性不同,"困苦"或"无力"的心理内涵并不是如此简单明确。尽管传统解释将其等同于意愿的软弱或不足[1],晚近的研究则为其心理基础提供了不同的解释,特别是那些倾向于唯理智论的奥古斯丁学者。

在这些学者中,英国学者伊文思(G. R. Evans)的立场可能是最极端的。在其极有影响的对奥古斯丁著作中的"恶"的研究中,她断言所有的恶对心灵的影响都是通过"妨碍理解和阻挠心灵工作"来实现的。[2] 她的相关分析因此也只关注"无知",而对"困苦"则根本不加严肃对待。

詹姆斯·韦策尔(James Wetzel)则没有如此极端,他避免将恶完全等同于理智的错误,而认为《论自由决断》第三卷中所提到的"困苦"实际上引入了"意愿的软弱性"这一著名现象。不过,他仍然将这一软弱归结为未能获得有关善的知识"以便将意愿拖在身后"[3]。

另一位英国学者查普尔(T. D. J. Chappell)在比较亚里士多德和奥古斯丁的自由观时,则诉诸奥古斯丁在390年代解释保禄书信时所提出的有关道德发展的"四阶段论"来说明"困苦"的意义。奥古斯丁认为人类通往美好生活的历程经历了如下四个阶段:律法前(*ante legem*)、律法下(*sub lege*)、恩典下(*sub gratia*)、平安中(*in pace*)。在摩西

---

[1] Burnaby 1991 (1938), 189; P. Brown 2000, 141ff; Alflatt 1974, 117-118.
[2] Cf. Evans 1982, 36.
[3] Wetzel 1992, 86-98, 尤见 97.

颁布上帝的诫命之前,人类生活在律法之前;而在耶稣降生之前,人类还不曾获得真正的恩典;但是只有在来生中,我们才能获得象征美好生活的平安。[1] 查普尔认为"困苦"主要存在于"律法下"的人们,他们必须和肉体欲望争斗,而且是徒劳地争斗。这一道德上的无能被限制在人们实现正当意愿的行为能力上,而不触及意愿自身。[2]

而在最近对奥古斯丁意愿观念的理智维度的研究中,德国学者约瑟夫·勒斯尔(Josef Lössl)甚至进一步极端地将"困苦"解释为单纯的"身体的束缚"而不提供任何有力的文本依据。他只是简单地断言奥古斯丁认为原罪的重轭首先在于理智的无知。[3]

我们先从勒斯尔过于简单化的论断开始,因为如果他的主张成立,我们给"困苦"寻求心理位置的努力势必毫无意义。尽管没有明确的文本依据,将人的"困苦"和"无力"完全还原为身体的束缚也不是全然没有道理。奥古斯丁明确地断言我们道德的无能是由于"肉体束缚(uinculum carnalis)的对抗和折磨"[4]。此外,奥古斯丁在《论自由决断》第三卷中提到灵魂起源的四种假说,其中第三种认为灵魂在进入身体之前已经预先存在,而且是由上帝将其送入尘世,因此,它只是在和肉体结合时才有了瑕疵,显然,作为人内在缺陷的道德无知和道德无力都应来自发源自亚当的肉体(caro)。[5]

然而,奥古斯丁在其晚年的反思中放弃了这一有关灵魂预先存在的解释。奥古斯丁学者们也大多认为即使在早年著作中,奥古斯丁并

---

[1] 参见 *diu. qu.* 66, 5; *ex. prop. Rom.* 44; *simpl.* I, 1, 1ff. 相关研究,首先见 Berrouard 1981,晚近对 Berrouard 的评述,见 Delaroche 1996 and Dodaro 2004a. 亦见 Fredriksen 1986, TeSelle 2001.

[2] Chappell 1995, 130-134.

[3] Lössl 2004, 57.

[4] *lib. arb.* III, 18, 52. "… et resistente atque torquente dolore carnalis uinculi…"

[5] Cf. Ibid., III, 20, 57.

不青睐这一主张。[1] 更重要的是,此处的"肉体"(caro)不应等同于我们的身体(corpus),这一点我们在第一章中已经证明。[2] 在这部完成于395年的著作中,奥古斯丁引用《迦拉达书》5:17,"本性的肉欲相反圣灵的引导",将"肉体束缚"解释为灵魂在肉欲中对抗人的灵性。[3]

上述圣经引文将我们的注意力指向"肉欲"(concupiscentia carnis)这一我们先前探讨过的概念,而我们还注意到奥古斯丁在其晚期著作中明白无误地将灵魂初始的无力等同于肉欲。[4] 即使在《论自由决断》一书中,奥古斯丁已经提到"肉体习性"(consuetudo carnalis)、"肉欲"(concupiscentia carnis)、"欲念"(libido)、"灵魂的肉欲部分"(pars (animae) carnalis)等一系列相关语汇来解释灵魂在道德"困苦"(difficultas)中所经历的无可奈何的对抗。[5] 当然,如前文所述,到了和裴拉基派特别是和尤利安论战时,奥古斯丁才细致入微地剖析了肉欲和意愿之间的微妙勾连。但是在《论自由决断》第三卷中已经十分明确的是,我们在道德行为上的天生无力首先在于灵魂之中,尽管它被称之

---

[1] 奥古斯丁晚期有关灵魂起源的反思,参见 ep. 143;166;190; Gn. litt. VI, 1, 1ff; VII, 5, 7ff. X, 1, 1 ff.; an. et or. 相关研究,首先可以参见 O'Connell 1987. O'Connell 坚持认为普罗提诺有关灵魂进入身体前的存在深刻影响了奥古斯丁的相关讨论。尽管奥古斯丁确实在他对《罗马书》9:11 的评注中断然否认灵魂在出生之前有任何行为,无论善恶,O'Connell 主张普罗提诺的论题仍然残存于奥古斯丁对我们和亚当的同一性的强调之中,而这一同一性论题正是《论自由决断》中奥古斯丁原罪理论的唯一根基。对 O'Connell 过于执著灵魂在先存在的观点的批评,见 O'Daly, 1974, 227-235; id. 1983, 184-191; Rist, 1994, 317-320; Rombs 2006. 在这里只需强调即使 O'Connell 也同意认为奥古斯丁并没有严肃对待第三种假说,因为它难以解释无知和无力作为对人的原罪惩罚的公正性。

[2] 见1.1.1。

[3] *lib. arb.* III, 18, 51. "Sunt etiam necessitate facta improbanda, ubi uult homo recte facere, et non potest; nam unde sunt illae uoces:… et illud: *caro concupiscit aduersus spiritum, spiritus autem aduersus carnem; haec enim inuicem aduersantur; ut non eaquae uultis faciatisx?*"

[4] 例见 *pecc mer* II,. 2, 2-4, 4; *spir. et litt.* 34, 51. 参见 Bonner 1986-1994b; Dodaro 1989, 346-347; Rist 1994, 102, 135-136, 320-327。

[5] Ibid., III, 18, 52; III, 19, 53; III, 22, 65。

为来自我们的肉体。

我们看到另一位唯理智论学者查普尔的观点要更加复杂也更耐人寻味。他的理论奠基于对奥古斯丁道德重生四阶段说的深入解读,这本身是有关奥古斯丁恩典和自由学说的重大论题,此处我们还不能完全展开。在这里,我想要指出的是,查普尔将"困苦"理解为我们实现行为中的困难,而不是意愿自身的软弱,这主要是根据写于396年的《答辛普力丘》I, 1中的两段文本,它们似乎印证了查普尔的基本主张:意愿容易实行难。特引证如下:

> 使徒说,"去意愿(*uelle*)[善]近在我眼前,而去行(*perficere*)善则不是。"(《罗马书》7:18)在那些不能正确理解这些话的人看来,使徒似乎是夺走了我们的自由决断(*liberum arbitrium*)。然而当他说"去意愿(*uelle*)[善]近在我眼前",他怎能夺走自由决断呢?意愿自身当然是在我们的权能之内(*in potestate*)的,因为它近在我们眼前;但是要去行善则不在我们的权能之内,这一点正是原罪所应得的后果……那还不在恩典下的人,他所愿意的善他却不去做,而他所不愿意的恶,他却去做,他被肉欲征服,这欲望不仅通过死亡的束缚而且通过习性(*consuetudo*)的肿胀而获得力量。[1]

对于律法下的人来说,没有什么比愿意行善但实际作恶更容

---

〔1〕 *Simpl.* I, 1, 11. "*Velle enim*, inquit, *adiacet mihi, perficere autem bonum non*. His uerbis uidetur non recte intellegentibus uelut auferre liberum arbitrium. Sed quomodo aufert, cum dicat: *Velle adiacet mihi*? Certe enim ipsum uelle in potestate est, quoniam adiacet nobis; sed quod perficere bonum non est in potestate, ad meritum pertinet originalis peccati... *Non enim quod uult facit bonum* qui nondum est sub gratia, *sed quod non uult malum hoc agit* superante concupiscentia non solum uinculo mortatlitatis sed mole consuetudinis roborata."

易了。他意愿善毫无困难哪,但要做他所愿意的却不那么容易。[1]

奥古斯丁写作《答辛普力丘》的首要目的在于捍卫人在堕落之后仍然具有自由决断的能力。[2] 然而,在人的意愿和行为之间似乎存在某种分裂。因为一个堕落之后的人有可能并不愿意去做他在原罪的重轭下所行的恶。与《论自由决断》第三卷相似,奥古斯丁此处借助欲(*concupiscentia*)这一概念来解释这一违背人的意愿的行为:一面是由于原罪而来的肉欲,它规定了此生的惩罚性处境;另一面是向善的意愿,它与有关善的知识站在一边。这一对立昭示出灵魂的内在分裂,奥古斯丁早在《论自由决断》中就已经更加鲜活地刻画过这一图景:

> 甚至在灵魂知道了它应该去做的,它也不能当即去完成它,因为灵魂还没能获得这一能力。因为灵魂更出众的部分(*pars sublimior*)已经先行认识到正当行为的善,然而,那迟缓的肉欲的部分(*tardior atque carnalis*)却不能随之被引向这一认识。[3]

传统将灵魂理性和非理性二分的主张显然难以解释非理性的欲望如何能够直接推动灵魂走向错误的行径。而我们前三章的讨论也足以说明,诸如肉欲这样的非理性力量,如果没有意愿的认可(无论是明确的还是默许的),也不可能直接转化为明确的决断或公开的行为。换句话说,肉欲只能借助意愿这一中介来推动灵魂有所行为。当然,这一结

---

[1] *Simpl.* I, 1, 12. "Quid enim facilius homini sub lege constituto quam uelle bonum et facere malum? Nam et illud sine difficultate uult, quamuis non tam facile faciat quam facile uult..."

[2] *retr.* II, 1, 1. "In cuius quaestionis solutione laboratum est quidem pro libero arbitrio uoluntatis humanae..."

[3] *lib. arb.* III, 22, 65. "Et quod agnoscens quid sibi agendum sit non continuo ualet implere, hoc quoque nondum accepit. Praecessit enim pars quaedam eius sublimior ad sentiendum recte facti bonum, sed quaedam tardior atque carnalis non consequenter in sententiam ducitur..."

论和先前的讨论主要建立在对奥古斯丁晚期著作的解读之上。但是，在《论自由决断》这部相对更早完成的著作中，奥古斯丁已经预示了他成熟著作中将肉欲视为意愿的内在软弱性这一洞见，尽管他此时还未能用它来解释道德无力这一现象。

首先，人的灵魂被赐予"意愿理性的和自由的决断"（*rationale ac liberum uoluntatis arbitrium*），这使得它优于那些只知道按照非理性欲求行事的动物灵魂。[1] 此外，这一能力交付人类，是为了正义的行为能得以实现。[2] 因此，当肉欲强迫着灵魂做它所不愿意的恶时，灵魂如同动物一样行事，这肉欲实际上败坏了人的灵魂。

其次，对奥古斯丁来说，更高的存在同时也就具有更强大的力量，除非它自己愿意，它也就不能为较弱的存在所败坏。[3] 相应地，肉欲也不能败坏灵魂更出众的理性部分，除非是后者认可了这来自同一灵魂但较为低弱的力量。而这也就意味着，灵魂较高的部分在实际上被肉欲败坏之前，它已经因为这一错误的认可而败坏了自己。

因此，在肉欲和理性的这一表层对抗之下，是灵魂较高的部分内部的更加深刻的分裂。这也就意味着我们所说的"困苦"或道德无力并不局限于较低的肉欲之中，而是拓展到了灵魂的理性部分内。

当然，在此还不明确的是，灵魂的这一混乱究竟是在哪一种人类特有的心理官能之中，或者说这究竟是意愿和意愿的战争，还是只是理智

---

[1] *lib. arb.* III, 5, 16. "... cum adhuc et tales meliores sint eis quae, quoniam nullum habent rationale ac liberum uoluntatis arbitrium, peccare non possunt."

[2] Ibid., II, 18, 47. "Cui sententiae tuae cum ego retulissem recte fieri non posse nisi eodem libero uoluntatis arbitrio, atque ad id potius hoc deum dedisse adseuerarem, respondisti liberam uoluntatem ita nobis dari debuisse ut iustitia data est, qua nemo uti nisi recte potest."

[3] Ibid., III, 14, 39. "Potentior enim ab infirmiore si corrumpi nolit non corrumpitur; si autem uelit, prius incipit uitio suo corrumpi quam alieno." 关于本体论的等级秩序和力量的等级秩序的关联，参见下一章的分析。

无能的隐晦表达?

在奥古斯丁晚期有关原罪及其后果的讨论中,人类的初始状态自然也成为关注的焦点,这特别是在他驳斥裴拉基派的论著中。[1] 奥古斯丁仍然沿用"无知"和"无力"这一基本表述,但做出了两项重要的澄清。首先,奥古斯丁把这两种初始状态明确地和意愿的无能联系起来:

> 人们不愿意做那正当之事,或者是因为不知道它是否正当,或者是因为它在其中找不到乐趣。因为当我们更加确定地知道什么是善,或是我们更加热切地在其中找到乐趣,我们也就会更加有力地意愿这事。因此,无知和无力它们是这样一种缺陷,它们阻碍意愿,使其不能转而行善避恶。[2]

在这一文本中,毫无疑问地两种缺陷所影响的不仅仅是我们认识善和行善的能力,而是我们向善的意愿自身。由于意愿无力向善,奥古斯丁认为我们此生无望达致全然无罪的美好生活。人类的初始状态首先影响的是人自由决断的能力,这正是因为由于意愿的自由决断,我们的始祖才犯下了最初的罪。

从另一个角度看,奥古斯丁将无知和意愿的软弱联系起来,这仍然强调知识,特别是有关善的知识乃是获得正当意愿的必要条件。这一信念肯定了理性认识在道德决断进程中的重要性。另一方面,"无力"在此被解释为不能在善好之中找到乐趣(*delectatio*)。[3] 正如法国学

---

[1] 有关《上帝之城》前十卷中所论及的"无知"和"无力",参见 Dodaro 2004b, 27-71。

[2] *pecc. mer.* II, 17, 26. "Nolunt homines facere quod iustum est, siue quia latet an iustum sit siue quia non delectat. Tanto enim quidque uehementius uolumus, quanto certius quam bonum sit nouimus eoque delectamur ardentius. Ignorantia igitur et infirmitas uitia sunt, quae inpediunt uoluntatem, ne moueatur ad faciendum opus bonum uel ab opere malo abstinendum."

[3] 亦见 *ench.* 22, 81. "...sed etiam accedente sanitate, delectatio iustitiae uincat in nobis earum rerum delectationes, quas uel habere cupiendo, uel amittere metuendo, scientes uidentesque peccamus."

者艾蒂安·吉尔松(Etienne Gilson)所指出,乐趣和爱紧密相连。[1]此处的"无力"因此也就意味着爱的失败。在《上帝之城》的最后一卷中,奥古斯丁就明确地把无力等同于"爱空洞且有害的事物"(*amor rerum uanarum atque noxiarum*),或者直接就是"悖德的爱"(*peruersus amor*)。[2] 前面我们在讨论美好生活中爱上帝和拥有上帝时提到,对至善的完满的爱奠基于对至善的完满的理智认识。然而,这里所说的对可朽事物的爱却与其不同,它并不依赖于我们对这些事物的理性认识。因为我们完全可以茫然无知地沉浸于低俗的快乐之中。

而奥古斯丁晚年有关人类初始状态的反思中做出的另一个重要澄清则是对"无知"和"无力"的细致区分,特别是就它们的效果而言。奥古斯丁认为某些初始的恶即使经过洗礼也仍然会残存下来,例如身体的朽坏,无知和肉欲。奥古斯丁在此强调肉欲要比无知更加糟糕:

> 然而,就此而言,肉欲要比无知糟糕,因为无知如果不伴随肉欲,它犯下的罪要小,而肉欲没有了无知,犯下的罪要严重得多。不知道恶,这并不总是一种恶,而欲求恶,这永远都是恶。对善无知,这有时是有好处的,它使我们能在恰当的时机认识善。但是,肉欲绝不可能欲求人的善,因为身体的欲念所欲求的不是后代,只有心灵的意愿才会欲求它,尽管没有身体的欲念,后代就不可能被种下。[3]

---

[1] 见 Gilson 1949, 174 n.1. 亦见 Van Bavel 1993, 505。

[2] Cf. *ciu. Dei* XXII, 22.

[3] *c. Iul.* VI, 16, 50. "Ex hoc autem concupiscentia peior est quam ignorantia, quia ignorantia sine concupiscentia minus peccat; concupiscentia uero sine ignorantia grauius peccat. Et nescire malum, non semper est malum: concupiscere autem malum, semper est malum. Bonum quoque ipsum uititer aliquando ignoratur, ut opportune sciatur: nullo autem modo fieri potest, ut carnali concupiscentia bonum hominis concupiscatur: quandoquidem nec ipsa proles libidine corporis, sed uoluntate animi concupiscitur, quamuis non sine libidine corporis seminetur."

奥古斯丁毫不含糊地将道德上的无能等同于肉欲之恶[1]，他因此肯定了这一灵魂与生俱来的倾向的独立地位。它可以如此深刻地影响人的心灵，以至于它既可以在无知中贪求那禁制的对象，也可以明知故犯。毫无疑问，后者更加恶劣。

而此处所说的无知也正是对于正当行为的无知，亦即道德上的无知。当肉欲并不是在无知中行事时，道德行为者显然拥有对相关行为正当与否的道德知识。他也因此有能力通过意愿的自由决断拒绝将来自肉欲的邪恶念头转化为现实，当然，他此时仍然无力用这一道德知识根除肉欲，使其不再有所暗示。如果肉欲还是成了行为的动机，恶行照旧被犯下，此时，肉欲将自己在公开的行为中彰显出来，其中显然已经包含了意愿的认可，因为心灵通过相关的道德知识清醒地意识到这一禁制的欲念的本性及其后果。

通过将"无力"或肉欲和"无知"相剥离，奥古斯丁清楚地表明我们初始状态中所包含的道德的无能首先涉及的是意愿的软弱。这也解释了奥古斯丁为何在其晚期著作中直接将"无力"称作"意愿的无力"(*infirmitas uoluntatis*)[2]。

意愿的无力自然是我们通往美好生活的旅程中更加严重的障碍，这充分地体现在著名的"幸福意愿的困境"中[3]。奥古斯丁充分地意识到这一点，正如他在《三一论》XIII，4，7中所言，"所有人都愿意幸福地生活，然而并不是所有的人都愿意按那唯一可以使人幸福生活的方式生活"[4]。

---

[1] *c. Iul.* IV, 2, 11. 更多出处及相关文献，见第140页注释[4]。

[2] 例见，*nat. et gra.* 51, 59; *c. Iul. imp.* III, 110; *corr. et gra.* 12, 38。

[3] *lib. arb.* I, 14, 30; *conf* X, 20, 29; *trin.* XIII, 3, 6; 善的意愿对于美好生活的重要性，见第117页注释[2]—[3]。

[4] *trin.* XIII, 4, 7. "…et omnes beate uelle uiuere uerum est, et non omnes sic uolunt uiuere, quomodo solum beate uiuitur."

奥古斯丁认为这一意愿的失败首先在于对于幸福的真正根基的无知。[1] 然而,我们不可能对生活的终极目的全然无知,否则它也不可能成为所有人都愿意的对象。而且,显然,一个人即使拥有了幸福生活所不可或缺的知识和智慧,他仍然有可能产生恶的意愿(mala uoluntas)。奥古斯丁特别强调这一点,而且只要有了恶的意愿,这就使我们处于不幸之中。[2] 因此,在美好生活的必要条件中,更重要的是培育向善的意愿,克服意愿自身的软弱而去拥抱善,只有它才能保障我们能够拥有我们所意愿的一切。[3]

第三节　知识(*Scientia*)与爱(*Caritas*)

根据奥古斯丁的神学主张,幸福所必需的善的知识和向善的意愿都来自恩典,神恩通过赐予不同的力量而作用于人的心灵。如果说"无知"和"无力"标示着通往幸福的先天障碍和缺陷,那么,奥古斯丁晚期著作中所提到的"知识"与"爱"则为其提供了相应的疗治方式,以治愈我们朽坏的本性,使其得以承担美好生活。此外,在之前讨论奥古斯丁的美好生活观念时,我们已经指出知识和爱乃是获取幸福的必要条件。多少有些出人意料的是,人类初始状态与疗治性的恩典在晚近

---

[1] Cf. *trin*. XIII, 4, 7. "Mirum est autem cum capessendae atque retinendae beatitudinis uoluntas una sit omnium, unde tanta existat de ipsa beatitudine rursus uarietas atque diuersitas uoluntatum, non quod aliquis eam nolis, sed quod non omnes eam norint."

[2] Ibid., XIII, 5, 8. "Etiam mala enim uoluntate uel sola quisque miser efficitur…"

[3] Ibid., XIII, 6, 9. "Cum ergo ex his duobus beata uita constet… quid putamus esse causae cur horum duorum quando utrumque non possunt, magis eligant homines… cum potius eligi debuerit uoluntas bona atque praeponi etiam non adepta quae appetit? Propinquat enim beato qui bene uult quaecumque uult, et quae adeptus cum fuerit beatus erit." 亦见 ibid., XIII, 13, 17. "…ex duabus rebus quae faciunt beatum,… cum prius debeat habere uoluntatem bonam, magnam uero postea potestatem."

有关奥古斯丁恩典观念的讨论中很少得到注意。[1] 在本节中,我将单纯从哲学心理学的角度来描述疗治的恩典或行动的恩典(operative grace)对人的心灵不同官能的作用,目的在于揭示理性心灵的何种官能,究竟是理智还是意愿,才是神意关注的首要对象,才是我们通往幸福的旅程的决定性因素。至于这恩典如何作用于我们的意愿,以及它是否会夺去我们的意愿的自由,我们将在本书的最后再作深入的分析。

在写于418年的反裴拉基派著作《论基督的恩典与原罪》一书中,奥古斯丁引入知识(*scientia*)与爱(*caritas*)的区分来对应来自上帝的两种不同馈赠。[2] 此前,同年5月1日,北非的主教们在迦太基召开全体公会议,起草了九条教规严厉地斥责了裴拉基派学说,这标志着有关裴拉基派的论争在北非暂告一段落。其中第五条教规已经确认了知识和爱的区分,其全文如下:

> 如果有人说,通过我主耶稣基督的天主的同一恩典,它只是为了佑助我们能不犯罪,亦即通过这一恩典,将对诫命的理解(*intelligentia*)向我们显现并揭示出来,以使我们知道我们应该欲求什么,应该避免什么,而不是说通过这一恩典,赋予我们这样的能力,以使我们去爱并且有能力去做那些我们已经知道我们所应当做的事情,如果他这么说,他就该受绝罚。因为使徒说了,"知识使人膨胀,爱才能立人"(《格林多前书》8:1)。因此,去相信我们拥有基督的恩典是为了那使人膨胀的东西,而不是为了那能够立人的东西,这完全是亵渎。毕竟这两者都是天主的馈赠,一是去认识我们所应当做的,一是去爱以便我们能做,有了立人的爱,知识就不

---

[1] 有关奥古斯丁恩典学说的研究文献极为繁多,晚近重要的专著包括 Burns 1980;Hombert 1996;Lössl 1997;Drecoll 1999;Cary 2008。

[2] 见 *retr*. II, 50, 77. 亦见 WSA I/23, 385。

会使我们膨胀。正如经上这样说天主,"他教导人类知识"(《圣咏集》94:10),经上也说,"爱是出于天主"(《若望一书》4:7)[1]。

显然此处的知识与我们在道德上的无知相应,它是对我们的道德义务的理解,或者说是有关善的知识。这一点充分地体现在保禄书信中知识与爱的对峙之中:"知识使人膨胀,爱才能立人。"相应地,爱则意味着行善的能力,它使我们能够克服道德上的软弱,产生坚定的向善意愿。爱不仅帮助我们将理性有关善恶的判断付诸实效,而且更重要的是让我们全心地喜爱正义行为。这恰好治愈了我们与生俱来的"无力"这一痼疾,因为道德上的无力首先在于不能在善好的事物中找到乐趣。

奥古斯丁自己对知识和爱的区分同样依赖上述出自《格林多前书》的圣经引文。奥古斯丁借助它进一步强调爱是恩典更加有力的显现,以此来反驳裴拉基派将恩典限制在颁布诫命上的主张:

> 他(案:指裴拉基)必须按照应当的方式来区分认识(*cognitio*)和爱,因为"知识使人膨胀,爱才能立人"。当爱立人的时候,知识不会使人膨胀。而且,由于它们两个都是上帝馈赠,不过一个小些,另一个大些,他不应该将我们的正义凌驾于那使我们得以成义者之上,以至于他将二者中较小的归于上帝的帮助,却篡夺了那较

---

[1] DS 226. "Item, quisquis dixerit, eandem gratiam Dei per Iesum Christum Dominum nostrum propter hoc tantum nos adiuuare ad non peccandum, quia per ipsam nobis reuelatur et aperitur intelligentia mandatorum, ut sciamus, quid appetere, quid uitare debeamus, non autem per illam nobis praestari, ut quod faciendum cognouerimus, etaim facere diligamus atque ualeamus, an. s. Cum enim dicat Apostolus: *Scientia inflat, caritas uero aedificat* (1 Cor 8:1), ualde impium est, ut credamus, ad eam quae inflat nos habere gratiam Christi, et ad eam, quae aedificat, non habere, cum sit utrumque donum Dei, et scire, quid facere debeamus, et diligere, ut faciamus, ut aedificante caritate scientia nos non possit inflare. Sicut autem de Deo scriptum est: *Qui docet homines scientiam* (Ps 93:10) ita etiam scriptum est: *Caritas ex Deo est* (1 Jn 4:7)."

大的交给人来决断(humanum arbitrium)。[1]

这一对知识和爱的区分可以追溯到奥古斯丁对另一句保禄的名言所作的诠释:"文字叫人死,灵却叫人活。"(《格林多后书》3:6)[2]奥古斯丁412年写成《论圣灵与文字》一书,这是他驳斥裴拉基派的第二部重要著作。在评述保禄的这段话时,奥古斯丁认为文字指的是律法,它使我们得以认识何为恶,而灵则是指爱(caritas),从它之中得以产生"远离不法肉欲的纯净意愿(pura scilicet ab omni inlicita concupiscentia uoluntas)"[3]。需要注意的是,尽管此处明确地将爱和意愿联系起来,但这一字面的联系尚不足以证明以爱为形式的恩典,其效果首先在于直接产生特定的向善意愿。因为,我们同样可以说恩典首先作用于我们的理智,使我们更加确切地在认识上把握善,只有通过这一理智的进展,才能够唤醒对于善的喜好,并最终治愈意愿的软弱。[4]对恩典作用的这一理智主义刻画激励我们更仔细地考察奥古斯丁在《论圣灵与文字》一书中对文字和灵的详尽区分,这将会为我们澄清较少有人提

---

[1] gr. et pecc. or. I, 26, 27. "Cognitionem et dilectionem, sicut sunt discernenda, discernat, quia *scientia inflat, caritas aedificat* -et tunc scientia non inflat, quando caritas aedificat—, et cum sit utrumque donum Dei, sed unum minus, alterum maius, non sic iustitiam nostram super laudem nostri iustificatoris extollat, ut horum duorum quod minus est, diuino tribuat adiutorio, quod autem maius est humano usurpet arbitrio…"

[2] 在421年写成的《驳裴拉基派二书》中,奥古斯丁明确地将这两段圣经引文联系起来,见 I c. ep. Pel. IV, 5, 11. "Nam scientia legis sine caritate inflat, non aedificat secundum eundem apostolum apertissime dicentem: *scientia inflat, caritas uero aedificat*. Quae sentential similes est ei qua dictum est: *littera occidit, spiritus autem uiuificat*. Quale est enim scientia inflat, tale est littera occidit et quale est caritas aedificat, tale est spiritus uiuificat, quia caritas dei diffusa est in cordibus nostris per Spiritum sanctum, qui datus est nobis."

[3] spir. et litt. 5, 7ff, 尤见 8, 13.

[4] 例如,德国学者 Josef Lössl 就曾经断言:"通过自由意愿行善要次于通过理智认识善,尽管只要恢复了恩典,恩典所修复的理智就有能力直接产生前者。"见 Lössl 2004, 65。有关对恩典的理智维度更详尽的讨论,参见 Lössl 1997 年以此为题的专著。

到的知识和爱的区分,并最终使我们了解在恩典修复人性时理智和意愿的实际功用。

　　首先,我要强调奥古斯丁并不否认在律法条文中所包含的知识自身的价值,以及它在我们的道德生活中的重要意义,因为在犹太基督教传统中律法也是来自神意的馈赠。在律法中显现的知识乃是有关罪的知识,它对于我们克服此生中种种有罪的诱惑同样是必须的。[1] 然而,奥古斯丁并不认为这一有关罪的知识是纯粹的理论认识,而认为它总是推动我们有所行为。它不仅使我们了解我们的道德义务而且作用于我们的心灵使其倾向于在这一理性认识中所得以确定的善好行为,它首先以消极的方式体现为规避恶行。

　　然而,奥古斯丁相信,这一律法知识如果独自行动,没有圣灵之中爱的帮助,它非但不足以激发我们对正义行为的爱慕,反而会以一种扭曲悖谬的方式促成对禁制之事的邪恶欲望。有关律法这一具有强烈讽刺意味的作用,奥古斯丁借助常见的自然现象来帮助我们理解:抽刀断水水更流,投入流水中的阻碍物只是让水流变得更加湍急。相应地,以某种我们所难以理解的方式,"肉欲的对象(*quod concupiscitur*)在它被禁止时反而更有吸引力了"[2]。

　　这一荒谬的现象并不像它初看上去那样难以理解。之前我们已经提到,在更晚些时候与尤利安的论争中,奥古斯丁意识到我们的肉欲在

---

[1] 例如《罗马书》3: 20,"因为律法使人认识罪"。奥古斯丁多次征引这一论断,例如 *spir. et lett.* 8, 14.

[2] *spir. et litt.* 4, 6. "Proinde quae hoc praecipit bona et laudabilis lex est. Sed ubi sanctus non adiuuat spiritus inspirans pro concupiscentia mala concupiscentiam bonam, hoc est caritatem diffundens in cordibus nostris, profecto illa lex quamuis bona auget prohibendo desiderium malum, sicut aquae impetus, si in eam partem non cesset influere, uehementior fit obice opposito, cuius molem cum euicerit maiore cumulo praecipitatus uiolentius per prona prouoluitur. Nescio quo enim modo hoc ipsum, quod concupiscitur, fit iocundius, dum uetatur."

我们的无知这一缺陷被恩典治愈时反而会带来更大的危害。[1]而在《论圣灵与文字》中,我们也可以说律法通过教给我们什么应当做什么应当避免,这已经治愈了我们道德上的无知。但另一方面,肉欲这一缺陷仍然留存在我们的心中,因为奥古斯丁坚信没有爱的相助,律法不足以使我们在向善避恶的道德抉择中变得坚定。来自律法的知识只是使得我们不再能用无知作为借口掩饰更应受谴责的肉欲。当然,在此,我们会忍不住要问:为什么包含在律法中的神圣诫命不足以净化我们的心灵,使其摆脱肉欲的纠缠?或者用更哲学化的表述,为什么对正当行为的理性认识不足以克服意愿自身的软弱,使我们能够坚定地行正义之事?

显然,答案在于奥古斯丁对于人的意愿官能的独特理解。如果没有意愿的认可,灵魂就不可能有所行为。前面三章的讨论足以表明,即使是灵魂的无意识活动,例如情感的最初波动也包含着意愿默然的认可,否则它们就不可能在一个人的心灵中产生并被注意到。相应地,理智活动要想改变灵魂的行为倾向,也只有借助意愿的干预。而与此同时,理解律法的内容,确认它所禁止的欲望对象,这些都是心灵的有意识活动,因而都包含着心灵的注意(attention)或意向,它们都源自意愿。而法律所禁止的内容要唤起我们的肉欲,这同样要求意愿的认可。意愿在我们心灵中无所不在的动力意味着任何心灵行为倾向的变化都从意愿开始。在本书后面的讨论中,我将进一步说明只有意愿自身才能改变它自己的倾向,而且还不能是以一种命令或强力的方式。与此相应,意愿的软弱性也只有在意愿自身内在地强化之后才有可能被克服。而根据奥古斯丁的神学信仰,这一工作只能由来自圣灵的爱来完成,它使我们能够决心行善并在其中找到乐趣。当然,这一切得以成

---

[1] *c. Iul.* VI, 16, 50. 原文见第 145 页注释[3]。

立,都有待于我们在后文中论证意愿内在的独立和自由。

回到当前有关知识与爱的区分中,正如前文所述,只有当我们对善的认识达到完满时,它才等同于我们的爱。然而,我们这里所讨论的有关罪的知识显然不同于这一完满的至福直观(beatific knowledge or intuition),因为后者只和永恒真理相关。因此,与尘世相关的律法知识,由于其内在的不完满性,它显然不能等同于那能够直接作用于我们意愿的爱的恩典。

在《论圣灵和文字》中,奥古斯丁还考察了有关罪的知识可能对我们产生的另一种情感效果:恐惧(timor)。人们之所以遵守神圣诫命,很可能只是出于恐惧,出于对律法所刻画的不守诫命者的惩罚的恐惧(timor poenae)。这在奥古斯丁看来并不是真正的守诫命。

> 如果诫命的实现是出于对惩罚的恐惧,而不是出于对正义的爱,这就是以奴隶的方式(seruiliter)实现,而不是以自由人的方式(liberaliter),因此也就没有实现。因为善好的果实总是从爱的根茎中生长出来的。[1]

出于恐惧遵守诫命所缺乏的正是根据心灵的自由决断,在情感上认同这一本应正当的行为。换句话说,在这样的条件下,人是受自己的情感所驱使或者说强迫,这就如同奴隶被他的主人驱赶着劳作。

更重要的是,对惩罚的恐惧并不是像灵魂最初的情感波动那样无意识地出现的,因为有关罪的知识乃是呈现于有意识的灵魂之前。因此,这一恐惧既包含着理性对惩罚的认识,也包含着意愿对这一情感反应的认可:我们自愿地承认惩罚的可怕。显然,支撑这一情感的意愿并

---

[1] spir. et litt. 14, 26. "Quod mandatum si fit timore poenae, non amore iustitiae, seruiliter fit, non liberaliter et ideo nec fit. Non enim fructus est bonus, qui de caritatis radice non surgit."

不处于健康的状态之中:因为泛泛地来说,没有人会愿意心灵被恐惧缠绕。因此,出于恐惧的服从并不是适合我们无力的意愿的治疗方式,恰恰相反,这一恐惧不过是我们意愿的软弱或病态的另一种体现:在我们经历恐惧时,我们意识到我们所欲求的东西不可能得到或者有可能违背我们的意愿消散。[1] 而这些会违背我们意愿失去的乃是尘世之物,肉欲所欲求的对象,亦即我们意愿的软肋所在。

此外,毫无疑问,人人都爱美好生活。而美好的生活应当免于恐惧。只有那些没有获得幸福的人才会受恐惧的折磨。他们担心受惩罚是因为他们拥有有关罪的知识,并且因此知道如果他们按照肉欲行事就会招致惩戒。但是,如果他们本来就没有肉欲,没有对禁制之事的欲望,他们也就不会害怕会受惩罚。因此,他们出于恐惧而遵守诫命,这不过揭示了他们在心灵深处经历了邪恶欲望的诱惑,尽管他们并没有明确地认可这一欲望并将其付诸行动。因此,由于助长了对惩罚的恐惧,律法这一有关罪的知识不能将人从肉欲中拯救从来,将其带向通往美好生活的旅程。正如奥古斯丁所言,没有了赐予生命的爱,没有永生的承诺,律法只是在生产违法者(*praeuaricatores*):"有时它甚至导致罪恶的行为,如果肉欲的气焰压过了恐惧的束缚。有时它只是在意愿之中,如果对惩罚的恐惧胜过了欲念的甜蜜。"[2] 现在,我们就清楚了,在《论圣灵和文字》中奥古斯丁不仅在字面上肯定爱的恩典直接作用于意愿,而且在学理上表明这一治疗性的恩典要治愈的是意愿在肉欲前的软弱或失败。

---

[1] *diu. qu.* 33. "Nulli dubium est non aliam metuendi esse causam, nisi ne id quod amamus aut adeptum amittamus aut non adipiscamur speratum".

[2] *spir. et litt.* 19, 34. "Ex hac promissione, hoc est ex dei beneficio, ipsa lex inpletur, sine qua promissione praeuaricatores facit uel usque ad effectum mali operis, si etiam repagula timoris concupiscentiae flamma transcenderit, uel certe in sola uoluntate, si timor poenae suauitatem libidinis uicerit."

当有关罪的知识没有爱相伴时,意愿的软弱无力非但没有减轻,反而更被激化了。而奥古斯丁自己的皈依经历表明,意愿没有能力通过发号施令而改变自己的倾向。[1] 也就是说,意愿凭借自身没有能力克服自身内在的软弱。因此,在来自律法的教诲之外,意愿还需要另一种形式的帮助,或另一种神恩:

> 因此,他们不是因为律法成为义人,不是通过自己的意愿成为义人,而是"因天主白白施给的恩典成为义人"(《罗马书》3:24)。这并不是说这事情的发生不需要我们的意愿,而是说通过律法,我们的意愿表现出无力(*infirma*),以便恩典能够治愈(*sanere*)我们的意愿,以便一个健康的意愿(*sana uoluntas*)能够完成律法,它不屈从律法,也不需要律法。[2]

奥古斯丁强调这一恩典并不会毁弃律法的善,也无损知识(*scientia*)的善,而是成全着律法,使知识得以完满。通过治愈意愿,并因此改变意愿对于律法知识的态度,这一恩典改变了律法的功能和本性。用奥古斯丁自己的话说,"事功的律法"(*lex operum*)转变为"信德的律法"(*lex fidei*)。[3] 前者通过告诫引发对惩罚的恐惧来发号施令,但往往徒劳无功;后者则通过使人相信和鼓舞虔敬的情感来得以成就,直接而有

---

[1] 参见 *conf.* VIII, 8, 20ff. 我将在第五章中详细讨论为何意愿无力号令自身这一令人费解的现象。

[2] *spir. et litt.* 9, 15. "Non itaque iustificati per legem, non iustificati per propriam uoluntatem, sed iustificati gratis per gratiam ipsius; non quod sine uoluntate nostra fiat, sed uoluntas nostra ostenditur infirma per legem, ut sanet gratia uoluntatem et sana uoluntas impleat legem non constituta sub lege nec indigens lege."

[3] 参见《罗马书》3:27. "Vbi est ergo gloriatio tua? Exclusa est. Per quam legem? Factorum? Non, sed per legem fidei. (那么,你的荣耀又在何处?绝对没有!因了什么律法吗?是因为功行的律法吗?不是的,是因为信德的律法。)"引自 *spir. et litt.* 13, 21。

效。[1]

  这是因为，要正确地把握由律法而来的诫命，这要求我们首先要服从并且相信律法的权威。然而，"相信这一行为不过是赞同地思考"[2]。这一明确地赞同或认可，根据我们之前有关《上帝之城》中情感理论的分析，显然是来自意愿的行为。而在《论圣灵与文字》中，奥古斯丁同样强调认可或拒斥那些有意无意地进入我们心灵的念头，这乃是出于我们自己的意愿（propriae uoluntatis）。[3] 因此，律法的知识甚至不可能完全治愈我们道德上的无知，除非我们的意愿能够相信或认可这些诫命的内容。律法的有效性显然依赖于我们意愿的能力。所以，只有我们心甘情愿践行的律法才是真正的律法，亦即所谓"信德的律法"。奥古斯丁把它等同于圣灵倾注在我们心中的爱。[4] 通过这爱，我们不再畏惧惩罚的威胁，而是充满着服从律法的喜悦。只有在这爱中，我们的意愿才能和我们的道德知识相和谐，这才能最终将我们带往至福。

  以上分析足以证明爱是比知识更加伟大的馈赠。[5] 此外，爱和我们的意愿官能亲密关联，使我们全心地热爱正义的行为。

  首先，奥古斯丁明确地强调爱的结果在于产生纯粹的意愿，它摆脱

---

 [1] Cf. *spir. et litt.* 13, 22. "Quod operum lex minando imperat, hoc fidei lex credendo impetrat."

 [2] *praed. sanct.* 2, 5. "Quamquam et ipsum credere, nihil aliud est, quam cum assensione cogitare."

 [3] *spir. et litt.* 34, 60. "...ubi nemo habet in potestate quid ei ueniat in mentem, sed consentire uel dissentire propriae uoluntatis est."

 [4] Ibid., 17, 29. "...ubi lex dabatur, horrendo terrore prohibetur, hic autem in eos superuenit **spiritus sanctus**, qui cum promissum exspectantes in unum fuerant congregati?; ibi in tabulis lapideis digitus dei operatus est, hic in cordibus hominum. Ibi ergo lex extrinsecus posita est, qua iniusti terrerentur, hic intrinsecus data est, qua iustificarentur.." 着重号为笔者所加。

 [5] Cf. *gra. Chr.* I, 26, 27; *gra. et lib. arb.* 19, 40.

肉欲的任何纠缠搅扰。[1]

其次,爱成就了理智凭借自身徒劳无功地为之奋斗的目标。爱这一赋予生命的恩典所治愈的正是意愿的软弱,意愿在实行和享受正义行为时的无力。它赐予意愿以权柄,使其能相信和全心接受来自律法的知识。只有有了去相信的意愿,才有可能获得理智的美德,才有可能正确地理解善。而要把有关善的确定知识转化为正义的行为,这同样需要意愿明确的认可。此外,只有当意愿的官能解除了肉欲的奴役,心灵才能在这样的行为中找到乐趣。总之,以爱为形式的恩典首先作用于意愿以产生疗效。"爱不过是意愿的强力显现"[2],奥古斯丁的这一著名论断无疑印证了这一看法:这强有力的意愿使得我们愿意认识我们应当做什么,并且坚定地将我们从律法中得来的知识付诸实践。

在本章对奥古斯丁美好生活观念的考察中,我们首先看到奥古斯丁明白无误地强调人类理想生活状态的理智特性,这突出地体现在他早期著作中对至福(*beatitudo*)的定义:幸福在于认识和享受上帝,幸福在于按照人的理性行事,幸福在于沉思永恒真理等等。对永恒真理的完满认识不仅能够向我们揭示幸福的本质和实现幸福的必要手段,更重要的是它还能推动我们全心地热爱这一生活的最终目的。在完满的美好生活中,沉思永恒真理就是在爱之中享受作为真理的上帝。然而,在此生中,我们对上帝的理解不可能是完满的,我们对上帝的爱也是如此。这一瑕疵在于我们的心灵内在的无能,即无知与无力,它们阻碍着我们去认识我们所应做的,阻碍着我们去践行我们所认识的正义。

---

[1] *spir. et litt.*, 8, 13, "Circumcisionem autem cordis dicit, puram scilicet ab omni inlicita concupiscentia uoluntatem; quod non fit littera docente et minante, sed spiritu adiuuante atque sanante."

[2] *trin.* XI, 2, 5; XV, 21, 41; 亦见 *ciu. Dei* XIV, 7. 有关奥古斯丁著作中意愿和爱的进一步讨论,可以参见 Gilson 1949, 172ff; Rist 1994, 176ff; id. 1997; id. 2000。

以上的分析同样突出了奥古斯丁对我们道德无力感的洞察:源自肉欲的软弱比我们的无知更严重地阻碍着我们对美好生活的追求。要疗治人性初始的痼疾,我们需要知识和爱这两种来自恩典的不同帮助。奥古斯丁坚持认为仅凭理智的努力自身不足以克服我们道德上的无力或意愿的软弱。而且,甚至我们在理智上所取得的进展也预设了意愿自身的改变。只有当意愿处于健康的状态并且做好了相信的准备,心灵才有可能获得有关善好的正确认识,并最终在通过这一认识而发现的正义生活中找到乐趣。通过对美好生活更加现实性地理解,奥古斯丁解释了为什么在我们当下对幸福的追求中,理智和意愿有可能发生分离。在不忽视理智认识的动机作用的前提下,奥古斯丁成功地捍卫了意愿在我们的决断中的优先性:只有意愿的软弱在自身中得到救治,心灵才有可能做出并履行正确的决断。这一点在奥古斯丁对自己的皈依经历的讲述中得到强有力的印证。

基于以上的讨论,对奥古斯丁道德心理学的诠释,无论是唯理智论的,还是唯意愿论的,都未能恰当地把握他对道德决断过程中不同要素的相互作用的精微刻画。如果过分强调意愿的核心作用,以至于如唯意愿论者那样否认理智或理性认识的任何动机作用,这就难以理解奥古斯丁为什么认为幸福生活在于沉思永恒真理,而在爱之中彻底地享受上帝也就是在知识中完满地拥有上帝。另一方面,如果如唯理智论者那样坚持认为理性认识是我们道德行为的最终根基,理智的进步必然保证意愿的强健,这就使得《忏悔录》中在信仰前逡巡不前的奥古斯丁变得极为可笑,而他对意愿的软弱的深刻洞察毫无价值。因此,无论贴上哪一个标签,都不可避免地扭曲了奥古斯丁对意愿在我们的道德生活中的独立作用的平衡表述。在接下来的章节中,我将指明奥古斯丁对意愿在道德心理活动中的原创性描述如何引导着他走向对自由和道德主体性的深刻理解。

第二部分

意愿的自由与道德主体性

第五章
意愿的独立性

奥古斯丁在其早期著作中,通过追问"恶从何而来(unde malum)"这一神正论难题,而引出意愿的自由决断(liberum uoluntatis arbitrium)这一概念,作为其道德心理学的核心和基础。对奥古斯丁来说,恶首先指的是有理性的存在的应受谴责的行径。在抛弃了摩尼教的二元论解释之后,奥古斯丁毫不犹豫地断言:"每一个恶人都是他自己的恶行的始作俑者(auctor)。"[1]

对奥古斯丁来说,恶的起源不是一个纯粹的形而上学问题,而是与其生命体验切身相关,他早年所亲历的种种恶行都敦促他在接受基督信仰之前深入反思恶的内在根源,正是柏拉图派的著作使他注意到灵魂的内在生活,而不是某种恶的外在本原才是应当关注的焦点。[2] 在《忏悔录》中他这样总结他早年的神正论思考:

> 我追问什么是邪恶(iniquitas),我发现它并非实体,而是意愿

---

[1] lib. arb. I, 1, 1 "... sed quisque malus sui malefacti auctor est."
[2] 参见 conf. VII, 10, 16. 有关奥古斯丁的内在自我概念及其与柏拉图派哲学,特别是普罗提诺之间的关联,见 Cary 2000。

的败坏(uoluntatis peruersitas)对最高实体的叛离,即是叛离了你天主,而自趋于低下之物,"委弃自己的肺腑",而表面膨胀。[1]

在这段文字中,奥古斯丁对恶的问题的求索被等同于发现意愿的旅程,或者更确切地说,发现恶的意愿(mala uoluntas)的旅程。内心的邪恶或不义,其真正的原因既不是某种邪恶的实体,也不是实践推理的谬误,而是意愿堕落的行为倾向。当然,我们在下面的讨论中将会看到,这一貌似唯意愿论的主张,仍然立足于奥古斯丁的本体论学说,它突出存在的等级秩序。尽管如此,意愿之所以在恶的起源问题的解决中占据无可动摇的优先地位,其基础正在于意愿的独立性。意愿的决断不能由人性的善恶直接决定,而是以其特立独行的方式自发地产生。这意味着其他的心灵活动,例如感性欲求或实践推理,都不能强迫意愿改变自己的决定。

然而,在之前分析意愿在其他心理活动中的构建性作用时,我们同样注意到意愿的行为倾向会受到其他心理推动力或动机的限制。首先,肉欲的出场就不听从意愿的号令,它将我们拽向可以朽坏的低下之物。其次,尽管灵魂最初的情感波动包含着意愿的默认,但它却不是意愿自由选择的产物。再次,羞感作为高阶的情感,其产生同样不能完全由意愿所控制。最后,我们看到理智的判断同样推动着我们的行为,特别在对美好生活的追求之中。当理智行为达到完满时,它就同爱或者强化的善好意愿别无二致。总之,面对其他心理官能引人注目的推力,意愿的独立性应该通过论证来加以确立,而不是视为理所当然。

---

[1] conf. VII, 16, 22. "Et quaesiui, quid esset iniquitas, et non inueni substantiam, sed a summa substantia, te deo, detortae in infima uoluntatis peruersitatem proicientis intima sua et tumescentis foras."

第一节　奥古斯丁论意愿存在的自明性

在进入奥古斯丁有关意愿独立性的哲学论证之前，我想简单地考察他有关意愿自明性的洞察。正如本书开篇所提到，意愿作为心灵官能的实在性遭到当代哲学家尖锐地质疑。[1] 要揭示奥古斯丁意愿学说之于我们当下哲学反思的相关性，我们就绕不过意愿这一概念的合法性问题，尽管奥古斯丁本人并不认为意愿存在与否是一个难以解决的问题。

在《论自由决断》I, 12, 25 中，奥古斯丁在和埃伏第乌斯的对谈中将意愿的存在作为问题明确提出来："*Nam quaero abs te, sitne aliqua nobis uoluntas*？（且让我来问你，我们之中是否存在意愿？）"首先，我们把这一问题放置回它原来的语境中。[2] 在《论自由决断》之前的章节中，奥古斯丁将有关恶的起源的反思引向这样一个结论："没有什么东西能够使心灵与贪欲为伴，除了他自己的意愿和自由决断。"[3] 我将在后面来处理奥古斯丁为这一论断所作的论证。这里只需要指出此处奥古斯丁预设了意愿的独立性。由于我们自愿地认同贪欲，我们不得不承受相应的惩罚：贪欲反过来成了主宰我们必朽的生命的暴君，伴随着

---

〔1〕　见本书导论，特别见第 5—6 页。

〔2〕　正如英国学者 Simon Harrison 所见 *uoluntas*（意愿）这一术语在这一问题提出之前在《论自由决断》中只出现过 4 次，见 2006, 63-68。

〔3〕　*lib. arb.* I, 11, 21. "nulla res alia mentem cupiditatis comitem faciat quam propria uoluntas et liberum arbitrium." 此处所暗含的自由决断和意愿的微妙区别，我将在下一章讨论与意愿相关的两种自由观念中加以讨论。

恐惧、焦虑和种种相关的不安情感。[1] 埃伏第乌斯作为虔诚的信徒坚信这一惩戒的正当性，但他却不能理解其理性根据。[2] 使他最为不安的是，如果一个人出生时就被剥夺了智慧，那么这一惩罚的合法性何在？[3] 换句话说，一个道德行为者如何能为他天生的无知所导致的恶行承担责任？此外，为什么人出生在无知之中，无知看起来本身就是对人性的惩戒，这一惩戒的理由何在？

正如上一章的讨论所示，我们只有在澄清了人的心灵的初始状态和灵魂的起源之后，才能够圆满地解决上述问题。然而，奥古斯丁解释有关灵魂的这一奥迹的尝试却被推迟到了《论自由决断》的第三卷。[4] 在第一卷中，他所诉求的只是意愿存在的自明性特征。他认为只要我们证明在堕落之后，在生于无知的个人中仍然现实地存在意愿及其自由决断，那么我们也就能论证上述惩罚的合理性。此时，为了确切地把握通过信仰所接受的教义，埃伏第乌斯非常谨慎，他拒绝接受任何现成给定的答案。因此，在回应奥古斯丁突如其来的有关意愿是否存在的问题，他的回答非常简单："我不知道（nescio）。"而意愿（uoluntas）也因此成为其现实性有待证明的心理现象：

　　奥古斯丁（A.）：且让我来问你，我们之中是否存在意愿？

---

[1] *lib. arb.* I, 11, 22. "... cum interea cupiditatum illud regnum tyrannice saeuiat et uariis contrariisque tempestatibus totum hominis animum uitamque perturbet, hinc timore inde desiderio, hinc anxietate inde inani falsaque laetitia, hinc cruciatu rei amissae quae diligebatur inde ardore adipiscendae quae non habebatur, hinc acceptae iniuriae doloribus, inde facibus uindicandae..."

[2] Ibid., I, 11, 23. "... tamen hoc cum firmissima fide teneam (sc. Euodius), intellegentia nondum adsecutus sum."

[3] Ibid., I, 12, 24. "Verum illud quod me maxime mouet, cur huiuscemodi acerbissimas poenas patiamur nos, qui certe stulti sumus, nec sapientes unquam fuimus, ut merito haec dicamur perpeti propter desertam uirtutis arcem et electam sub libidine seruitutem..."

[4] Ibid., III, 17, 47 ff. 参见 4.2.2。

埃伏第乌斯(E.):我不知道。

A.:你愿意(*uelle*)知道吗?

E.:这我也不知道。

A.:那你就别再问我问题了。

E.:为什么?

A.:因为如果你不愿意(*uolens*)知道你所问的东西,我就不应该回答你的提问。此外,除非你愿意(*uelle*)通达智慧,我就不应该和你谈论这一类的事情。最后,如果你不愿意(*uelle*)我好,你就不能成为我的朋友。现在,你来确实地看看你自己,看看是不是在你心中并不存在对于你自己的美好生活的意愿(*uoluntas*)?

E.:我承认,要否认我们有意愿,这不可能。现在请继续,让我们来看看接下来你能收获什么。[1]

这一段在传统的评述中,通常被看作是对于意愿存在的简单而天真的推断,它不加论证地取消了自由意志这一难题。[2] 相当一部分奥古斯丁学者将此处所提到的意愿(*uoluntas*)和自由决断(*liberum arbitrium*)等同起来,认为奥古斯丁理所当然地把自由意志看作是无须加以论证的事实。[3]

在晚近的研究中,英国学者西蒙·哈里逊(Simon Harrison)开始严

---

[1] *lib. arb.* I, 12, 25. "A. Nam quaero abs te, sitne aliqua nobis uoluntas. E. Nescio. A. Visne hoc scire? E. Et hoc nescio. A. Nihil ergo deinceps me interroges. E. Quare? A. Quia roganti tibi respondere non debeo nisi uolenti scire quod rogas. Deinde nisi uelis ad sapientiam peruenire, sermo tecum de huiusmodi rebus non est habendus. Postremo amicus meus esse non poteris nisi uelis ut bene sit mihi. Iam uero de te tu ipse uideris, utrum tibi uoluntas nulla sit beatae uitae tuae. E. Fateor, negari non potest habere nos uoluntatem. Perge iam, uideamus quid hinc conficias."

[2] 例如,Gilson 1949, 204; Bonner 2002 (1986), 384。

[3] Gilson 和 Bonner 都将这二者划等号,而美国学者 Mary T. Clark 正确地注意到此处的意愿或愿意不能等同于当代讨论中的自由意志问题,但她未能说明为什么奥古斯丁要严肃地阐明意愿的自明性。见 M. Clark 1958, 46。

肃地思考奥古斯丁有关意愿存在的自明性的断言,并视之为理解《论自由决断》一书的关键所在。[1] 不同于传统解释对这一段落的肤浅解读,哈里逊在其中注意到四个重要的特征:(1)第一人称叙事;(2)认识论的关注;(3)与责任概念的紧密关联;(4)并非有关意愿的客观理论表述,而是开启了富有启发性的探索意愿的思路。[2]

哈里逊正确地强调了这一论证只是奥古斯丁对意愿的理性反思的第一步,同时拒绝将它还原为对意愿现实性及其自由的盲目信从。而第一人称叙事则突出了意愿和自我之间的关联,这一洞见随着我们论证的展开将进一步得到印证。

此处需要商榷的是哈里逊所提到的上述论证的第二和第三个特征,即奥古斯丁对意愿的反思和道德责任相关,并且首先是在一个认识论的语境中展开的。[3]哈里逊将此处对意愿存在的怀疑等同于"我思式的论证"(cogito-like argument)[4],相应地,他把奥古斯丁对意愿现实性的追问,等同于通过运用怀疑论者的质疑来获取知识(更确切地说是自我知识)的牢靠根基。而且,这一同意愿紧密相关的知识也被看作是我们道德责任的唯一根基。

哈里逊正确地认识到埃伏第乌斯两次用"我不知道"来应对奥古斯丁的追问,这类似于怀疑论者拒绝接受任何现成的有关知识或真理的论断。然而,如果我们仔细地考察奥古斯丁的进一步回复,我们就会发现他引入意愿的自明性论证,其目的并不像哈里逊所说的那样在于

---

〔1〕 参见 S. Harrison 2006,1。
〔2〕 See Harrison 2006,70ff;112ff.
〔3〕 See Ibid., Chapter 5 "Understanding, Knowledge, and Responsibility",尤见 104ff.
〔4〕 Ibid.,113;有关这一论证和奥古斯丁著作中其他我思式的论证的比较,见该书131—150页。Harrison 提到在他之前,评注者中只有 Wohlfarth 将这一段落看作我思式的论证,并且承认其在奥古斯丁形而上学中的重要意义,参见 Wohlfarth 1969,58,引自 S. Harrison 2006,131。

重构自我知识,而在于揭示意愿和我们的道德行为的内在关联。

在回应埃伏第乌斯的怀疑论质疑时,奥古斯丁罗列了我们无法否认意愿存在的四种情形:(1)在质疑中对于知识的意愿;(2)在对话中对于智慧的意愿;(3)在友谊中善意的意愿;(4)在此生中对于美好生活的意愿。在这些情形中,意愿的存在是自明的,这是指如果我们否认了意愿的存在,我们的行为就丧失了目的也丧失了意义。支持这一论断的无疑是这样一种目的论主张,即所有有意义的行为都包含着灵魂的有意倾向。而美好生活或者说幸福则是人类所有有意的行为的最终目的。正是基于这一理由,奥古斯丁最后才提到我们对于美好生活的意愿,并且由此出发,接下来进一步讨论我们对美好生活的意愿所带来的悖谬:所有人都愿意美好生活,但不是所有人都愿意过幸福所必需的正义生活。[1]

由此可见,在奥古斯丁有关意愿的"自明性论证"中,它所关注的首先是我们的道德行为的目的和幸福,而不是道德知识的确定性,与其说它是知识论的,毋宁说它是目的论的和幸福论的(teleological and eudemonistic)。[2] 奥古斯丁此处的目的不在于证明意愿是我们获取知

---

[1] 有关奥古斯丁目的论哲学的经典研究,见 Holte, 1962. 遗憾的是,Holte 的分析中没能提到《论自由决断》中的这一文本。

[2] 为了捍卫对这一论证的知识论解读,Harrison 还引述了以下三段文本:*conf*. VII, 3, 5; *duab. an*., 10, 13; *trin*. X, 10, 14. 需要指出的是,在前两段文本中,奥古斯丁将我们对于意愿的知识和我们对于自己的存在的知识并列,也就是说,我们知道我们有意愿,正如我们知道自己活着。(...quod tam sciebam me habere uoluntatem quam me uiuere.)然而,奥古斯丁在那里的意图仍然是在强调有意义的生活不可能缺少意愿行为。或者更直白地说,生活也正是意愿。承认这一点,我们才有希望正确地理解道德责任。但是这并不意味着道德责任的归属,如同 Harrison 所想象的,乃是在于我们有关意愿的自明的知识。在这一语境中,正是有关人的罪责的信仰引导着奥古斯丁去反思我们日常经验中的希望、渴求和欲望等,而不是反过来。有关意愿存在的知识只是我们理解这一责任的第一步。此外,《三一论》的那段文本关注的是如何建立不可反驳的自我知识,它并不和我们当前讨论的自我认识和道德责任的问题直接相关。

识的必要条件,而是要去解释心灵的意向是我们所有行为的基础。这是一个富有野心的尝试,它力图建立我们的心灵状态和道德行为之间的内在关联,这无疑超出了知识论的范畴。

奥古斯丁的出发点在于回应埃伏第乌斯的困境:我们这些生于无知中的罪人如何承担罪责? 奥古斯丁认为,如果在我们的道德行为中,意愿的存在无可辩驳,这揭示了我们的公开行为和心灵不可见的行为倾向之间的关联。然而,奥古斯丁此处只是把那些指向行为的心灵倾向简单地划入"意愿"(*uoluntas*)的范畴,并没有做进一步的解释和论证。正如哈里逊所见,通过把"意愿"(*uoluntas*)这一名词与其同源的动词"愿意"(*uelle*)联系起来,奥古斯丁实际上将意愿这一哲学术语和一簇心理现象勾连起来,例如乐意、希望、想要和欲望等。[1] 然而,奥古斯丁在《论自由决断》第一卷中引入意愿这一概念,正是为了解释灵魂如何通过意愿的自由决断(*liberum arbitrium*)而甘愿委身于欲念(*libido*)或欲望。[2] 显然,这一语境中的意愿行为应当和欲望这一心理活动区分开来。

然而,在《论自由决断》I,11,25 的"自明性论证"中,奥古斯丁只是直接地断定在欲望的活动中包含着意愿的存在。换句话说,在这一论证中自明的意愿只是心灵内在动机的另一种称谓,而并不必然是某种独立于欲望而存在的新的官能。在此前的讨论中,我们注意到奥古斯丁把获取知识或智慧的欲望也称之为智慧之欲(*concupiscentia sapientiae*),对于美好生活的渴望则是自然之欲(*concupiscentia*

---

[1] S. Harrison 2006,114-115.
[2] *lib. arb.* I,11,21,见第 165 页注释[3]。在《论自由决断》第一卷中,奥古斯丁将欲念(*libido*)和欲望(*cupiditas*)等同起来,见该书 I,4,9。"Scisne etiam istam libidinem alio nomine cupiditatem uocari?"在后文的讨论中他又指出此处所说的欲望实际上是有罪的欲望(*improbanda cupiditas*),ibid.,I,4,10。

naturalis)。[1] 以上的自明性论证并不足以说明为什么我们这里说的一定是意愿(uoluntas)而不是欲(concupiscentia)。或者说我们把它称为意愿,并无哲学心理学的依据,而只是因为它在语法上和动词 uelle 同出一源,后者可以用来泛指各种类别的冲动和意向,不论是非理性的还是理性的?[2]

因此,《论自由决断》第一卷中的自明性论证至多证明了意愿作为心理动机的现实性,奥古斯丁未能澄清这一心理动力的特性和独立性。这也就使得这一论证自身不足以回应当代对意愿概念的尖锐批评,即它不过是个多余的人造的概念,对我们理解人的心理过程并无实质贡献。而且,在这一文本中,意愿和其他心理动机之间的关系仍然是晦暗不明的,没有任何论证来说明意愿为什么在本质上是自由的,不受其他心理动机的左右,不论是理智的判断还是感性的欲求。这也部分地解释了为什么奥古斯丁在《论自由决断》第一卷中未能提供一个精致的道德责任辩护。这一点我们在后文有关意愿和责任的剖析中会更深地体会到。

我们此处所清楚的只是意愿作为心灵意向的现实性。然而,如果这一心灵的行为倾向在本质上并不是自由的和独立的,那么我们并不应当为出于我们意愿(uoluntate)的行为承担罪责。例如,如果先天的无知会迫使意愿摒弃行正义之事的意向,那么我们就很难谴责这一行为。因此,奥古斯丁在自明性的论证之外仍然需要寻求更加明确界定的意愿概念,来证明其内在的独立性。

---

[1] 参见 1.1.1,尤见第 24 页注释[1]。
[2] Albrecht Dihle 认为这一语言事实助长了罗马思想中的唯意愿论倾向,见 Dihle 1982, 133。

第二节　意愿独立性的形而上学基础

我首先回到《论两种灵魂》中对意愿的著名定义:"意愿是一种心灵的运动,它不受强迫,或者是为了不失去或者是为了获得某物。"[1] 这一定义包含三个本质要素:其一,意愿是心灵的内在活动;其二,意愿本质上拥有不受外力强迫的自由;其三,但并非最不重要的是,意愿总是指向与其相关的意向性对象。

上一节的讨论足以证明意愿作为心灵的动机性力量,其现实性不容置疑。对奥古斯丁来说,同样明确的是,意愿作为心灵的行为倾向总是指向某物(aliquid)。[2] 在《三一论》第十一卷中,奥古斯丁令人难忘地深入说明了意愿作为心灵的意向(intentio animi)如何将我们的认知能力和认识对象联结起来。[3]

我们当下关心的是意愿的第二个本质特征,即免受强迫的自由,它是理解奥古斯丁道德哲学中责任概念的关键。在本节中,我将仔细地考察奥古斯丁为意愿不受外力左右的独立性所作的形而上学或本体论论证,而在下一节中,我将分析奥古斯丁是否考虑到意愿会受到内在的或心理的强迫,因为有学者断言奥古斯丁纯然无视此种强迫。[4]

---

[1] *duab. an.* 10, 14 "animi motus, cogente nullo, ad aliquid uel non amittendum uel adipiscendum."

[2] 例如 *lib. arb.* III, 25, 75. "Qui enim uult, profecto aliquid uult, quod, nisi aut extrinsecus per sensum corporis admoneatur, aut occultis modis in mentem ueniat, uelle non potest."

[3] 参见 *trin.* XI, 2, 2ff., 尤见 XI, 2, 5;晚近有关奥古斯丁意向性理论的讨论,见 Caston, 2001。

[4] 参见 Rist 1969, 422。

一 《论灵魂的不朽》中心灵的独立性

386年年底或387年年初,奥古斯丁在正式皈依基督信仰后不久,写成了《论灵魂的不朽》一书,第一次从本体论的角度捍卫意愿的自由。奥古斯丁打算把这部短小的著作作为对未写完的《独语录》的补充。[1] 它涉及一系列有关灵魂的非物质性和不朽性的哲学论证。其中最重要的论证在《独语录》中已经提到:知识(*disciplina*)一定是永恒的,因此这一知识的实体性根基也一定是永恒的。[2] 由于推理的活动(*ratiocinari*),心灵(*animus*)正是知识得以安身立命的实体。[3] 另一方面,这一理性官能乃是心灵的本质所在,即使心灵自身也不能随自己的意愿(*ea uoluntate*)脱离它而存在。[4] 因此,心灵或理性灵魂作为知识的承载者就是不朽的。[5]

---

[1] *retr.* I, 5, 1. "Post libros soliloquiorum iam de agro Mediolanium reuersus scripsi librum de immortalitate animae, quod mihi quasi commonitorium esse uolueram propter Soliloquia terminanda, quae imperfecta remanserant."

[2] *imm. an.* 1, 1. "Si alicubi est disciplina, nec esse nisi in eo quod uiuit potest, et semper est, neque quidquam in quo quid semper est potest esse non semper; semper uiuit in quo est disciplina." 参见 *soli.* II, 1, 1ff。

[3] *imm. an.* 1, 1. "Si nos sumus qui ratiocinamur, id est animus noster, nec recte ratiocinari sine disciplina potest, nec sine disciplina esse animus, nisi in quo disciplina non est, potest, est in hominis animo disciplina."

[4] Ibid., 6, 11. "Voluntate autem animum separari a ratione non nimis absurde quis diceret, si ulla ab inuicem separatio posset esse rerum quas non continet locus." 奥古斯丁晚年指出他早年未能理解罪人会以一种非物质的方式脱离上帝,参见 *retr.* I, 5, 2. "...profecto non dixissem, si iam tunc essem litteris sacris ita eruditus, ut recolerem quod scriptum est: Peccata uestra separant inter uos et deum. Vnde intellegi datur etiam earum rerum posse dici separationem, quae non locis sed incorporaliter iunctae fuerant."

[5] 正如法文译者 Pierre de Labriolle 所见,奥古斯丁在这一文本中并不区分心灵(*animus*)和灵魂(*anima*)。见 BA 5, 170, note 2。

紧接着，奥古斯丁注意到心灵的尊严会受到潜在的威胁：如果我们认为心灵不会消亡，那它会不会转化为物质实体而因此失去其理性本质？[1]奥古斯丁罗列了两种可能性：或者是心灵自己愿意如此，或者是其他的东西强迫它如此。[2]在奥古斯丁看来，心灵显然不会产生变成有形物体的欲望。因为心灵在本质上优先于物质实体。要相信心灵会自愿地摒弃它自身的优越性而将自己转化为低等的实体，这是荒谬的。[3]这一论证乃是基于这样一个有关意愿高贵性的信念：意愿这一能力本质上属于理性心灵。[4]意愿这一官能只能立身于理性心灵之中，或者是人的心灵，或者是天使的，或者是上帝的。如果意愿会产生冲动将其所立身的心灵变化为物体，这就意味着它想要被剥夺意愿的力量。然而，即使是这样一个荒谬的愿望，它如果存在，也仍然是来自意愿的倾向，尽管它很显然不可能出自理性的谋划。也就是说，当灵魂想要终结意愿的所有行为时，灵魂仍然是通过意愿在行事。说我们能

---

[1] *imm. an.* 13, 20. "Hic forte oboriatur nonnulla quaestio, utrum sicut non interit animus, ita nec in deteriorem commutetur essentiam."

[2] Ibid., "Sed hoc fieri non potest, nisi aut ipse id uelit, aut ab alio cogatur."

[3] Ibid., "Numquam autem uolet: nam omnis eius appetitus ad corpus, aut ut id possedeat est, aut ut uiuificet, aut ut quodammodo fabricetur, aut quolibet pacto ei consulat. Nihil autem horum fieri potest, si non sit corpore melior. At si erit corpus, melior corpore profecto non erit. Non igitur corpus esse uolet. Neque ullum rei huius certius argumentum est, quam cum seipsum hinc interrogat animus. Ita enim facile comperit appetitum se non habere, nisi agendi aliquid, aut sciendi, aut sentiendi, aut tantummodo uiuendi in quantum sua illi potestas est."

[4] Lössl 指出，在奥古斯丁看来，我们不能说动物有意愿。但他未能提供明确的文本依据来支持这一主张。见 id. 2004, 63。在此略作补充，奥古斯丁明确地认为，人的灵魂因为拥有意愿理性的和自由的决断而高于动物灵魂，见 *lib. arb.* III, 5, 16. "…fecit (Deus) etiam alias animas, quas uel peccaturas uel in peccatis etiam perseueraturas esse praeuidebat: cum adhuc et tales meliores sint eis quae, quoniam nullum habent rationale ac liberum uoluntatis arbitrium, peccare non possunt."然而，奥古斯丁至少有一次提到，意愿一词也可以用来指非理性动物出于本性对某物的欲望，见 *ciu. Dei* V, 9。尽管如此，在这一案例中，意愿也只是在很不精确的意义上使用，我们很容易把动物的意愿和人或天使的意愿区分开来。

够意愿我们不意愿,这就如同说我们可以思考我们不思考一样毫无意义。与这一论证相一致,奥古斯丁相信向死的意愿(*uoluntas morti*)实际指向的是心灵的平安,而不是心灵能力的湮灭。[1] 长话短说,意愿不能只通过意愿否定自身。

在排除了心灵自甘堕落的可能之后,奥古斯丁着手考虑心灵是否会被迫成为物体。他首先排除了心灵会受物体强迫这一可能性。这是因为有形物体在自然秩序中所处的低下位置决定了它在权力秩序中的相应位置:位卑者无权左右位尊者。[2] 那么,人的心灵是不是会被更强大的心灵所左右甚至强迫呢?这一情形显然要复杂得多:

> 但是,一个强大的心灵只能强迫那些屈从于它的权能的事物。然而心灵不会以任何方式处于另一个心灵的权能之下(*in potestate*),除非它通过自己的欲望(*nisi suis cupiditatibus*)而屈从。因此,那心灵若能够强迫其他的心灵,也只是在受强迫者的欲望许可的限度之内。然而,之前说过,心灵没有成为物体的欲望。更加明显的是,当心灵失去了所有欲望的时候,它显然不能够去满足自己的任何欲望;而当心灵成了物体,它就失去了所有欲望。因此,心灵不会被其他心灵强迫成为肉体,除非后者通过前者,即屈从的心灵的欲望而获得了强迫的权利。因此,当任何一个心灵把别的心灵置于自己权能之下(*in potestate*)时,它必然愿意(*uelle*)在自己权能之下的是心灵而不是物体,这或者是为了善意地照料别的心灵,

---

[1] 参见 *lib. arb.* III, 8, 23. "Omnis itaque ille adpetitus in uoluntate mortis non ut qui moritur non sit sed ut requiescat intenditur. Ita cum errore credat non se futurum, natura tamen quietus esse, hoc est, magis esse desiderat."

[2] *imm. an.* 13, 21. "Si autem cogitur corpus esse, a quo tandem cogitur? A quolibet, certe a potentiore. Non ergo ab ipso corpore cogi potest. Nullo enim modo ullo animo ullum corpus potentius."

或者是为了以恶意统治它。所以,这心灵也不会愿意别的心灵成为物体。[1]

在这一段中,奥古斯丁提供了两个论证来说明,为什么人的心灵不可能被别的更有权力的心灵强迫成为物体。首先,这个更强大的心灵不可能无视受迫的心灵的欲望而作用于它。然而,我们之前已经说明,说心灵会有成为物体的欲望这是荒谬的。因此,受迫的心灵不会允许它自己被转化为物体。而第二个论证则从另一个角度说明,那居于高位的心灵自己也不打算让心灵如此转化。这一论点不难理解,一个强有力的奴隶显然要比一个低级的奴隶有用得多,因此居于支配地位的心灵宁愿统治一个反叛的灵魂而不是毫无生命力的物体。

此处尤其引人质疑的是奥古斯丁第一个论证中的前提:奥古斯丁预设了,即使在受迫的情形下,理性心灵的欲望(*cupiditates*)也只能通过心灵自身,或欲望的拥有者,而有所变化。同时,这个受迫的心灵,即使在这样的情形下也仍然能够通过它自己的欲望来决定自己的行为。然而,我们现在所要处理的困难实际上正是:心灵是否会在违背自己欲望的情形下被迫成为物体。因为,奥古斯丁在《论灵魂的不朽》13, 20之前的论证中所证明的只是,我们没有要转化为物体的欲望。而要完成奥古斯丁的第一个论证,我们首先需要考虑的正是,心灵是否可能在不情愿的情形下被转化。

---

[1] *imm. an.* 13, 21. "Potentior autem animus non cogit in aliquid, nisi quod suae potestati subditum est. Nec ullo modo animus potestati alterius animi, nisi suis cupiditatibus subditur. Cogit ergo ille animus non amplius quam quantum eius quem cogit cupiditates sinunt. Dictum est autem cupiditatem non posse animum habere, ut corpus sit. Illud etiam manifestum est ad nullam suae cupiditatis expletionem peruenire, dum amittit omnem cupiditatem; et amittit dum corpus fit. Non igitur potest ab eo cogi ut fiat, qui cogendi ius nisi per subditi cupiditates non habet. Deinde quisquis animus alterum animum habet in potestate, magis eum necesse est uelit in potestate habere quam corpus, et ei uelit bonitate consulere, uel malitia imperitare. Non ergo uolet ut corpus sit."

初看起来,像上帝这样强大的理性存在,应该有权力支配所有人的心灵,包括那些拒绝通过他们自己的意愿服从上帝的心灵。而在上文所引的段落中,奥古斯丁并没有解释为什么全能的上帝不会迫使人的心灵转变为物体。说理性的心灵只能在它自己的欲望允许的限度内受强迫,这毫无意义。因为当我们说某人受迫行事时,这意味着某人违背自己的意愿或愿望做了某事。[1] 如果某人被迫做的事情正是他的欲望所允许的或者他打算去做的,说此人是被迫的,这显然不是有意义的谈论方式,也违背我们的语言实践。而且,这甚至完全取消了心灵受迫的可能性,因为没有人会如此乖戾到想要被强迫。

更重要的是,全能的上帝没有使心灵产生成为物体的欲望,这不只是因为心灵比身体更有用,而是这样一个从精神实体到物质实体的转化是违背事物的本性,也因此是应当受到谴责的。在《论灵魂的不朽》后面的论证中,奥古斯丁断言神圣的心灵是至善(*summe bonus*),他不可能希望这样一种令人屈辱的转化发生在任何心灵身上。[2] 在这里关键的显然是位尊者的善,而不是人的心灵欲望的力量决定了上述转化不可能发生。[3]

---

〔1〕 在这一文本中,奥古斯丁仍然没有区分 *uoluntas* 和其他表达心理意向的术语,例如 *appetitus*, *cupiditas*。见 imm. an. 14, 23. "Si igitur nec propria uoluntate nec alio cogente id animus patitur; unde id pati potest?"

〔2〕 *imm. an.* 13, 22. "Et si ita est, summe bonus est, nec potest uelle alteri tam turpem commutationem."

〔3〕 或许人们会说这样一种从心灵到物体的转化可以作为对邪恶心灵的正当惩罚,如柏拉图在《蒂迈欧篇》曾经暗示的那样。这样看起来这一转化就不会和上帝的正义和至善发生冲突。然而,需要说明的是,这一转化首先不是严格意义的被迫的转化。因为尽管没有人愿意遭受这样的转变,然而人们却有可能自愿地犯下那些会导致这一正当惩罚的罪行。在这一意义上,人的意愿同样被看作是这一转化的原因。更重要的是,奥古斯丁不会承认这样的转化是一个正当的惩罚。因为物体或者身体自身不能够感觉到任何痛苦。真正严峻的惩罚,在奥古斯丁看来,不是灵魂的彻底消亡,而是它远离生命的真正源泉,远离永恒真理,这也被称为人的第二次死亡。

在这一捍卫心灵独立性的初次尝试中,奥古斯丁并没有给出一个令人信服的形而上学论证。其根本缺陷在于它直接假定了欲望不受强迫的本性,而没有认识到这一点实际上正是论证的目标所在。尽管如此,我们已经看到心灵的独立性在奥古斯丁思想中的重要意义。奥古斯丁坚持认为强迫性的力量不能产生任何效果,除非那受迫的心灵会产生想要做受迫之事的欲望。就此而言,欲望自身不受任何外在力量的强迫。

二 《论自由决断》第一卷中的心灵的独立性

在最早写于387年至388年间的《论自由决断》第一卷中[1],奥古斯丁进一步推进其在《论灵魂的不朽》中的形而上学论证,以此证明我们决不可能被强迫犯罪。之前的讨论中我们已经看到奥古斯丁在这一卷中明确地断言,除了心灵自己的意愿和自由决断,没有任何东西能够使心灵和应受斥责的欲念为伴,现在我们将如之前所承诺的,仔细地考察奥古斯丁为这一著名论断所作的论证。[2]

为了解决恶从何而来这一难题,奥古斯丁首先提出欲念(*libido*)是恶的根源。[3] 作为"有罪的欲望"(*cupiditas culpabilis*)的欲念随后被界定为一种特殊的爱,对"对那些人们会不情愿地(*inuitus*)失去的事物

---

[1] 有关《论自由决断》及其他奥古斯丁早期作品的写作时间,见 Madec, 1996。值得注意的是,这一传统的纪年依赖于这样一个假设:奥古斯丁在《再思录》中提供了他自己著作的编年目录。然而,Pierre-Marie Hombert 在其最新有关奥古斯丁编年讨论的著作中有力地挑战了这一前提,见 id. 2000,尤见2-5。很遗憾的是 Hombert 有关奥古斯丁作品编年的出色研究没有触及《忏悔录》之前的早期著作。

[2] *lib. arb.* I, 11, 21. 参见 5.1.1. 尤见第65页注释[3]。

[3] Ibid., I, 3, 8. "Fortassis ergo libido in adulterio malum est."

的爱(amor)"[1]。此外,人之异于禽兽者,在于人有理性(ratio)和理解(intellegentia)的能力。[2] 因此,心灵的非理性活动(irrationales animi motus),例如欲念,应当受理性这一高等能力的统治。因为在一个有秩序的(ordinatus)世界中,低劣的应屈从于高等的。[3]

通过诉诸秩序(ordo)这一概念,奥古斯丁令人信服地表明,当理性心灵向欲念屈服时,这一行为逾越了世界的秩序,因而需要相应的解释。正出于此,奥古斯丁引入了一个新的形而上学论证,或者说改进了《论灵魂的不朽》13,21中的相关论述。

显然,在使自己屈从于有罪的欲望之前,人的心灵恪守诫命、清白无辜,也因此在自然等级秩序中处于较高的位置,仅次于上帝和天使。奥古斯丁断定,这一本体论的位置决定了心灵不会被强迫成为欲念的奴隶:首先,这个心灵不会被邪恶的心灵(uitiosus animus)压服,因为根据自然秩序,低劣的不能统治高贵。其次,物体也不可能强迫无辜的心灵去作恶,因为精神实体总是高于物质实体并且比它强大。[4] 再次,其他正义的心灵也不能使这个同样清白的心灵隶属于欲念,因为前者(作为强迫者的心灵)会因为试图使后者(受迫的心灵)犯罪时失去它的德性和力量(uirtus)而因此变弱,因此也丧失了动摇那无辜的心灵

---

[1] lib. arb. I, 4, 10. "E. Resipisco et adomdum gaudeo iam me plane cognouisse, quid sit etiam illa culpabilis cupiditas, quae libido nominatur. Quam esse iam apparet earum rerum amorem, quas potest quisque inuitus amittere."

[2] Ibid., I, 7, 16. "… quaenam res sit qua homo excellit, ut ei nulla bestiarum, ipse autem multis imperare possit? An forte ipsa est, quae ratio uel intellegentia dici solet?" 在该书第三卷中,奥古斯丁强调人之所以优于动物,是因为人的意愿理性的和自由的决断,见 Ibid., III, 5, 16, 引文见第172页注释[4]。

[3] Ibid., I, 8, 18. "Hisce igitur animae motibus cum ratio dominatur, ordinatus homo dicendus est. Non enim ordo rectus aut ordo appellandus omnino est, ubi deterioribus meliora subiciuntur."

[4] Ibid., I, 10, 20. "A. Iam corpore omni qualemlibet animum meliorem potentioremque esse non te arbitror negaturum.

的可能。最后，唯一的可能是，人的心灵会受那更加卓越也更加强大的心灵的逼迫，例如上帝。[1] 而如果我们相信上帝会强迫人的心灵成为欲念的奴隶，在奥古斯丁和他的对谈者看来，这显然是对上帝观念的亵渎，尽管他们并不否认上帝或许会有这样的权能。

在这一论证中，奥古斯丁摒弃了"理性的心灵只能在它自己的欲望允许的限度内受强迫"这一怪异的预设。这一论证的关键在于秩序观念。在此，我们至少可以辨识出三种不同的等级秩序：存在者的秩序、权力的秩序和价值（或善）的秩序。奥古斯丁相信，如果一个实体在其中的一个秩序中居于高位，它也会在其他二者中居于同等的高位。此处，善和存在的秩序的可对换性并不难理解，因为奥古斯丁接受柏拉图派的论断：存在即善（to be is to be good）。[2] 道德的善因此也被视为存在者的秩序得以确立的决定性因素：至高的善就是至高的存在，而善的缺乏也就是恶的缺乏，即虚无。奥古斯丁认定有德行的人的心灵要优于堕落的天使，尽管后者在存在者的秩序中原本要高于人，以此来强调善的秩序的优先性。[3]

此外，权力或权能（potentia）此处也可理解为存在者的某种特定

---

〔1〕《论自由决断》第二卷中包含奥古斯丁为上帝作为比人的心灵更高的存在而作的本体论论证。

〔2〕 例如 lib. arb. III, 13, 36. "Quapropter quod uerissime dicitur, omnis natura in quantum natura est bona est." conf. VII, 12, 18, "ergo quamdiu sunt, bona sunt. Ergo quaecumque sunt, bona sunt, malumque illud, quod quaerebam unde esset, non est substantia, quia, si substantia esset, bonum esset." 亦见 Ibid., XIII, 31, 46. 这被公认为奥古斯丁皈依前阅读柏拉图派著作所获得的主要成果之一，相关讨论，参见 Zum Brunn 1984.

〔3〕 例如 uer. rel. 13, 26. "Nec aliquid sanctificatis malus angelus oberit, qui diabolus dicitur; quia et ipse, in quantum angelus est, non est malus, sed in quantum peruersus est propria uoluntate." 亦见 ciu. Dei XI, 16, "Sed tantum ualet in naturis rationalibus quoddam ueluti pondus uoluntatis et amoris, ut, cum ordine naturae angeli hominibus, tamen lege iustitiae boni homines malis angelis praeferantur." 值得注意的是，此处人和天使在等级秩序上处境的变化被明确地看作意愿的结果。或者说，只有意愿的决断可以改变现存的存在秩序。

性质,它本质上为善。因为上帝这一至高的存在,同时也被认为是全能的(omnipotens)存在。因此,考虑到存在者秩序的道德价值,我们也就能理解为什么道德上善好的心灵也应该是有能力的。显然,支撑着不同的等级秩序的是上帝,至高的存在、至高的善、全能者。因此,我们不应感到吃惊,在奥古斯丁最早写成的著作之一《论秩序》中,对话的参与者里肯提乌斯(Licentius)在定义秩序时,会认为"通过它,上帝所构建的一切得到引导"[1]。在《论自由决断》第一卷中,奥古斯丁强调这世界之所以是最有秩序的(ordinatissima),正是因为它受神意的统治(diuina prouidentia),这也正是永恒律法的观念,它被神意刻印在我们的心灵之上。[2] 因此,要全面地理解等级秩序如何充当心灵独立性的根基,我们首先应当恰当地理解神意或恩典(prouidentia),而这将是我们最后一章的主题。[3] 此处我们需要的只是,要注意到奥古斯丁在《论自由决断》第一卷中为心灵的独立性提供了更有力的形而上学论

---

[1] ord. I, 10, 28. "Ordo est, inquit, per quem aguntur omnia quae Deus constituit."

[2] 首先,神意被认为是向邪恶心灵施加惩处的根基所在,见 lib. arb. I, 1, 1. "Quamobrem si nemo iniuste poenas luit, quod necesse est credamus, quandoquidem diuina prouidentia hoc uniuersum regi credimus, illius primi generis malorum nullo modo, huius(此处我照PL本的读法,而不依CCL)autem secundi auctor est deus." 关于神意和永恒律法,见 ibid., I, 5, 13 - I, 6, 14. 正如Harrison所观,奥古斯丁在《论自由决断》第二卷中更加生动地解释了神意如何统治世界。见 ibid. II, 17, 45. "Hinc etiam comprehenditur omnia prouidentia gubernari. Si enim omnia quae sunt forma penitus subtracta nulla erunt, forma ipsa incommutabilis per quam mutabilia cuncta subsistent, ut formarum suarum numeris impleantur et agantur, ipsa est eorum prouidentia. Non enim ista essent si illa non esset." 参见 S. Harrison 2006, 57。

[3] 有关奥古斯丁早期道德理论中秩序观念的讨论,见 Torchia 1993。而在更晚近的文章中,Eric O. Springsted 也强调在《论自由决断》中引入秩序概念,奥古斯丁并不是要去为道德行为提供形而上学解释,而是要更深刻地解释我们在世界中的存在。见 Springsted 1998。尽管如此,我们仍然要注意,秩序对于奥古斯丁来说首先仍然是一个形而上学概念,它奠基于他对存在的善的深刻理解。人为地把奥古斯丁对意愿的道德和心理学反思同他的神学和形而上学背景剥离,这会导致对奥古斯丁意愿概念的误读,特别是会忽视它和近代以降的自由意愿概念的本质不同。有关奥古斯丁的形而上学对于理解他早期的自由意愿的讨论的重要性,参看 Sontag 1967。需要注意的是,在这篇文章中,uoluntas 被简化为自由意志概念。

证,它出自奥古斯丁"神意"这一神学概念。尽管这一论证不可避免地依赖其神学假设,但是奥古斯丁在论证的展开中所诉求的仍然是理性的分析,而不是信仰的权威。

在奥古斯丁的秩序观念中,存在物的道德价值无疑占据显要地位。心灵屈从欲念,这和秩序所体现的神意不相容,这正是因为这一屈从在道德上是恶的。然而,如果我们把屈从的对象换成永恒真理,上述论证是否仍然适用就不是那么清楚了。因为,上帝无疑也愿意这样一个在道德上为善的结果。看起来上帝完全可以强迫人的心灵向善,而不破坏上帝自身的善和等级秩序的正义。我将在第八章中进一步深入地考察在使人获得向善的意愿时,上帝是否同时毁弃了人的意愿的自由。

当下更加紧要的问题在于决定我们从上述论证可以推出什么结论。如果奥古斯丁有关神意和宇宙秩序的神学观念可以接受,我们可以断言他有说服力地证明了当心灵使自己向有罪的欲望屈服时,没有任何东西强迫它如此。然而,由此我们并不能像奥古斯丁在《论自由决断》I, 11, 21 中所做的那样得出结论:只有心灵自己的意愿和自由决断才能使心灵成为欲念的奴隶。换句话说,奥古斯丁只是说明了当心灵不会单纯因为外在的压力而向恶卑躬屈膝。仍然有可能是心灵的其他的不正当活动,而不是意愿使得心灵作出了这一重大转变。例如,很有可能是对于幸福的错误观念使心灵的行为和它自己的理性本性相冲突。[1] 正如之前所强调的,奥古斯丁有关意愿自明性的论断只足以说明它作为心理活动的现实性,而不是它作为心理动机的独立性。同

---

[1] 例如 Wetzel 1992, 61-85. Wetzel 在评析《论自由决断》时得到如此结论:"在这部重要然而具有致命缺陷的作品中,他以一种过于直接了当的方式用价值的客观秩序来决定动机。意愿也因此不能够和对秩序的认识区分开来,而趋向于消失在受造的秩序的自然运动之中。"(84-85) Wetzel 的评价是否妥帖并非我们这里的关心所在,它至少表明在《论自由决断》的理论框架内,错误的认识也可以被解释为恶的直接原因。

样地,目前为止,我们也只揭示了心灵的独立性,而不是意愿自身的独立性和自由。要达到后一个目标,我们需要证明意愿在作出决断时,不受任何其他内在的心理活动所决定。

三 《论自由决断》第三卷论意愿的原因

奥古斯丁在395年最终完成的《论自由决断》第三卷中第一次讨论意愿是否会受其他心理活动的左右这一论题。奥古斯丁的对谈者埃伏第乌斯在确信了上帝的预知不会强迫理性存在犯罪,意愿乃是罪的原因之后,他提出了这一棘手的难题:什么是意愿的原因(causa uoluntatis)?[1] 首先,奥古斯丁提醒埃伏第乌斯注意潜在的无穷倒退的危险:如果我们确定了意愿的原因,我们仍然有可能会问什么是这原因的原因。[2] 与第一卷中的理性论证不同,奥古斯丁首先引述《圣经》:"贪婪乃万恶的根源。"(《弟茂德前书》6:10)

> 然而,这一贪婪就是欲望,而这一欲望则是罪恶的意愿(improba uoluntas)。因此,罪恶的意愿是万恶的原因。如果它与本性相符,它一定能保存本性而不是毁坏本性,它也因此不是罪恶的。

---

[1] lib. arb. III, 17, 47. "Sed tamen si nulla causa esset, non ita dispertiretur creatura rationalis ut alia nunquam peccet alia in peccando persequeretur, alia quasi media inter utramque aliquando peccet aliquando ad recte faciendum conuertatur. Quae causa in has tres partes eam distribuit? Sed nolo mihi respondeatur:'Voluntas'; ego enim causam quaero ipsius uoluntatis." 我将在第八章中讨论上帝的预知和人的自由意愿的关系。值得注意的是,在提出这一令人费解的问题之后,埃伏第乌斯就从对话中消失了,而整部书也结束于有关最初的罪及其后果的长篇论证之中。

[2] 正如导言中所见,这一无穷倒退的威胁也正是 Gilbert Ryle 反对意愿概念的重要论据之一,见 Ryle 1960, 61-80。

由此可以推论万恶的根源不与本性相符。[1]

奥古斯丁此处暗自将意愿的原因这一论题转化为罪恶的意愿的原因。在后文的讨论中我们将会明白这决不是一个微不足道的限定。此外，奥古斯丁认为这一意愿之所以有罪，在于它敌视人的自然本性。因此，人的本性不应当为意愿的不当而受谴责，如摩尼教所做的那样。在再次提醒埃伏第乌斯注意无穷倒退的问题之后，奥古斯丁直接来处理意愿的原因这一困难：

> 但是，什么东西在意愿之前能够成为意愿的原因呢？它或者是一个意愿，这样的话我们就还没有割离这一意愿的根源。或者它不是意愿，那样的话它也就没有罪了。因此，或者意愿自身是罪的最初原因，或者这罪行的最初原因就不是罪。而罪只能正当地归咎于那犯罪的人。而且罪也只能归咎于那自愿的人（*uolens*）。我不知道为什么你还要追问其他的原因。此外，无论这原因是否出自意愿，它或者是正义的或者是不义的：如果它是正义的，那么人听命于它就不会犯罪；如果它是不义的，人们不听从它也就不会犯罪。[2]

---

〔1〕 *lib. arb.* III, 17, 48. "Haec autem auaritia cupiditas est, cupiditas porro inproba uoluntas est. Ergo inproba uoluntas malorum omnium causa est. Quae si secundum naturam esset, conseruaret utique naturam nec ei perniciosa esset et ideo non esset inproba. Vnde colligitur radicem omnium malorum non esse secundum naturam."

〔2〕 Ibid., III, 17, 49. "Sed quae tandem esse poterit ante uoluntatem causa uoluntatis? Aut enim et ipsa uoluntas est et a radice ista uoluntatis non receditur: aut non est uoluntas, et peccatum nullum habet. Aut igitur ipsa uoluntas est prima causa peccandi, aut nullum peccatum est prima causa peccandi. Nec est cui recte imputetur peccatum nisi peccanti. Non ergo est cui recte inputetur nisi uolenti: sed nescio cur aliud te quaerere libeat. Deinde quaecumque illa causa est uoluntatis, aut iusta profecto est aut iniusta. Si iusta, quisquis ei optemperauerit non peccabit; si iniusta, non ei optemperet et non peccabit."

遗憾的是,奥古斯丁的论证具有致命的缺陷:首先,他假定如果犯罪的意愿的原因是意愿,我们就没有必要将我们的追问延伸下去。然而,根据这一假设,向罪的意愿自身是另一个意愿的结果,这也就意味着,意愿行为自身也是一个自愿行为,当我们意愿某物时,我们不仅意愿该对象,而且意愿我们的意愿。很自然地我们要去追问我们是否意愿这一二阶的意愿,或者说这一导致犯罪的意愿自身是否是另一个意愿的结果。这一追问可以延伸到无穷。如此看来,奥古斯丁的论证并没有解决无穷倒退的困难,而只是或有意或无意地略去了深入的讨论。我们仍然不清楚的是一个现存的意向是否导致或者迫使相应的意愿的产生。更重要的是,如果一个意愿它的产生是由它的先行者所决定的,这个意愿如何能被称为是自由的意愿。

其次,在考虑另外一种可能性时,即意愿的原因不是意愿的情形时,奥古斯丁断定这一原因自身不可能是罪。他在此实际上回溯了《论自由决断》第一卷中对罪行的界定:人的行为只有在它是自愿的或有意的时候,它才是可以归罪的(culpable)。[1] 在第三卷中,他明确地宣称本罪或个人所犯的罪在其本质上是自愿的(uoluntarium)。[2] 因此,如果犯罪的意愿的原因不包含意愿,那么这一原因自身就不是罪。奥古斯丁没有进一步解释为什么这一可能性行不通,似乎在他看来,说犯罪的原因不是罪,这是荒谬的,无须加以驳斥。在此,我们暂且不论奥古斯丁对罪的自愿性特征的突出强调是否恰当——这是我们第七章要讨论的主题,

---

[1] *lib. arb.* I, 1, 1. "Vnde si dubitas, illud attende quod supra dictum est, malefacta iustitia Dei uindicari. Non enim iuste uindicarentur, nisi fierent uoluntate." Ibid. I, 11, 21. "nulla res alia mentem cupiditatis comitem faciat quam propria uoluntas et liberum arbitrium."

[2] 参见奥古斯丁在此段之前的论述, *lib. arb.* III, 10, 29. "Cum enim duae sint origines peccatorum, una spontanea cogitatione, alia persuasione alterius... utrumque uoluntarium est quidem-nam sicut propria cogitatione non peccat inuitus, ita dum consentit male suadenti non utique nisi uoluntate consentit." 我们将在第七章中详论奥古斯丁对罪的这一唯意愿论的解释。

单这一结论自身就并不像奥古斯丁所设想的那样荒谬,一个从未犯过罪的人在拥有第一个向罪的意愿之前无疑是无辜的,而他正是这一意愿的原因。因此,如果不澄清人最初的恶的意愿如何产生,我们既不能解决无限倒退的问题,也不能把意愿确定为其自身决断的唯一原因。

检讨奥古斯丁早期著作为捍卫意愿的独立性所作的形而上学辩护,我们不得不承认,他只是成功地解释了心灵免受外力强迫的自由,而未能认识到意愿自身作为心灵的根本动力区别于我们的道德行为中所包含的其他心灵活动。在其思想的这一阶段,奥古斯丁未能充分地注意到意愿作为我们的道德能力,它自身也受到其他心理官能的限制,例如我们在第一部分中已经深入检讨过的肉欲、情感波动、实践推理等等。[1] 与奥古斯丁早期著作中这一还有待发展的意愿观念相应,他对意愿独立性的哲学论证并不完整,有时还因为成问题的预设而带有缺陷。特别需要指出的是,在这些为意愿的自由所作的辩护中,他假定了意愿拥有绝对力量,可以无视一切外在、内在的束缚。而这一假设在奥古斯丁后来对意愿及其本质的自由的深入反思中逐步成为疑问所在。[2]

---

[1] 当然,在之前的分析中,我们也提到奥古斯丁在《论自由决断》第三卷最后的讨论中确实提到了人类初始的非自愿处境:无知与无力(*lib. arb.* III, 18, 50ff. 参见 4.2.2)。然而,正如我们在第七章有关无意之罪的分析中将会见证,奥古斯丁此时仍然坚持认为即使在这样的处境中,意愿也没有失去控制其决断的能力,因而完全不受其他内在的心灵力量和心灵自身所处的状态的左右,参见 Ibid., III, 20, 56. "Non enim ante omne meritum boni operis parum est accepisse naturale iudicium quo sapientiam praeponat errori et quietem difficultati, ut ad haec non nascendo sed studendo peruenit."

[2] 这一主张同样体现在《论自由决断》第三卷中对上帝的预知的分析之中,我将在第八章中作深入考察。这里我完全同意 Wetzel 的结论,即《论自由决断》是一本重要的但是有致命缺陷的著作,但是我并不赞同他的诊断,即这是因为奥古斯丁不能明确地区分意愿和对秩序的认识。恰恰相反,我要强调的是,之前的分析足以揭示奥古斯丁论证的缺陷在于预设了意愿的绝对独立性,或者说意愿的绝对能力,它未加言明地断定我们的意愿能够独立地做出决断,完全无视我们理智的缺陷和情感的困扰。

四 《上帝之城》第十二卷论最初的恶的意愿

奥古斯丁在《上帝之城》第十二卷中再次详细地论述意愿的原因这一论题。[1] 在这一卷中,奥古斯丁着力阐释上帝之城和地上之城在天使中的起源,奥古斯丁强调两座城的差异在于天使们不同的意愿和欲望(uoluntates et cupiditates)。[2]

首先,奥古斯丁认为天使乃是从虚无中(de nihilo)创造出来的理性存在,因此他们也是可变的(mutabilia)。[3] 上帝最初创造的天使并不处于完满无缺的至福之中。与上帝这一不变的善不同,天使们可以有向善的或向恶的意愿,并因此获得幸福或不幸。如果天使忠于上帝,忠于至善,凭借他们向善的意愿,他们也就成为善好的,并因此获得至福作为回报;以此类推,如果他们背叛了至高的存在,而转向他们自身,他们也就甘为邪恶,而招致不幸作为惩戒。[4] 由于邪恶天使背离了上

---

[1] 这一卷大约作于417—420年之间,参见 O'Daly 1999, 34-35。奥古斯丁对天使堕落的诠释已经得到充分的研究,此处我仅列出晚近相关的专门文献。R. Brown 1978; Babcock, 1988; id. 1992; Kohler 1993; Fleischer 1997; Bettetini 1997; Fendt 2001。

[2] ciu. Dei XII, 1. "Angelorum bonorum et malorum inter se contrarios adpetitus non naturis principiisque diuersis, cum Deus omnium substantiarum bonus auctor et conditor utrosque creauerit, sed uoluntatibus et cupiditatibus extitisse dubitare fas non est..."

[3] Ibid., "Dicimus itaque inmutabile bonum non esse nisi unum uerum beatum Deum; ea uero, quae fecit, bona quidem esse, quod ab illo, uerum tamen mutabilia, quod non de illo, sed de nihilo facta sunt." 亦见 uer. rel. 13, 26.

[4] ciu. Dei XII, 1. 亦见 ibid., XII, 6. "Proinde causa beatitudinis angelorum bonorum ea uerissima reperitur, quod ei adhaerent qui summe est. Cum uero causa miseriae malorum angelorum quaeritur, ea merito occurrit, quod ab illo, qui summe est, auersi ad se ipsos conuersi sunt, qui non summe sunt." 与人不同,邪恶的天使不会从他们的惩罚中获救,而是永远留存于黑暗之中;而善好的天使则获得永生,他们之中不会再产生新的魔鬼,见 Ibid., XI, 13。

帝,罪才第一次进入上帝所创造的世界。[1] 依据圣经的传统,奥古斯丁将罪的开端等同于骄傲(superbia)。[2] 由于这一心灵的缺陷,邪恶的天使错误地选择自己,而不是至高的存在,而后者才是他们生命的源泉和至福的所在。

那么,是什么使得他们愿意享受可变的事物,而不是不变的善呢? 为了回答这一疑问,奥古斯丁再一次考虑到对最初的恶的因果解释:

> 进而言之,如果我们寻求他的恶的意愿(mala uoluntas)的作用因(causa efficiens),那么什么也找不到。因为当意愿自己在作恶,还有什么是使这意愿为恶的原因呢? 因此,恶的意愿就是恶行的作用因,而恶的意愿没有任何作用因。[3]

---

[1] ciu. Dei XI, 15. "et illud, quod ab initio diabolus peccat (1 John 3: 8), non ab initio, ex quo creatus est, peccare putandus est, sed ab initio peccati, quod ab ipsius superbia coeperit esse peccatum."值得注意的是,在奥古斯丁早先对天使堕落的叙述中,他认为魔鬼是在创世的那一刻堕落,因为他从一开始就没有站在真理之中,见 Gn. litt. XI, 16, 21. "Non autem frustra putari potest ab initio temporis diabolum superbia cecidisse nec fuisse ullum antea tempus, quo cum angelis sanctis pacatus uixerit et beatus, sed ab ipso exordio creaturae a suo creatore apostatasse, ut illud, quod dominus ait: ille homicida erat ab initio et in ueritate non stetit. Vtrumque ab initio intellegamus, non solum quod homicida fuit, sed etiam quod in ueritate non stetit."有关奥古斯丁这一立场的变化,见 Babcock 1992,尤见 141ff。

[2] ciu. Dei, XII, 6. "et hoc uitium quid aliud quam superbia nuncupetur? Initium quippe omnis peccati superbia. (《德训篇》10:15)."在批评奥古斯丁对最初的恶的意愿的因果解释时,Robert Brown 认为奥古斯丁将 superbia 作为恶的意愿的原因,这一解释毫无说服力,参见 R. Brown 1978,尤见 321-322。然而,在这一语境中,奥古斯丁只是引入这一圣经用语来描述而不是解释最初的恶的意愿。对于奥古斯丁来说,骄傲正是这样一种想要按自己的意愿行事的自愿的道德缺陷。参见 s. 96, 2. "prima hominis perditio, fuit amor sui. Si enim se non amaret, et deum sibi praeponeret, deo esse semper subditus uellet: non autem conuerteretur ad negligendam uoluntatem illius, et faciendam uoluntatem suam. Hoc est enim amare se, uelle facere uoluntatem suam."亦见 ep. 118, 15. "primum autem peccatum, hoc est primum uoluntarium defectum esse gaudere ad propriam potestatem."

[3] ciu. Dei XII, 6. "Huius porro malae uoluntatis causa efficiens si quaeratur, nihil inuenitur. Quid est enim quod facit uoluntatem malam, cum ipsa faciat opus malum? Ac per hoc mala uoluntas efficiens est operis mali, malae autem uoluntatis efficiens nihil est."

与早期著作中的形而上学论证相比,此处的不同首先在于引入作用因这一概念。[1] 这一概念在《上帝之城》中最初出现在第五卷奥古斯丁驳斥宿命论者的论证中。在那里,奥古斯丁追随西塞罗认为没有在先的作用因,任何事情都不会发生。[2] 除了由宿命决定的原因(*causa fatalis*)之外,西塞罗列举了其他三种作用因:偶然因(*causa fortuita*)、自然因(*causa naturalis*)和自愿因(*causa uoluntaria*)。奥古斯丁进一步推断所有这些原因都可以归于自愿因,或者出自上帝的意愿,或者出自其他理性存在甚至某些动物。[3] 与那些不能够脱离精神存在而产生作用的物质因不同,作用因可以主动地产生相应的结果。

　　在《上帝之城》第十二卷中,堕落天使的恶的意愿被断定为他最初的恶行的作用因,因为正是这一心灵的不正当倾向使得他同其他天使区别开来。借助作用因这一概念,奥古斯丁进一步推进了他对天使意愿独立性的形而上学论证,有力地确立了最初的恶的意愿自身不可能有任何作用因在前。

---

〔1〕 有关奥古斯丁此处所提到的 *causa efficiens* 与亚里士多德的动力因(*arche kineseos*, *causa efficiens*, *efficient cause*)的关联,参见 Fleisher 1997, 81 note 3. Fleisher 正确地指出二者都不应被理解为机械论中的动力因,而应当被理解为变化的最初开端之所在(Metaphysics, 1093a29ff.)。此处采用不同的译法,主要是为了下文和 *causa deficiens*(消解因)对照。

〔2〕 Cicero, *De fato* 10, 20f. 参见 *ciu. Dei* V, 9. "Na et illud, quod idem Cicero concedit, nihil fieri si causa efficiens non praecedat..." 亦见 *ord.* I, 4, 11 "... nescio quomodo animum non latet, nihil fieri sine causa."

〔3〕 参见 *ciu. Dei* V, 9, "Quid enim eum (Cicero) adiuuat, quod dicit nihil quidem fieri sine causa, sed non omnem causam esse fatalem, quia est causa fortuita, est naturalis, est uoluntaria? ... Nos enim eas causas, quae dicuntur fortuitae, unde etiam fortuna nomen accepit, non esse dicimus nullas, sed latentes, easque tribuimus uel Dei ueri uel quorumlibet spirituum uoluntati, ipsasque naturales nequaquam ab illius uoluntate seiungimus, qui est auctor omnis conditorque naturae. Iam uero causae uoluntariae aut Dei sunt aut angelorum aut hominum aut quorumque animalium, si tamen uoluntates appelandae sunt animarum rationis expertium motus illi, quibus aliqua faciunt secundum naturam suam, cum quid uel adpetunt uel euitant... Ac per hoc colligitur non esse causas efficientes omnium quae fiunt nisi uoluntarias, illius naturae scilicet, quae spiritus uitae est."

首先,奥古斯丁将恶的意愿可能的作用因分为两类:有意愿的和没有意愿的。而能够意愿的事物又根据意愿的道德属性被进一步划分为:有善的意愿的和有恶的意愿的两类。很显然,认为向善的意愿倾向会成为有罪的意愿倾向的原因,这无疑是荒谬的。尽管善好的意愿并不能保证善好的行为,但它不可能既是向善的又是有罪的。另一方面,由于此处讨论的是魔鬼最初的恶的意愿(*prima mala uoluntas*),去谈论在它之前还有其他恶的意愿作为其原因,这显然毫无意义。[1] 通过将论题限制在原初的恶,奥古斯丁有效地避免了无穷倒退的危险。

然而,这一恶的意愿同样不可能从一开始就一直存在。我们不难理解这一恶的行为倾向不能够因自身而存在,也不能存在于摩尼教所相信的恶的本性之中,而是只能存在于易变的实体之中,而这实体自身本来是善的。这是因为,恶的意愿(*mala uoluntas*)之所以为恶在于它毁损善,不变的上帝自然是不可毁损的,因此,恶的意愿所劫夺的是那些会败坏的实体的善。但是,如果这一意愿一直存在,它势必已经在某一时刻摧毁了那会败坏的本性有限的善,而这无疑是自相矛盾的。[2]

---

[1] 参见 *ciu. Dei* XII, 6. "Quoniam si res aliqua est, aut habet aut non habet aliquam uoluntatem; si habet, aut bonam profecto habet aut malam; si bonam, quis ita desipiat, ut dicat quod bona uoluntas faciat uoluntatem malam? Erit enim, si ita est, bona uoluntas causa peccati, quo absurdius putari nihil potest. Si autem res ista, quae putatur facere uoluntatem malam, ipsa quoque habet uoluntatem malam, etiam eam quae fecerit res consequenter interrogo, atque ita, ut sit aliquis inquirendi modus, causam primae malae uoluntatis inquiro. Non est enim prima uoluntas mala, quam fecit uoluntas mala; sed illa prima est, quam nulla fecit. Nam si praecessit a qua fieret, illa prior est, quae alteram fecit."

[2] Ibid., "Si respondetur quod eam nulla res fecerit et ideo semper fuerit: quaero utrum in aliqua natura fuerit. Si enim in nulla fuit, omnino non fuit; si autem in aliqua, uitiabat eam et corrupebat eratque illi noxia ac per hoc bono priuabat. Et ideo in mala natura uoluntas mala esse non poterat, sed in bona, mutabili tamen, cui uitium hoc posset nocere. Si enim non nocuit, non utique uitium fuit, ac per hoc nec mala uoluntas fuisse dicenda est. Porro si nocuit, bonum auferendo uel minuendo utique nocuit. Non igitur esse potuit sempiterna uoluntas mala in ea re, in qua bonum naturale praecesserat, quod mala uoluntas nocendo posset adimere."

奥古斯丁在此有力地表明恶的意愿必然在时间上有一个开端,而它能出现在至善的上帝所创造的世界这一事实,也需要加以辩护。

但是,如果据此认为恶的起源的作用因自身不具有意愿的能力,这显然离事实更远。在《上帝之城》第五卷中奥古斯丁就已经把所有的作用因还原为自愿因(voluntary cause):作用因总是意愿的行为。而在第十二卷中,奥古斯丁只需要说明物质实体不能成为恶的意愿的作用因。通过诉诸存在和善的叠和,奥古斯丁坚持认为,物质实体作为低下的存在,只要它存在,它就仍然是善,而善不可能成为恶的作用因,因为善不可能主动地产生恶:

> 当意愿离弃了高于自己的而转向那低下的东西,它成了恶的[意愿],这不是因为它所转向的是恶,而是因为这转向自身(ipsa conuersio)是悖逆的;因此,不是那低下的事物使意愿为恶,而是意愿自身因为成了[恶的意愿],它以一种错误的、不合规矩的方式欲求(appetere)低下的事物。[1]

基于同样的理由,即使心灵自身也不是它所获得的恶的意愿的作用因。因为无论是天使还是人的心灵,它们作为理性的存在就是善。

然而,这并不能推导出,恶的意愿甚至是最初的恶的意愿,全然没有出处(from nowhere)。既然恶的意愿不可能永恒存在,那么一定有什

---

[1] ciu. Dei. XII, 6. "Cum enim se uoluntas relicto superiore ad inferiora conuertit, efficitur mala, non quia malum est, quo se conuertit, sed quia peruersa est ipsa conuersio. Idcirco non res inferior uoluntatem malam fecit, sed rem inferiorem praue atque inordinate, ipsa quia facta est, adpetiuit."

么东西可以解释它的产生。[1] 借助一系列同源的拉丁语词,奥古斯丁将这一恶的起源别出心裁地称为恶的"消解因"(a deficient cause)。

因此,不要让任何人追寻恶的意愿的作用因。因为它的原因不是在产生作用(*efficiens*),而是消解作用(*deficiens*),因为恶的意愿自身不是作用的效果(*effectio*),而是作用的消解或背弃(*defectio*)。另一方面,背弃(*deficere*)那至高的存在,而转向那较低的存在,这就开始产生了恶的意愿。而这些背弃的(*defectiones*)原因如我所说不是在产生作用,而是在消解作用,因此去进一步追寻它们,这就如同想要看到黑暗,听到寂静一样。尽管这二者能为我们所知,前者通过眼睛,后者通过耳朵,但并不是凭借它们的形式(*species*),而是因为它们缺乏任何形式(*priuatio speciei*)。[2]

恶的意愿不是一种要产生善的建构性倾向,而是一种消解性的趋向,要叛离和弃绝作为至善和至高存在的造物主。奥古斯丁富有想象

---

[1] 英国学者 G. R. Evans 在研究天使的黑暗(*tenebrae angelicae*)时富有洞见地得出结论:恶是一个"历史现象"。见 ea. 1982, 100. 而美国学者 Babcok 借助当代的道德主体性理论,也正确地指出:"如果最初的恶的意愿没有任何原因,那么它就会处于一个完全偶然发生的状态,而不再会像当它可以被归于某个作用因时那样,被看作行为者自己的恶。"见 id. 1988, 46. 然而,需要说明的是,在这一文本中,奥古斯丁致力于揭示最初的恶的意愿的形而上学起源,他所关心的首先是最初的恶的意愿作为一个在时间中发生的现象,它不可能没有任何原因。因为在时空中,任何事件的发生都有其原因或理由。因此,在这里奥古斯丁论证所要解释的是这一本体论信念,而不是和行为主体性相关的道德责任。我将在第七章中深入思考这一对恶的意愿的因果解释的伦理学后果。

[2] Ibid., XII, 7. "Nemo igitur quaerat efficientem causam malae uoluntatis; non enim est efficiens sed deficiens, quia nec illa effectio sed defectio. Deficere namque ab eo, quod summe est, ad id, quod minus est, hoc est incipere habere uoluntatem malam. Causas porro defectionum istarum, cum efficientes non sint, ut dixi, sed deficientes, uelle inuenire tale est, ac si quisquam uelit uidere tenebras uel audire silentium, quod tamen utrumque nobis notum est, neque illud nisi per oculos, neque hoc nisi per aures, non sane in specie, sed in speciei priuatione." 此段奥古斯丁借助拉丁语 efficiens, deficiens 在词源上的关联以强化这一论述的修辞效果,这在汉语里很难再现。

力地将这一心理和道德现象同柏拉图派有关恶的本体论解释,以及基督教的从虚无中创造(creatio ex nihilo)的教义联系起来:柏拉图派认为恶不是任何实在,而是善的匮乏。虚无(nihil)缺乏任何样式的存在,而存在即善,因此,虚无正是善的终极匮乏。也正因为如此,当上帝自虚无中创造时,他所造的不可能是和上帝一样不变的存在,而是可变的、可败坏的有条件的存在。自虚无中创造这一事实决定了受造物不可能像至高的存在那样是自足的存在。因此,天使能够导致最初的恶的意愿的产生,这不是因为天使由上帝所造,而是因为他们乃是从虚无中被造,在最初被造的时候,天使和人一样也是可以腐蚀的存在。[1] 然而,上帝并不会因为他的造物易变的本性而被责备:因为他不是虚无的创造者,他只是存在的造物主。无论是理性的存在还是物质实体,就其存在而言,它们都是善的,因为它们都来自至高的善。另一方面,正是可变性或者可朽坏性使得理性的存在有可能通过意愿背弃自己的善。[2] 这里需要强调的是,自虚无中创造这一事实作为恶的意愿的本体论起

---

[1] 参见 ciu. Dei. XII, 6. "...cum ante illam uisionem ac temptationem similes ambo animo et corpore fuerint, ipsum sibi fecisse uoluntatem malam, qui utique bonus ante uoluntatem malam fuerit: quaerat cur eam fecerit, utrum quia natura est, an quia ex nihilo facta est, et inueniet uoluntatem malam non ex eo esse incipere quod natura est, sed ex eo quod de nihil facta natura est." 当然,奥古斯丁在引入这一论述时,借助了这样一个思想试验:两个在身体上和心理上都处于相同处境的观察者,他们面对同一个物体图像,其中一个认同并且屈从于来自这一图像的诱惑,而另一个则拒绝。奥古斯丁强调,意愿的决断是区分他们不同表现的唯一原因。而自虚无中创造这一事实只是解释了为什么这样一种背弃自己的善的行为倾向会进入我们的心灵这样一个善的存在。我将在后文中进一步分析这个思想试验。在这里,我们看到如果这一实验成立,那么它同样适用于魔鬼,正如奥古斯丁在他后来和尤利安的论争中所做的那样,见 nupt. et conc. II, 28, 48. "Nec ideo tamen ex bono potuit oriri uoluntas mala, quia bonum factum est a bono Deo, sed quia de nihilo factum est, non de Deo. ...Nonne opus diaboli, quando primum in angelo, qui diabolus factus est, ortum est, in opere Dei ortum est?" 参见 c. Iul. imp. V, 31-38。

[2] Margot Fleischer 在她对《上帝之城》第十二卷六、七两章忠实的解析中,误将意愿自身等同于"消解因",见 ea. 1997, 84。而如前所述,有缺失的意愿或恶的意愿不可能永远存在,因此恶的意愿不可能是自因(causa sui),参见 Kohler 1993, 73。

源,它仅仅表明了恶的意愿出现的可能性,而不是其必然性。[1] 因为魔鬼和神圣的天使同样是自虚无中受造,但悖逆的意愿只出现在魔鬼的心灵中。

此外,最初的恶的意愿的原因也只有在意愿自身中才会被暗示出来。因为恶的意愿乃是那背弃了至善的心灵的行为倾向,背弃了善也就是背弃存在,它所指向的不是产生而是消解(存在),或者(存在的)缺失。因此,恶的意愿只能有一个"消解因"(causa deficiens)。然而,我们不可能直接地认识这一消解因。正如奥古斯丁所打的比方,我们只有在不能看到或者不能听到任何东西的时候才能感受到黑暗和寂静。[2] 当然,黑暗和寂静乃是我们感官能力被消解的原因,然而,正因为如此,他们不可能直接为我们的感官所把握。更直白些说,我们决不可能知道上述"消解因"如何"产生"意愿的背弃行为,因为我们所能认知的只是它所导致的结果,也就是我们由于意愿的决断背弃了至善。在这一文本中,奥古斯丁并没有明确指出什么是第一个恶的意愿的"消解因"。然而,在后来和尤利安的论争中,他公开地将自虚无中创造作为最初的恶的意愿的原因。[3] 或许,这里所说的原因更应当称之为理由,因为它只是解释了恶的意愿产生的可能性,并不能算作近代意义上因果链条中的一环。正如我们在解释肺癌产生的时候会提到肺,但并不会把肺自身作为肺癌产生的动力因。

---

[1] 参见 c. Iul. imp. V, 38, (2). "Dicis (sc. Iulianus) enim referre me posse non me dixisse: 'Ideo malum ortum est in opere dei, quoniam ex nihilo factum est', sed: 'Ideo potuit oboriri, quia ex nihilo factum est.' Hoc prorsus dixi: 'Ideo potuit oboriri' dixi, non ideo dixi ortum; **possibilitatem** mali dedi huic **causae**, non **necessitatem**." 黑体为笔者所加。

[2] 借用 Fleischer 的话,这种认知乃是"通过不知而知",见 ea. 1997, 84-85.

[3] 参见 c. Iul. imp. V, 38, (2)。见本页注释[1]。尤利安指责奥古斯丁用自虚无中创造将最初的恶的意愿解释成理性生物的必然结果。这一论争的背景要求奥古斯丁澄清虚无作为恶的原因的确切含义。

《上帝之城》十二卷中对恶的意愿的因果性的繁杂解释,又掺杂着过于修辞化的表述方式,并不为现代评述者所接受。例如美国学者罗伯特·布朗(Robert Brown)就认为自虚无中创造这一教义使得最初的恶的意愿的产生不可避免并且因此直接排斥理性存在者的自由。[1]而另一位美国学者威廉·巴布科克(William Babcock)则困惑于"消解因"(causa deficiens)这一含混的表述:

> "消解因"这样的观念最终显得太过狭隘,太过稀薄,而不能在道德主体性的领域内解释邪恶天使的堕落。它不能被足够鲜明地或坚定地勾画出来,以便将意愿最初的邪恶运用同偶然的结果区分开来,它是一个单纯的意外事件,而不是行为主体自己的行为。[2]

同样的负面评价也出现在加拿大学者约翰·里斯特(John M. Rist)的《奥古斯丁:经受洗礼的古代思想》一书中。和布朗(Brown)、邦纳(Bonner)等学者意见一致,里斯特认为"消解因"的存在使得天使和人类的堕落不可避免:"因为在亚当之中(在魔鬼中也一样)存在着不可避免的缺陷。"[3]

---

[1] 见 R. Brown 1978, 320-321. Brown 用来反驳"消解因"的另一理由在于它限制了上帝作为造物主的权能。Brown 文章的目的在于证明最初的恶的意愿作为恶的绝对起源不应当进一步被还原为任何其他在先的原因。Brown 预设了意愿拥有作出选择的无条件的自由,因此意愿这一绝对力量不因该归于任何其他原因。在后文的论述中,我们将证明这样的立场更接近尤利安和其他裴拉基派,而不是奥古斯丁自己的意愿观念。

[2] Babcock 1988, 47. 在这篇论文中,Babcock 未能注意到"消解因"和奥古斯丁的"自虚无中创造"学说之间的内在关联。他因此认为对于奥古斯丁来说,对于这一消解因,我们除了能确认它存在之外一无所知。而在他后来论天使堕落的文章中,他进一步把消解因等同于意愿偏离或背弃上帝,也就是恶的意愿自身。见 Babcock 1992, 144-145. 对这一误读的反驳,参见第 191 页注释[2]。

[3] Rist 1994, 107. 在 Rist 看来,奥古斯丁或许会坚持认为亚当或魔鬼在任何一个特定的时刻都有能力克制自己而不犯罪。但是,由于奥古斯丁未能明确地区分道德的恶的必要条件和充分条件,因此,他在此谈到的理性存在的独立性没有任何实质意义,它并不能改变罪不可避免同时也不可解释这一事实。见 ibid. 1994, 106-107.

很显然,这一系列批评都围绕道德主体性这一论题展开,奥古斯丁需要解释自虚无中创造出来的理性存在如何在本质上是可以朽坏的,但同时又能成为道德责任的承担者。我将在第七章中从道德哲学的角度回应这一批评。在这里我想要指出的只是,这些当代英语学界的奥古斯丁学者在他们的尖锐批评中,严重地误解了奥古斯丁对恶的起源的形而上学解释。Rist 的评论最有代表性,在他的书中,"自虚无中创造"被明确地看作道德行为者身上威胁他的行为自由的某种东西(something)。

然而,早在 1938 年的剑桥胡新(Hulsean)系列讲座中,英国学者约翰·伯纳比(John Burnaby)在评述奥古斯丁的宗教哲学时已经正确地指出这一对基督教传统教义的误读,这充分体现在当时广为流传的别尔嘉耶夫的自由观念中。别尔嘉耶夫认为人的自由,特别是作恶的自由意志来自于创造之前的"非存在"(not-being),因此上帝作为造物主不需要为这一不受创造的自由负责。而在伯纳比看来,别尔嘉耶夫实际上使得虚无成了具有某种特定性质的某种东西(a "something")。[1] 毫无疑问,奥古斯丁不会容忍这一近似摩尼教二元论的主张。在奥古斯丁看来,甚至那没有任何形式的原初质料仍然是某种东西(aliquid)而不是虚无(nihil)。[2] 他认为虚无作为至高存在或存在自身的对立面,它就是"什么都不是"或"不存在"(quod non est)。[3] 对于我们来说,实际上并不能够直接地谈论这一绝对的否定性。当我们试图描述或者界定虚无是什么的时候,我们也就不可避免地扭曲或者破坏了它的"不是"或"不

---

[1] Burnaby 1991 (1938), 231. 参见 Berdyaev 1937。

[2] conf. XII, 3, 3. "Et nimirum haec terra erat inuisibilis et inconposita et nescio qua profunditas abussi, super quam non erat lux, quia **nulla** species erat illi... Non tamen omnino nihil: erat quaedam informitas sine ulla specie."(黑体为笔者所加)。

[3] nat. b. 19, 19. "Ei ergo qui summe est non potest esse contrarium nisi quod non est."

存在"(non esse)的特性。[1] 正如希姆博尔斯卡的诗句：

我说无

无中已生有。

奥古斯丁晚年在反驳尤利安时写道,自虚无中创造仅仅意味着这世界不是上帝从自身中创造的。[2] 正是这一对虚无的深刻理解,使得奥古斯丁的本体论同摩尼教同时也同普罗提诺这样的柏拉图派哲学家区别开来。自虚无中创造在这一事实,只是表明理性这样的受造物必然不同于作为至高存在的上帝。因为上帝乃是绝对的作用因,他从不会缺乏存在和善。因此,自虚无中创造使得堕落成为可能,但也仅此而已。[3]

奥古斯丁坚持认为尽管虚无使得恶的意愿的出现成为可能,但恶的意愿仍然是恶行的作用因。正是恶的意愿这一行为使得自虚无中创造这一本体论事实成为自愿的过失,并因此需要承担罪责。[4] 自虚无中创造意味着可变性的产生,而如前所述,这一可变性自身并不能算作恶的意愿得以出现的动因。换句话说,自虚无中创造并不能被解释为某种有缺陷的或者消解性的性质,仿佛它直接导致了心灵的悖逆倾向。

---

[1] c. Iul. imp. V, 31. "Nihil uales et tu (sc. Julian), sed tu, asserendo quod nihil cum sit, nihil ualeat ailquid."

[2] Ibid., "...nec intellegis, cum dicitur Deus de nihilo fecisse quae fecit, non dici aliud nisi quia de se ipso non fecit; non enim antequam aliquid faceret, coaeternum illi erat aliquid facere. De nihilo est ergo quod non est de aliquo, quia etsi fecit deus aliqua de aliis rebus, has ipsas de quibus ea fecit, de nullis fecerat rebus."

[3] Ibid., V, 38, (2). 参见第192页注释[5]。亦见 ibid. V, 41. "Nulla res quae non est, cogi potest."

[4] ciu. Dei. XII, 8. "Quae tamen quanto magis sunt et bona faciunt (tunc enim aliquid faciunt), causas habent efficientes; in quantum autem deficiunt et ex hoc mala faciunt (quid enim tunc faciunt nisi uana?), causas habent deficientes. Itemque scio, in quo fit mala uoluntas, id in eo fieri, quod si nollet non fieret, et ideo non necessarios, sed uoluntarios defectus iusta poena consequitur."

否则的话,从神学的角度看,上帝作为造物主就不得不为最初的恶的意愿的产生而受责难,而这一立场对于奥古斯丁来说是绝对不可接受的。然而,现代的研究者过于草率地将"自虚无中创造"等同于受造物中的有缺陷的特性,因此也就悄然将它转变为一种作用因,直接作用于人的心灵以产生恶的意愿。毫无疑问,这一转化从一开始就扭曲了奥古斯丁为意愿独立性所作的形而上学论证,因此也未能正确地把握奥古斯丁为道德主体性和道德责任所作的辩护。

现在我们已经清楚,对于奥古斯丁来说,最初的恶的意愿除了意愿行为自身之外,没有任何在先的原因。这一意愿能力是可以朽坏的,是因为它乃是从虚无中创造,而不是上帝在自身中所生。

这一结论很容易让我们认为善的意愿也一样没有任何在先的作用因。奥古斯丁很敏锐地预感到这一危险的论断,他当即提醒我们,这一假设将会导出神学上难以接受的结论:有一类善的事物它们的存在能够独立于造物主,独立于善自身(the Good)。奥古斯丁仍然以天使为例。天使的善的意愿必然在时间上有一个起点,因为天使同样是在时间中被造。如果上帝在创造天使时,并没有赐予他们善的意愿,而第一个善的意愿直接来自天使自己的心灵,那么,这些天使通过产生这样一个向善的行为倾向,就使得自己比上帝最初创造的要好。[1] 这一点对于奥古斯丁来说,在神学上是完全不可接受的,他因此提醒读者注意善

---

[1] *ciu. Dei.* XII, 9. "... si dixerimus nullam esse efficientem causam etiam uoluntatis bonae, cauendum est, ne uoluntas bona bonorum angelorum non facta, sed Deo coaeterna esse credatur. Cum ergo ipsi facti sint, quo modo illa non esse facta dicetur? Porro quia facta est, utrum cum ipsis facta est an sine illa fuerunt prius? Sed si cum ipsis, non dubium quod ab illo facta sit, a quo et ipsi; ... Si autem boni angeli fuerunt prius sine bona uoluntate eamque in se ipsi Deo non operante fecerunt: ergo meliores a se ipsis quam ab illo facti sunt? Absit."

的意愿和恶的意愿并不对称。[1] 这一点正是理解奥古斯丁"自由"(*libertas*)概念的关键所在,我在下一章中将作更深入地探讨。这里我只想强调,意愿的行为倾向,特别是善好的意愿,在奥古斯丁看来绝不是没有原因自发产生的现象。[2]

正如奥古斯丁自己在《上帝之城》第十二卷中所强调,"消解因"这一理论首先关涉的是原初的恶的意愿。我们并不能因此推断任何堕落之后的人的恶的意愿都和它一样没有任何在先的作用因。更确切地说,我们还需要证明为什么已经存在的恶不是后起的恶的意愿的作用因。这也就是说,奥古斯丁的本体论论证只足以证明理性心灵在其理想状态,亦即天使在堕落之前,人类在被逐出伊甸园之前的状态,当时心灵的决断还不会受到任何在先的邪恶意向的搅扰。而要捍卫人在此世中作为道德行为者意愿的独立性,我们必须意识到人生于无知和无力之中,我们必须要澄清在堕落之后,人的意愿究竟还拥有何种自由。

要理解人在堕落之后的自由有待论证这一点,我们不妨先回到奥古斯丁上述形而上学论证的一个预设。奥古斯丁断定尽管恶的意愿没有任何作用因,但恶的意愿自身却是恶行的作用因。为了说明这一假设的合法性,奥古斯丁在《上帝之城》XII,6 中引入了一个思想试验:

> 假定有两人在心灵和身体上感受(*affectus*)相同,他们见了另一人身体健美,这景象驱使其中一人想要非法地享用它,而另一人则坚定地保持着忠贞的意愿。那么我们要问,究竟是什么原因使

---

[1] 参见 O'Daly 1999, 147。O'Daly 在更早的一篇论文中详细分析了意愿官能的非对称结构,见 id. 1989。

[2] 这一点使得奥古斯丁和尤利安的立场明确区分开来,尤利安天真地相信意愿没有任何原因,例如 *c. Iul. imp.* I, 46; V, 31; V, 41。我将在下一章重新回到他们的相关论争。

得恶的意愿出现在其中一个身上,而不在另一个身上?[1]

首先需要指出的是,这一思想试验的根本前提经不起仔细的推敲。在第二章中,我们已经证明,心灵的感受性活动或情感不可能脱离意愿的认可,即使是那心灵最初的无意波动也包含着意愿的默许。这就意味着,情感在这一意义上可以被看作是意愿的行为(*uoluntates*)。而在后来对这一试验的进一步说明中,奥古斯丁承认这里的两个行为主体不仅认可同样看到美好的身躯图像,而且甚至屈从于同样一种诱惑。[2] 因此,如果我们断定这两个人拥有同样的感受,这就等于说他们的心灵将会以同样的方式来对这一心灵图像做出反应,或者说他们的意愿同样默许了这样的反应,至少是最初的情感反应。然而,如果他们的最终决断,如奥古斯丁所设想的那样,即基于意愿的自由决断各不相同,这时我们就必须解释为什么他们在先的以情感或感受的形式出现的相同的意愿倾向或默许并没有限制或者决定他们的意愿最终做出的决断。在奥古斯丁晚年的哲学心理学中,他们最终的决断和最初的情感反应同样是意愿的行为,只不过是在不同的层面以不同的方式出现。

因此,在上述思想实验中,意愿作出最终决断的独立性并不像奥古斯丁所设想的那样显而易见。[3] 例如,他们不同的决定或许取决于他

---

[1] *ciu. Dei.* XII, 6. "Si enim aliqui duo aequaliter affecti animo et corpore uideant unius corporis pulchritudinem, qua uisa unus eorum ad inlicite fruendum moueatur, alter in uoluntate pudica stabilis perseueret, quid putamus esse causae, ut in illo fiat, in illo non fiat uoluntas mala?"

[2] Ibid. "Nam ut hoc quoque inpedimentum ab ista quaestione tollatur, si eadem temporatione ambo temptentur, et unus ei cedat atque consentiat, alter idem qui fuerat perseueret: quid aliud apparet, nisi unum noluisse, alterum uoluisse a castitate deficere?"

[3] Babcock 正确地指出,"他(奥古斯丁)清除了这一虚构的案例中的所有变量,而只留下这两个观者自己的个人意愿,这一情景中的所有其他因素都被看作常量,它们同样地作用于这两个观者,因此这些因素也不能决定那选择背弃贞节的人的邪恶意愿。为什么一个人的意愿——这意愿自行其是——认可恶,而另一个人则不呢?无论我们如何仔细地考察,答案都不会出现在我们的脑海中"。见 Babcock 1992, 141。

们对于善的不同认识。很有可能产生了不正当欲念的那一位是因为他未能认识到作为欲念的奴隶会带来的耻辱。简单地说,这一恶行并不必然是意愿的决断的直接结果。在《上帝之城》十二卷中有关天使堕落的分析中,我们假定魔鬼和圣洁的天使的唯一区别只在于魔鬼悖逆的意愿。然而,在该书第十一卷中,奥古斯丁则断定堕落的天使最初的知识和他们所获得的上帝的佑助在本质上区别于圣洁的天使,后者将在考验中站稳脚跟,凭借着善的意愿坚守真理。[1] 因此,天使们在堕落之前的心灵状态本来就并不相同,不像《上帝之城》第十二卷中所假设的那样。人们或许会争辩,正是天使们对于善或者他们的未来的不同认识,而不是他们的意愿,决定了他们各自不同的决断。遗憾的是,奥古斯丁在这一语境中并没有进一步考虑意愿相对于其他心理因素所具有的内在独立性。从另一个角度来说,这一忽视也体现了上述形而上学论证的局限性:它只是证明了意愿独立于外在强迫的自由,而要说明意愿作为人的内在能力的独立性,我们必须另辟蹊径,转向奥古斯丁为意愿的独立性所作的哲学心理学论证。

第三节　意愿独立性的心理学论证

我们将会看到,在《忏悔录》第八卷追忆自己的皈依历程时,奥古斯丁生动地描绘和分析了内心中意愿和意愿之间相互冲突彼此交战的

---

[1] 奥古斯丁认为邪恶的天使不能像圣洁的天使那样以同样的方式分有神圣智慧。因为后者一定能够确信他们将永远处于幸福之中,否则这些对未来惶惶无知的天使就还不如堕落之后的义人,因为义人已经能够认识到在来生中享受永福这一真理。邪恶的天使在堕落之前或者对未来一无所知,或者预见到了自己的堕落,或者相信自己也将会享有永服,然而,即使是最后一种情况,这一对未来的预知无疑会因为他们自己的叛逆和堕落而被证明是错误的,这也就意味着他们最初对未来的认识和圣洁的天使完全不同。参见 ciu. Dei XI, 11 以下。

情形。在奥古斯丁看来,只有神圣的恩典才能终结这一意愿的纷争,使他能够在信仰前不再犹豫,进而全心地拥抱信仰。按照奥古斯丁的叙述,意愿在他生命历程中面对基督信仰这一至关重要的决断之中起着独立而且居于支配地位的作用,以至于有学者认为《忏悔录》第八卷讲述的乃是意愿的皈依,与第七卷中他通过阅读柏拉图著作和《圣经》所完成的理智的皈依相对。[1] 奥古斯丁的这本自传不仅富于"现象学的描述"[2],而且也富藏对个人经验的论证分析。[3] 现在,我们从道德心理学的角度来对奥古斯丁有关意愿的自我分裂的论证来做进一步的考察。这一细致的文本研究将为我们揭示奥古斯丁如何从哲学心理学的角度捍卫意愿的独立性,捍卫意愿不受任何内在强迫的自由。

正如《忏悔录》第八卷开篇所言,奥古斯丁此时还在犹豫是否要踏上通往救赎的崎岖旅程。[4] 他强调他所求的不是对神圣实体永恒生命的更明确的信念,而只求自己的意愿能够更加坚定地(*stabilior*)立于上帝之中。[5] 为此他求助于曾为安布罗斯施洗的辛普力丘,辛普力丘为他讲述了已故的罗马学者维克托利努斯(Marius Victorinus)皈依的

---

[1] 参见 O'Meara 1980a, 125;法国学者 Solignac 在翻译注解《忏悔录》时亦持这一主张,见 BA 13, 139ff;晚近的学者如 Joannes Brachtendorf 也认为"第七卷刻画了奥古斯丁如何达到对上帝的认识;而第八卷则要说明与这一已经获得的洞见相应的意愿如何赢得新的方向"。见 id. 2005, 119。需要指出的是,奥古斯丁在《忏悔录》第八卷中尽管突出意愿,但仍然强调阅读的重要性,他的意愿的转向和理智对于基督真理不断深化的知识相呼应。

[2] 见 Arendt 1978, II, 93。有关奥古斯丁《忏悔录》中对意愿的"现象学分析",参见 Bernasconi 1992。需要指出的是,Bernasconi 对"意愿"的读解完全追随阿伦特和 Albrecht Dihle,仅仅把意愿视为完全独立于理智和欲望的心灵官能,尤见 ibid. 62。

[3] 有学者认为奥古斯丁在《忏悔录》第八卷中构造了"行动中的人的意愿的范式",并且发展了一个完整的行为理论,例如 Stark 1990, 尤见 49; Horn 2004; Brachtendorf 2005, 155-189。

[4] *conf.* VIII, 1, 1. "Et placebat uia ipse saluator, et ire per eius angustias adhuc pigebat."

[5] Ibid., "...nec certior de te sed stabilior in te esse cupiebam."

故事。后者在晚年毅然决然地为了基督信仰抛弃了他的教席。维克托利努斯的果敢使得奥古斯丁重新审视自己当下的处境：

> 敌人掌握着我的意愿（uelle meum），把它打成一条铁链紧紧地将我缚住。如你所见，由于意愿败坏（uoluntas peruersa），遂生欲念（libido），顺从欲念，渐成习性（consuetudo），习性畅行无阻，便成为必然（necessitas）。利用这些环环相扣的关系——我称之为铁链——，一种严酷的奴役掌握着深受束缚的我。然而，在我心中开始萌生新的意愿，即白白地为你服务，享受你，天主，享受唯一可靠的乐趣，但这新的意愿还没有足够的力量去压服根深蒂固的在先的[意愿]。这样就使我的两个意愿（duae uoluntates meae），一旧一新，一属于肉体，一属于灵性，相互冲撞，它们的内讧撕裂了我的灵魂。[1]

在此，奥古斯丁明确地将意愿的内在分裂确认为他在最终的皈依前逡巡不决的决定性要素。他不再把自己的无能归之于单纯的情欲或欲念，因为情欲自身也是败坏的意愿的结果，正是意愿的认可使得情欲中初始的无意冲动成为对世俗快乐的迷恋。同样是意愿的认可——尽管是在一个更高的层面上，这一欲念被付之实现，并且逐步形成束缚理性心灵自身的恶习，使得意愿自身丧失了掌握自己决断的自由。[2]正是

---

[1] *conf.* VIII, 5, 10. "Velle meum tenebat inimicus et inde mihi catenam fecerat et constrinxerat me. Quippe ex uoluntate peruersa facta est libido, et dum seruitur libidini, facta est consuetudo, et dum consuetudini non resistitur, facta est necessitas. Quibus quasi ansulis sibimet innexis (unde catenam appellaui) tenebat me obstrictum dura seruitus. Voluntas autem noua quae mihi esse coeperat, ut te gratis colerem fruique te uellem, deus, sola certa iucunditas, nondum erat idonea ad superandam priorem uetustate roboratam. Ita duae uoluntates meae, una uetus, alia noua, illa carnalis, illa spiritalis, confligebant inter se atque discordando dissipabant animam meam."

[2] Ibid., VIII, 5, 11. "Sed tamen consuetudo aduersus me pugnacior ex me facta erat, quoniam uolens quo nollem perueneram." 亦见 ibid., VIII, 5, 12. "Lex enim peccati est uiolentia consuetudinis, qua trahitur et tenetur etiam inuitus animus eo merito, quo in eam uolens inlabitur."

在这一意义上奥古斯丁将习性这一内在的力量称为奴役心灵的"必然性"(necessitas)。显然,奥古斯丁非常清楚威胁意愿独立性的内在强迫。他承认心灵也可能在不情愿的情形下被习性挟持,受欲念搅扰。

但是,奥古斯丁同时也强调,习性并不是完全外在于意愿的行为倾向。在上述引文中,奥古斯丁就明确地将习性的养成追溯到意愿在先的自由决断,尽管这习性养成之后就逸出了意愿或心灵的控制。对于奥古斯丁来说,习性只是复活和增强了意愿先前的行为倾向。因此,习性和当下的意愿的对立被还原为意愿的新旧行为倾向的冲突。这一从习性到意愿的解析同样适用于其他心理力量,因为在第一部分中我们已经揭示,我们所有的心理活动都包含着意愿的参与和认可。奥古斯丁并不否认意愿之外的其他行为动机,例如欲望、恐惧、羞耻、实践推理等等,然而,在他看来,这些力量在作用于灵魂时不可能缺少意愿的意向(intentio uoluntatis)。因此,在这一意义上,所有非意愿的心理力量同样可以读解为同一个意愿官能(uoluntas)的不同形式的呈现(uoluntates)。

这一论断为我们指向奥古斯丁著作中 uoluntas(单数)和 uoluntates(复数)的区分,先前我们一直提及但并未加以论证:前者指作为心灵的某种特定能力或者官能的意愿,后者指出于这一官能的不同意向或行为倾向。[1] 如前所述,奥古斯丁在论证意愿的自明性时,只是澄清了复数的意愿的现实性,也就是说,心灵的不同的行为倾向。在那里,奥古斯丁只是基于拉丁语同样用 uoluntates 来指心灵的行为倾向这一语言事实,而把它们归在单数的意愿或意愿这一官能之下。此外,奥古斯丁的形而上学论证有力地捍卫了意愿的行为倾向(uoluntates)——至少是恶的意愿的产生——免受外力强迫的自由。而本书第一部分的

---

[1] 晚近的讨论见 Rist 2000a 尤见 214-215;Brachtendorf 2005,164ff。

论述表明,这些复数的意愿因为包含着意愿官能的认可,因此都可以还原到单数的意愿。我们现在还不明确的只是,意愿官能在通过自己的认可而产生不同的行为倾向时,它如何能够独立于心灵的其他力量而产生作用,或者说我们怎么能确证在心灵中确实存在着这样一个不同于理智和其他心理能力的意愿官能。

此处的困难触及奥古斯丁意愿哲学的根基,即意愿作为独立的心灵官能的合法性所在。导论中提到的赖尔等当代哲学家也正因此诟病意愿这一概念既没有经验论据,而它的作用也可以还原到其他的心灵要素。例如,我们之前一再谈到的意愿的认可,似乎也可以还原到理性的判断或其他心理动机。我们似乎没有必要一定要在意愿的行为倾向(复数的意愿)之外假设一个意愿官能(单数的意愿)的存在。要回应这一批评,我们需要证明意愿官能的存在和它不可取代的独立作用。第一部分的论述实际上已经为我们提供了足够的经验证据,它们表明各种心灵活动中都包含着某种同质的要素,在后面的讨论中,我们将揭示这一要素或意愿的认可正是这些心灵活动能够归于我们的基础所在,它的存在乃是道德责任的根基。接下来,我们只需证明这一认可作用不可能被其他心灵官能所取代就足以捍卫意愿概念的合法性。

以下的论证我将以退为进,因为我们所能直接意识到的是意愿的行为倾向而不是抽象的意愿能力,因此,如果我们能够证明在任何一个给定的时刻,我们已有的行为倾向都不能决定一个新的行为倾向,它们都包含着意愿的认可,我们也就证明了即使我们可以把已有的行为倾向(复数的意愿)都还原到其他的心灵官能或心理动机,例如自然欲求、实践推理等等,这一新的意愿的产生无疑不在这些已有的心理动机的控制之下。而为了解释这一新的行为倾向的产生,我们就必须假设一个新的心灵官能,它的作用独立于已有的心灵力量,它确保了我们在任何一个给定的时刻都有可能形成不同的行为意向。这也就从哲学上而不仅仅是从语言上论证了意愿官能存在的必要性,以及它免受其他心理力量强迫的内在自由。

　　由此我们回到奥古斯丁在《忏悔录》第八卷中追述自己的皈依经历时所提到的心灵自我分裂的现象。尽管奥古斯丁把它称为意愿的内讧,但是我们必须清楚这里的意愿乃是心灵的行为倾向(复数的意愿),而不能够直接等同于意愿官能。如所周知,这一心灵的内战终结于著名的花园场景:上帝的恩典借助孩童之口驱散了他的犹疑,使他的心灵能够全心地拥抱基督信仰。[1] 而在这一关键时刻来临之前,奥古斯丁详细地讨论了心灵生活中的一种怪状(*monstrum*),这其中正隐藏着我们理解意愿本性和捍卫意愿独立性的关键所在:即心灵无力号令(*imperare*)自身拥有全心全意的意愿或意向。

　　奥古斯丁首先对比心灵对自身的号令和心灵对身体的命令:前者有令不行,后者令行禁止。身体随时准备服从心灵最微不足道的行为暗示,除非是受到了自身缺陷的限制,例如被锁链捆绑,或是肢体残缺等等。奥古斯丁认为在这样的情形中,心灵对身体的号令属于意愿官能(*uelle*),尽管使这一号令失效的能力不在意愿的控制范围之内。[2] 此处,我们先追随奥古斯丁接受意愿官能存在这一假设,我们接下来看他如何解释心灵无力号令自身。他首先指出,当心灵想要(*utique uelle*)拥有一个全心全意的意愿倾向,心灵所求的实际上就是意愿行为自身(复数的意愿):"这一方面,能力和意愿是一致的:愿意即是行动。"[3]

---

〔1〕　*conf.*, VIII, 12, 29. 有关奥古斯丁这一叙述的真实性,乃是《忏悔录》研究中的一个重要论题,相关的经典研究见 Courcelle 1950, 188-202; id. 1963, 137-197。

〔2〕　*conf.* VIII, 8, 20. "Si uulsi capillum, si percussi frontem, si consertis digitis amplexatus sum genu, quia uolui, feci. Potui autem uelle et non facere, si mobilitas membrorum non obsequeretur. Tam multa ergo feci, ubi non hoc erat uelle quod posse."

〔3〕　Ibid., "Ibi enim facultas ea, quae uoluntas, et ipsum uelle iam facere erat."

此外,当心灵对身体发号施令时,这一行为意向所牵涉的是两个异质的实体。然而心灵在号令自身时,只关系到理性灵魂自身。心灵号令自身在理论上很容易,这使得奥古斯丁自己在获取一个毫无保留的信仰意愿时所遭遇的困难变得难以解释。为此,奥古斯丁写道:

> 这种怪事哪里来的? 原因何在? 我说的是,心灵发令它应当愿意某物,如果心灵不愿意,它不会发令,可是它却未能做到它所命令的事情。其实心灵并不是完全地(*ex toto*)愿意:所以发出的命令也不是完全的命令。心灵如何愿意,它就如何发令,而它如何不愿意,也就如何令出不行。因为是意愿在发令,发令要求意愿存在,它所命令的不是另一个意愿,而是它自身。由此可见,发令的意愿并不是全心全意(*plena*),因此它也就令出不行。而如果发令的意愿全心全意,它也就不会下令要求这样的意愿存在,因为它已经如此存在。[1]

奥古斯丁的分析基于他对意愿的本性和强度的洞察。他首先强调当心灵号令自身去拥有某一个意愿或行为倾向时,正是心灵的意愿官能在号令自身。因为这一号令本来就是心灵当下拥有的一个行为倾向,它同样可以划归于上面所说的复数的意愿(*uoluntates*)。我们难以设想人们会下令要求他根本不愿意的东西。

其次,心灵在对自己发号施令时,它并不拥有绝对的权力来行事。恰恰相反,这一号令的强度和力度取决于有此意愿的心灵自身。更明确些说,它会受到心灵已有的意愿倾向的限制(*uoluntates*),因为它们

---

[1] *conf.* VIII, 9, 21. "Vnde hoc monstrum? Et quare istuc, inquam, ut uelit qui non imperaret nisi uellet, et non facit quod imperat? Sed non ex toto uult: non ergo ex toto imperat. Nam in tantum imperat, in quantum uult, et in tantum non fit quod imperat, in quantum non uult, quoniam uoluntas imperat, ut sit uoluntas, nec alia, sed ipsa. Non itaque plena imperat; ideo non est, quod imperat. Nam si plena esset, nec imperaret, ut esset, quia iam esset."

规定着心灵当下的状态。

再次,当意愿号令自身时,这一命令无疑不会被执行。因为,如果发号施令的意愿自身是完满的或者全心全意的,这一号令或者毫无必要;或者这一发号施令的意愿,因为自身内在的不完满性决定了它不具备执行自己的命令的能力。一个半心半意的意愿是不可能全心地命令自己成为全心全意的意愿的。因为如果它有能力这么做,它一定已经毫无保留地接受了它所命令的事情。正如前面已经提到,在这一情景中,能力和意愿是一致的,去执行的能力正是意愿倾向自身。考虑到这一点,如果那下令的意愿是以一种彻底的方式下令,那么它必定已经是全心全意的意愿了。

而在奥古斯丁的皈依历程中,他想要全心地爱上帝的意愿是不完满的或者说有缺陷的,因为这一意向伴随着他旧有的意愿以习性的形式出现抵抗。[1] 这一半心半意的意愿并不能号令奥古斯丁的心灵抛弃他已经养成的习性,而毫无保留地愿意新的信仰和生活。由于这一点,他很自然地得出结论:意愿不能只用号令的方式让自身产生或者放弃已有的意愿倾向。此外,意愿也没有能力让一个半心半意的意向变得毫无保留。

以上论证有两点需要指出,以便进一步的分析。首先,奥古斯丁认为一个意愿的行为倾向并不会凭空突然产生,而是出现于已有的意愿倾向(*uoluntates*)的复杂网络之中。在《忏悔录》第八卷中第一次描述两个意愿相互对立交战的情形时,奥古斯丁已经强调了这一点:意愿的新状态内在地受到以习性的形式出现的旧有状态的限制。[2] 正如美国

---

〔1〕 或者用阿伦特的术语来说,奥古斯丁对上帝的爱受到他的"反意愿"(counter-will)的阻碍。见 Arendt 1978, II, 95。

〔2〕 *conf.* VIII, 5, 10. 有关这一文本中所提到的欲念和习性对于意愿能力的影响,见 Solignac 1962, in BA 14, 537-542. 参见 also Wetzel 1992, 134ff。

学者詹姆斯·韦策尔(James Wetzel)所指出,这一事实反映了意愿的时间维度或历史性。[1] 然而,我们不必像韦策尔那样把习性对于意愿当下的行为倾向的阻碍作用简单地归结为过往的欲望和判断在当下的综合。[2] 因为,《忏悔录》第八卷中在信仰前徘徊的奥古斯丁并不赞同这一习性中所体现的他过去对于感官快乐的错误判断。此时的他已经通过阅读柏拉图派著作和圣经获得了对于爱和善的正确认识。[3] 同时,我们也很难想象此时的奥古斯丁还会自愿地认同那些过往的欲望,尤其是肉欲,更不用说把它们转化为指向无耻行径的特定欲望,他更多的是不情愿地承受着这些过往的欲望。[4]

在我看来,那继续搅扰着奥古斯丁的是心灵或意愿在面对肉欲时的无力。先前的讨论已经揭示,欲念或者肉欲的出场总是包含着心灵或意愿的默许,尽管这默许并不基于心灵的自由决断。[5] 在奥古斯丁的皈依历程中,这一对欲念隐默的屈从,它通过习性不断地得到强化和人格化。[6] 基于这一理由,阻碍奥古斯丁无条件地去接受基督信仰的,并不是他先前错误的判断,也不是那些如今令他蒙羞的欲望,而是心灵或意愿自身内在的软弱。因此,意愿不能号令自身也就不再是一个全然不可理喻的怪状,而是对心灵当下的病态(aegritudo animi)的如

---

[1] Wetzel 1992, 135ff.
[2] Ibid., 136-138.
[3] 奥古斯丁皈依前理智认识的进展,参见《忏悔录》第七卷。
[4] conf. VIII, 5, 11. "Sic intellegebam me ipso experimento id quod legeram, quomodo caro concupisceret aduersus spiritum et spiritus aduersus carnem, ego quidem in utroque, sed magis ego in eo, quod in me approbabam, quam in eo, quod in me improbabam. Ibi enim magis iam non ego, quia ex magna parte id **patiebar inuitus quam faciebam uolens**."黑体为笔者所加。
[5] 参见 1.2. 在评述《忏悔录》这段文本时,Solignac 正确地注意到这些场合中心灵或意愿的无力,但将其理由错误地归之于肉欲的生理特征,见 Solignac 1962, 538。
[6] 参见 Solignac 1962, 541. 有关奥古斯丁习性概念的详细研究,见 Prendiville 1972,其中涉及《忏悔录》的讨论,尤见 57-83。

实反映。[1] 在这一文本中，奥古斯丁并未将心灵的隐疾和原罪或肉欲联系起来，然而，我们却有理由依据奥古斯丁的神学建立起这一关联，因为奥古斯丁的犹疑不决最终也是在神的恩典涤除了他过往的罪恶之后才得以解决的。

我们需要强调的第二点紧跟以上主张：通过不加言明地将意愿能力（单数的意愿）这一概念引入论证，奥古斯丁找到了一条避免无穷倒退的路径。我们已经证明心灵从来不能号令一个意向或行为倾向凭空出现。相应地，尽管我们已有的行为倾向规定着心灵当下的处境，但是它们同样不可能通过号令的方式来迫使一个新的意向产生。也就是说，新的意愿倾向乃是自发产生的。同样的，这也就意味着先前的意愿倾向也不是由那些在它们之前存在于心灵中的行为倾向所直接决定的。正如前文所言，这些已有的行为倾向或许可以读解为欲望、理性欲求、实践判断和其他心理活动，然而，这些心灵力量同样不能指定心灵新的行为倾向。由此可知，必然存在某个特定的独立力量奠基着这些心灵趋向，否则它们就如无根之萍，以一种神秘的方式飘进心灵之中。而既然这些行为倾向被称之为 *uoluntates*（复数的意愿），奥古斯丁因此也就有充足的理由（不仅仅是语言的）将这一独立的心灵力量命名为 *uoluntas*（单数的意愿）。

奥古斯丁后来在分析三位一体的心理肖像时，进一步确证人的意愿这一独立性，坚持认为意愿不可能由他物所生。奥古斯丁在《三一论》第九卷中讨论心灵的自我知识和自爱。当心灵认识自身时，我们

---

[1] *conf.* VIII, 9, 21. "Non igitur monstrum partim uelle, partim nolle, sed aegritudo animi est, quia non totus adsurgit ueritate subleuatus, consuetudine praegrauatus."

可以说心灵生出了有关它自己的知识。[1] 然而,我们却不能说心灵生出了对自身的爱,尽管看起来和心灵的自我知识一样,心灵通过爱自己而产生了自爱。奥古斯丁在该卷中先已指出,心灵只有在认识自己时才能爱自己。[2] 因此,心灵的自我认识至少在逻辑上先于心灵的自爱。基于这一理由,奥古斯丁将心灵的自爱的"出生"追溯到心灵对自我知识的探求。自我知识被称为由心灵所生,是因为它是在心灵搜求探究(inquisitio)之后才被发现的。[3] 然而这样一种探究,用奥古斯丁自己的术语来说,实际上就是发现的欲望(appetitus inueniendi)[4]。奥古斯丁认为这一欲望已经是意愿的行为倾向:

> 尽管这一欲望(appetitus),也就是这一探求,并不被看作是爱(amor);(因为爱使人所知之物为人所爱,而这欲望只是尽力使某物为人所知),但是它仍然和爱同出一类(ex eodem genere)。它已经可以被称为"意愿"(uoluntas),因为所有人在探求时都愿意有所发现(inuenire uelle)。而如果所探求之物属于知识领域,那么所有人在探求时都愿意有所知。……因此,在心灵生出后代之前,已经预先存在某种欲望,通过这一欲望,在寻求和发现我们愿意有所知之物时,知识自身作为[心灵的]后裔而出生。因此,那使知识得以孕育和出生的欲望不应该被称之为"由某物所生"和"某

---

[1] *trin.* IX, 12, 18. "Quod ergo cognoscit se parem sibi notitiam sui gignit quia non minus se nouit quam est nec alterius essentiae est notitia eius non solum quia ipsa nouit, sed etiam quia se ipsam sicut supra diximus." 有关这段文本中所暗示的知识的实体性,见 BA 16, 594-595。亦见 Gilson 1949, 290-292。

[2] Ibid., IX, 3, 3. "Mens enim amare se ipsam non potest nisi etiam nouerit se."

[3] Ibid., IX, 12, 18. "...sicut notitia sui qua se nouit quia notitia iam inuentum est quod partum uel repertum dicitur, quod saepe praecedit inquisitio eo fine quietura."

[4] Ibid., IX, 12, 18. "Nam inquisitio est appetitus inueniendi, quod idem ualet si dicas reperiendi."

的后裔"。[1]

显然在心灵的自爱产生之前,心灵先得有这样一个去寻找、去求知的意愿倾向。在这一实例中,心灵的自我认识显然不是为了认识而认识,而是指向心灵对自己的爱。与自我知识不同,这一在先的求知的意向并不是心灵努力的结果。恰恰相反,如前所述任何心灵的努力或者说心灵的活动,都不可能缺少那无所不在的意愿活动,这些意愿或者是明确的认可或者是不加言明的默许。

奥古斯丁坚持认为这一在先的去探求、去努力的欲望和心灵在自我知识基础上形成的自爱一样同属一个范畴,即心灵的行为倾向,或者更直白地说,属于意愿的行为。它们之间的区别只在于自爱包含着有关意向对象的认知内容。二者都是心灵的自发活动,因此同样不是心灵发号施令的结果。心灵并不能创造对自己的爱,而只能帮助这一自爱从单纯的欲求发展为真正的爱。此外,甚至这一帮助也同样预设了最原初形态的自爱,它以去探求的欲望这一形式而呈现。在最严格的意义上说,心灵不是它自己的意愿行为的主人,因为心灵不可以通过下令来决定意愿行为的出场或缺席。意愿是如此彻底的自发力量,它不处于任何强制之下,甚至心灵自身也不行。

奥古斯丁激进地捍卫意愿作为心理力量的独立性,还可以从以下日常经验中得到佐证。奥古斯丁敏锐地洞察到我们常常对意愿能力的限度茫然无知。418 年,一位叫做文森特·维克多(Vincentius Victor)

---

[1] *trin*. IX, 12, 18. "Qui appetitus, id est inquisitio, quamuis amor esse non uideatur quo id quod notum est amatur (hoc enim adhuc ut cognoscatur agitur), tamen ex eodem genere quiddam est. Nam uoluntas iam dici potest quia omnis qui quaerit inuenire uult, et si id quaeritur quod ad notitiam pertineat, omnis qui quaerit nosse uult... Partum ergo mentis antecedit appetitus quidam quo id quod nosse uolumus quaerendo et inueniendo nascitur proles ipsa notitia, ac per hoc appetitus ille quo concipitur pariturque notitia partus et proles recte dici non potest."

的年轻人对奥古斯丁在灵魂起源问题上坦承无知感到震惊,因此写书明确捍卫德尔图良有关灵魂物质性的主张,强调每个灵魂由上帝以其神圣的气息单独创造。[1] 奥古斯丁读到维克多的著作后,于419—421年间写成《论灵魂及其起源》一书,在其中捍卫自己在这一难题上的无知乃是基于我们自己的本性:"我们正是那些不能够理解我们自己的人。"[2] 心灵不仅仅对身体无知,而且对自己的力量也不能把握。奥古斯丁在列数了我们在理解自己的记忆和理解能力所遭遇的失败之后,转而谈到意愿这一官能:

> 当然,我们知道我们愿意或者不愿意某事;然而,我们的意愿,甚至当它是善的意愿的时候,它能做些什么,它有什么样的力量(uires),它会屈从于什么样的诱惑,不屈从于什么样的诱惑,如果我们没有弄错的话,我亲爱的孩子,我们并不知道。[3]

显然,心灵在一个特定的行为倾向在某一特定时刻出现之前,它并不能确定它何时以何种方式出场。这也同样说明意愿并不是像一个奴隶一样受心灵支配。

尽管如此,意愿的独立性并不意味着这一心理力量完全没有作者,而它的出现纯粹属于偶然事件。在重构奥古斯丁对意愿独立性的本体论论证时,我已经强调,甚至最初的恶的意愿也有一个消解因来解释它的出现的可能性,尽管不能直接决定它的现实发生。善的意愿的原因

---

[1] Cf. *an. et or.* I, 4, 4; III, 4, 4.

[2] *an. et or.* IV, 6, 8. "Nos sumus qui nos comprehendere non ualemus, nos modulum scientiae nostrae altiores fortioresque superamus, nos non possumus capere nos, et certe non sumus extra nos."

[3] Ibid., IV, 7, 11. "Scimus nos itaque aliquid uelle seu nolle; sed uoluntas nostra, etiam cum bona est, quantum ualeat, quantas uires habeat, quibus temptationibus cedat quibusue non cedat, si nos non fallimus, fili dilecte, nescimus."

则更加复杂,我将在后文中再作深入检讨。然而,既然天使和人的意愿行为,无论向恶还是向善,都必然在时间上有一个开始,它就必然有一个起源来解释它的出现。针对意愿没有作者这样的假设,奥古斯丁在《忏悔录》第八卷中写道:

> 在我考虑是否就献身于我的天主时,如同我长久以来有意去做的那样,那愿意的是我(ego),不愿意的也是我,都是我自己(ego)。我既不是完全愿意,也不是完全不愿意。因此我和我自己斗争,我远离了我自己。[1]

在这里奥古斯丁不同寻常地强调我或自我乃是愿意或不愿意的原因。无论是享受上帝的向善意愿,还是沉溺于尘世之物的恶的意愿(以习性为形式),都是心灵自发的行为倾向。意愿的行为不是来自任何一个外在的力量或实体,而是从心灵或自我内部产生。此前的论证只是指出了心灵不能以号令的方式控制意愿。但即使在这样的分析中,我们也已经强调这样一个主张:一个新的心灵意向的出现会受到已有的意愿行为(uoluntates)的限制,亦即受到自我已经呈现出来的样态的限制。

新的意愿倾向的出现既是独立的,同时也反映着心灵或自我在其个人历史中的处境。如果心灵或自我没有变化,我们不可能想象新的意愿会凭空产生。对于奥古斯丁来说,意愿从来不是来自乌何有之地的神话。后文中在对自由概念的分析中,我们将进一步证明奥古斯丁和他的论敌尤利安的差别,他坚持将这一人造的意愿神话还原到我们

---

[1] *conf.* VIII, 10, 22. ""Ego cum deliberabam, ut iam seruirem domino deo meo, sicut diu disposueram, ego eram, qui uolebam, ego, qui nolebam; ego eram. Nec plene uolebam nec plene nolebam. Ideo mecum contendebam et dissipabar a me ipso..."

的本性,还原到本性的善和它的内在局限。[1] 对于奥古斯丁来说,意愿一定是某人的意愿,因此一定出自某个个体自我。我们将在对自由和恩典的分析中进一步确证意愿和自我的亲密关联,接下来的章节中,我将论证意愿的这一个人化特征正是理解道德主体性的关键。

---

[1] 见本书第六章,尤见第三节第二、第三部分。

第六章
自由决断与自由

我们的目的在于重构奥古斯丁道德心理学中的意愿的自由,以此将意愿建立为能够为道德主体性奠基的心理官能。就此而言,前一章所揭示的奥古斯丁为论证意愿独立性所取得的成就实在有限。

首先,奥古斯丁只是成功地厘清了意愿行为出现的消极条件,亦即意愿拥有免受强迫的自由。作为心灵的自发活动,意愿行为从来不可能被迫产生。[1] 然而,如果这一不受胁迫的自由被看作是对奥古斯丁自由(*libertas*)概念唯一可能的读解,我们就很难将意愿和其他自发的心灵活动区分开来,例如肉欲、梦境中的图景,对不合法的快感的单纯念想等等人们不须承担罪责的行为。

其次,甚至这一免受强迫的消极自由也必须加以界定。奥古斯丁此前的形而上学论证首先是为了解释天使和人最初的恶的意愿的来源。在这一语境中,他首先关注的是意愿官能在被自身的败坏腐蚀之前的原初状态。正如前文所述,意愿的善在奥古斯丁为意愿所作的本

---

[1] Cf. *diu. qu.* 8, "Nam si uolumus, non alius de nobis uult. Et iste motus animae **spontaneus** est; hoc enim ei tributum est a Deo." 黑体为笔者所加。

体论论证中极为关键。毫无疑问,最初的恶的意愿行为不可能对原本正直的意愿毫无影响,这势必会影响达到堕落之后的理性主体的意愿的独立性。要正确地理解尘世中意愿所享有的实际自由,我们必须考察人类最初的过犯所带来的后果。奥古斯丁在《忏悔录》第八卷中剖析意愿在号令自身时所遭受的挫败时,他就已经触及这一论题。在那里,奥古斯丁令人信服地表明已有的意愿行为不能强迫新的意愿倾向出现。他的结论是基于对意愿官能受其历史性制约这一事实的观察。然而,上一章所表述的意愿的官能(单数的意愿)和现有的意愿行为(复数的意愿)之间的关系,其合法性在理论上仍然有待证明。换言之,奥古斯丁并没阐明先有的意愿行为如何以及在什么程度上制约着意愿官能。他只是排除了强迫的可能性。我们仍然要追问,不受强迫的意愿是否拥有作出独立决断的自由,还是让人在堕落之后就变成了"能动的木偶"[1]。

最后,意愿和自我的亲密关联只是一带而过,并没有进一步的论证,因此,要从更加积极的视角审视奥古斯丁自由概念的丰富性,我们首先要澄清在堕落之后人的意愿失去了什么留下了什么。

第一节 理想的自由与现实的自由

首先,我们来考察亚当和夏娃在伊甸园中曾经的幸福生活和享有的意愿自由。[2] 在《上帝之城》XIV,26 中,奥古斯丁细致地描绘了堕落之前身体和灵魂、情感和意愿之间的和谐关系:

---

[1] Rist 1969, 429.
[2] 以下叙述主要参考了 Bonner 为《奥古斯丁词典》所撰写的 Adam 词条,见 Bonner 1986-1994a。

因此，人只要愿意（uelle）服从上帝的诫命，他就如他所愿意的那样（uelle）生活在乐园中。他活在享受上帝之中，由于上帝的善他也成为善人；他的生活无所或缺（egestas），因此永生乃在他权能之内（in potestate）。食物近在身旁，以免饥饿；饮料亦在，以免口渴；还有生命之树，以免年岁将他毁损。身体不会腐败，身体中也不会生出任何不适（molestia）搅扰他的感官。内不惧疾病之痛（morbus），外不畏皮肉之苦。肉体绝对健康，灵魂全然平静。正如乐园中没有极度的冷热，定居在那里的他内心中也不会有欲望或恐惧来冒犯善的意愿（bona uoluntas）。那里全然没有悲伤，也没有空洞的快乐（inaniter laetum）。而真正的愉悦源源不绝出自上帝，在他身上闪耀着"出自纯洁的心的爱，出自善好的良知和绝非捏造的信仰"（《第茂德前书》1:5），以及那夫妇间出于真诚爱意的忠贞友谊；那里心灵和身体之间存在清醒的和谐（concors uigilia），上帝的诫命得以毫不费力地遵守。在闲暇中，人不知疲倦，而睡眠从不会违背他的意愿（inuitus）欺压他。[1]

很显然，我们的始祖亚当，同样也由灵魂和身体构成。[2] 和我们一样，

---

[1] ciu. Dei XIV, 26. "Viuebat itaque homo in Paradise sicut uolebat, quamdiu hoc uolebat quod Deus iusserat; uiuebat fruens Deo, ex quo bono erat bonus; uiuebat sine ulla egestate, ita semper uiuere habens in potestate. Cibus aderat ne esuriret, potus ne sitiret, lignum uitae ne illum senecta dissolueret. Nihil corruptionis in corpore uel ex corpore ullas molestias ullis eius sensibus ingerebat. Nullus intrinsecus morbus, nullus ictus metuebatur extrinsecus. Summa in carne sanitas, in animo tota tranquillitas. Sicut in paradiso nullus aestus aut frigus, sic in eius habitatore nulla ex cupiditate uel timore accidebat bonae uoluntatis offensio. Nihil omnino triste, nihil erat inaniter laetum. Gaudium uerum perpetuabatur ex Deo, in quem flagrabat caritas de corde puro et conscientia bona et fide non ficta, atque inter se coniugum fida ex honesto amore societas, concors mentis corporisque uigilia et mandati sine labore custodia. Non lassitudo fatigabat otiosum, non somnus premebat inuitum."

[2] 奥古斯丁将人泛泛地定义为灵魂和身体的复合物。见 mor. I, 4, 5. "ex anima et corpore nos esse compositos."

他也拥有一个活的身体(*corpus animale*)[1],它需要营养,从灵魂那里获得生命。[2] 与我们不同,亚当的活的身体不受死亡的必然性(*necessitas moriendi*)的束缚。[3] 此外,他的身体从不短缺必要的补给,因此也不受外在治疗的限制。身体如此康健,它决不会因为衰老、病痛、不适而搅扰灵魂。尽管亚当的灵魂并不是全然没有感受或者情感(affection),他在乐园中并不曾经历过失控的情感。甚至那和我们的自我同一性紧密相关的羞感,在乐园中也是不可想象的,因为它同样破坏了灵魂的单纯和平静。[4] 因此,原初的身体和灵魂在堕落之前都不会成为人类始祖的向善意愿的障碍。

在那备受祝福的乐园中,所有情感反应都在意愿的控制之下。欲望绝不会先于意愿明确的认可而出现,也不会抵制意愿的决断。而既然最初的恶的意愿尚未出现,也不存在任何应受谴责的欲望。[5] 意愿享有如此整全的自由,它无论在内还是在外都不会经历任何不满和抵抗。此外,意愿也并不是没有作为,而是始终处于活动的状态,不受到任何生理过程的干扰,例如睡眠。

---

〔1〕 奥古斯丁这一短语的本意为"有灵魂的身体",此处的翻译得益于我的同事刘哲的建议。

〔2〕 *Gn. litt.* VI, 28, 39. "Secundum hanc ergo sententiam corpus animale habuit Adam non tantum ante paradisum, sed iam in paradiso consitutus, quamuis in interiore homine fuerit spiritalis secundum imaginem eius, qui creauit eum."

〔3〕 Ibid., VI, 26, 37. "Animale est enim et hoc corpus (sc. post peccatum), sicut et primi hominis fuit; sed hoc iam in ipso animalis genere multo est deterius; habet enim necessitatem moriendi, quod illud non habuit.

〔4〕 Cf. 3.2.

〔5〕 Cf. *c. Iul. imp.* I, 71, (2). "Praecessit mala uoluntas, qua serpenti subdolo crederetur, et secuta est mala concupiscentia, qua cibo inhiaretur illicito. Non itaque ibi qualiscumque cupiditas qualicumque reluctata est uoluntati, sed ei potius deprauatae deprauata seruiuit. Ac per hoc quamuis iam utraque mala esset, tamen uoluntas cupiditatem, non uoluntatem cupiditas duxit; nec praecessit uoluntatem nec restitit uoluntati. Denique si ante peccati consummationem ab opere illicito auerteretur uoluntas, sine labore ullo cupiditas illicita sedaretur."

实现这一意愿的权威唯一的要求是它自身的正直。也就是说,只有当意愿通过顺从至善而获得自己的善,它才能建立自己之于身体和灵魂的权威。[1]

　　尽管如此,正如杰拉德·邦纳(Gerald Bonner)所指出:"亚当在乐园中的幸福仍然是有限的和有条件的。"[2] 对这一幸福生活的致命的限制是败坏的可能性,它源自人自虚无中受造这一事实。[3] 在对最初的恶的意愿的分析中,我们已经揭示了亚当如何通过意愿的自由决断失去他所享有的不朽、幸福和自由。[4] 亚当自虚无中受造,这暗示了他在维系自己的生命、幸福和意愿自由时,并不像上帝那样是绝对自足的。奥古斯丁断言上帝造亚当为正直之人,他在受造时同时被赐予善好的意愿(bona uoluntas)。但是,没有神恩的佑助,亚当却不能持守他原初的善。[5] 当然,亚当有能力去寻求并获得上帝的救助,只要他愿意如此。当他愿意在享受上帝中生活时,他自然就能坚守原初的正义。[6] 没有什么东西可以违背亚当自己的意愿,夺走他的幸福。然而,他的意愿却有可能受到诱惑抛弃神恩,并因此失去已有的幸福。

---

[1] 例如 c. Fort. 22. "Liberum uoluntatis arbitrium in illo homine fuisse dico, qui primus formatus est. Ille sic factus est, ut nihil omnino uoluntati eius resisteret, si uellet dei praecepta seruare."

[2] Bonner 1986-1994a, 78.

[3] ciu. Dei XIV, 13. "Sed uitio deprauari nisi ex nihilo facta natura non posset. Ac per hoc ut natura sit, ex eo habet quod a Deo facta est; ut autem ab eo quod est deficiat, ex hoc quod de nihilo facta est."

[4] ciu. Dei XII, 7. Cf. 5.2.4.

[5] corrept. 11, 32. "Tunc ergo dederat homini Deus bonam uoluntatem: in illa quippe eum fecerat qui fecerat rectum; dederat adiutorium, sine quo in ea non posset permanere si uellet; ut autem uellet, in eius libero reliquit arbitrio…. Namque ut reciperet (sc. Adam) bonum, gratia non egebat, quia nondum perdiderat: ut autem in eo permaneret, egebat adiutorio gratiae, sine quo id omnino non posset."

[6] nat. et gr. 48, 56. "Nam et tunc esset adiutorium dei et tamquam lumen sanis oculis, quo adiuti uideant, se praebere uolentibus."

由于亚当有可能受到诱惑,奥古斯丁因此断定他必然处于愚顽和智慧之间的某种中间状态(aliquid medium)。[1] 奥古斯丁进一步指出亚当必然拥有理解神圣诫命的理性能力,但却没有服从它们的智慧。在这一语境中,智慧(sapientia)指的是服从的意愿(uoluntas ad obseruandum)。[2] 在伊甸园中,人的意愿官能同时被赐予了通过自由决断获得这一智慧的权能,然而,因为它尚未获得智慧,也因此受到限制。所以,当亚当获得接受神圣诫命的权能时,他同时也得到了犯罪的可能性(posse peccare)。[3]

奥古斯丁在他的晚期著作中,正是利用这一可能性将亚当曾经享有的幸福和上帝许诺给那些将获救赎的圣徒的最终幸福区别开来:

> 因此,我们必须仔细地、专注地考察这两者如何相互区别:亦即"能不犯罪"(posse non peccare)和"不能犯罪"(non posse peccare);能不死和不能死;能不离弃善和不能离弃善。因为最初的人能不犯罪,能不死,也能不离弃善。可是我们难道要说,他曾经拥有如此的自由决断(liberum arbitrium)而不能犯罪?或者,尽管上帝对他说:"如果你犯罪,你将要死",他却不能死?或者尽管他由于犯罪抛弃了善,并因此而死,他却不能离弃善?所以,意愿最

---

[1] lib. arb. III, 24, 71. "Vt ergo infans nec stultus nec sapiens dici potest, quamuis iam homo sit – ex quo apparet naturam hominis recipere aliquid medium quod neque stultitiam neque sapientiam recte uocaris."

[2] Ibid., III, 24, 72. "Si ergo ita factus est homo ut, quamuis sapiens nondum esset, praeceptum tamen posset accipere cui utique obtemperare deberet, ... Aliud est enim esse rationalem aliud esse sapientem. Ratione fit quisque praecepti capax, cui fidem debet, ut quod praecipitur faciat. Sicut autem natura rationis praeceptum capit, sic praecepti obseruatio sapientiam. Quod est autem natura ad capiendum praeceptum, hoc est uoluntas ad obseruandum. Et sicut rationalis natura tanquam meritum est praecepti accipiendi, sic praecepti obseruatio meritum est accipiendae sapientiae."

[3] Ibid., "Ex quo autem incipit homo praecepti esse capax, ex illo incipit posse peccare."

初的自由（*libertas uoluntatis*）是不能犯罪；而它最终的自由则要更加伟大，也就是不能犯罪。[1]

在这一神学语境中，奥古斯丁将这一自由的差异归于恩典的差异。[2] 亚当从造物主那里所得到的是免于犯罪的可能性，而不是完满的坚守的美德，或犯罪的不可能性。很显然，当代人所津津乐道的自由选择在这里不是奥古斯丁关心的问题。更重要的是一种可能性，或者人的权能，去现实地爱上帝并在享受至善中坚守住人所拥有的自由和幸福。那些因着恩典将要进入天国的圣徒，他们享有更大的自由，因为他们能够坚守信仰，保持不犯罪的自由。圣徒的生活比原初的人的生活更值得珍视，更应作为人类的理想，这是因为圣徒因着恩典能够在至福中永

---

[1] *Corrept.* 12, 33. "Quapropter, bina ista quid inter se differant, diligenter et uigilanter intuendum est: posse non peccare, et non posse peccare, posse non mori, et non posse mori, bonum posse non deserere, et bonum non posse deserere. Potuit enim non peccare primus homo, potuit non mori, potuit bonum non deserere. Numquid dicturi sumus: Non potuit peccare, qui tale habebat liberum arbitrium? Aut: Non potuit mori, cui dictum est: Si peccaueris, morte morieris? Aut: Non potuit bonum deserere, cum hoc peccando deseruerit, et ideo mortuus sit? Prima ego libertas uoluntatis erat, posse non peccare; nouissima erit multo maior, non posse peccare... Numquid, quia erunt bona nouissima potiora atque meliora, ideo fuerunt illa prima uel nulla uel parua?" 亦见 *ciu. Dei* XXII, 30. "Sicut enim prima inmortalitas fuit, quam peccando Adam perdidit, posse non mori, nouissima erit non posse mori: ita primum liberum arbitrium posse non peccare, nouissimum non posse peccare."

[2] *corrept.* 12, 34. "Primo itaque homini, qui in eo bono quo factus fuerat rectus acceperat posse non peccare, posse non mori, posse ipsum bonum non deserere, datum est adiutorium perseueratiae, non quo fieret ut perseueraret, sed sine quo per liberum arbitrium perseuerare non posset. Nunc uero sanctis in regnum Dei per gratiam Dei praedestinatis non tale adiutorium perseuerantiae datur, sed tale ut eis perseuerantia ipsa donetur; non solum ut sine isto dono perseuerantes esse non possint, uerum etiam ut per hoc donum non nisi perseuerantes sint." 正如 Bonner 所见，奥古斯丁也承认上帝本来可以赐给亚当不能犯罪的权能。见 *cont.* 6, 16. "Non autem potestas Deo defuit, talem facere hominem qui peccare non posset: sed maluit eum talem facere, cui adiaceret peccare, si uellet; non peccare, si nollet: hoc prohibens, illud praecipiens: ut prius illi esset bonum meritum non peccare, et postea iustum praemium non posse peccare." Cf. Bonner 1986-1994a, 72.

无改变,这更接近永恒不变的造物主。

决定人类最初的自由和最终的自由区分的仍然是奥古斯丁有关存在、权能和善的秩序的信念:那和至高存在更接近的存在者相应地也就更有权能也更善,他也因此享有更大的自由。在这一语境中,意愿自由(*libertas uoluntatis*)的等级秩序和善的等级秩序勾连起来:亚当的自由之所以优于我们,不只是因为在乐园中有更多生活方式可供选择,而是因为他拥有更大的权能,可以凭借自身的自由决断获得正义和幸福的生活必不可少的善。

那么,在这两种理想状态之间的现实生活中,人的意愿究竟享有何种自由呢?奥古斯丁在写于420—421年间的《驳裴拉基派二书》这部论战著作中对此作出了明确的答复[1]:

> 我们中有谁会说因为人类始祖的罪,自由决断(*liberum arbitrium*)就从人这个类中消逝了呢?自由(*libertas*)确实由于罪而消逝,但是这是在乐园中的自由,即拥有完满的正义和不朽的自由。因为那罪,人的本性需要上帝的恩典,因为上主说:"如果圣子使你们自由,你们就会真的是自由的"(《若望福音》8:36),而自由也就是好好地和正直地生活。另一方面,在罪人中,自由决断确实并

---

[1] 早在396年写《答辛普力丘》时,奥古斯丁在评注《罗马书》7:18时已经注意到我们的意愿和人类始祖的意愿之间的区别:见 *simpl.* I, 1, 11. "Certe enim ipsum uelle in potestate est, quoniam adiacet nobis: sed quod perficere bonum non est in potestate, ad meritum pertinet originalis peccati. Non enim est haec prima natura hominis sed delicti poena, per quam facta est ipsa mortalitas..."另见 *nat. et gr.* 43, 50; *perf. Iust.* 4, 9; *c. Iul. imp.* I, 85; I, 91; VI, 18-19 etc. 需要指出的是,奥古斯丁有关堕落之后的人的意愿权能的反思,在他和裴拉基派以及所谓的"半裴拉基派"的论争中有所变化,我将在最后一章中处理这一论题。

不曾消逝。[1]

  我们说的并不是因为亚当的罪,自由决断(*liberum arbitrium*)就从人类的本性中消逝了,而是这自由决断在那些臣服于魔鬼的人之中只能朝向罪;它不再能好好地虔诚地生活,除非人的意愿(*uoluntas*)因为上帝的恩典而获得自由,在[上帝的]帮助下朝向行、言、思中所有的善。[2]

在这两段文字中,奥古斯丁清楚地区分了作决断的自由(*liberum arbitrium*)和意愿真正的自由(*libertas*)。不同类别的自由或自由的不同程度的区别已经得到奥古斯丁研究界的重视和深入的研究,在展开我自己对奥古斯丁自由概念的读解之前,我将简单地回顾这一根基深厚的解释传统。

第二节　奥古斯丁研究中的自由决断(*liberum arbitrium*)和自由(*libertas*)[3]

  德国学者约瑟夫·毛斯巴赫(Joseph Mausbach)在其1909年写成的《圣奥古斯丁的伦理学》这部巨著中,将奥古斯丁所说的 *liberum arbi-*

---

[1] *c. ep. Pel.* I, 2, 5. "Quis autem nostrum dicat quod primi hominis peccato perierit liberum arbitrium de genere humano? Libertas quidem periit per peccatum, sed illa, quae in paradiso fuit, habendi plenam cum inmortalitate iustitiam. Propter quod natura humana diuina indiget gratia, dicente Domino: *Si uos Filius liberauerit, tunc uere liberi eritis*, utique liberi ad bene iusteque uiuendum: nam liberum arbitrium usque adeo in peccatore non periit..."

[2] Ibid., II, 5, 9. "...peccato Adae arbitrium liberum de hominum natura perisse non dicimus, sed ad peccandum ualere in hominibus subditis diabolo; ad bene autem pieque uiuendum non ualere, nisi ipsa uoluntas hominis Dei gratia fuerit liberata et ad omne bonum actionis, sermonis, cogitationis adiuta."

[3] 下文中涉及的西方学者对这两个概念所作的风格迥异的解释,我们在本节的讨论中将直接使用原文来指这一对概念。

trium 等同于选择的自由(*die Wahlfreiheit*)。他强调这一术语中所包含的自发性和内在性特征。[1] 然而,即使承认了这样一种后人所说的中立的自由(*libertas indifferentiae*),毛斯巴赫并不认为奥古斯丁持有一种极端的非决定论的主张。他坚持认为意愿的本质在于它不可避免地朝向善,特别是朝向生活的完满和幸福。[2] 相应地,意愿的本质特征也不在于它的独立性,而在于爱的能力。[3] 另一方面,尽管没有公开地对比 *libertas*(自由)和 *liberum arbitrium*(自由决断),毛斯巴赫同样注意到了"道德上的自由"(*die sittliche Freiheit*),也就是能够意愿和实现善的自由。他断定这一真正的自由同时也就是最真实的选择的自由。神意通过这一道德自由作用于我们,而意愿总是能够自由地在善恶间进行选择。[4]

与毛斯巴赫不同,法国学者艾蒂安·吉尔松(Etienne Gilson)在讨论奥古斯丁晚年论战中的恩典和自由概念时明确地区分了 *liberum arbitrium*(自由决断)和 *libertas*(自由)。[5] 他将 *liberum arbitrium* 解释为自愿的选择(*un choix*),它作用于其他的动机。动机可以采取一种不可抵御的方式出现在意愿之前,但是意愿总是能自由地在这些动机中做出自己的选择。[6] 追随另一位法国学者朱尔·马丁(Jules Martin),吉尔松将 *liberum arbitrium* 和意愿(*uoluntas*)等同起来。[7] 由于意愿的存在是自明的,理性的存在者因此不可能被剥夺 *liberum arbitrium* 这一权力。与此同时,*libertas* 被解释为实现我们的选择的权能(*pouvoir*)。[8] 我们的自

---

[1] Mausbach 1929 (1909) II, 27.
[2] Ibid., 29.
[3] Ibid., 33. Cf. *c. Iul. imp.* V, 58. This point will prove to be crucial for an appropriate understanding of Augustinian *libertas*.
[4] Mausbach 1929 (1909) II, 34.
[5] Gilson 1949 (1929), 205. 他引述了 *ench.* 9, 32; *c. Iul. imp.* VI, 11。
[6] Ibid.
[7] Ibid. 此处,他引述 Matin 1923 (1901), 176-179。
[8] Ibid.

由意愿的有效性来自上帝的恩典。上帝通过使善成为我们所乐意的对象,借此恢复了意愿去爱善的权能,以及去将这一爱付诸行动的能力。[1] 在神恩的作用下,自由选择并未被消解,因为朝向善的意向仍然被看作是心灵自发的活动。心灵的这一自发性并未被破坏,而是被神意改变和解救。吉尔松因此得出结论:"自由(libertas)实际上就是自由决断(liberum arbitrium)的正当运用。"[2]

英国学者约翰·伯纳比(John Burnaby)则直接提到以上出自《驳裴拉基派二书》的两段文字,他也承认奥古斯丁哲学中自由这一含混的概念包含两种不同的意思。和他的前辈学者一样,伯纳比将 libertas 称为实现善的权能。不同的是,伯纳比明确地拒绝将 liberum arbitrium 还原为中立的自由,即在对立面中选择的能力。[3] 他将 liberum arbitrium 等同于"内在于如此这般的意愿之中的自发性、自我决定"[4]。他引述奥古斯丁有关"被迫意愿"(cogi uelle)的著名讨论,将 liberum arbitrium 读解为心灵免于外在强迫的独立性。尽管如此,伯纳比仍然认为当恩典将真正的自由(libertas)交付人类时,自由选择并不会遭到破坏,因为它仍然可以认可或者拒绝来自神圣恩典的帮助。[5]

吉尔松对 libertas 的解读对美国学者玛丽·克拉克(Mary T. Clark)产生了深刻影响,因此在写于1958年的《自由哲学家奥古斯丁》

---

[1] Gilson 1949 (1929), 207-208.
[2] Ibid., 212.
[3] Burnaby 1991 (1938), 227. Burnaby 正确地将这一概念归于奥古斯丁的论战对手尤利安。
[4] Ibid.
[5] Ibid., 230. "如果否认这一接受的现实性和拒绝的可能性,那么就不可能再将恩典理解为位格之间爱的关系。"正是由于这一原因,Burnaby 认为奥古斯丁在其最后的著作中承认不可抗拒的恩典,如同出自"一个能量耗尽、爱也变冷的人之手"。见 Ibid., 231.

一书中,她区分人的自由的两个不同方面。[1] 在她1994年写成的《奥古斯丁的自由》一文中,她将自己早年的专著概述如下:

> 他(案:指奥古斯丁)将自由选择(*liberum arbitrium*)定义为作恶的能力和行善的能力;他把自由(*libertas*)定义为正当地运用自由选择去行善的能力,也就是履行善的意愿。自由选择天生属于人不会失去,而自由是获得性的,它可能失去。[2]

玛丽·克拉克相信奥古斯丁在其早期著作中赋予人类对于其选择的绝对控制。[3] 她坚持认为真正的自由作为去爱善的能力,乃是神恩额外给予人的自然能力的。[4] 玛丽·克拉克的分析同样带着不可磨灭的来自巴斯巴赫的印记,特别表现在她对于奥古斯丁和裴拉基派论战的理解上。[5] 她追随巴斯巴赫,拒绝将奥古斯丁的基本立场界定为彻底的非决定论者。玛丽·克拉克的分析中一个有趣的方面是她将真正的自由定义为个人的自我实现。她强调意愿乃是理解人格的关键,真正的自由使堕落的人恢复了真正的自我。[6]

法国学者毛利斯·于夫捷(Maurice Huftier)写于1966年的长文《圣奥古斯丁论自由决断、自由和罪》堪称有关这一主题最为细致深入的研究。他追随两位法国前辈学者吉尔松和巴尔(Ball),指出奥古斯丁的自由概念在术语使用上的不精确。尽管如此,通过细致地考察相关的文本之后,于夫捷仍然揭示了奥古斯丁区分 *liberum arbitrium* 和

---

[1] Cf. M. T. Clark 1958, 45. 值得注意的是 Clark 并没有把意愿的自明性作为自由意志存在的根据。她强调选择的能力乃是 *liberum arbitrium* 的本质特征,它使得自由意志区别于单纯的愿望,例如想要幸福的欲望。

[2] M. T. Clark 1994, 125.

[3] M. T. Clark 1958, 55.

[4] Ibid., 116.

[5] Ibid., 106ff.

[6] Ibid., 45. 亦见 Ibid., 49-52; 78-80; 117-130.

libertas 的合理性。于夫捷强烈反对中立的自由(*libertas indifferentiae*)这一解读,他坚持认为:"自由决断并非在善恶间选择的能力,而是朝向善的能力。"[1] 这一断定使他得出结论:犯罪的可能性对于 *liberum arbitrium* 来说只是一个偶然的特性,是它展现自身能力的一个可能样态。[2] *liberum arbitrium* 本质上朝向善,但并不必然朝向至善。因此它只是一个中间力量(*media uis*),可能会被误用,例如放弃至善而选取低下的善。[3] 当人的本性被最初的有意的罪毁坏之后,*liberum arbitrium* 作为人性的一部分同样不能幸免。在堕落之后,人失去了通过 *liberum arbitrium* 的力量现实地获得善的能力。对于于夫捷来说,奥古斯丁所说的 *libertas* 与其说是一种官能或一种能力,还不如说是 *liberum arbitrium* 这一力量的效用。和另一位法国学者布洛伊(Broglie)一样,于夫捷将真正的自由等同于免于罪的束缚(*immunitas a seruitude peccati*)。[4] 神恩通过在我们内心中激发爱,将免于罪过的自由交还给我们,同时使得 *liberum arbitrium* 去欲求和实现善。对于于夫捷来说,和 *libertas* 相比,*liberum arbitrium* 乃是构建我们指向善的行为的更加基础性的力量。

和以上奥古斯丁自由观念的同情者不同,加拿大学者约翰·里斯特(John M. Rist)在其影响深远的讨论奥古斯丁自由观念的论文中,只是一笔带过 *liberum arbitrium* 和 *libertas* 的区别。[5] 正如之前已经提到的,他将前者还原为免受外在压力的自由。[6] 对于里斯特来说,奥古斯丁引入后者并没有改变这一事实,即堕落后的人在被免除了罪的必

---

[1] Huftier 1966, 206.
[2] Ibid., 280.
[3] Ibid., 222. Cf. *spir. et litt.* 33, 58.
[4] Cf. Broglie 1955, 316-317; 320-321. 引自 Huftier 1966, 233。
[5] Rist 1969, 424, Rist 这里提到 Gilson 的解释。
[6] Rist 后来把它称之为"免受摩尼教的外力的自由",见 id. 1994, 132。

然性之后,又陷入了认可神恩救助的必然性之中。这一认可当然不是任何外在强迫的结果,因此里斯特认为对于奥古斯丁来说,它可以被看作是意愿的"自由选择"。然而,这样的自由选择,或 *liberum arbitrium*,在里斯特看来不过是"能动的玩偶"的表演。[1] 简单地说,里斯特认为 *liberum arbitrium* 和 *libertas* 指的都不是真正的选择的自由。[2]

与里斯特不同,英国学者克里斯托夫·柯万(Christopher Kirwan)认为奥古斯丁的术语 *liberum uoluntatis arbitrium*(意愿的自由决断)中表达了选择的自由,或者说以其他的方式行动的自由。柯万借助阿奎那的哲学心理学,区分了意愿的自由决断和单纯的意愿,后者只是心灵独立于外力的自发运动。他认为,*liberum arbitrium* 代表着更高的自由,类似于休谟所提到的中立自由(liberty of indifference),即根据意愿的决断做或不做的自由,它区别于出自自然本能的单纯愿望。[3] 尽管如此,柯万仍然认为奥古斯丁忽视了选择对象的可取性(eligibility)。在柯万看来,只有当所有的选项(做或不做)都同样可以实现,并且对于我们来说都是同样可取时,我们才享有真正的选择自由,并且为我们的决断负责。[4] 我们不难确认,根据柯万的描述,奥古斯丁的 *liberum arbitrium* 观念只不过是里斯特所说的玩偶的一个略为精巧的版本。换句话说,奥古斯丁的道德行为者只是在名义上享有选择的自由,而不是实质上享有。柯万还提到去完成善工的真正的自由(*libertas*)来自赐

---

[1] Rist 1969, 429-430. Rist 在后来的著作中对这一立场只是略作修订,见 id. 1994, 131-134。

[2] 尽管和 Rist 的基本立场不同,Gerald O'Daly 也得出结论:奥古斯丁的自由只是自发性的自由,而不是按其他方式行事的自由。因此,奥古斯丁为自由意志的辩护只是一个绚丽的失败尝试。见 O'Daly 1989。值得指出的是,O'Daly 也几乎没有注意到 *liberum arbitrium* 和 *libertas* 的区别。

[3] Kirwan 1989, 82-88. 参见 Aquinas, *Summa Theologiae* 1a 19, 10; 83, 4. Hume, *Enquiry Concerning Human Understanding* 8, 73。

[4] Kirwan 1989, 88。

予权能的恩典。然而同他对行他事的自由的强调相应,他认为一个从恩典中接受了权能的道德行为者失去了犯罪的能力,因此也就被剥夺了 *liberum arbitrium* 的双向(向善/向恶,为/不为)能力。[1]

晚近有关奥古斯丁道德哲学的讨论中,詹姆斯·韦策尔(James Wetzel)在重估了里斯特和奥达利(O'Daly)所呈现的奥古斯丁自由概念之后,将奥古斯丁所说的 *liberum arbitrium* 和自由意愿区别开来:

> 奥古斯丁从来没有把自由意愿(free will)等同于免于束缚的自由。后者它通常用 *liberum arbitrium* 来指示,我们因为能够按照欲望行事而拥有 *liberum arbitrium*。被迫的行为(例如在无意之罪中),盲目的有罪的行为(例如在有意之罪中),有德性的行为(例如在恩典之下)都表达了 *liberum arbitrium*。但是只有最后一个才表达了自由意愿。[2]

韦策尔相信选择的绝对权力只是一个虚构,奥古斯丁自己就抛弃了他早年所接受的这样一个对人类行为毫不可靠的解释。然而,这一虚构后来却被裴拉基派捡了起来。[3] 在韦策尔眼中,现代研究者的错误在于他们未能确认奥古斯丁对自由意愿的这一原创性理解:即人的意愿对于善的回应尽管由恩典决定,它仍然是自由的一种形式。韦策尔虽然并没有直接引述《驳裴拉基派二书》等文献中提到的 *liberum arbitrium* 和 *libertas* 的区分,他将自由意愿理解为对善的内在回应的主张很接近奥古斯丁所使用的 *libertas* 这一概念。和之前的研究强调 *liberum arbitrium* 作为意愿的本质呈现不同,韦策尔认为自由意愿或 *libertas* 才揭示了我们真正的自由,亦即通过上帝恩典的决定去拥有一个善的意

---

[1] Kirwan 1989, 104-128, 尤见 119ff.
[2] Wetzel 1992, 220-221.
[3] Ibid., 7-8.

愿,拥有一个真正自由的意愿。根据韦策尔的解释,意愿的善绝不简单地只是 *liberum arbitrium* 的一个样态,或者它的有效性,而是自由意愿的条件或本质,它最为完全地表达着内在的自我。[1]

无须再引述更多当代的评述,以上的讨论足以表明这些对奥古斯丁的解释,深受后代自由观念的影响,特别是中世纪和改革时期的唯意愿论者的思想影响。[2] 而自发性的自由和中立的自由如同两个幽灵一样缠绕着现代学者对奥古斯丁 *liberum arbitrium* 的解读,似乎现代读者就找不到第三条路径来理解这一术语。[3] 在第五章中,我们已经建立了意愿的免于强迫的自由,或者说自发性的自由,意愿的意向不受任何内在和外在力量的强迫。在接下来的一节中,我将重点关注能以其他方式行事的自由"(the freedom to do otherwise)或中立的自由(*libertas indifferentiae*),它被普遍接受为奥古斯丁所说的自由决断(*liberum arbitrium*)应当具有的本质特征。

我们将致力于细致解读奥古斯丁早期和晚期著作中的几段重要文本,以此考察上述现代解读是否切中要害,是否准确地再现了 *liberum arbitrium* 这一术语的哲学内涵。传统的解释多将注意力集中在奥古斯丁早期哲学对话中,我们将侧重奥古斯丁晚年和尤利安的论战,呈现其成熟时期自由观中未被充分重视的哲学洞见,以此论证奥古斯丁所说的 *liberum arbitrium* 为什么不能被理解为"自由选择"。我们将看到,意愿的善再次成为理解 *liberum arbitrium* 的神学和本体论根基。在本章最后一节,我们再回过头来考察奥古斯丁所说的 *libertas*,或欲求和实现善的真正自由。

---

[1] Wetzel 1992, 225.

[2] Cf. Lössl 2004, 54-55,他特别提到 O'Daly 和 Kirwan 对奥古斯丁的批评。而从当代哲学的立场出发对奥古斯丁自由观念的分析,见 Wetzel 1992, 221-235; Stump 2001a, 125-130。

[3] Huftier 当然是一个例外,见 id 1966, 224。

第三节　自由决断与自由选择

一　奥古斯丁早期著作中的自由决断

据《忏悔录》所述,奥古斯丁很可能是在安布罗斯的布道辞中第一次听到,意愿的自由决断可以解释我们作恶的原因和上帝施加惩罚的根据。[1] 同时,我们看到《论自由决断》这篇哲学对话也是围绕恶的根由展开,将对"自由决断"的反思置于对罪和罪责反思的语境中:正是人自己的意愿和自由决断使人的心灵成为欲念的奴隶而犯罪并因此而正当地受到惩戒。[2] 显然,在此要确立人的罪责,其关键在于澄清人的决断何以被称为"自由"的。

首先,奥古斯丁指出自由决断作为理性生物所独有的能力,它自身绝非某种不善不恶的中立之物,而是来自上帝的善。上帝将这一能力馈赠于人和天使,使他们能够凭借意愿的决断而正当地生活。[3] 他随

---

[1] *conf.* VII, 3, 5. "Et intendebam, ut cernerem quod audiebam, liberum uoluntatis arbitrium causam esse, ut male faceremus et rectum iudicium tuum ut pateremur, et eam liquidam cernere non ualebam."

[2] *lib. arb.* I, 11, 21. "nulla res alia mentem cupiditatis comitem faciat, quam propria uoluntas et liberum arbitrium."

[3] *lib. arb.* II, 1, 3. "Si enim homo aliquod bonum est et non posset, nisi cum uellet, recte facere, debuit habere liberam uoluntatem, sine qua recte facere non posset… Satis ergo causae est cur dari debuerit, quoniam sine illa homo recte non potest uiuere." 在这一语境中 *libera uoluntas* 只是 *liberum uoluntatis arbitrium* 的缩略表述形式。在这一卷的一开始,埃伏第乌斯(Evodius)问道:"Iam, si fieri potest, explica mihi quare dederit Deus homini liberum uoluntatis arbitrium…". Cf. Gilson 1949, 204。另外,这一观点同样出现在奥古斯丁晚期的著作中,例如 *Contra Iulianum opus imperfectum*(下文作 *c. Iul. imp.*)VI, 12. "Cum libero enim sic est creatus arbitio, ut posset non peccare si nollet; non ut si uellet, impune peccaret."

即强调我们获得这一馈赠并不是为了能将其用在截然对立的两个方面,也就是说去正当生活和去犯罪。因为,若如此,罪就会成为自由决断这一赠礼中的一个本质要素,人和天使用其犯罪因而也就符合上帝赐予他们决断的自由的本意,这无疑是荒谬的。[1] 当然,奥古斯丁并不否认,自由决断或自由意愿(*libera uoluntas*)作为居中的善(*medium bonum*)在现实中可以被用于善恶两个方面。[2] 然而,至少从以神创论为根基的目的论观点看,自由决断本质上乃是获取善或者正当生活的能力,而不是中立于其对象的双向能力(a two-way power)。作为上帝所创造的善,自由决断和理性生命善的实现内在相关。[3]

在上述目的论背景基础上,我们可以进一步讨论自由决断在我们的道德行为中的实际运作。首先,我们不得不承认奥古斯丁早期有关自由决断和意愿的表述容易使人产生这样的印象:意愿的本质自由在于有能力超越它实际的选择,亦即在做出决断的时刻,意愿有权在不同的行为方式中进行选择,而不是必然地指向它实际所作的选择。前文已经提到,奥古斯丁把罪定义为行正义所禁绝之事的意愿,而且意愿凭借自身就有能力避免这样的选择。[4] 其次,在《论自由决断》第三卷一

---

[1] *lib. arb.* II, 1, 3. "Ad hoc autem datam uel hinc intelligi potest, quia si quis ea usus fuerit ad peccandum, diuinitus in eum uindicatur. Quod iniuste fieret, si non solum ut recte uiueretur, sed etiam ut peccaretur, libera esset uoluntas data. Quomodo enim iuste uindicaretur in eum, qui ad hanc rem usus esset uoluntate, ad quam rem data est?"

[2] Ibid. II, 19, 50. "potentiae uero animi sine quibus recte uiui non potest, media bona sunt... Ceteris autem bonis, id est mediis et minimis, non solum bene sed etiam male quisque uti potest." 亦见 *spir. et litt.* 33, 57. "... quod liberum arbitrium naturaliter adtributum a creatore animae rationali illa media uis est, quae uel intendi ad fidem uel inclinari ad infidelitatem potest...".

[3] Joseph Mausbach 虽然将 *liberum arbitrium* 读解为"选择的自由",但他同时也强调它和意愿的善的本质关联比它的其他特性要更加基础,见 Mausbach 1929, 29. Maurice Huftier 也注意到这一点,参见 Huftier 1966, 206。

[4] 例如 *duab. an.* 11, 15 "(peccatum) uoluntas retinendi uel consequendi quod iustitia uetat et unde liberum est abstinere."

段有名的论述中,奥古斯丁将朝向低下的善的自愿行为与石头的坠落相比较,他明确地指出灵魂具有阻止自己向下坠落的能力,这使得上述趋向低下的善的行为成为自愿的,并且应当被追究责任。[1] 自愿行为的道德主体性看起来在于行为者有能力改变自己实际所作的决断或选择。

然而,正如法国学者古尔旺·马代克(Goulven Madec)最近指出,奥古斯丁通常用"意愿的自由决断"这一短语特指人类对他们的罪的责任。[2] 在《论自由决断》第一卷结尾处,埃伏第乌斯明确地将 *liberum arbitrium* 称为"犯罪的官能"(*facultas peccandi*)。[3] 当然,正如前文所述,奥古斯丁在该书第二卷中说服埃伏第乌斯相信自由决断内在的善,强调没有自由决断没有人能够过正当的生活。[4] 然而,在卷一末尾,奥古斯丁也曾简单地提到真正的自由只属于那些遵循永恒律法的人。[5] 在那一语境中,奥古斯丁仅仅将真正的自由同免受奴役的政

---

[1] Augustine, *lib. arb*. III, 1, 2. "In eoque similis est illi motui quo deorsum uersus lapis fertur, quod sicut iste proprius est lapidis; sic ille animi; uerum tamen in eo dissimilis, quod in potestate non habet lapis cohibere motum quo fertur inferius, animus uero dum non uult non ita mouetur, ut superioribus desertis inferiora diligat. Et ideo lapidi naturalis est ille motus, animo uero iste uoluntarius... quid opus est quaerere unde iste motus existat, quo uoluntas auertitur ab incommutabili bono ad commutabile bonum, cum eum non nisi animi et uoluntarium et ob hoc culpabilem esse fateamur..."我们将在第七章第一节重新回到这一段落。

[2] Madec 2001, 251. Huftier 也提到了这一观点,见 id. 1966, 194。这同样在奥古斯丁晚年对《论自由决断》一书的反思中得到印证。Cf. *retr.*. I, 9, 1. "Et quoniam constitit inter nos diligenter ratione discussa malum non exortum nisi ex libero uoluntatis arbitrio, tres libros quos eadem disputatio peperit appellati sunt *De libero arbitrio*."

[3] *lib. arb*. I, 16, 35. "Sed quaero utrum ipsum liberum arbitrium, quo peccandi facultatem habere conuincimur, oportuerit nobis dari ab eo qui nos fecit."

[4] Ibid., II, 19, 50. 原文见第 231 页注释[2]。

[5] Ibid., I, 15, 32. "Deinde libertas; quae quidem nulla uera est nisi beatorum et legi aeternae adherentium, sed eam nunc libertatem commemoro qua se liberos putant qui dominos homines non habent et quam desiderant hi qui a dominis hominibus manumitti uolunt."

治自由区别开来。而在第二卷中,奥古斯丁进一步论证正义灵魂的自由(*libertas*)在于持守和享受真理。因为只有当真理把我们从罪的束缚中解放出来,灵魂才能在确定性中(*cum securitate*)自由地(*cum libertate*)享用它所爱的东西。[1] 奥古斯丁在他的早期著作中一再将灵魂的真正自由等同于对真理的依附。[2] 由此可见,即使在早期著作中,奥古斯丁也已经注意到灵魂的真正自由超越能够以不同方式行事的能力。

由此回到《论自由决断》第三卷第一章有关自愿行为和自由落体的著名区分中,我们看到这段文本至少可以支持另一种解读。那使灵魂的堕落区别于石头坠落的不仅仅是灵魂以不同方式行事的能力,而更特定地是灵魂能够通过意愿的决断改变它向下的(downward)运动。简单地说,重要的不是抽象的改变自身运动的力量,而是具体的运动所朝向的方向。奥古斯丁显然不会否认我们对真理的依附是一个自愿的行为,出于意愿的自由决断。否则它就不是一个能将我们指向至福的正当行为。[3] 然而,对奥古斯丁来说,如果我们还认为此时意愿的自

---

[1] lib. arb. II, 13, 37. "Haec est libertas nostra, cum isti subdimur ueritati: et ipse est Deus noster qui nos liberat a morte, id est a conditione peccati. Ipsa enim ueritas etiam homo cum hominibus loquens, ait credentibus sibi: *Si manseritis in uerbo meo, uere discipuli mei estis et cognoscetis ueritatem et ueritas liberabit uos* (Jn 8: 31-32). Nulla enim re fruitur anima cum libertate, nisi qua fruitur cum securitate."

[2] Cf. *quant.* 34, 78. "Haec est uera, haec perfecta, haec sola religio, per quam Deo reconciliari pertinet ad animae, de qua quaerimus, magnitudinem, qua se libertate dignam facit; nam ille ab omnibus liberat, cui seruire omnibus utilissimum est et *in cuius seruitio placere perfecta et sola libertas est*."亦见 *uera rel.* 48, 93. "Quem ergo delectat libertas, ab amore mutabilium rerum liber esse appetat; et quem regnare delectat, uni omnium regnatori Deo subditus haereat, plus eum diligendo quam se ipsum."

[3] lib. arb. II, 1, 3. "Non enim aut peccatum esset aut recte factum quod non fieret uoluntate. Ac per hoc et poena iniusta esset et praemium, si homo uoluntatem liberam non haberet." Ibid., II, 18, 47. "Propterea quippe tibi uideri dixeras dari non debuisse liberum uoluntatis arbitrium, quod eo quisque peccat. Cui sententiae tuae cum ego retulissem recte fieri non posse nisi eodem libero uoluntatis arbitrio, atque ad id potius hoc Deum dedisse adseuerarem..."

由仍然在于它能够选择别的行为方式,亦即改变其向上的运动,这无疑是荒谬的。

其次,在《论自由决断》中,奥古斯丁还提到有一些天使从不犯罪。这些天使以其无比坚定的意志(*perseuerantissima uoluntate*)避免了罪,因此不具有选择另一种较低的生活方式的可能,在奥古斯丁眼中,如果因此认为这些理性造物不具备自由决断的能力,这同样荒谬。[1] 或许我们可以争辩,这些天使仍然有犯罪的可能性,只不过他们从来没有使它成为现实。然而,正如奥古斯丁在其晚期著作中所指出的,这一可能性的在场就摧毁了天使们的幸福和尊严。因为,即使是圣徒都被赐予了不能犯罪的(*non posse peccare*)自由。[2]

最后,奥古斯丁坚持认为没有神圣恩典的帮助,我们的自由决断就不可能转化为一个现实的正当行为。在《论自由决断》卷三中,他强调意愿能够行正当之事的自由只属于堕落之前的亚当和夏娃。[3] 因此,如果我们要将自由决断等同于行他事的自由(freedom to do otherwise),我们就必须证明堕落以后的人仍然有能力凭借意愿自身的能力达到善,因为,去犯罪的能力如影随形,总与尘世中的人同在。而正如论者指出,奥古斯丁在此并未澄清堕落后的人在无知(*ignorantia*)与无能

---

[1] *lib. arb.* III, 5, 14. "et sunt tales angeli quidam qui neque peccauerunt unquam neque peccaturi sunt. Quam ob rem si te delectat creatura quae perseuerantissima uoluntate non peccat, non est dubitandum quod eam peccanti recta ratione praeponas.

[2] *corrept.* 12, 33. 引文见第220页注释[1]。有关不能犯罪(*non posse peccare*)与可以不犯罪(*posse non peccare*)的差别,亦见 *ciu. Dei* XXII, 30. "Sicut enim prima inmortalitas fuit, quam peccando Adam perdidit, posse non mori, nouissima erit non posse mori: ita primum liberum arbitrium posse non peccare, nouissimum non posse peccare."

[3] *lib. arb.* III, 18, 52. "Cum autem de libera uoluntate recte faciendi loquimur, de illa scilicet in qua homo factus est loquimur." 这一郑重补充说明在奥古斯丁的论证过程中出现较晚,尽管它同样适用于之前的论证。Madec 相信奥古斯丁之前对此只字不提乃是有意为之,见 Madec 2001, 250。

(*difficultas / infirmitas*)的阴影下如何能够保全决断的自由。[1] 他只是断言上帝给予堕落的灵魂以能够摆脱其最初的无知和无能的能力。尘世中的灵魂拥有"获取至善的能力"[2],或者在其意愿时可以努力和虔敬地追求。[3] 另一方面,奥古斯丁确实也注意到肉欲(*concupiscentia carnis*)和无知(*ignorantia*)这两个来自原罪的阻碍性作用,因此强调堕落的灵魂需要上帝的帮助才能达于至福。[4] 虽然我们不得不承认在这部相对较早的著作中,原罪和神圣恩典对人的意愿能力的影响仍然晦暗不明。但是,奥古斯丁已经相信自由决断在这尘世中只足够决定我们的恶行,与此相对,要达至善行,上帝的佑助是不可或缺的。对于将自由决断等同于绝对的双向力量的传统解释,意愿的这一非对称结构至少在神学上构成严重的挑战。

概言之,在奥古斯丁的早期著作中,特别是在《论自由决断》的后两卷中,我们已经可以辨识出获取善的能力乃是自由决断中更具有基础性的力量。然而,在这些著作中,奥古斯丁并没有正面断言行他事的自由不是自由决断的本质要素。与此相反,他有关自愿行为(特别是罪行)的论述显得依赖于自由选择中另一种行为可能性的存在。这一表象后来引致裴拉基派将 *liberum arbitrium* 理解为完全独立地决定我

---

[1] 参见 O'Connell 1991, 23-36。

[2] *lib. arb.* III, 22, 65. "Creator uero eius ubique laudatur, uel quod eam ab ipsis exordiis ad summi boni capacitatem inchoauerit..."

[3] Ibid., "Accepit autem ut diligenter et pie quaerat si uolet."

[4] Cf. *lib. arb.* III, 22, 65. "Praecessit enim pars quaedam eius sublimior ad sentiendum recte faciat bonum: sed quaedam tardior atque carnalis non consequenter in sententiam ducitur, ut ex ipsa difficultate admoneatur eundem implorare adiutorem perfectionis suae quem inchoationis sentit auctorem, ut ex hoc ei fiat carior dum non suis uiribus, sed, cuius bonitate habet ut sit, eius misericordia subleuatur ut beata sit." 奥古斯丁早期著作中有关人的堕落及其影响的讨论,可参考 Carol Harrison 最近的著作(2006),特别见 168-297。而关于"无知"与"无力"这一人天生的内在缺陷对于人追求幸福生活的决定性影响,及其与意愿官能的关系,参见 4.2。

们道德行为的绝对力量。正是在与这些被称为"自由决断的鼓吹者"[1]的论战中，奥古斯丁最终澄清了他自己独有的自由决断观念。

二 尤利安论意愿和自由决断

奥古斯丁在写于427—430年的《驳尤利安残稿》(*Contra Iulianum opus imperfectum*)中完整地保存了尤利安对意愿和自由决断的定义，以及奥古斯丁的相应批评，这为我们了解奥古斯丁对意愿自由的最后反思提供了极佳的范例。[2]

尤利安在其著作中首先引述奥古斯丁在《论两个灵魂》11，15中对罪的著名定义[3]，以此作为他自己对意愿定义的前奏：

> 意愿乃心灵的运动(*motus animi*)，它有能力下降到位居其左的恶，也能竭力朝向居于其右的高贵事物。意愿乃这样一种心灵的运动，它因人的成熟而能运用理性的决断(*iudicio rationis*)。当惩戒和荣耀，或者苦楚和快乐呈现在它面前时，所有这些只是能帮助或是引发它的运动，而不是把必然性强加给它。这一意愿，它面对不同选择，也因此获得了最初的自由决断的可能性。但是，意愿(*uoluntas*)是从其自身的活动中获得存在，它在意愿之前(*uelle*)并

---

[1] *c. Iul. imp.* II, 154. "Dicite nobis, o uani, non defensores, sed inflatores liberi arbitrii..."

[2] 在《驳尤利安残稿》一书中，奥古斯丁史无前例地完整引述了他的论敌自己的著作，尤利安的著作《致弗洛如斯》(*Ad Florum*)的八卷中的六卷也因此得以流传。值得强调的是，这里并不否认奥古斯丁有关自由决断的观点，特别是它与恩典之间的关系在这本书写成前经历了一定的发展。此处，我们只致力于重构奥古斯丁有关自由决断的成熟观点，而不是其形成过程，我们将在第八章中讨论后一论题。

[3] 尤利安的引述见 *c. Iul. Imp.* I, 44。

不存在,它在能够拒绝(nolle)[1]之前也不存在。而在能使用理性之前,就罪而言,它两者都不是,也就是说,它既不意愿[罪]也不拒绝[罪]。[2]

尤利安对意愿(uoluntas)的定义简单明晰:意愿是这样一种心灵运动,它预设了(1)理性判断的运用;(2)在不同行为方式(意愿或拒绝)中选择的能力;(3)免受必然性束缚的自由;(4)将他自身确立为自愿行为的最终原因的能力。

在上引段落中,尤利安提到但并未阐明理性能力在自愿行为中的重要性。他转而强调的是上述意愿定义的第二个条件,亦即选择的可能性。尤利安宣称意愿如果不包含拒绝的可能性就完全不是意愿。而意愿出现的其他两个条件都可以追溯到这一以其他方式行事的能力(the ability to do otherwise)。尤利安相信当意愿只有单一的可选项时,它就将被置于强力或必然性的控制之下而去选择这唯一的可选项,并且因此丧失其作为自愿行为最终原因的权威。尤利安的意愿概念根据其定义就必然是自由的。它不仅免受外在强迫的束缚,而且免于任何必然性。它是如此绝对的力量,它总是能够按照它所愿意的决定它自身的倾向。意愿的本质独立性通过自由决断,或者更直截了当地说,通

---

[1] Nolle 与意愿这一动词(uelle)相对立,本义即为不愿意、不想、不要。

[2] c. Iul. imp. I, 46-47, (1). "Voluntas itaque motus est animi in iure suo habentis, utrum sinisterior ad praua decurrat an dexterior ad celsa contendat. Motus autem animi eius, iam qui per aetatem iudicio rationis uti potest, cui, cum poena monstratur et gloria aut contra commodum uel uoluptas, adiutorium et uelut occasio offertur, non necessitas imponitur partis alterutrae. Haec igitur uoluntas, quae alternatur, originem possibilitatis in libero accepit arbitrio; ipsius uero operis existentiam a se suscipit, nec est prorsus uoluntas antequam uelit, nec potest uelle antequam potuerit et nolle, nec utrumque habet in parte peccati, id est uelle et nolle, antequam usum rationis adipiscitur."

过自由选择(free choice)来确立自己的权威。[1]

尤利安对自由决断的定义不过是上述意愿定义的加强版：

> 决断的自由因此就是犯罪或避免犯罪的能力，它免受任何具有强制力的必然性。它有能力决定它在上述两条路径中选取哪一条，也就是说，或者是德性的艰难困苦，或者是享乐的深陷泥淖。[2]

尤利安认为能行相反之事的能力正是道德责任的本质。意愿在不同的行为模式中进行拣选，我们高尚和邪恶的行为都源出于此。[3] 尤利安强调心灵不是根据本能冲动(impetu)而是"通过思考和欲求"(cogitatione appetituque)作出决断。[4] 他相信这一行他事的自由在犯罪(包括亚当和夏娃的原罪)之后仍然保持不变，否则上帝的审判将是不公正的。[5] 通过诉诸圣经中的文本依据，尤利安总结道，人的意愿

---

[1] 显然，在上文所引的段落中，"自由选择"更准确地对应于尤利安的 liberum arbitrium，我将其翻译为"自由决断"仅是为了保持行文一致。

[2] c. Iul. imp. I, 82. "Libertas igitur arbitrii possibilitas est uel ammittendi uel uitandi peccati expers cogentis necessitatis, quae in suo utpote iure habet, utram suggerentium partem sequatur, id est uel ardua asperaque uirtutum uel demersa et palustria uoluptatum." 亦参 Ibid., III, 109, (3). "In quo est hoc, inquam, arbitrium liberum...? Sine dubio in eo, ut possibile sit homini uoluntatem suam sine aliquo ineuitabili naturalium coactu uel immittere in crimen uel a crimine cohibere."

[3] Ibid., I, 79. "Factum est enim animal rationale, mortale, capax uirtutis et uitii, quod posset ex concessa sibi possibilitate uel seruare dei mandata uel transgredi uel magisterio naturali conseruare ius humanae societatis liberumque haberet alterutram uelle partem, in quo peccati et iustitiae summa est."

[4] Ibid., I, 80. "...in ipsa tamen sola uoluntate, quae aliquid uel boni uel mali non impetu breui, sed cogitatione appetituque patrauerit, uel benignitatis est ratio impleta uel malignitatis."

[5] Ibid., I, 91. "Liberum autem arbitrium et post peccata tam plenum est, quam fuit ante peccata, siquidem ipsius opera fiat, ut abdicent plerique occulta dedecoris et flagitiorum obiectis sordibus uirtutum comantur insignibus." 相应地，尤利安认为一个人的罪不能改变自然本性的状态，而只能改变回报的特性。见 Ibid., I, 96. "Nos dicimus peccato hominis non naturae statum mutari, sed meriti qualitatem, id est et in peccante hanc esse liberi arbitrii naturam, per quam potest a peccato desinere, quae fuit ideo, ut posset a iustitia deuiare."

生而自由,它甚至可以阻碍上帝的意志。[1] 他坚持认为神圣恩典的助佑总是和自由选择的能力一起运作。[2]

当然,尤利安也承认自由决断的能力也会受到某些限制。首先,人不能通过意愿的自由决断来改变内部的某些生理进程,例如感觉的功用、性别、身体的某些特质。[3] 其次,身外之物(externa),例如功名利禄,也不在意愿的权能之下,而是受"机遇的不确定性"摆布。[4] 与此相对,尤利安认为意愿在道德行为领域拥有绝对权力。意愿能够感受到邪恶的蛊惑和惩戒的痛苦,然而,这些都不能决定意愿追求善的选择。[5] 相应地,良知的统治和上帝恩典的助佑对于道德行为者来说也近在手边,它们同样不能强迫一个彷徨的灵魂转向美德。[6] 简单地

---

[1] *c. Iul. imp.* I, 93. "...atque omnibus uehementius, quod dicit intentionem suam humana uoluntate impeditam fuisse: *Hierusalem*, inquit, Hiersusalem, quotiens uolui congregare filios tuos sicut gallina pullos suos sub alas suas et noluisti?"(*Mt* 23: 37)"

[2] Ibid., I, 95. "...uerum aribtrio libero omne adiutorium cooperatur."

[3] Ibid., III, 109, (2). "Certe in eius (sc. liberi arbitrii) potestate naturalium nulla conuersio est. Nemo enim sensuum in se umquam mutauit officia, uerbi gratia ut uoces naribus aut auribus susciperet odores, nemo sexus sui conuertit proprietatem, nemo in formam transire animantis alterius, nemo per liberum arbitrium pilos corporis sui innatis potuit mutare uelleribus, nemo sibi pro ingenio aut qualitatem aut quantitatem corporis uindicauit."

[4] Ibid., III, 109, (3). "Cui agrorum fecunditas, cui prosperitas nauigationum, cui nobilitas et opes, cui constantia ipsius nobilitatis in iure constitit uoluntatis, ut uel ad horum uel ad similum sibi conquisitionem uoluntate se libera a deo effectum esse fateretur? Naturalia ergo inconcussis ordinibus, externa uero casibus semper feruntur incertis."

[5] Ibid., III, 113. "Sunt quidem dulcia incitamenta uitiorum, amara etiam frequenter, quae a pesecutoribus excitantur, tormenta poenarum, sed et illa censura honestatis euerberat et ista consumit magnitudo patientiae."

[6] Ibid., III, 114. "Verum tamen nec uirtutum est aerumnosa possessio, quae extra regnum quoddam bonae conscientiae promissae aeternae beatitudinis sublimitate fruitur; adsunt tamen adiutoria gratiae dei, quae in parte uirtutis numquam destituunt uoluntatem, cuius licet innumerae species, tali tamen semper moderatione adhibentur, ut numquam liberum arbitrium loco pellant, sed praebeant amminicula, quamdiu eis uoluerit inniti, cum tamen non opprimant reluctantem animum."

说，无论正义还是不义都不能使意愿成为必然性的囚徒。

在之后的论证中，尤利安进一步指出，意愿完全没有在先的原因，"因为意愿这一名称正意味着它的行为不能归于其他事物"[1]。首先，尤利安公开驳斥了奥古斯丁把虚无(nihil)作为人第一个邪恶意愿的本体论根源，他认为这不过是摩尼教的黑暗的永恒存在的变形。按照尤利安的观点，当虚无或摩尼教的黑暗被视为第一个邪恶意愿的本原时，这就可以推论出第一个邪恶意愿的出现是必然的，它由在先的某种力量所决定。这显然与意愿的定义相冲突，因为意愿乃是不受任何强迫的心灵运动。[2] 概言之，将自虚无中创造(creatio ex nihilo)作为原罪的根基破坏了意愿存在的条件(conditio)。[3] 因此，尤利安承认自由决断作为人类必不可少的能力，它来自上帝。然而，这一能力的实现，或者说意愿的某个特定的决断或选择，它的出现则不能受到任何东西的强迫。[4] 不论是人性，还是自由决断能力自身，都不能作为原因迫使意愿作出一个选择。用尤利安自己的话说，"意愿存在于它们之中，

---

[1] c. Iul. imp. V, 41, (1). "Huic motui animi libero sine coactu originis inquieto, si causa ipso motu detur antiquior, non gignitur omnino, sed tollitur; nomen enim ipsum uoluntatis nullam uim habet alteram quam non debere materiae quod mouetur."

[2] Ibid., "...omnino enim non intellegitur esse, si aut tenebris deputetur aut nihilo, nec potest dici iam uoluntas quae subsistere non potest nisi in motu animi cogente nullo."

[3] Ibid., V, 41, (2). "Si ergo uoluntas nihil est aliud quam motus animi cogente nullo, male prorsus quaeritur origo rei, cuius conditio, si praeuenitur, interit... . Naturalia cuncta cogunt esse quod sequitur, uoluntas autem, si praecedentibus causis cogatur, uoluntas esse mox desinit et perdit conditionem, si accepit originem." Cf. Ibid. V, 42ff.

[4] Ibid. V, 47, (1). "Ita a necessario est possibilitas natura, cum non sit necessarius possibilitatis effectus.". Ibid., V, 47, (5). "Libertatem ergo a necessario habet, uoluntatem a possibili. Non potest non esse liber, sed in neutram uoluntatem cogi potest factusque est rei necessariae possibilis effectus."

但并不来自它们(案:即人性和自由决断)。"[1]也就是受,这一心灵能力的使用或者说它的具体决断,来自无何有之乡(nowhere)。

三 奥古斯丁对尤利安自由决断观念的批评

与血气方刚的尤利安对行他事的可能性的热衷针锋相对,希波的年老主教明确地拒绝承认自由决断的本质在于它的双向能力。以下是奥古斯丁驳斥尤利安的主要的神学和哲学论证。

首先,如果自由在于善和恶的可能性,那么上帝就会被剥夺自由。[2] 出于必然性,上帝不可能行任何不义之事。然而,奥古斯丁坚持认为这样一种至福的必然性(*beata necessitas*)可以和上帝的至高自由相容。[3] 由于我们的自然本性乃是神圣存在的活的肖像,神的自由和必然性的本质关联至少提醒我们应当考虑人的意愿的自由和必然性之间可能的微妙关系。

其次,奥古斯丁强调他在《论两个灵魂》中对罪的定义关涉的是亚当最初的罪行的起源。[4] 我们在之前的讨论中已经看到,奥古斯丁认为亚当和夏娃在堕落之前的伊甸园中过着幸福的生活,远比尤利安所设想的要好。乐园中不存在任何恶的欲念去引诱意愿,将它导向或拽

---

[1] Cf. Ibid., V, 56. "Iam uoluntas in his (sc. natura et libero arbitrium) quidem exoritur, sed non de his; capacia uoluntatis sunt quippe, non plena nec faciunt, sed accipiunt meritorum diuersitatem."

[2] *c. Iul. imp.*, I, 100. "Si liberum non est nisi quod duo potest uelle, id est bonum et malum, liber deus non est, qui malum non potest uelle."

[3] Ibid., "An potius intellegere debes esse quandam beatam necessitatem, qua deus iniustus non potest esse?"

[4] Ibid. I, 44. "Hic peccatum definitum est, quod tantummodo peccatum est, non quod etiam poena peccati; de hoc quippe agendum fuit, quando mali origo quaerebatur, quale commissum est a primo homine ante omne hominis malum."

向邪恶,因为恶的欲念出现于第一个邪恶意愿之后。[1] 毫无疑问,亚当享有完整的决断自由可以在善恶间进行选择。[2] 但是,人的堕落彻底无可挽回地改变了人性。这首先影响的就是人的自由决断能力。因为所谓堕落正是意愿决定追求低下的善而不是依附至高的善。因此,我们很容易合理地设想意愿的这一转变毁坏和污损了自由意愿的能力,以此作为对意愿自身过失的报应。[3] 至于亚当和夏娃的惩诫如何能通过肉欲的感染而转移到他们的后代身上,这一神学论题不是我们这里要关心的。[4] 值得注意的是,对原罪的信念引导着奥古斯丁对尘世中的道德主体所拥有的自由决断能力做更加现实的思考。

最后,我们进入奥古斯丁驳斥尤利安的道德心理学和哲学论证。奥古斯丁同样确认意愿免于任何形式的强迫的独立性,这一点我们在第五章中已经深入地分析过。相应地,意愿的自由决断乃是意愿自发的运动,它不可能受迫产生。奥古斯丁在回应所谓摩尼教余孽的指控时很好地强调了这一点:"毕竟,如果一个人受强迫,他就不再意愿,说一个人在意愿善的同时他并不情愿,还有比这更荒谬的吗?"[5] 显然,

---

[1] *c. Iul. imp.* I, 71. "Praecessit mala uoluntas, qua serpenti subdolo crederetur, et secuta est mala concupiscentia, qua cibo inhiaretur illicito. Non itaque ibi qualiscumque cupiditas qualicumque reluctata est uoluntati, sed ei potius deprauatae deprauata seruiuit. Ac per hoc quauis iam utraque mala esset, tamen uoluntas cupiditatem, non uoluntatem cupiditas duxit."有关乐园中是否存在肉欲的问题,参见 1.1.2,尤见第 32 页注释[1]。

[2] 参见 *c. Iul. imp.* III, 57. "Sed apostasia primi hominis, in quo summa erat et nullo impediebatur uitio libertas propriae uoluntatis..." Ibid. III, 110. "Verum dicis; hoc est liberum arbitrium, tale omnino accepit Adam."

[3] Ibid., I, 85. "...fides autem catholica bonam, sed tamen mutabilem creaturam in deterius uoluntate mutatam ac per hoc deprauata sua uitiataque natura non sub aliena substantia, sed sub peccato suo ream dicit seruiliter detineri."

[4] 我们在后面的讨论中会从哲学角度考察人如何为他继承的原罪负责,见第七章第二节。

[5] *c. Iul. imp.* I, 101, (1). "Si enim cogitur, non uult; et quid absurdius quam ut dicatur nolens uelle quod bonum est?"

自发性的自由在人类堕落之后仍然未被动摇。尽管如此,奥古斯丁并不认为免于强迫的自由意味着独立于任何形式的必然性。在奥古斯丁看来,自发性的自由不能等同于面对善恶保持中立的选择的自由。因为后者暗示了自由决断实现过程中任何形式的必然性的缺席。[1]

在此我们注意到强迫和必然性的微妙差别,我们将在恩典和自由意愿的讨论中作进一步的展开。[2]此处的论证只要求我们回溯奥古斯丁对尘世生活中不可逃避的必然性的洞察。在对尤利安的回应中,奥古斯丁首先引述他所钟爱的一句圣经以唤起他的论战对手注意束缚意愿能力的必然性:"因此,我所愿意的善,我不去行;而我所不愿意的恶,我却去作。"(《罗马书》7:19)[3]在这里,奥古斯丁抛开他的有争议的原罪教义,而首先提到习性(consuetudo)的必然性来解释保禄所经历的困境。[4]随后,他指出对善的无知也使我们的罪成为必然。[5] 此外,还有情感的必然性。据奥古斯丁所言,尤利安本人在另一本书中也承认灵魂的感受和激情可以产生某种情感特质,它能够不顾我们意愿

---

[1] c. Iul. imp. III, 122. "…arbitrium liberum, quod in mali parte uitiorum uoluptatibus uel diaboli persuasionibus, in boni autem parte uirtutum dogmatibus et uariis gratiae diuinae speciebus iuuatur, non potest aliter constare, nisi ut et iustitiae ab eo et peccati necessitas auferatur."

[2] 参见第八章。

[3] 据英文译本的索引,在《驳尤利安残稿》中,奥古斯丁引述这段话多达20次。奥古斯丁引用的拉丁文本如下:"Non quod uolo facio bonum, sed quod nolo malum hoc ago."

[4] c. Iul. imp. I, 105, (1) "…si enim necessitas nulla peccandi est, ut omittam uim mali eius, quod originaliter trahitur, hoc enim nullum esse uos uultis, quid patiebatur, quaeso, qui secundum uestrum sensum tanta mole malae consuetudinis premebatur, ut diceret: Non quod uolo facio bonum, sed quod nolo malum hoc ago?"

[5] Ibid. "Deinde cogitare te existimo, quid appetendum, quid uitandum sit in agenda uita, quanto labore discatur. Qui autem hoc nesciunt, ipsa boni appetendi malique uitandi ignorantia patiuntur peccandi necessitatem. Necesse est enim, ut peccet, qui nesciendo quid facere debeat, quod non debet facit."

的努力而留存。[1] 总之,自由决断的实现受到个人当时心灵状态的影响。奥古斯丁早年在《忏悔录》中对"两个意愿"(duae uoluntates)的现象描述为此提供了很有说服力的例证。[2]

奥古斯丁的心理学洞见与他的哲学反思紧密相连。意愿的自我分裂或意愿自身的无力首先在于这一事实:意愿的倾向反映了自我的状态,它同时也受到自我当下的处境的限制。尤利安将意愿的行为解释为来自无何有之乡(nowhere)的绝对力量,奥古斯丁明确反对这一观念。

首先,不证自明的是意愿来自那正在意愿的人,尽管人作为意愿的起源不能强迫意愿的产生。[3] 一个人的意愿能力只能来自这个人,来自这个受造而成的理性生物。根据同样的理由,意愿的某个特定决断也来自自由决断的能力,因为后者乃是我们受上帝所造的自然本性的一部分,这一点尤利安本人并不否认。[4] 因此,意愿和它的自由决断都来自我们的自然本性。

更重要的是,对意愿的绝对独立性的极端强化反而对道德主体性构成威胁:

---

[1] *c. Iul. imp.* I, 105, (2) "Tu quoque ipse in libro nouissimo tuo eorum, quos contra unum meum quattuor edidisti, ex affectionibus atque passionibus animi dicis 'euenire hominibus affectionalem qualitatem atque ita inhaerescere, ut aut magnis molitionibus aut nullis omnino separetur.' Quisquis ergo ea timiditate peccauerit, quae ab illo non potest separari, quid aliud quam necessitate peccabit?"

[2] *conf.* VIII, 5, 10; VIII, 10, 24. 相关分析,见第五章第三节。

[3] *c. Iul. imp.* V, 42, (1)-(2). "Prorsus et alicunde est uoluntas et esse non cogitur; et si eius origo quaerenda non est, non ideo quaerenda non est, quod uoluntas alicunde non sit, sed quia manifestum est unde sit. Ab illo est enim uoluntas, cuius est uoluntas, ab angelo scilicet uoluntas angeli, ab homine hominis, a deo dei."

[4] *c. Iul. imp.* V, 56, (2). "Cum uero de illo exorta est (sc. uoluntas), de natura exorta est, quia homo natura est, et quia potuit etiam nolle quod uoluit, de libero arbitrio eius exorta est, quod et ipsum, sicut fateris, pertinet ad naturam."

如果一个人或者他的自由决断中的意愿来自虚无,谁创造了他?……,既然就邪恶的意愿来说,他只是接受者而非原因,这意愿发生在他身上而他并不情愿如此,为什么一个人要为它而受责难?但是,如果他受责难是正当的,这邪恶的意愿发生在他身上只因为他情愿如此,那么,当你并不否认意愿的产生是因为他情愿如此,而且如果他不情愿就不能产生意愿,你(案:指尤利安)为什么要否认这个人的意愿出自于他?[1]

在奥古斯丁看来,尤利安不可能一方面认为意愿的行为乃是人所情愿的行为,另一方面又否认那个心甘情愿的人是他的意愿行为的作者。通过夸大意愿的独立性,尤利安使意愿和自由决断变成某种绝对力量,它甚至外在于我们的自然本性。它降临在我们头上,不是由于必然性,而是纯粹凭机遇(casu)。[2] 奥古斯丁从不否认意愿乃是我们道德行为的作用因或动力因。然而,意愿的自愿倾向并非来自虚无,而是来自一个理性存在,这个理性存在被授权拥有它自己自发的行为。[3]

再有,理性生物自有其历史,而不是"没有过去的人"。它受到自己过往的限制,特别是它自己过往的意愿行为,这可以表现为习性、情感、无知等等。我们将在第七章中更加详尽地讨论意愿和这些非自愿的条件之间的关系,考虑我们如何为自己并非完全自愿的行为承担责

---

[1] c. Iul. imp. V, 56, (2). "Si ergo et uoluntas in homine uel in eius libero arbitrio de nihilo exorta est, quis eam fecit? Cur ergo propter illam damnatur homo, quo non uolente exorta est in illo uoluntas mala, cuius erat tantum capax, non efficax? Si autem, ut iure damnetur, eo uolente in illo exorta est, cur eius ipsius uoluntatem de illo exortam negas, quo uolente exortam esse et quo nisi uolente exoriri non potuisse non negas?"

[2] Cf. Ibid., V, 57, (2). "Ita fit, ut per tuam mirabilem sapientiam nec deus fecerit hominem rectum, sed qui rectus posset esse, si uellet, nec ipse se faciat, sed nescio quo casu rectus fiat, quia nec de illo, sed nescio unde aut nescio quomodo, in illo uoluntas oritur qua rectus fiat."

[3] 参见奥古斯丁的早期著作 diu. Qu. 8. "Nam si uolumus, non alius de nobis uult. Et iste motus animae spontaneus est; hoc enim ei tributum est a deo."

任。这里需要强调的是,由于这些条件的限制,人并不总是拥有不同的行为模式作为可选择项。用奥古斯丁自己的话说,我们生来就"意愿无力"、"自由决断无力"行善。[1] 尽管如此,在这一条件下,也就是说,在罪的必然性下,意愿的决断仍然是心灵自发的行动,它自然产生不受任何强迫。[2]

现在已经很清楚,对奥古斯丁来说,自由决断的本质并不在于能行他事的能力,因为双向的能力对于意愿这一官能来说并非不可或缺的。那么,这是否意味着,如伯纳比和其他学者所言,奥古斯丁的自由决断仅仅指自发性的自由(freedom of spontaneity),或者免于强迫的自由(*libertas a coactione*)呢?[3] 答案仍然是否定的。

在前文中我们已经提到,意愿对于奥古斯丁来说,并不仅仅是心灵自发的活动,而是自我极为亲密的表达,这使得它区别于我们自动产生的冲动和一个单纯的念头。[4] 在对尤利安的相关定义的批判性回应中,奥古斯丁不仅阐明了自由决断不是什么,而且肯定地表达了它是什么。他指出在人堕落之后未受触及的不仅仅是自发性的自由,而且是那使我们都能欲求幸福的自由:

---

[1] *c. Iul. imp.* III, 110. "... quod tam infirmae uoluntatis ad agendum bonum homines Christus inuenit et quod arbitrii infirmitatem ad agendum bonum non nisi per Christi gratiam potest humana reparare natura."

[2] *c. ep. Pel.* I, 3, 7. "Non itaque, sicut dicunt nos quidam dicere et iste audet insuper scribere, 'omnes in peccatum' uelut inuiti 'carnis suae necessitate coguntur', sed si iam in ea aetate sunt ut propriae mentis utantur arbitrio, et in peccato sua uoluntate retineantur, et a peccato in peccatum sua uoluntate praecipitantur. Neque enim agit in eis etiam qui suadet et decipit, nisi ut peccatum uoluntate committant uel ignorantia ueritatis uel delectatione iniquitatis uel utroque malo et caecitatis et infirmitatis."

[3] Burnaby 1991 (1938), 227ff; Rist, 1969, 420-447.

[4] 我们在第三章中讨论《上帝之城》中的羞感时,已经分析过意愿和自我的这一亲密关系。

但是如果我们去追寻那一个人天生具有,而且绝对不可能失去的自由决断,它就是那使所有人都意愿幸福的东西,甚至那些并不意愿指向幸福的事物的人[也同样意愿幸福]。[1]

对奥古斯丁来说,这一心灵能力的本质在于它和我们生活的最终目的亦即幸福的亲密联系。这也同样应证了之前我们在解读《论自由决断》第三卷时的假设:自由决断的本质在于从罪中抽身的能力,这是我们实现至福的必要条件。凭借意愿的自由决断,我们可以公开地认同那些我们认为能够将我们指向幸福的事物。

与知识这一所有理性灵魂所共有的善不同,生活幸福是个人的善。甚至早在《论自由决断》中,奥古斯丁就已经强调我们不可能因为他人的幸福而幸福,而只有当我们自己情愿依附于那真正的善,才能够达到至福。[2] 自由决断和幸福这一不可毁坏的关联进一步肯定了意愿和自我的亲密性。因为幸福不是别的,正是自我的完善,它不可能违背人的意愿(*inuitus*)而出现。[3]

前辈学者如毛斯巴赫和于夫捷已经正确地将自由决断理解为一种本质上朝向善的力量。而在此,我们通过检讨奥古斯丁晚年的论争,进一步将此处的善明确为生活幸福。通过意愿的自由决断,我们明确地认同那指向个人生活终极目的指向幸福的意愿行为。

---

[1] *c. Iul. imp*, VI, 11, (4). "Hominis uero liberum arbitrium congenitum et omnino inamissibile si quaerimus, illud est quo beati esse omnes uolunt, etiam hi qui ea nolunt quae ad beatitudinem ducunt."

[2] *lib. arb*. II, 19, 52. "Eaque ipsa uita beata, id est animi adfectio inherentis incommutabili bono, proprium et primum est hominis bonum... Beatitudine autem alterius hominis non fit alter beatus."

[3] 奥古斯丁以此作为论据说明上帝对我们幸福的预知并不会夺走我们对幸福的意愿,见 *lib. arb.* Ibid., III, 3, 8. "Nam et de beatitudine quod dixisti, non abs teipso beatum fieri, ita dixisti, quasi hoc ego negauerim: sed dico, cum futurus es beatus, non te inuitum, sed uolentem futurum."

自由决断作为意愿的活动,它本质上并非双向的选择能力。以上的分析显明,它免受任何强迫,并且通过自己与幸福和自我认同的紧密关联而区别于其他的自发性活动。尽管一个罪人在获得恩典之前,他只有犯罪的可能性,但他仍然拥有决断的自由,这首先表现在他不是被迫做出一个决断,而且更重要的是他的决断忠实地反映了他与生俱来的对幸福的意愿。然而,与这生而有之的对幸福的意愿相对立,我们意愿真正的善的能力却已经随着亚当和夏娃最初的过犯而丢失。很显然,没有对保证幸福的真正的善的意愿,对幸福的意愿只是空想。要解释我们的幸福意愿的自我分裂,奥古斯丁提出了意愿和权能(posse)的区分。如果没有相应的能力或自由去实现意愿的一个具体决断,我们所谓的决断自由就只是一个空洞的概念。[1] 这一点指向奥古斯丁所作的自由决断和真正自由(libertas)的著名区分。在澄清了堕落之后意愿所保存的自由之后,我们可以来进一步考察对于一个堕落的人来说,他需要重新赢回什么样的自由。

第四节　自由(*Libertas*)与善的意愿[2]

显然,人最初的罪所毁坏的自由正是欲求和成就善的能力。奥古斯丁坚持认为这一真正的自由和意愿官能内在相关。需要从罪的必然

---

[1] 我们将在讨论上帝的恩典如何成全人的自由意愿时,回到这一著名的意愿和权能的区分。尤见第八章第二节。

[2] 首先,我需要强调,正如 Huftier 等奥古斯丁学者所指出的,奥古斯丁在使用有关意愿自由的这些术语时,并没有严格遵守之前提到的自由决断和自由的区分,例如,在回应尤利安的时候,我们注意到,它将对幸福的意愿称为意愿的自由决断(*liberum arbitrium uoluntatis*),而在同一部著作中,他又把这一意愿倾向称为意愿的自由(*libertas uoluntati*)前者见第 247 页注释[1]。后者见 *c. Iul. imp.* VI, 12, (7). "Immutabilis autem cum qua homo creatus est et creatur, illa libertas est uoluntatis, qua beati esse omnes uolumus et nolle non possumus." 有关奥古斯丁相关术语的不精确性,可进一步参见 Huftier 1966, 189-193。

性中拯救出来,需要被复原到它原初的健康状态的正是人的意愿官能。[1] 要证实这一论断,我将首先阐明为何意愿的自由和它道德上的善本质相关。接下来我将解释为何这一如此关键的能力可以失去并且因此需要神意来使其重生。这一工作将帮助我们从一个新的角度理解 *liberum arbitrium* 和 *libertas* 的微妙关系。

"除了善你别无所爱。"[2] 奥古斯丁对爱的对象的描述同样适用于意愿。因为没有人会意愿他所认为是糟糕的、坏的东西。根据奥古斯丁的观点,这一心理现象基于存在和善在本体论上的可替换性。意愿总是意愿某物(*aliquid*),而不是虚无(*nihil*)。[3] 而任何事物只要它存在,它就是善。因此,即使是败坏的意愿,它所朝向的也是某种低下的善,而不会是虚无。[4] 当然,我们所认为是善的东西并不必然是真正的善,无论是从本体论还是在道德的意义上说。借助奥古斯丁在《论自由决断》中的一个例子,一个奴隶害怕自己会被主人残酷地虐待,因此杀了他的主人以确保一种没有恐惧的生活。[5] 没有恐惧的生活当然是一种善,正义的人同样愿意如此生活。然而,当这个奴隶以这样的方式去追求它的时候,这无疑就变成了恶的意愿,因为它为了寻求某种

---

[1] *c. ep. Pel.* I, 3, 7. "Sed haec uoluntas, quae libera est in malis, quia delectatur malis, ideo libera in bonis non est, quia liberata non est."

[2] *trin.* VIII, 3, 4. "*Non amas certe nisi bonum.*"

[3] 例见 *lib. arb.* III, 25, 75. "Qui enim uult, profecto aliquid uult, quod, nisi aut extrinsecus per sensum corporis admoneatur, aut occultis modis in mentem ueniat, uelle non potest." 相关分析,见第五章第二节。

[4] 奥古斯丁坚持认为,没有人可以正当地选择不存在,甚至自杀的人也不能。见 *lib. arb.* III, 8, 22. "Deinde quod quisque recte eligit adpetendum, cum ad id peruenerit, necesse est melior fiat. Melior autem esse non poterit qui non erit, nemo igitur recte potest eligere ut non sit." 另一方面,在他解释人类最初的罪时,他强调那禁制的果实就其自身来说是善好的。见 *Gn. litt.* VIII, 4, 8-6, 12; 13, 28。

[5] Cf. *lib. arb.* I, 4, 9-10.

可以朽坏的恶，而过上了"邪恶的、罪恶的、更应当被称之为死的生活"[1]。显然，这里关键的不仅仅是意愿的对象，而是意愿的方式。相应地，心灵行为倾向的正当与否在我们的道德行为中起着至为关键的作用。

此前我们已经揭示了自由决断和幸福生活的内在关联。奥古斯丁认为真正的自由只属于那些现实地获得幸福的人[2]。然而，"没有人能幸福，除非他拥有所有他意愿的东西，并且他从不意愿坏的东西"[3]。在幸福生活的两个条件中，奥古斯丁毫不迟疑地强调意愿的正当性乃是更有决定性的，应当首先加以寻求。要获得生活的完满，第一步也是最重要的一步是拥有善的意愿(bona uoluntas)[4]。此外，我还提到上帝将自由决断作为礼物馈赠给人乃是为了人能够追寻善好正直的生活[5]。在奥古斯丁看来，只有善好的意愿才能揭示意愿的本性和自由。

总之，当人类被剥夺了意愿善和行善的能力之后，他们就生活在罪的必然性之中。如上节所述，尽管此时自由决断仍然是心灵朝向幸福的自发运动，但它无可挽回地失去了通过自己的努力来完成自己的使命的自由。用奥古斯丁的话说，意愿成了受奴役的向恶意愿(uoluntas

---

[1] Cf. *lib. arb.* I, 4, 10.

[2] Ibid., I, 15, 32。见第232页注释[5]。

[3] *trin.* XIII, 5, 8, "Beatus igitur non est nisi qui et habet omnia quae uult et nihil uult male." Cf. 4.2.1.

[4] *trin.* XIII, 13, 17. "Cum enim beatum faciant sicut superius disputauimus duae res, bene uelle et posse quod uelis, non debet esse illa peruersitas quae in eadem disputatione notata est ut ex duabus rebus quae faciunt beatum posse quod uelit homo eligat et uelle quod oportet negligat cum prius debeat habere uoluntatem bonam, magnam uero postea potestatem."

[5] Cf. 6.3.1.

ad malam captiua)。[1] 与此形成对照的是,如果神圣的恩典从我们身上清除了犯罪的可能性,我们就不再能犯罪(non posse peccare),自然也就不再生活在罪的必然性之下。这被奥古斯丁看作应许给圣徒和天使们在天国中享有的自由。奥古斯丁会毫不犹豫地宣称圣徒们同样生活在必然性之中,因为他们只有一种生活方式可供选择。然而这种必然性却是蒙受祝福的,因为它使得自由决断的本质(即幸福生活)得以完全实现:意愿的软弱得以治愈,它能够实现自己内在的价值。[2] 这一有关意愿本质和功能的不对称现象表明意愿对于奥古斯丁来说从来不是不关心善恶的中立能力,而是本质上朝向善的心理动力。相应地,意愿的自由或者说它的自我实现的能力,正在于意愿倾向的正直和善。

由此可见,对奥古斯丁来说,"自由"这一术语当它用来刻画理性行为者时,它首先关涉的是该行为者的存在样态(自足、自我实现),而不简单地仅仅涉及行为者的独立性。[3] 基于这一考虑,行为者自身的道德品质奠基着他的道德行为的自由。奥古斯丁在《上帝之城》中如此概括:

> 因此,善人即使作他人的奴隶,他也是自由的;而恶人即使统

---

[1] 例如 c. Iul. imp. III, 112, (2). "Nemo nisi per gratiam Christi ad bonum quod uult agendum et ad malum quod odit non agendum potest habere liberum uoluntatis arbitrium, non ut uoluntas eius ad bonum sicut ad malum captiua rapiatur, sed ut a captiuitate liberata ad liberatorem suum liberali suauitate amoris, non seruili amaritudine timoris attrahatur."

[2] perf. iust. 4, 9. "...donec tota sanetur infirmitas et accipiatur tanta libertas, in qua sicut necesse est permaneat beate uiuendi uoluntas, ita ut sit etiam bene uiuendi et numquam peccandi uoluntaria felixque necessitas."

[3] 有关奥古斯丁的 libertas 乃是一种存在方式(a way of being)的论述,参见 Rakus 1996。而 Rakus 从 David Mosher 那里借来这一概念并加以发挥。在这篇文献中,Rakus 仍然将 liberum arbitrium 等同于选择的自由,并且非常依赖 Gilson 对 liberum arbitrium 和 libertas 所作的区分,他强调爱对于实现真正自由的重要性,但未能注意到意愿的自由和善的更加根本的关联。

治他人，他也是奴隶，不仅仅是一个人的奴隶，比这要更加严重，他有多少恶德就有多少主人。[1]

在乐园之中，人类无疑享有实现他们所愿意的善的能力。我们很自然地要问，为何意愿官能会失去这一它曾经享有的善？奥古斯丁同样自然地将它和原罪的后果联系起来：意愿的无能或软弱乃是对亚当和夏娃最初通过意愿的自由决断所犯的罪行的正当惩罚。因为某种难以否认的神秘方式，所有亚当和夏娃的后人都被他们本性中的这一缺陷感染。[2] 我将在接下来的一章中探讨和论证我们如何为这一天生的无能无力承担责任。在这里，我只试图指明我们怎样以一种非神秘的方式来理解这一现象。

在奥古斯丁对意愿的反思中，意愿失去自身能力或自由的可能性在于意愿（uoluntas/uelle）和权能或能力（potestas/posse）的区分。奥古斯丁在和裴拉基派的论争中，为了证明信仰仍然在我们的能力之内，他在《论圣灵与文字》中作了如下明确地区分：

> 由于愿意和能力是两回事，因此当一个人愿意（uult）的时候，他并不当即就有能力，而当一个人有能力的时候，他也并不当即就有意愿。因为正如我们有时也会愿意我们没有能力的事情，我们同样有时也会有能力做我们不愿意的事情。这已经足够清楚，而且这同样也反映在这些词汇中：意愿（uoluntas）这一名称源自"愿意"（uelle）的本质，而权能（potestas）则来自"能力"（posse）的本质。因此，当一个人愿意的时候，他就拥有意愿，而当一个人有能力的

---

[1] ciu. Dei IV, 3. "Proinde bonus etiamsi seruiat, liber est; malus autem etiamsi regnet, seruus est, nec unius hominis, sed, quod est grauius, tot dominorum, quot uitiorum." 有关"恶德的奴隶"这一概念，见 Seneca, *Epistulae*, 47, 17。

[2] 例如 ciu. Dei XIII, 14。

时候,他就拥有权能。[1]

这一区别在奥古斯丁的恩典理论中占有重要地位,这里的意愿或愿意指的都是心灵的行为倾向,而权能则是将心灵的内在决断付诸实效的能力,或者说意愿的效能。奥古斯丁坚持认为一切权能来自全能的上帝,甚至恶人和魔鬼的能力也都"由上"赐予。[2] 然而,意愿倾向却来自行为者自身:只要他愿意,即使他被褫夺了执行这一意向的能力,意愿也会产生。由此可见,一方面,我们实现意愿的正当倾向的能力应归之于神意;而另一方面,这一能力作为由上赐予的馈赠并没有将必然性(*necessitas*)强加给我们的意愿官能。[3] 在一个由神圣行为者主宰的世界,实现我们的意愿的能力,特别是实现善的意愿的能力,乃是和我们的意愿倾向相分离,并且它的存在与否并不会破坏意愿作为心灵自发活动的自由。

然而,这还不足以解释奥古斯丁所谈论的意愿失去的自由。在他的最后年月中,他明确地断定我们失去的自由不仅仅是实现善的意愿

---

[1] *spir. et litt.* 31, 53. "Cum enim duo quaedam sint uelle et posse-unde nec qui uult continuo potest nec qui potest continuo uult, quia sicut uolumus aliquando quod non possumus, sic etiam possumus aliquando quod nolumus -, satis elucet et ipsis etiam uocabulis resonat, quod ab eo quod est uelle uoluntas, ab eo autem quod est posse potestas nomen accepit. Quapropter sicut qui uult habet uoluntatem, ita potestatem qui potest."

[2] 《若望福音》19:11:"若不是由上赐给你(案:指比拉多),你对我什么权柄也没有。"奥古斯丁认为约伯同样可以向魔鬼说这一句,见 *diu. qu.* 79, 5. "Quod enim ipse Dominus agens hominem Pontio Pilato dixit, hoc et Iob diabolo posset dicere: *Non haberes in me potestatem, nisi data tibi esset desuper.*"

[3] *Spir. et litt.* 31, 54. "Hinc et Dominus Pilato: *Non haberes*, inquit, *in me potestatem, nisi data tibi esset desupe.* Sed cum potestas datur, non necessitas utique imponitur. Vnde cum Dauid Saulis occidendi potestatem accepisset, maluit parcere quam ferire. Vnde intellegimus malos accipere potestatem ad damnationem malae uoluntatis suae, bonos autem ad probationem bonae uoluntatis suae."当然,这后一结论似乎和奥古斯丁富有争议的有关恩典不可抵抗的学说相冲突,我将在第八章中作进一步的考察。

的能力,而是善的意愿自身。我们在最后一章中考察奥古斯丁晚年和所谓的"半裴拉基派"有关"信仰的发端"(*initium fidei*)的论争,这一点将更加清楚地得到印证。这里我只想指出,奥古斯丁认为上帝准备了我们的信仰的意愿,不仅仅是向我们揭示永恒真理,而且更重要的是通过圣灵引导我们认可这一真理。[1]

此外,奥古斯丁很清楚地意识到意愿和权能总是紧密地联系在一起。在《论圣灵和文字》中,在区分了意愿和权能之后,奥古斯丁随即强调:

> 但是要使某事能够在一个人的权能内做成,意愿也必须在场。毕竟,如果某人不情愿地做了某事(*inuitus*),他也通常不会被说成是在他的权能内做成[此事]。[2]

这体现出奥古斯丁早期有关意愿的一个深刻洞察:没有什么东西比意愿的倾向更在我们的权能之下了。[3] 因此,如果某一行为违背我们的意愿,这也就暗示着他没有能力按照他所愿意的方式行事。而在奥古斯丁后来和尤利安的论争中,他更加清醒地意识到意愿自身并不是绝对给予的能力,而是会受到肉欲、情感、认识等因素的制约,我们并不是总有能力获得任何一个意向。这也就意味着意愿官能自身也是一种现实的能力。因此,当意愿的权能因为自己错误的选择而受到限制,首当其冲的就是意愿获得一个特定的行为倾向或者作出一个清楚的决断的

---

〔1〕 奥古斯丁就信仰这一论题,对自己早期立场的批评,见 *prae. sanc.* 3. 6。详细的评述见本书的最后一章。

〔2〕 *spir. et litt.* 31, 53. "Sed ut potestate aliquid fiat, uoluntas aderit. Neque enim dici solet quispiam potestate fecisse, si quid fecit inuitus."

〔3〕 Cf. *lib. arb.* I, 12, 26. "Quid enim tam in uoluntate quam ipsa uoluntas sita est."奥古斯丁自己也意识到这一短语很可能被裴拉基派错误地用来捍卫他们的意愿观,即人的意愿拥有绝对力量引导人走向正直的生活。见 *retr.* I, 9, 3。显然,奥古斯丁通过强调这一本质能力可能离意愿而去,以此明确地和他的论战对手区别开来。

能力。这一点我们在奥古斯丁自己的皈依经历中看得很清楚。

简单地说,意愿官能有可能因为自己的行为而失去爱善的能力,尽管对善的爱乃是意愿及其自由决断存在的理由(raison d'être)。接下来的问题是意愿如何通过实践自己的能力而摧毁了这一向善的权能。

要解释这一貌似悖谬的现象,奥古斯丁再次强调了意愿的可变性和历史性。我们前面已经讲到,奥古斯丁在《忏悔录》第八卷中对意愿通过自由的决断而屈从于欲念,而这欲念又通过习性的束缚性力量使意愿限于它所不情愿的境地之中。习性作为旧有的意愿和他新生的信仰两相对峙,这两个意愿(duae uoluntates)的内讧撕裂了作为行动者的奥古斯丁,使得他失去了获得全心全意的向善意愿的权能。[1] 当然,在这一案例中,和人类最初的原罪不一样,奥古斯丁最初对欲念的屈从并没有完全剥夺意愿欲求正直的能力,但它确实阻碍着这一意向成长为毫无保留的爱。这一自愿的过犯后果之所以不如亚当的罪严重,仅仅是因为亚当在乐园中曾经享有更大的自由和权能,也更容易杜绝这样的过失。[2] 相应地,魔鬼本来在造物的秩序中要比人还要高,他也因此为自己的堕落接受了更为严厉的惩戒,以至于他再也不可能从自己的罪中得到救赎。[3] 而以上所提到的这些行为者自己未曾预料的后果都来自意愿自己在先的行为或意向。

为了更清楚地理解这一点,我们不妨从当代的讨论中借这样一个例子。让我们假定有一个瘾君子当初只是为了某种快感而自愿决定吸毒。这一决定致命性地使他染上了毒瘾。现在,他又突然不想再沉溺在这一恶习之中。然而,凭借意愿官能自身,他却不能在毒瘾发作时驱逐自己对于毒品的欲望。这一不可控制的欲望的在场使得这位瘾君子

---

[1] conf. VIII, 5, 10; VIII, 10, 22. Cf. 5.3.
[2] Cf. ciu. Dei. XIV, 12-15.
[3] Ibid., XIV, 27.

不能够无条件地愿意戒毒。[1] 因此,我们可以想象,人类的始祖完全有可能由于他们有意的原罪而陷于深刻的无知和无能为力之中。换句话说,这一没有人会愿意的状态可以解释为亚当和夏娃最初的意愿倾向的内在后果。

然而,我们同时也不得不承认以上的心理分析并不足以证明亚当所遭受的严厉惩罚的合法性,他被完全地剥夺了向善的意愿,而不仅仅是不能全心地欲求善。更不用说去解释这一自由(*libertas*)的丧失如何会转移到他的后代身上。尽管如此,借助我们的心理经验,我们至少可以印证奥古斯丁对于人的意愿的历史性和意愿的权能与自由的可变性的洞察。这一对意愿自由的解释也进一步支撑我们先前所得出的结论:奥古斯丁的意愿并非绝对能力,而是一个受自我的现实状态规定的具体的官能。一方面,心灵的行为倾向(复数的意愿)来自这一心灵独立的官能(单数的意愿);另一方面,意愿官能自身又会受到自己在先的意愿倾向的影响。

我们因此可以更好地理解奥古斯丁所区分的意愿的自由决断(*liberum arbitrium*)和自由(*libertas*)之间的内在关联。首先,奥古斯丁通过

---

[1] 在其影响深远的《意愿自由和个人概念》这篇文章中,Harry Frankfurt 引入上述有关不情愿的瘾君子的例子来说明它的"二阶欲望(意愿)"理论。Frankfurt 断言"不情愿的瘾君子拥有相互对立的一阶欲望:他想要吸毒,他也想要戒毒。而在这两个一阶欲望之外,他还有一个二阶的意愿。……他希望将后一种欲望,而不是前一种用来构建他的意愿;他希望后一种欲望,而不是前一种欲望能够生效并且提供一个目的,他在他实际所做的事情中寻求实现的目的。"见 Frankfurt 1988, 17-18。很显然,对 Frankfurt 来说,意愿只是用来指他所说的这个瘾君子的二阶欲望。然而在第一部分中我们已经充分地证明,对于奥古斯丁来说,一阶的吸毒的欲望同样也是意愿的一种呈现,其中包含着意愿的默许。相应地,在这里发生冲突的不是二阶的欲望(意愿)和一阶的欲望,而更是意愿自身的分裂。在奥古斯丁看来,不情愿的瘾君子这一案例恰恰表现出意愿自身的决断如何会限制意愿自身的能力。在接下来的章节中,我将揭示,奥古斯丁通过把非自愿的一阶欲望解释为意愿的无意呈现,从而为解释我们的无意之罪提供了一个令人信服的解释。而在当代哲学中,将毒瘾作为意愿的缺陷的解释,参见 Wallace 1999。

确认意愿和善的内在关联,证明了意愿的自由决断乃是人天生的朝向幸福(这一个人最重要的善)的行为能力。而人的意愿真正的自由,它不仅仅是要使一个向善的意愿得以完成,而是首先要使意愿能够以正当的方式去爱他所朝向的善。这一自由也正是意愿或自由决断被赐予人类的理由。毛斯巴赫正确地将这一道德上的自由作为最真实的自由决断。而在之前提到的奥古斯丁自由概念的评述者中,韦策尔将自由意愿解释为对善的回应,无疑最接近奥古斯丁晚年的洞见。然而,尽管如此,除开他对于自由意愿过于理智主义的解读,韦策尔没能注意到上述自由和自由决断之间的内在关联。[1]

根据我们以上的分析,我们看到这两个术语反映了意愿的同一个自由的不同层面。由于意愿和幸福的本质关联,去意愿和实现善的真正自由(*libertas*)在奥古斯丁的自由观念中占有更重要的地位。因为如果人类不恢复这一自由,那么去欲求幸福的自由决断(*liberum arbitrium*)就只是一个空洞的愿望。如果那样的话,自由决断就不能和心灵的其他自发活动,例如冲动、念头等区别开来。奥古斯丁坚持认为,只有这一真正的由上而来的自由治愈了意愿的软弱,意愿的自由决断才能真正成为自我的亲切表达。用奥古斯丁的话说,"在自由决断(*liberum arbitrium*)这一名字中听到的是自由(*libertas*)"[2]。

因此,奥古斯丁所说的意愿的自由不可能被完全还原为自发性的自由或中立的自由。在这一章中,我们充分证明了自由决断并非在不同的可能性中进行选择的中立力量,也不仅仅是心灵免于外力强迫的自发性活动。人类在堕落之后留存的是我们对于幸福的内在意向,它奠定了意愿所有的自发活动。另一方面,我们所失去的是,通过意愿自

---

[1] 对 Wetzel 唯理智论的意愿概念的批评,见第四章,特别见第三节。

[2] *spir. et litt.* 30, 52. "... in ipso nomine liberi arbitrii utique libertatem sonare."

己的努力使得这一朝向幸福的意向变为现实的能力或自由,因为我们不再能够意愿幸福生活所必需的正义。

然而,在以上的讨论中,我们只是借助自由决断和自由这一对术语简单地重构了奥古斯丁对意愿自由的反思,并通过我们的心理经验做出了初步的解释。而要说明这一自由观念在道德心理学领域的合法性,我们还需要考察它是否能够有效地解释我们的道德行为和道德责任。而且,更重要的是,我们所丧失的自由只能通过恩典恢复,因此,我们必须在最后一章中考虑这一超自然的力量和人的道德主体性是否相容。

第七章
意愿与道德责任

当我们谈论道德行为时,在心中浮现的首先是一个行为究竟是善还是恶,它应该被颂扬,还是当受斥责。道德评判乃是我们的道德行为观念的核心。然而,如果要为我们所做出的道德判断作辩护,我们首先就必须证明那应受赞扬或者斥责的道德主体确实做了相关的行为。尽管"确实"这一界定还有待进一步的澄清,无可否认的是道德责任的根基在于道德主体性(moral agency)。

在奥古斯丁的道德心理学中,我们将进一步证明,这一道德主体性和意愿休戚相关。在他早期对道德行为起源的反思中,奥古斯丁断定:

> 如果一个人的所作所为不是出于他自己的意愿(propria uoluntate),那么,无论是罪还是正当行为,都不可能正当地归给他。这也就是说罪和正当行为都在于意愿的自由决断(in libero uoluntatis arbitrio)。[1]

---

[1] *diu. qu.* 24. "Nec peccatum autem, nec recte factum imputari cuiquam iuste potest, qui nihil propria fecerit uoluntate. Est igitur et peccatum et recte factum in libero uoluntatis arbitrio."

在《论自由决断》第一卷中,他进一步宣称:"由于意愿(uoluntate)我们才能获致并且过上光彩幸福的生活,或者是可耻悲惨的生活。"[1]

然而,奥古斯丁在他的晚期作品中,特别是在驳斥裴拉基派的论著中,坚持认为我们向善的意愿本质上依赖神恩的救助,只有它才能疗治意愿的无能为力。例如在写于415年的《论本性与恩典》中,奥古斯丁特地强调意愿的行为倾向的非对称结构:

> 没人说人是如此受造,以至于他能从正义走向罪,却不能从罪走向正义。但是,要走向罪,那使他自己受到伤害的自由决断就足够了。然而要重新回到正义,他需要医生,因为他并不健康,它需要那赐予生命者,因为它已经死去。[2]

相应地,要建立善行中的道德主体性,我们就必须澄清这一疗治性的恩典如何作用于人的意愿,这将是第八章的论题。而在本章中,我们将专注于奥古斯丁论著中恶行或罪的道德责任问题。[3]

和摩尼教不同,奥古斯丁终其一生都坚持认为当我们的心灵拥有

---

[1] *lib. arb.* I, 13, 28. "Quid ergo causae est cur dubitandum putemus, etiamsi numquam antea sapientes fuimus, uoluntate nos tamen laudabilem et beatam uitam, uoluntate turpem ac miseram mereri ac degere?"

[2] *nat. et gr.* 23, 25. "Nemo dicit sic hominem factum, ut de iustitia quidem posset in peccatum ire et de peccato ad iustitiam redire non posset; sed ut in peccatum iret, sufficit liberum arbitrium, quo se ipse uitiauit; ut autem redeat ad iustitiam, opus habet medico, quoniam sanus non est, opus habet uiuificatore, quia mortuus est."

[3] William Babcock 正确地指出,相对于铺天盖地的有关奥古斯丁对善行的主体性和恩典作用关系的二手文献,有关奥古斯丁论罪的道德主体性的研究实在有限。他为这一现象提供了两个可能的理由:一是意愿的非对称性传达出这样的印象:奥古斯丁基于意愿的有关罪的解释相比起来较少疑问,另一个原因则是 Rist 1969 年发表的那篇影响深远的文章,其中断然否认奥古斯丁为罪的道德主体性提供了有效的论证。见 Babcock 1988, 30; 50 note 3。

朝向禁制之物的非法倾向时,我们就是自己的恶行的行为者。[1] 除了意愿和它的自由决断,没有什么能使心灵成为败坏欲望的奴隶。[2] 而要将意愿确立为恶行中道德主体性的根基,人们很容易将这里的意愿解释为在不同行为方式中的自由选择。[3] 似乎一个道德行为能够归于道德行为者,这只是因为该行为者曾经有能力通过意愿的自由决断选择其他的行为方式。

然而,上一章已经充分说明奥古斯丁所说的意愿的自由决断不能等同于这样一种双向的选择能力,和前文的这一解读相一致,我将在接下来的讨论中证明我们无须自由选择概念也可以建立对道德责任的有效解释,它基于将意愿作为心灵的奠基性动力,自发地、亲密地反映着自我的状态。首先,我将重新考察奥古斯丁早期如何把罪界定为有意的恶(*malum uoluntarium*)。[4] 接下来再来仔细分析在无知、习性和肉欲作用下的无意之罪(*peccatum non uoluntarium*)。

第一节 意愿与有意之罪

我们再次回到奥古斯丁在《论两种灵魂》11,15 对罪的著名定义:"罪就是坚持和追求正义所禁制之事的意愿,而我们能够自由地摆脱这一意愿。"[5] 在这部反驳摩尼教对灵魂的善恶二元论解释的论战著

---

[1] 例见 *lib. arb.* I, 1, 1. "Est certe; non enim nullo auctore fieri posset (sc. malum). Si autem quaeris quisnam iste sit, dici non potest; non enim unus aliquis est, sed quisque malus sui malefacti auctor est." *C. Iul. imp.* V, 42, (2). "Malae autem uoluntatis suae unusquisque auctor est, quia malum uult."

[2] *lib. arb.* I, 11, 21,参见第 163 页注释[3]。

[3] 例如 Babcock 1988, 28-29。

[4] Cf. *uer. rel.* 14, 27. "Nunc uero usque adeo peccatum uoluntarium malum est, ut nullo modo sit peccatum, si non sit uoluntarium."

[5] 见第 73 页注释[1]。

作中,奥古斯丁明确地将罪等同于意愿有意的过失,它显然是可以避免的。他相信如果没有意愿主动参与,我们就不应该为发源于我们自身的恶行承担罪责。

而在得出上述结论之前,奥古斯丁在这本著作中仔细地考察了四种不同情形的恶行。这四种情形涉及的实际上是同一种恶行:某人的手被别人用来书写令人蒙羞的词句。发生变化的是环绕这一行为者的外在和内在条件。

奥古斯丁首先考察这样一个明显的案例:这人的手在睡梦中被别人使用。显然,这个沉睡者不需要为这一错误行径承担罪行,因为他并不清楚自己在"做"什么,他实际上被人当作工具使用。[1]

在第二个案例中,这一行为者处于清醒的状态,但他的肢体却被捆绑起来。奥古斯丁认为只要这个人是不情愿地犯下这一过错,他同样可以免于罪责。[2]初看起来,在这两个案例中,行为者之所以能免受惩罚,在于他或者对所作所为无知,或者没有能力避免他被迫去做的事情。[3]

在第三个案例中,当恶行发生时,这一行为者同样处于睡梦中,然而他事先知道自己的手会在睡梦中被人用作这一恶劣的目的。为了防

---

[1] *duab. an.* 10, 12. "uelim experiri quid mihi responderent roganti, utrum eis peccasse uideretur, de cuius dorminentis manu scripsisset alius aliquid flagitiosum. Omnes quis dubitet ita fuisse negaturos illud esse peccatum, ita redamaturos, ut etiam succenserent fortasse quod tali eos rogatione dignos putauerim?"

[2] Ibid., "tunc quaererem, si non dormientis, sed scientis manu, qui membris tamen caeteris uinctus atque constrictus esset, quisquam ualentior aliquid similiter fecisset mali, utrum quia id nosset, quamuis omnino noluisset, ullo peccati nomine teneretur. Et hic mihi omnes mirantes quod talia sciscitarer, sine cunctatione responderent, nihil etiam istum omnino peccasse." 亦见 *c. Fort.* 20. 奥古斯丁在那里得出结论,没有意愿的自由决断,就没有罪。

[3] Ibid., "Quid ita? Quia de quo nesciente, uel resistere non ualente quisquam quid piam mali fecerit, iuste damnari nullo modo potest."

止自己在恶行发生时会从睡梦中醒来并且感到难堪,他在睡前大量饮酒。显然,在行为发生的关键时刻他并不清醒,但这一无意识状态并不能证明他的无辜,因为它直接来自意愿先前在清醒状态下所做的自由决断。[1]

与此相似,在最后一个案例中,行为者自愿地(uolens)接受捆缚。他因此也正当地被断定有罪,尽管案发的那一刻他没有能力阻止这一恶行。[2]

显然,奥古斯丁在这里将这一事件置于因果链条之中,而意愿在因果链条之初的作用将后两个案例同前面的两个案例区别开来。在这里起决定作用的显然不仅仅是行为者在行为发生时的心灵状态。

奥古斯丁在这里明确地考虑到人的行为的历史性。一个具体行为的施动者从来不是"没有过去的人"[3]。道德责任的归属实际上已经预设了生活的连续性和个人同一性。当涉及道德主体性这一论题时,个人在过去生活中的自愿决断显得尤为重要。正是通过意愿的这一自由决断,我们明确地将当下的处境和我们的反应都认同为生命中不可分割的部分。当奥古斯丁所说的行为者刻意地将自己置身于束缚之中,他实际上已经接受了相应的后果:即自己的一部分会被用作实现邪恶目的的工具。在后两个案例中,尽管恶行发生在行为者不可控制的

---

[1] *duab. an.* 10, 12. "Quid, si dormiens ille iam sciret quid alius de manu eius facturus esset, et de industria, plus potus etiam ne expergisceretur, se somno dederet, ut aliquem iurando falleret; num ei quidquam somnus ad innocentiam suffragaretur? Quid aliud quam nocentem hominem pronuntiarent?

[2] Ibid., "Quod si et illle uolens uinctus est, ut aliquem similiter praetenta defensione deciperet, quid ei tandem, ut peccato careat, illa uincula profuerunt? Quanquam his obstrictus, reuera resistere non ualeret; sicut ille dormiens, quid tunc fieret, omnino nesciret. Num quidnam igitur dubitandum est quin peccasse ambo iudicarentur?"

[3] 这一短语借自芬兰导演 Aki Kaurismäki 的同名电影,它讲述一个因为外伤而失去记忆的人的自我发现历程。

条件下,但这一条件作为在先的自由决断的后果,这恶行仍然通过一种间接的方式被看作有意之罪(voluntary sin)。换句话说,这里的行为者主动地促成了经由他的手所完成的令人蒙羞的行为。意愿通过自己的自由决断使自己成为这些非自愿条件的作者或合作者,而他自己最初是可以拒绝参与这一不光彩的事件,即使不能完全阻止其发生,但至少可以在一开始通过表明拒绝的姿态以捍卫正直的意愿倾向。在以上受迫行为的最初时刻,与之共谋还是拒绝合作的决定权仍然在意愿的权能内。

在这部早期著作中,奥古斯丁认为意愿在清醒状态下对其所作决断的控制权乃是恶行的道德主体性的根基所在。首先,如前文所论,在《论两种灵魂》中奥古斯丁预设了意愿作为心灵的自发活动,不可能在任何形式的强迫之下。[1] 被迫做某事实际上意味着不情愿地(*inuitus*)做某事。[2] 在这里,奥古斯丁正确地注意到,行为者处于某种强迫之下的状态,这可能是他自己在先的行为倾向的后果。意愿先前的悖逆的决断乃是他受人强迫作恶的动力因或作用因。在《论两种灵魂》这一文本中,奥古斯丁自然地断定这样一种意愿的决断本质上免受任何强迫。如果它不是自由的,它就根本不是意愿的行为。[3]

此外,我们已经证明,意愿恶意的行为或决断,除了道德行为者自身不可能再有其他的原因。[4] 这也就可以推出意愿的这一决断乃是属于行为者自身的决断。因此,尽管在上述四个案例中,那恶行并不直接是由那处于无意识状态或者束缚状态的行为者主动完成的,他仍然

---

〔1〕 例如该书中对意愿的著名定义,见 *duab. an.* 10, 14,参见第 48 页注释〔1〕。

〔2〕 *duab. an.* 10, 14. "Nam et omnis inuitus faciens cogitur; et omnis qui cogitur, si facit, non nisi inuitus facit."

〔3〕 Ibid., "Quanquam si liberum non sit, non est uoluntas."

〔4〕 Cf. 5.2.3-4.

会为他之前屈从共谋的决断而受斥责,因为这意愿只属于他自己。在此,恶行中的道德主体性——特别是那些出于外力压迫下的行为——乃是在于意愿之于自身决断的权威。[1] 在这一文本中,这一权威突出地表现在意愿有能力使自己免于罪恶的行为倾向。[2]

在前面的章节中我们已经提到,在更早动笔的《论自由决断》第一卷中,奥古斯丁甚至进一步将意愿的这一免于过犯的能力等同于意愿可以毫不费力(*facilitas*)地获得正义的行为倾向,并最终将我们导向幸福。[3] 然而,正如巴布柯克(Babcock)所指出,在《论自由决断》和《论两种灵魂》中,奥古斯丁都承认了罪自身所包含的"刑罚特征"[4]以及由于肉体习性(*consuetudo carnis*)的作用,意愿在摆脱肉体束缚时所经

---

[1] 参见 Babcock 1988, 38。Babcock 认为奥古斯丁也用同一种思路来解释我们对于无意之罪的责任,我将在下一节中批判这种主张。

[2] 当然,我们已经表明这并不必然等同于按照其他的行为方式行事的能力。Cf. 6. 3. 1.

[3] *lib. arb.* I, 13, 29. "Ex quo conficitur ut, quisquis recte honesteque uult uiuere, si id se uelle prae fugacibus bonis uelit, adsequatur tantam rem tanta facilitate, ut nihil aliud ei quam ipsum uelle sit habere quod uoluit."

[4] Cf. ibid., I, 11, 22. "Num ista ipsa poena parua existimanda est, quod ei libido dominatur exspoliatamque uirtutis opulentia per diuersa inopem atque indigentem trahit, nunc falsa pro ueris adprobantem, nunc etiam defensitantem, nunc improbantem quae antea probauisset et nihilo minus in alia falsa inruentem nunc adsensionem suspendentem suam et plerumque perspicuas ratiocinationes formidantem, nunc desperantem de tota inuentione ueritatis et stultitiae tenebris penitus inherentem, nunc conantem in lucem intelligendi, rursusque fatigatione decidentem; cum interea cupiditatum illud regnum tyrannice saeuiat, et uariis contrariisque tempestatibus totum hominis animum uitamque perturbet, hinc timore, inde desiderio, hinc anxietate, inde inani falsaque laetitia; hinc cruciatu rei amissae quae diligebatur, inde ardore adipiscendae quae non habebatur; hinc acceptae iniuriae doloribus, inde facibus uindicandae; quaquauersum potest coartare auaritia, dissipare luxuria, addicere ambitio, inflare superbia, torquere inuidia, desidia sepelire, peruicacia concitare, adflictare subiectio et quaecumque alia innumerabilia regnum illius libidinis frequentent et exercent? Possumusne tandem nullam istam poenam putare quam, ut cernis, omnes qui non inherent sapientiae, necesse est perpeti?"

历的困难(*difficultas*)。[1] 尽管如此,在后面讨论无意之罪时我们会进一步确证,奥古斯丁此时并不认为这一作为刑罚的困难,会像他后期著作中所说的肉欲一样足以毁灭意愿获得向善的行为倾向的能力。

在写于391年的《论真宗教》中,奥古斯丁仍然强调:"实际上罪就是这样一种有意的恶(*uoluntarium malum*),以至于如果它不是有意的,它就完全不是罪。"[2] 在这里奥古斯丁显然不承认有什么真正的无意之罪。罪不会必然产生,而是由意愿的自由决断(*liberum uoluntatis arbitrium*)犯下的。[3] 在上一章中,我们已经证明,在奥古斯丁的早期著作中,自由决断既指犯罪的可能性,也指免于犯罪的能力。我们还要注意到,甚至在最终写成于395年的《论自由决断》第三卷一开头,奥古斯丁仍然坚持区分自然运动和有意活动。在那里,奥古斯丁认为灵魂朝向低下的善之所以是有意的,因为灵魂有能力阻止这一向下的运动。[4] 这一心理活动因为是有意的恶所以应受斥责。而他们之所以是有意的,是因为他们可以通过意愿的决断加以避免。因此,我们对于有意之罪的道德责任正在于我们的意愿有能力在任何情形下追求向善的意向。而由于奥古斯丁此时将所有的罪都看作有意的恶,因此这也是一切恶行的道德责任的基础。

---

[1] *duab. an.* 13, 19. "Sed factum est nobis difficile a carnalibus abstinere, cum panis uerissimus noster spiritalis sit. Cum labore namque nunc edimus panem. Neque enim nullo in supplicio sumus peccato transgressionis mortales ex immortalibus facti. Ideo contingit ut cum ad meliora conantibus nobis, consuetudo facta cum carne et peccata nostra quodam modo militare contra nos, et difficultatem nobis facere coeperint, nonulli stulti aliud genus animarum quod non sit ex Deo supersitione obtusissima suspicentur."

[2] *uer. rel.* 14, 27. "Nunc uero usque adeo peccatum uoluntarium est malum, ut nullo modo sit peccatum, si non sit uoluntarium."

[3] Ibid., "Voluntate ergo peccatur. Et quoniam peccari non dubium est, ne hoc quidem dubitandum uideo, habere animas liberum uoluntatis arbitrium."

[4] *lib. arb.* III, 1, 2. 见第232页注释[1]。

然而,就在《论自由决断》的第三卷中,奥古斯丁引入了无知和无力这一组概念来描述人的意愿在尘世中的初始状态,他明确地断言先前有关意愿自由的论述只适用于生活在乐园中的亚当和夏娃。[1] 天生的无知和无力使得意愿丧失了选择(eligere)善的自由,因为它或者不知道什么是善,或者没有能力摆脱强横的贪欲。[2] 换句话说,灵魂从一开始就生在这些不情愿的处境之中,和前面提到的那个受到束缚的行为者一样。而如果像奥古斯丁所说的那样,罪只涉及可以避免的朝向禁制之物的意向,那么,他就很难解释在先天的道德无知和道德软弱的决定性影响下所犯的罪过。道德行为者很容易将这一切归之于他并不情愿的无知和无力。至少,我们很清楚地意识到在无知和无力影响下的错误行径不同于先前我们所说的那些可以通过意愿自身的作为加以避免的有意之罪。因此,这一类错误行径不无理由地被学者们称为"无意之罪"(involuntary sin),尽管我会在后文中揭示这一称谓的误导性。显然,澄清我们对于这一类错误行为的责任对于奥古斯丁来说尤为紧迫,因为我们在此世的行为都以无知和无力为起点,因此所有罪行在某种意义上都可以说成是无意之罪。

而在进入奥古斯丁对无意之罪中的道德主体性的捍卫之前,我想要强调奥古斯丁从来没有抛弃自愿之罪这一概念。正如前文所论,堕落的天使和人类的始祖在受造之时都享有作为双向能力的自由意愿。他们可以轻易地将灵魂的这一官能运用在善恶两极上,而不会经历困

---

[1] *lib. arb.* III, 18, 52. "Cum autem de libera uoluntate recte faciendi loquimur, de illa scilicet in qua homo factus est." 法国学者 Madec 相信奥古斯丁在先前的讨论中有意省略了这一限定,因为这能够更有力地反驳摩尼教对于恶的自然化解释。见 Madec 2001, 250。

[2] Ibid., "Nec mirandum est quod uel ignorando non habeat arbitrium liberum uoluntatis ad eligendum quid recte faciat: uel resistente carnali consuetudine, quae uiolentia mortalis successionis quodammodo naturaliter inoleuit, uideat quid recte faciendum sit, et uelit, nec possit implere."

难无力。显然,他们同样被赋予了更加完满的道德主体性,因为他们的向善和向恶的行为都直接来自意愿自己的决断。毫无疑问,他们拒绝遵循上帝的诫命乃是意愿犯下的有意之罪。

先前我们提到,最初的恶的意愿没有任何作用因。天使和人类在堕落之前,他们的意愿只受到如下事实的限制,即他们乃是从虚无中受造,而不是为上帝所生。然而,这一事实仅仅标明了罪的可能性,而不是必然性。[1] 甚至在写成于426—427年的《论训斥与恩典》之中,奥古斯丁仍然断言如果亚当和夏娃在乐园中坚守上帝的诫命,他们就会被带至一种更好的状态之中,分享圣洁天使的不朽和幸福。[2] 因此,堕落天使和人类始祖只要愿意,他们就能够避免过犯。毫无疑问,奥古斯丁认为亚当当然也需要神意的救助,否则(sine quo non)也不能维持他原初的向善意愿。[3] 然而,能否持守这一信仰一开始完全取决于他自己的意愿。只要他愿意,他就能被赐予这一坚守的恩典而永久留在乐园中。他之所以没能实际地获得这一恩典,正是因为他不愿意向上帝求助,奥古斯丁强调:

> 因为他只要愿意他就能够坚守,而他之所以不愿意如此,这来自他的自由决断,因为在那一时刻这决断如此自由,它既可以以善好的方式意愿,也可以以恶劣地意愿。[4]

---

[1] Cf. 5.2.4.

[2] *Corrept.* 10, 28. "In quo statu recto et sine uitio, si per ipsum liberum arbitrium manere uoluisset, profecto sine ullo mortis et infelicitatis experimento, acciperet illam, merito huius permansionis, beatitudinis plenitudinem, qua et sancti angeli sunt beati, id est, ut cadere non posset ulterius, et hoc certissime sciret."

[3] Ibid., 11, 32. "Namque ut reciperet (sc. Adam) bonum, gratia non egebat, quia nondum perdiderat: ut autem in eo permaneret, egebat adiutorio gratiae, sine quo id omnino non posset..." Cf. Bonner 1986-1994a, 72.

[4] Ibid., "Posset enim perseuerare si uellet; quod ut nollet, de libero descendit arbitrio, quod tunc ita liberum erat, ut et bene uelle posset et male."

亚当未能坚守,这应当算作他自己的行为的后果,因为他完全可以通过意愿选择其他的行为方式。这一原初的恶之中的道德主体性在于,意愿在善恶间选择的能力。人类原初的恶因此是有意之罪,任何内在外在的力量都不能强迫亚当和夏娃违背意愿放弃他们原初的向善意愿。

在分析魔鬼和亚当的堕落时,奥古斯丁揭示了如何理解一个理性存在者会有意作恶,尽管他们拥有比我们更大的能力,即凭借自己的意愿理解和追随善的能力。与上帝及在试探中站稳脚跟的天使不同,他们都不曾拥有有关善的完满知识,以保证他们对善的认识就是对善的爱。否则他们就已经被赐予了不能犯罪的能力,而罪也就根本不会出现了。举例来说,他们都不能预知自己起初的幸福状态是否能持久。他们也不能确认自己是否能够坚守起初的善,尽管他们确信他们可以获得坚守这一恩典的回报。[1]

之前我们提到奥古斯丁在《论自由决断》第三卷中对理性(ratio)和智慧(sapientia)作了一个独特而有趣的区分。[2] 人类始祖拥有理性能力去理解神圣诫命,但却没有相应的智慧去服从它们。但是,如果亚当愿意正当地使用这一理性,例如使自己臣服于至善,他就能够获得他所缺乏的智慧。[3] 换句话说,尽管亚当没有针对善的完满智慧,它却可以通过持续地沉思永恒真理而避免恶。这一意愿善和实现善的能力使得人类对于其最初的过犯难逃其咎。因此,我们有理由相信,至少

---

[1] 有关邪恶天使曾经分有的神圣智慧,见 *ciu. Dei*. XI, 11ff, 参见第 199 页注释[1]。而关于人类始祖对于他们的命运的确定性,见 ibid., XI, 12. "Quis enim primos illos homines in paradiso negare audeat beatos fuisse ante peccatum, quamuis sua beatitudo quam diuturna uel utrum aeterna esset incertos... Qui licet de suae perseuerantiae praemio certi sint, de ipsa tamen perseuerantia sua reperiuntur incerti."

[2] *lib. arb.* III, 24, 72. 见第 219 页注释[2]。

[3] Ibid., "Sed tamen habebat aliquid quo si bene uti uellet, ad id quod non habebat ascenderet."

在亚当的堕落这一案例中,奥古斯丁有效地在智慧缺席的情形下解释了理性存在者的错误选择如何仍然是自愿的和有责任的。

然而,奥古斯丁认为人类在堕落之后无可逆转地失去了这一自由,这一点特别体现在他晚年和裴拉基派的论战之中。另一方面,他又并不认为,在堕落之后,人们在无知和肉欲的阴影下的种种恶不应受惩罚。要解释这些所谓的"无意之罪"中的道德主体性之所在,我们就必须更仔细地考察其中意愿在奠定尘世道德中所起的功用。

第二节 意愿与无意之罪(involuntary sin)

一 奥古斯丁研究中的"无意之罪"

奥古斯丁研究界普遍认为在奥古斯丁的《论自由决断》一书的第一卷和第三卷之间存在明显的理论断裂,这突出表现在他对恶行的道德责任的论述之中。[1] 在传统认为写于388年的《论自由决断》第一

---

[1] 这两卷之间的理论张力通常被解释为早期奥古斯丁与晚期奥古斯丁的对峙,例如 Brown 2000, 146-157;O'Connell 1970, 51;Wetzel 1992, 86-87;Babcock 1988, 34-41;Cary 2000, 109-110;Cary 2008, 36-41. 然而,近年的研究开始质疑这一理论断裂主题的合法性,例如 Lössl 1995, 221-254. 在更加晚近的论著中,Simon Harrison 追随法国学者 Goulven Madec 和意大利学者 De Captiani 坚持《论自由决断》一书内在的统一性。见 id 2006, 28-62. Harrison 令人信服地建立了概述三卷之间紧密的文本关联,特别是第一卷和第三卷文本的相互呼应。相应地,所谓理论的断裂也被解释为论证的策略,而不是早期与晚期奥古斯丁之间的鸿沟。尽管如此,Harrison 并没有充分注意到奥古斯丁在第三卷中对意愿(uoluntas)这一心灵能力所作的进一步限定,这对于理解奥古斯丁成熟时期的意愿概念极为关键。其他尝试建立《论自由决断》的文本统一性的论述,可以参见 C. Harrison 2006, 198-236。

卷中[1]，奥古斯丁主张，人的行为只有在它是自愿的或有意的时候，它才是可以归罪的(culpable)。[2]此外，罪的自愿性还在于意愿有能力轻易地摆脱这一恶行。[3]然而，在通常认为完成于395年的第三卷中，奥古斯丁开始意识到亚当的堕落的致命后果，因此宣称：

> 所以我们说，罪不仅是那些可以严格地(proprie)称之为罪的东西，也就是那些我们出于自由意愿、明知故犯的(libera uoluntate et sciente)罪行，而且也是那些作为对这一罪行的惩戒必然而来的东西。[4]

马尔康·阿尔弗拉特(Malcolm E. Alflatt)在其有关奥古斯丁道德哲学中"无意之罪"这一观念的著名研究中，断言上述文句明确地将无意的或非自愿的行为包括到奥古斯丁对罪的定义之中。[5]由此阿尔弗拉特断定奥古斯丁有关无意之罪的道德责任的立场经历了根本的转变。他相信奥古斯丁早年将罪等同于有意的或自愿的恶，这一主张延

---

〔1〕 有关《论自由决断》及其他奥古斯丁早期作品的写作时间，见 G. Madec 1996。值得注意的是，这一传统的纪年依赖于这样一个假设：奥古斯丁在《再思录》中提供了他自己著作的编年目录。然而，Pierre-Marie Hombert 在其最新有关奥古斯丁编年讨论的著作中有力地挑战了这一前提，见 id. 2000，尤见 2—5。很遗憾的是 Hombert's 有关奥古斯丁作品编年的出色研究没有触及《忏悔录》之前的早期著作。在此，我沿用传统的编年，只是为了引出后文 Alflatt 有关奥古斯丁早期作品中的"无意之罪"概念的发展这一极富影响力的研究工作。

〔2〕 见 *lib. arb.* I, 1, 1. "Vnde si dubitas, illud attende quod supra dictum est, malefacta iustitia Dei uindicari. Non enim iuste uindicarentur, nisi fierent uoluntate." Ibid. I, 11, 21. "nulla res alia mentem cupiditatis comitem faciat quam propria uoluntas et liberum arbitrium."

〔3〕 *lib. arb.* I, 13, 29. "Ex quo conficitur ut, quisquis recte honesteque uult uiuere, si id se uelle prae fugacibus bonis uelit, adsequatur tantam rem tanta facilitate, ut nihil aliud ei quam ipsum uelle sit habere quod uoluit."

〔4〕 *lib. arb.* III, 19, 54. "...sic non solum peccatum illud dicimus quod proprie peccatum uocatur—libera enim uoluntate et ab sciente committitur—sed etiam illlud quod iam de huius supplicio consequatur necesse est."

〔5〕 Alflatt 1974, 117. 参见 Babcock 1988; Wetzel 1992, 96; Chappell 1995, 136-9; Cary 2008, 40-41.

续到他写于391—392年的《论两种灵魂》。另一方面,他对无意之罪的确认可以追溯到宣讲于393年12月3日的《论信仰与信经》[1]。而在这两部著作之间,奥古斯丁只写了《与摩尼教徒福图纳图斯辩》一书,这自然成为阿尔弗拉特考察的重点。[2]

根据阿尔弗拉特的解释,在于摩尼教徒福图纳图斯论辩之初,奥古斯丁坚守这样的信条:"谁不是出于意愿(uoluntate)犯罪,他就没有犯罪。"[3]意愿的自由决断再次明确地被界定为罪的定义的核心要素。[4]

在阿尔弗拉特看来,正是由于福图纳图斯引述保禄书信,例如《罗马书》7:23—25,8:7;《迦拉达书》5:17,这才迫使奥古斯丁承认我们从亚当和夏娃那里所承继的有罪的习性具有某种强制性力量。[5] 首先,奥古斯丁强调只有堕落之前的亚当和夏娃才享有完全的决断的自由。随后,他宣称亚当这一最初的自主性随着人类的第一桩有意的罪

---

[1] *f. et op.* 10, 21. "Anima uero cum carnalia bona adhuc appetit, caro nominatur. Pars enim eius quaedam resistit spiritui, non natura, sed consuetudine peccatorum. Vnde dicitur, *Mente seruio legi Dei, carne autem legi peccati*. Quae consuetudo in naturam uersa est secundum generationem mortalem peccato primi hominis. Ideoque scriptum est, *Et nos aliquando fuimus naturaliter filii irae*, id est uindctae, per quam factum est ut seruiamus legi peccati." 引自 Alflatt 1974, 118.

[2] 有关奥古斯丁早期作品编年问题,见第271页注释[1]。

[3] *c. Fort.* 20. "...qui non uoluntate peccat, non peccat."

[4] Ibid., "... si manifestum est, peccatum non esse ubi non est liberum uoluntatis arbitrium...", 引自 Alflatt 1974, 127.

[5] 参见 *c. Fort.* 21, "Nam dictum est ab Apostolo, quod *prudentia carnis inimica sit Deo*: *legi enim Dei non est subiecta*; *nec enim potest*. Patet ergo his rebus, quod anima bona, factione illius quae legi Dei non est subiecta, peccare uidetur, non sua sponte. Namque idem sequitur, quod *caro concupiscit aduersus spiritum, et spiritus aduersus carnem*; *ut non quaecumque uultis, illa faciatis*. Dicit iterum; *Video aliam legem in membris meis, repugnantem legi mentis meae, et captiuum me ducentem in lege peccati et mortis. Ergo miser ego homo, quis me liberabit de corpore mortis huius, nisi gratia Dei per Dominum nostrum Iesum Christum, per quem mihi mundus crucifixus est, et ego mundo?*"

行而消失殆尽,"但是在他(指亚当)以自由意愿犯罪之后,我们这些出自他血统的后裔就被抛入必然性的泥潭中(in necessitatem)"[1]。奥古斯丁指出,我们的心灵已经被有罪的习性所俘获,而这习性正是由我们的始祖通过自由决断所开启的。然而,习性一旦形成,"灵魂如此陷入其中,以致它之后不能克服这因为犯罪而给自己造成的习性"[2]。

此后,威廉·巴布拉克(William Babcock)在其对奥古斯丁道德主体性的研究中,对阿尔弗拉特所描绘的奥古斯丁相关立场在同一部作品中的戏剧性转变略作修订。他指出,奥古斯丁早在《论自由决断》第一卷和《论两种灵魂》中,已经注意到罪的惩罚性特性以及我们摆脱有罪的习性的困难。[3]在《论两种灵魂》10,12 中,奥古斯丁关注这样一个事实:意愿的自由决断能使主体丧失自由处于受迫的情形中,但由此而来的过犯却并不能因此得到宽恕。[4] 巴布拉克强调奥古斯丁在《论两种灵魂》一书末尾承认肉体习性对我们的意愿的阻碍作用,而正是这一点被摩尼教错误地解释为在人的身体中存在一种邪恶的灵魂,与我们的善的灵魂相对立。[5]巴布拉克强调《论两种灵魂》一书在奥古斯丁无意之罪观念发展过程中所起的关键作用,这在詹姆斯·韦策尔

---

[1] *c. Fort.* 22. "Postquam autem ipse libera uoluntate peccauit, nos in necessitatem praecipitati sumus, qui ab eius stirpe descendimus."

[2] Ibid., "..eadem ipsa sua consuetudine sic implicatur (sc. anima), ut postea uincere non possit, quod sibi ipsa peccando fabricata est." 在于福图纳图斯的公开论辩中,奥古斯丁并没有澄清亚当有意犯下的罪行如何转化成为他的后裔的无意之罪。正如前文所提到,这一论题要等到《论自由决短》第三卷才得以处理。

[3] 例如 *lib. arb.* I, 11, 22 和 *duab. an.* 13, 19。相关评述,见 Babcock 1988, 38.

[4] 参见第 262 注释[1]—[3],第 263 页注释[1]—[2]。

[5] 参见 *duab. an.* 13, 19. "Ideo contingit, ut cum ad meliora conantibus nobis consuetudo facta cum carne et peccata nostra quodam modo militare contra nos, et difficultatem nobis facere coeperint, nonulli stulti aliud genus animarum, quod non sit ex Deo, superstitione obtusissima suspicentur." 引自 Babcock 1988, 39.

(James Wetzel)的《奥古斯丁与德性的界限》一书中得到进一步拓展。[1]

对阿尔弗拉特研究最尖锐的批评来自美国学者罗伯特·奥康奈尔(Robert O'Connell),他首先质疑阿尔弗拉特对《论自由决断》III,18,50-19,54 这一段关键文字的解读。[2] 根据奥康奈尔的文本分析,在前文所引的该卷第 54 段中,奥古斯丁并没有把罪的定义延展到无意的恶行,而是指出,把罪(peccatum)这一术语运用到罪所带来的后果是一种不严格的使用,必须给予进一步的说明。[3] 奥康奈尔认为,奥古斯丁是通过诉诸我们与亚当和夏娃的休戚相关来说明上述用法的合法性。从我们的始祖那里,我们继承了无知(ignorantia)和困苦(difficultas)[4],这不是我们的自然本性,而是在此世中某种与本性的败坏和惩戒相关的状态。因为我们都在亚当和夏娃中犯了罪。无知和困苦是我们自己在他们之中自愿犯下的罪行当受的惩罚。在这一意义上,人生的惩戒状态不仅仅是我们始祖最初过犯的后果,而且是我们自己的罪的后果。奥康奈尔坚持认为在奥古斯丁有关人在堕落之后的行为主体性理论中,罪者和受罚者必须是同一个人,否则这惩罚就不可能是公正的。[5]

---

[1] Cf. Wetzel 1992, 90-98.

[2] 见 O'Connell 1991, 尤见 25-27。O'Connell 指出, Alflatt 可能是受到 John Burleigh 不精确的英译本的误导而以为所有受到无知和无力阻碍的行为都是不可避免的,同时是有罪的。更进一步的讨论,见第 287 页注释[1]。

[3] Ibid., 32-35.

[4] 奥古斯丁在《论自由决断》第三卷中第一次将我们初始的生存状态界定为无知和困苦。用奥古斯丁的术语来说,我们生来"伴随无知的盲目和困苦的折磨"。见 lib. arb. III, 19, 53. "...ut cum ignorantiae caecitate et difficultatis cruciatibus nasceremur..." 当然,这并不是要否认奥古斯丁在更早的著作中就已经意识到原罪的后果,参见 M. Verschoren, 2002, 199-240。晚近有关奥古斯丁早期作品中对人的堕落的理解,参见 C. Harrison 2006, 168-197。

[5] O'Connell 1991, 30.

依照奥康奈尔的解释,我们生而受罚因此而丧失行为的完全自由,但我们如同之前提到的《论两种灵魂》10,12中的那个行为者一样,是自愿地接受不清醒或者受束缚的状态而受人强迫犯下过错。在那里,这些受迫的行为因为我们最初的共犯,仍然被看作是自愿的和可以归罪的。简而言之,这些行为具有"起因的自愿性"(uoluntaria in causa)。与此相似,我们这些堕落了的人在无知和困苦影响下的罪行也是自愿的,因为它们同样起因于我们最初在亚当中有意或自愿地犯下的罪行。[1]

值得注意的是,阿尔弗拉特自己在他第二篇有关无意之罪的文章中也谈到了上述主张,这一点在奥康奈尔的批评中被不公正地忽视了。阿尔弗拉特追随法国学者居伊·德·布洛伊(Guy de Broglie)对《论训斥与恩典》的读解,认为我们在亚当中的同一性乃是奥古斯丁后期理解我们与生俱来所担受的罪责的关键。[2] 阿尔弗拉特详尽地考察了奥古斯丁晚期著作中所涉及的受洗者的无意之罪,并由此得出与奥康奈尔所分析的《论自由决断》第三卷相近的结论:

> 因为所有人都曾在亚当之中,每一个个体的意愿都分担了亚当最初的错误选择所带来的责任,并且因此而为这一选择的后果担负罪责——这些后果甚至出现在那自己的罪过已经在洗礼中除免的个体身上,甚至在那个体并不曾意愿如此的情形下出现。[3]

---

[1] O'Connell 1991, 35. O'Connell 同时认为我们在亚当中的同一性乃是普罗提诺的有感灵魂堕落主张在奥古斯丁思想中的残存,参见第277页注释[2]。Alflatt 也支持"起因的自愿性"这一观念,但拒绝把它应用于我们在无知和困苦的生存基本处境影响下的恶行。见 Alflatt 1974, 116。

[2] 参见 Broglie 1954, 317-337, 引自 Alflatt 1975, 171-186, at 181。关于我们在亚当中的同一性这一主张的出处,Alflatt 提到了 ciu. Dei XIII, 14; nat. et gr. 4, 4-5, 5; ench. 50; nupt. et conc. II, 5, 15。参见 Ibid., 180-181。

[3] Alflatt 1975, 185。

阿尔弗拉特和奥康奈尔都正确地觉察到我们为与生俱来的无知和无力所承担的道德责任,尽管它们往往陷我们于无能为力的境地。然而,根据他们的读解,奥古斯丁对道德主体性(moral agency)的捍卫全然依赖其神学假设,即"我们和亚当与夏娃完全同一"[1]。他们甚至未加言明地暗示,亚当和夏娃最初的邪恶意愿正是我们自己的意愿。我们在出生前就已经犯下重罪并因此在此世中不情愿地承担着相应的惩罚,即意愿无力为善。

在更晚近的研究中,学者们进一步论证这一点为奥古斯丁后期转向不可抵御的恩典概念铺平了道路。[2] 我们的意愿天生的缺陷标明我们在这个世界中丧失了行善的意愿自由(libertas uoluntati),尽管它不曾夺走我们进一步作恶的自由决断能力(liberum arbitrium)。[3] 相应地,除非上帝事先预定的恩典治愈了我们的意愿,我们的无意之罪就不会被宽恕。从这点看,堕落之后人的意愿自身不再能轻易地避免或戒除恶行,这和《论自由决断》第一卷中有关罪的自愿性特征直接冲突。因此,奥古斯丁在重思他早年这段思想经历时坦言:"为解决这一问题我极力捍卫人的意愿的自由决断,但胜出的却是上帝的恩典。"[4]

毋庸置疑,人类与亚当的休戚相关或同一性,对于奥古斯丁有关原罪和恩典的神学反思具有关键作用。为了阐明我们的灵魂与我们的始

---

[1] O'Connell 1991, 35. 亦参 Alflatt 1975, 180-185。

[2] 例如 Drecoll 1999, 187-199; id. 2004, 182-242; Josef Lössl 1995; id. 2004, 53-77; Ogliari 2003, 250-255; Cary 2008, 尤见 43。

[3] 例如 c. ep. Pel. II, 5, 9. "...peccato Adae arbitrium liberum de hominum natura perisse non dicimus, sed ad peccandum ualere in hominibus subditis diabolo; ad bene autem pieque uiuendum non ualere, nisi ipsa uoluntas hominis Dei gratia fuerit liberata et ad omne bonum actionis, sermonis, cogitationis adiuta." 参见第六章对两种自由概念的相关讨论。

[4] retr. II, 1, 1. "In cuius quaestionis solutione laboratum est quidem pro libero arbitrio uoluntatis humanae, sed uicit dei gratia." 此论断针对奥古斯丁于396年所作《致辛普力丘》,该书写成于《论自由决断》完成一年之后。亦见 praed. sanct. 4, 8。

祖的关系,奥古斯丁不惜笔墨去探究人的灵魂的神秘起源。[1] 奥古斯丁有关灵魂起源的理论仍然是学界热议的话题,它无疑需要另作专门的研究。[2] 在此只需指出奥古斯丁对这一人类与亚当同一性理论的关节点并未明确地表态。[3] 此外,奥古斯丁从未宣称我们为原罪承担罪责,如同我们为自己意愿的自由决断负责一样。[4] 而且,我们根据自己的经验显然难以相信我们在出生之前就有意愿,而且还是彼此完全相同的意愿。总之,我们为原罪所造成的与生俱来的无知和无力承担罪责,这从哲学的观点看至少不是自明的,而且这显然也不能用我们过去的自由决断的结果来解释,因为没有人能够清醒地意识到他在出生前的意愿,如果存在这样的意愿的话。

前人有关"无意之罪"的研究专注于奥古斯丁有关原罪及其罪责承继的神学论证。而这只是因为这些学者们并未认真地考虑,我们如何能为并非我们自由选择的行为及其后果负责,无论这一选择是当下的还是来自过去。这一盲点和他们对奥古斯丁意愿(uoluntas)概念的简单化理解相互呼应。他们未能认识到在奥古斯丁的哲学心理学中,

---

[1] *lib. arb.* Ⅲ, 20, 56-58;*Gn. litt.* X;*ep.* 190;*an. et orig.*

[2] 奥古斯丁有关人类灵魂起源的反思的研究,首先可以参见 O'Connell 1987, O'Connell 坚持认为普罗提诺有关灵魂进入身体前的存在深刻影响了奥古斯丁的相关讨论。尽管奥古斯丁确实在他对《罗马书》9:11 的评注中断然否认灵魂在出生之前有任何行为,无论善恶,O'Connell 仍然主张普罗提诺的论题仍然残存于奥古斯丁对我们和亚当的同一性的强调之中,而这一同一性论题正是《论自由决断》中奥古斯丁原罪理论的唯一根基。对 O'Connell 过于执着灵魂在先存在的观点的批评,见 O'Daly 1974, 227-35; id. 1983, 184-91; Rist 1994, 317-320; Rombs 2006。

[3] 例如 *ep.* 190, 1, 2. "De qua re antequam aliquid admoneam sinceritatem tuam, scire te uolo in tam multis opusculis meis numquam me fuisse ausum de hac quaestione (sc. de origine animae) definitam proferre sententiam, et impudenter referre in litteras ad alios informandos, quod apud me non fuerit explicatum."

[4] 例如奥古斯丁生前未能完成的著作 *c. Iul. Imp.* I, 57. "Sic autem aliena sunt originalia peccata propter nullum in eis nostrae uoluntatis arbitrium, ut tamen propter originis contagium esse inueniantur et nostra."

人作为堕落后的个体，从不曾拥有绝对和中立的意愿，它能够在不同的行为方式中作出选择。正由于此，他们正确地注意到了道德责任和意愿之间的内在关联，但却不能理解作为道德责任根基的意愿的自由可以和意愿的选择毫无瓜葛。[1]

在下文的讨论中，我们将致力于重构奥古斯丁对我们初始生存条件之道德责任的反思，这些条件限定着我们的意愿的自由决断。奥古斯丁著作的神学语境往往遮掩了他的哲学洞见，特别是那些有关原罪和恩典的讨论，这也是晚近有关无意之罪的讨论未能深入这一层面的关键所在。正由于此，人们往往认为，奥古斯丁在他有关原罪和预定恩典的讨论中丧失了早年有关意愿及其自由的洞见，这特别体现在他晚年和裴拉基派的论证之中。考虑到这一广为流行的误解，本节将尝试论证奥古斯丁晚年有关无意之罪的立场在哲学上也是可以捍卫的。奥古斯丁在其对人类与亚当的同一性及预定恩典的正当性的神学反思中，同样达成了对意愿的更加现实的理解，它同样可以在哲学语境中得到理解。当然，这并不意味着我们可以在不了解奥古斯丁原罪观和恩典观的情形下准确地理解他的意愿概念。我们仅仅打算揭示，奥古斯丁晚年对意愿的理解能够使我们更好地捍卫我们之于无力的意愿的道德责任。而要在哲学上说明这一点，我们无须接受我们在亚当中的神秘同一性，或人的意愿对于在先的恩典的本质依赖。

---

[1] Alflatt 相信我们对道德行为的责任植根于意愿的意向。一个行为只有当支撑它的意向（无论是当下的还是过去的）邪恶时才是有罪的。与此同时，Alflatt 还预设了我们的意愿有能力自由地选取善的或恶的意向。见 Alflatt 1975，178ff. 而 Babcock 从一开始就断定了道德责任的归属必须满足两个条件：一是道德行为者有能力不做他实际所做的事情。这被称为另选的原则。二是，"这个人，他或她自己，决定哪一个选项将被实现，有所行动还是不行动，以这种方式还是以那种方式行动"。在 Babcock 看来，这两个条件在奥古斯丁早期著作中的自由意愿概念中都得到了满足。见 id. 1988，尤见 28-29。O'Connell 也主张如果我们天生的困境不是来自我们自己在亚当中的自由选择的话，那么在它们影响下所产生的恶行就不应当看作有罪的行为。见 id. 1991，尤见 35。

二 习性(Consuetudo)与道德责任

在考虑我们对与生俱来的无知和无力的道德责任之前，我们先来简单地分析一下与习性(consuetudo)特别是肉体习性(consuetudo carnalis)相关的道德责任，看看我们如何为习性所导致的必然恶行承担罪责。

人如何为自己的习惯或习性承担责任，这个论题在古希腊罗马思想中已经得到广泛而深入的讨论。[1]即使自由意愿的热情捍卫者，如奥古斯丁晚年最有力的论敌埃克拉努的尤利安(Julian of Eclanum)，也承认由意愿产生的习性具有束缚意愿的强制力。[2]在奥古斯丁著作中，(肉体)习性首先指灵魂朝向尘世之物或肉体快感的过度的不可抑制的倾向或癖好，这些倾向由于不断重复且未受理性灵魂的阻止而成为习性。[3]这一倾向当受斥责，因为它妨碍我们沉思永恒真理和享受属灵的愉悦。[4]正如普伦迪威尔在他有关奥古斯丁习性概念的出色研究中着重指出，尽管这一习惯性的倾向通常和肉体的软弱(caro)联系在一起，但"人的有意识的部分乃是习性的最终所在，因此人也就能为

---

[1] 追随前人的研究，Fitzgerald指出奥古斯丁的习性概念深受前人的影响，例如普罗提诺、波菲里、西塞罗等。见Fitzgerald 1999，409。对奥古斯丁习性观思想来源的更详细讨论，见J. Prendville 1972, 29-99, 尤见45ff.；82。

[2] 例如 c. Iul. imp. IV, 103, (2). **Aug**: Nam et ille qui dicit: *Non quod uolo ago*, certe secundum uos (sc. Iulianum) necessitate consuetudinis premitur; hanc autem necessitatem, ne liberum auferatis arbitrium, eum sibi uoluntate fecisse contenditis et tale aliquid in natura humana factum esse non creditis, ut ex uoluntate primi hominis, de quo est origo humani generis, fieret necessitas peccati originalis in posteris."

[3] 正如Fitzgerald所见，奥古斯丁通常是在负面含义上使用习性这个概念，尽管他的相关分析目的不在于此。见id. 1999, 409。

[4] 例如 conf. VII, 1, 1-2; VII, 17, 23. 有关后一段落的详细文本分析，见Wetzel, 2000, 165-171。

他的习性的产生和根除承担某种责任"[1]。

奥古斯丁在他的一篇布道辞中区分了从单纯的快感到确定的习性的四个阶段:(1)内心中快感的刺激,(2)心灵的认可,(3)外在的行为,(4)习性。[2] 无须吃惊,习性发生的每一步都包含着意愿的作用。首先,任何一种快感,即使是最初的念想的快感(cogitationis delectatio),也不可能在意愿不许可的前提下产生。[3] 心灵的认可毫无疑问是意愿明确的行为,此外,没有意愿也就没有行为动机,心灵的决断也就不可能随之转化为外在的行为。

前面我们已经读到,奥古斯丁在《忏悔录》第八卷中分析了两种意愿,精湛地展示了习性乃是意愿自身决断的后果:

> 由于意愿败坏(uoluntas peruersa),遂生欲念(libido),顺从欲念,渐成习性(consuetudo),习性畅行无阻,便成为必然(necessitas)。……在我心中开始萌生新的意愿,即白白地为你服务,享受你,天主,享受唯一可靠的乐趣,但这新的意愿还没有足够的力量

---

[1] Prendville 1972, 71. Prendville 的主要依据是,奥古斯丁在 c. Fort. 22 中将"灵魂"一词引入"由于肉体而造成的习性"这一表述中, "Sed quemadmodum illa nix calore resoluitur, et desinit nix esse, ut possit calescere: sic illa carnis prudentia, id est, consuetudo facta cum carne, cum fuerit mens nostra illuminata, et ad arbitrium diuinae legis totum hominem sibi Deus subiecerit, pro illa consuetudine animae mala facit consuetudinem bonam." 他也提到在《论信仰与信经》中,奥古斯丁明确地将"肉体"这一概念解释为灵魂当受谴责的倾向,见 f. et. op. 10, 23. "Anima uero cum carnalia bona adhuc appetit, caro nominatur. Pars enim eius quaedam resistit spiritui non natura, sed consuetudine peccatorum, unde dicitur mente seruio legi Dei, carne legi peccati." 亦见 mus. VI, 11, 33. "Haec autem animae consuetudo facta cum carne, propter carnalem affectionem, in Scripturis diuinis caro nominatur." 以上段落均引自 Prendville 1972, 70-71. 有关奥古斯丁"肉体"概念,特别是"肉欲"(concupiscentia carnis)中的"肉体"概念的分析,见 1.1.1。

[2] s. 98, 6. "prima est enim quasi titilatio delectationis in corde; secunda, consensio; tertium, factum; quarta, consuetudo." 引自 Fitzgerald 1999, 409。

[3] Cf. trin. XII, 12, 17. 有关这一文本的深入评述,见 2.2.3。

去压服根深蒂固的在先的[意愿]。[1]

　　此处,意愿与习性的强制力交互作用:一方面,习性的形成起于并依赖于意愿的倾向,它使理性的生物成为欲念的奴隶。在晚年回应尤利安的批评中,奥古斯丁明确强调习性乃是意愿的果实(*fructus*),并且只能由意愿获取。[2] 另一方面,习性通过增强甚至强迫意愿先前对欲念的屈从来展示它的强制力。在奥古斯丁的亲身经验中,这一强制力的直接后果是意愿的自我分裂,意愿无力全身心地拥抱基督信仰。在其早年著作中,奥古斯丁甚至将意愿行为的多样性还原为习性的多样性。[3] 换言之,意愿决断的自由因习性的存在而削弱或受到限制。习性的妨碍使意愿的官能瘫痪,除非它自身的痼疾被治愈。

　　尽管如此,我们在习性阴影下意愿所做的决断却仍然是必须要为之负责的,这基于如下两个原因。

　　首先,以习性为中介,意愿的官能得以直面其过往决断的后果。在此,奥古斯丁考虑的是人作为行为主体的历史性和现成性(facticity)。一个具体行为的实施者决不是"没有过去的人"。道德责任归属的实践预设了个体生命的连续性和人格同一性。在道德主体性这一论题中,关键的是人在历史中的自愿决断:人不仅为当下的抉择而且为过往的决定负责。套用阿尔弗拉特和奥康奈尔的术语,我们可以宣称那些由于习性的力量而不可避免的恶行它们具有"起因的自愿性"(*uoluntaria in causa*)。

---

[1] *conf.* VIII, 5, 10. 原文见第 201 页注释[1]。

[2] *c. Iul. imp.* IV, 103, (3). "Nonne conditionem suam ⟨sua⟩ conditione perdit (sc. peccatum), ut per uim consuetudinis fiat sine uoluntate, cum consuetudo non facta sit nisi uoluntate? Nonne rei huius natura fructibus suis negatur? Quandoquidem consuetudo fructus est uoluntatis, quoniam ex uoluntate gignitur, quae tamen id quod agit negat se agere uoluntate."

[3] *diu. qu.* 40. "Ex diuersis uisis diuersus appetitus animarum, ex diuerso appetitu diuersus adipiscendi successus, ex diuerso successu diuesa consuetudo, ex diuersa consuetudine diuersa est uoluntas."

更重要的是,意愿的决断免受任何内在的强迫,包括以旧有意愿形式出现的习性。习性规定了意愿官能的状态,但并不能够迫使意愿获取一个新的意向。在《忏悔录》中有关两种意愿交战的描述中,在习性阴影下的意愿并不能够号令心灵获得对上帝全身心的爱。另一方面,习性作为旧有的意愿同样也不能号令心灵放弃它对上帝的爱,尽管这爱还没有成全。[1] 在后文有关原罪责任的讨论中,我们将进一步指明正是这一意愿的自由使我们在心灵不情愿条件下的道德行为成为可归罪的。

前人的研究已经充分地强调了我们要为习性承担道德责任的第一个理由。根据这一解释,意愿在获取习性时能按其他方式行事的自由(the freedom of the will to do otherwise)或选择的自由被看作责任的真正根基。[2] 它预设了意愿至少在获取有罪的习性之前拥有对它的选择的绝对控制,尽管这一自由在习性形成后可能会被削弱。我们应当为习性负责,正是因为它起源于意愿作为中立的能力自由选择的后果。

然而,在第六章的分析中,我们已经看到,奥古斯丁认为意愿在善恶间选择的自由只属于亚当、夏娃和撒旦,当然是在他们堕落之前。[3] 而在被驱逐出伊甸园之后,人类无可挽回地陷入必然性之中。在《论自由决断》第三卷中,这一必然性明确地等同于心灵的无知和困苦,它们规定着这个世界的每一个个体生命的生存状态。[4] 显然,必然性的

---

[1] conf. VIII, 8, 20. 参见5.3。

[2] 例如 Prendville 在分析前文引用的《忏悔录》VIII, 5, 10 这一著名段落时,他强调奥古斯丁的习性源自他自己的自由,这是因为,"在他习性形成的任何时刻,这一过程都可以被终止。"见 id. 1972, 59。Prendville 确实注意到了习性作为个人的罪与肉欲作为原罪之间的神秘关联,这一点在《忏悔录》中只是加以暗示,而在晚年的著作如《驳尤利安残稿》中才得到发挥。但是,他未能考虑到意愿内在的独立性,也没有令人信服地说明为什么我们要为这两种违背我们意愿决断的罪负责。见第 279 页注释[1]。

[3] 例如 c. Fort. 22;《论自由决断》III, 18, 52. 参见6.1。

[4] 见第274页注释[4],有关"无知"和"无力"这一组概念的分析,另请参见第四章第二节。

阴影笼罩着堕落之后的人类个体,特别是在他们的习性成形之前。

正如普伦迪威尔(Prendville)所论,奥古斯丁清楚地意识到习性和原罪及其后果的本质关联。在他 394—395 年所作保禄书信的评注中,他第一次将习性和我们内在的向恶的倾向联系起来。[1] 而在 396 年给后来的米兰主教辛普力丘的答复中,奥古斯丁明确地在疏解《罗马书》时将习性解释为肉欲的加强:

> 若有人问:在他(指保禄)的肉体里所驻留的没有善,也就是说只有罪驻留于此,这究竟从何而来?难道不是来自他所承继的必死性和他对快感的迷恋吗?前者是对原罪的惩罚,后者则是不断的犯罪的惩罚。在今生中我们生而具有前者,在度过此生时添之以后者。此二者,即本性与习性,相互纠结,遂使贪欲(cupiditas)强大无匹。这就是他所说的罪,他说这罪驻留在他的肉体内,确立统治,建立王国。[2]

> 他尚未在恩典之下,所以不做他所愿意的善。他做他不愿意的恶,因为肉欲征服了他,这不只因为必死性的束缚,而且因为肉欲借着习性的重压得以强大。[3]

堕落之后的个体被向恶的倾向性征服,他因此失去了完成正当行为的

---

[1] 此处所说的释经著作指《〈罗马书〉要旨评注》和《〈迦拉达书〉评注》。参见 Prendville 1972, 74-77。

[2] *Simpl.* I, 1, 10. "Quod si quaesierit aliquis: Vnde hoc est, quod dicit habitare in carne sua non utique bonum, id est peccatum? —Vnde nisi ex traduce mortalitatis et adsiduitate uoluptatis? Illud est ex poena originalis peccati, hoc ex poena frequentati peccati; cum illo in hanc uitam nascimur, hoc uiuendo addimus. Quae duo scilicet tanquam natura et consuetudo coniuncta robustissimam faciunt et inuictissimam cupiditatem, quod uocat peccatum, et dicit habitare in carne sua, id est dominatum quendam et quasi regnum obtinere."

[3] Ibid., I, 1, 11. "*Non enim quod uult facit bonum qui nondum est sub gratia; sed quod non uult malum, hoc agit* superante concupiscentia, non solum uinculo mortalitatis sed mole consuetudinis roborata."

自由,这首先要归因于我们必死的存在,作为对此世中个体原罪的责罚,其次是因为自我施加的习性,它强化了个体内在的向恶倾向。[1]

在《忏悔录》第八卷中,奥古斯丁也暗示了原罪及肉欲作为原罪的后果对我们此生的决定性影响。[2]然而,这一以习性为形式的旧有意愿不过是意愿内在的无力的有力呈现,它最初体现在我们的肉欲之中。[3] 法国学者索里尼亚克(Solignac)在评述此段时精辟地概括:"习性不过是肉欲的个人强化而已。"[4]

当然,奥古斯丁在其晚年著作中进一步构建和说明习性如何可以被还原为人与生俱来的原罪,特别是在他和尤利安的论争中,而这也正是前文提到的普伦迪威尔的论文所关注的焦点。[5] 但是,前面的文本证据已经足以说明,如果只强调习性起源于意愿自主的决断,这不能够解释肉体习性的可归罪性。前人有关奥古斯丁习性概念的研究,突出

---

〔1〕 奥古斯丁多次提到的必死性这一概念,参见 Prendville 1972, 78ff。

〔2〕 见 *conf.* VIII, 10, 22。奥古斯丁坚持认为他已经不再认同旧有的意愿或习性,但它仍然残留于他之中,因为他终究是亚当的后裔。"Et ideo non iam ego operabar illam, sed quod habitabat in me peccatum de supplicio liberioris peccati, quia eram filius Adam." 参见 Prendville 1972, 60。有关《忏悔录》中的原罪学说,参见 Rigby 1987,其中有关上述文本的评述,见72-73。晚近关于奥古斯丁原罪学说更一般的介绍,见 Jesse Couenhoven, 2005, 359-396。

〔3〕 这段文本主要用来驳斥摩尼教的主张,奥古斯丁并未把习性这一心灵的恶疾同肉欲或原罪联系起来,但我们很容易建立这一关联。首先,奥古斯丁在信仰前的逡巡不决,最终是在上帝的助佑下通过免除他过往之罪而得以解决。其次,此处所说的过往之罪并非为心灵或意愿所认可的有意之罪,因为奥古斯丁之前已经提到他不再赞同他旧有的意愿,因此,这里所说的正是他不情愿地承受的无意之罪。见 conf. VIII, 5, 11. "Sic intellegebam me ipso experimento id quod legeram, quomodo caro concupisceret aduersus spiritum et spiritus aduersus carnem, ego quidem in utroque, sed magis ego in eo, quod in me approbabam, quam in eo, quod in me improbabam. Ibi enim magis iam non ego, quia ex magna parte id **patiebar inuitus quam faciebam uolens**."(黑体为笔者所加)

〔4〕 见 BA 14, 541。

〔5〕 参见 c. *Iul.* VI, 18, 55; c. *Iul. imp.* I, 105; IV, 103; V, 64; VI, 12. 相关讨论见 Prendville 1972, 尤见 96ff。正如 Prendville 在其脚注中所指出,德国学者 Joseph Mausbach 早已注意到习性与肉欲的可类比性,参见 Mausbach 1929, II, 220-221。

其"起因的自愿性",这一解释极度依赖于对奥古斯丁意愿概念的粗浅误解,将其等同于在善恶间进行选择的双向能力,它如此绝对地被交付人类,仿佛来自无何有之乡,不受任何必然性的束缚,至少在习性形成之前是这样。然而,在奥古斯丁看来,对于一个堕落之后的行为者来说,拥有如此绝对的意愿能力只是一个貌似美丽的神话。[1] 这一幻象在两个方面扭曲了人的意愿官能:一方面它无视自我生存条件所限定的人的意愿的现实性——意愿生而柔弱;另一方面它遗忘了人的意愿作为心理动力的本质,即所有的意愿总是指向好的东西。奥古斯丁在批评尤利安的自由决断(*liberum arbitrium*)概念时敏锐地指出,一种没有任何在先的原因的绝对的选择能力最终反而会使理性的行为者丧失他对自己选择的所有权,因为甚至他自己也不能算作这一选择的原因。因此他也就无须为意愿邪恶的倾向承担罪责。[2]

在奥古斯丁的道德心理学中,他对所谓的无意之罪的可归罪性的解释奠基于对意愿和道德主体性更加深刻和坚实的理解之上,它首先要说明的正是我们如何为人性被给予的初始状态担负责任。这一初始状态,作为原罪的后果,它首先展现在肉欲之中,即灵魂内在的对于可以朽坏的世界的倾向,它将我们带向更有强制力的肉身习性。

三 肉欲(*Concupiscentia*)与道德责任

正如前文一再强调,奥古斯丁将原罪的后果框定为无知和困苦,或盲目和软弱(*caecitas and infirmitas*)。在下文的讨论中,我将集中讨论困苦或意愿的软弱所导致的无意之罪(这在前文已经揭示为肉欲的同

---

[1] 参见第六章第三节。
[2] 参见第六章第三节第三部分。

义词）。[1] 我们之所以不再另辟章节专门讨论无知这一人性的内在缺陷，主要是基于如下理由。

首先，尽管无知也会"阻碍意愿转向善行或是戒除恶行"，但它主要是指人的理智缺陷，或者说导致令人蒙羞的讹误。[2] 与肉欲和意愿的软弱之间的亲密关联相比，无知之于意愿官能的阻碍作用，显然要更加外在和间接。其次，在奥古斯丁看来，意愿作为心灵的恶疾，显然要比无知严重得多。[3] 相应地，当意愿官能还在原罪所带来的必然性枷锁之下，肉欲这样一种与生俱来的向恶倾向也更加难以克服。因此，如果我们可以确立肉欲之中意愿的自由和道德主体性，那么由无知所产生的无意之罪的道德责任问题也就迎刃而解了。

我们必须为我们在原罪所导致的必然性下所犯的过失承担责任，无论它来自无知还是肉欲，奥古斯丁从不怀疑这一点。在《论自由决断》第三卷中，当第一次引入无知和困苦这一对概念时，他就已经断言：

> 然而，甚至那些出于无知（*per ignorantiam*）的行为也受谴责，

---

[1] 在《论自由决断》中，奥古斯丁在解释灵魂的困苦时，就曾经提到肉体习性、肉欲、欲念、灵魂愚钝的或肉体的部分。见 *lib. arb.* III, 18, 52; III, 19, 53; III, 22, 65。奥古斯丁在其后其著作中更加明确地将困苦等同于肉欲，见 *pecc. mer.* II, 2, 2-4, 4; *spir. et litt.* 34, 51。另见 Bonner 1986-1994b; Dodaro 1989, 346-347; Rist 1994, 102, 135-136, 320-327。

[2] *pecc. mer.* II, 17, 26. "Nolunt homines facere quod iustum est, siue quia latet an iustum sit siue quia non delectat. Tanto enim quidque uehementius uolumus, quanto certius quam bonum sit nouimus eoque delectamur ardentius. Ignorantia igitur et infirmitas uitia sunt, quae inpediunt uoluntatem, ne moueatur ad faciendum opus bonum uel ab opere malo abstinendum."

[3] *c. Iul.* VI, 16, 50. "Ex hoc autem concupiscentia peior est quam ignorantia, quia ignorantia sine concupiscentia minus peccat; concupiscentia uero sine ignorantia grauius peccat. Et nescire malum, non semper est malum: concupiscere autem malum, semper est malum. Bonum quoque ipsum uitliter aliquando ignoratur, ut opportune sciatur: nullo autem modo fieri potest, ut carnali concupiscentia bonum hominis concupiscatur: quandoquidem nec ipsa proles libidine corporis, sed uoluntate animi concupiscitur, quamuis non sine libidine corporis seminetur."

并被断定为需要更正……而那出于必然性(necessitate)的行为也将受谴责,此时人意愿正当行事却无能为力。[1]

为了说明后一种情形中责罚的合法性,奥古斯丁引述他最喜爱的保禄书信段落,例如《罗马书》7:18—19 和《迦拉达书》5:17。[2] 在后一段中,保禄提到了心神之欲和私己的肉欲之间的对立。奥古斯丁在晚年明确地断定,肉欲(concupiscentia carnis)或意愿的软弱性既是对我们的惩戒,也是我们自己的罪过。[3] 他坚持认为由于肉欲而无从避免的错误行径同样也是罪:

> 毕竟[心神]不想怀有肉体的欲望(concupiscentia carnis),但当下却做不到。由于这一点,[心神]直到现在都在哀叹领养了身体,期盼身体的救赎,那时它将如此拥有肉体,使得它再不能犯罪

---

[1] lib. arb. II, 18, 51. "Et tamen etiam per ignorantiam facta quaedam inprobantur, et corrigenda iudicantur... Sunt etiam necessitate facta inprobanda, ubi uult homo recte facere, et non potest." 此处 Burleigh 的英译文为,"Nevertheless, some things are done in ignorance which are held to be wrong and worthy of correction... Wrong things are done by necessity when a man wills to do right and has not the power." 正如前文所提到,O'Connell 指出 Burleigh 不够精确的翻译使得 Alflatt 误认为奥古斯丁此处已经明确提到无意之罪。O'Connell 正确地强调奥古斯丁此处谈到的只是错误的行为而不是真正的罪。我们只能在不严格地谈论中将它们称为罪,在 O'Connell 看来,也就是在我们把它们看作先前的自愿行为所导致的无法自主的后果时,它们才是罪。见 O'Connell 1991, 25ff。尽管如此,很显然,奥古斯丁此处确认堕落后的行为主体必须为上述错误的行为承担责任(improbari),尽管不同于亚当和夏娃为他们有意犯下的罪担负罪责。此外,后文的分析将表明在奥古斯丁的晚期著作中,人性的这两个初始缺陷同样被明确地称为罪(peccata)并且因此在没有被宽恕之前要受责罚。由此来看,把这些我们的初始状态必然导致的错误行为看作无意之罪,并不像 O'Connell 所说的那样全无根据。此处的关键在于说明我们为之所承担的责任在实质上不同于我们为严格意义的自愿罪行所承担的责任。

[2] lib. arb. III, 18, 51. "nam unde sunt illae uoces: *Non enim quod uolo facio bonum, sed quod nolo malum, hoc ago*; et illud: *Velle adiacet mihi, perficere autem bonum non inuenio* (Rom 7:18-19); et illud: *Caro concupiscit aduersus spiritum, spiritus autem aduersus carnem: haec enim inuicem aduersantur; ut non ea quae uultis faciatis?* (Gal 5:17)."

[3] 例如 c. Iul. imp. I, 47; I, 101; VI, 17。

(*non posse peccare*)。因此,现在在洗礼之后,心神不仅能犯罪,而且尽管心神坚决地抵制肉体的欲望,有时仍能被肉欲拖曳着(*trahi*)去同意它,这也就犯下了罪,尽管这罪可以宽恕。在此生中我们总有理由说:宽免我们的罪债![1]

在此,奥古斯丁将肉欲刻画为我们与生俱来的重负,任何个体在此生中都无从摆脱,哪怕他由于恩典的眷顾而产生了灵性的渴求。然而,肉欲的必然性并不和我们对由它而起的错误行为承担责任相冲突。在上面这一段中,这些错误的行径也确实被看作可以宽恕的罪过。

而且,甚至肉欲自身在这里也被看作应当拒斥的恶。首先,仅仅它的出场就足以褫夺我们心神的平静。此外,通过攫取(*trahere*)意愿的认同,它可以轻易地从天生的缺陷转化为当受斥责的灵魂倾向,尽管这一倾向不必然地伴随罪恶行为(*opus malum*)。[2] 由于这一点,甚至品德高尚超越世俗的人们在此世也不可能全然清白,他们也要为肉欲在此生中的在场及其活动(*actus*)这一原罪的残痕而受训斥。[3]

---

[1] *c. Iul. imp.* I, 101, (3). "Vult enim et istam carnis concupiscentiam non habere, sed non potest nunc, propter quod adhuc in se ipso ingemescit adoptionem expectans redemptionem corporis sui, ubi sic habeat carnem, ut iam peccare non possit. Nunc ergo non solum potest peccare post baptismum, uerum etiam, quia et bene reluctans concupiscentiae carnis aliquando ab ea **trahitur** ad consensionem et quamuis uenialia, tamen aliqua peccata committit, habet, cur semper hic dicat: *Dimitte nobis debita nostra.*"(黑体为笔者所加)

[2] Cf. Ibid., II, 221, (1). "... sed peccatum, sine quo nemo nascitur, creuit uolutatis accessu originali concupiscentia **trahente** peccantis assensum." The emphasis is added. 亦参 Ibid., IV, 61. "Concupiscentia carnis mala est et quando ei non consentitur ad malum; ipsa est enim qua caro concupiscit aduersus spiritum, etiamsi aduersus eam concupiscente spiritu non perficiat quod conatur, id est opus malum."

[3] 奥古斯丁强调尽管原罪人人共有,但法不责众在此显然不适用,因为它同时也是每一个个体自己的罪。见 *corrept.* 6, 9. "An uero ideo prauitas ista corripienda non est in homine, quia non eius propria qui corripitur, sed communis est omnibus? Imo uero corripiatur et in singulis, quod est omnium. Non enim propterea cuiusquam non est, quod ab ea nullus immunis est."

现在已经很清楚的是,奥古斯丁在其著作中始终立场坚定地认为在罪的必然性前提下出现的罪恶行为仍然是有罪的,特别是那些来自肉欲的行为。但是为了辩护这一信念,奥古斯丁则提出了不同的哲学解释,对应于他在不同时期对于肉欲这一强迫力以及肉欲和意愿的关系的不同理解。粗略地勾勒奥古斯丁从写作《论自由决断》第三卷到《驳尤利安残稿》近三十五年间思想的变化,这可以帮助我们确认奥古斯丁是否在他对原罪及其后果的长年反思中,曾经为"无意之罪"的道德责任提供强有力的哲学论证。此处的要点不是要确立奥古斯丁晚年著作中"无意之罪"(特别指肉欲)这一观念的确切编年史,甚至也无关乎奥古斯丁神学的连续与断裂,而是要用哲学的方式考察奥古斯丁如何在不同的神学和历史语境中处理这一难题。[1]关键要揭示奥古斯丁在论述我们为先天的秉性承担责任时所呈现的哲学洞见。

正如前面的分析已经指出,《论自由决断》第三卷中提到的"困苦"(*difficultas*)指的是灵魂在意愿和完成正义行为时所经历的对抗和抵制。[2]我们还注意到在这一文本中,这一道德困境常常和肉欲联系在一起,但二者并不等同。[3]然而,在这一时期,奥古斯丁并没有把肉欲的强制力看作意愿内在的软弱。基于这一原因,他相信这一缺陷的在场并没有完全根除意愿向善的能力。尽管被逐出伊甸园之后,人就丧失了通过意愿的决断来获取至福的能力,但是他仍然拥有追求卓越的力量,通过祈祷寻求神恩的助佑,以之克服当下的道德困境来加以实现。因此,人为他由肉欲而来的行为负责是正当的,因为他是由于忽视

---

〔1〕 有关晚近重构奥古斯丁对原罪和恩典反思的发展历程的努力,参见 Hombert 1996;id. 2000; Lössl 1997; Drecoll 1999; 2004; Cary 2008。

〔2〕 Cf. *lib. arb.* III, 18, 52. " ex difficultate cruciatus affligit... et resistente atque torquente dolore carnalis uinculi..."

〔3〕 见第 286 页注释〔1〕。另见 4.2。

了这一追求卓越的内在力量而进一步堕落。

借助这些观点,奥古斯丁在《论自由决断》临近结尾时为我们在原罪重负下的道德责任提供了一个哲学解释,将无知和困苦看作人性的天生条件,而不是作为对人先前的罪过的惩戒:

> 那天然的无知和无能,并不作为罪恶(reatus)归咎于灵魂;要归罪的是灵魂不渴求知识,没有充分注意到要行正直之事并不困难。[1]

随后,奥古斯丁将道德困难看作灵魂崇高的部分和肉欲部分之间的冲突,同时肯定灵魂有能力做出正确的善恶判断并进而寻求神恩的帮助。[2] 因此,尽管亚当的后裔不能只凭借意愿就实现善,他们仍然可以通过吁求上帝的恩典来避免犯罪。追寻善的能力仍然持存于堕落后(post-lapsarian)的道德主体中,尽管它致命性地被人类始祖最初的有意过犯削弱了。相应地,在此生中的错误行为也不是直接地由无知和困苦所导致,而是由于意愿未能运用灵魂内在的力量。概而言之,由于这一内在力量的存在,我们这里考察的就不再是"无意之罪",并且它也不仅仅在起源上是自愿的,而是明确地来自灵魂自愿的决断。

此处有两点值得关注,一是肉欲或道德困苦作为人类的天生条件被看作是无罪的。另一点是这一天生条件阻碍了但并没有强制意愿作

---

[1] lib. arb. III, 22, 64. "Non enim quod naturaliter nescit et naturaliter non potest, hoc animae deputatur in reatum; sed quod scire non studuit, et quod dignam facilitati comparandae ad recte faciendum operam non dedit."

[2] Ibid. III, 22, 65. "Et quod agnoscens quid sibi agendum sit non continuo ualet implere, hoc quoque nondum accepit. Praecessit enim pars quaedam eius sublimior ad sentiendum recte facti bonum: sed quaedam tardior atque carnalis non consequenter in sententiam ducitur; ut ex ipsa difficultate admoneatur eumdem implorare adiutorem perfectionis suae quem inchoatinonis sentit auctorem; ut ex hoc ei fiat carior dum non suis uiribus, sed cuius bonitate habet ut sit, eius misericordia subleuatur ut beata sit."

出任何决断。换句话说,道德困境即使作为对我们在亚当之中的罪的惩戒,它的在场并没有改变我们在此世生活道德行为的自愿性(voluntariety)。因此,我们为无知和困苦及其后果负责,实际上仍然是在为我们的自愿行为承担罪责,因为奥古斯丁在此坚信,意愿这一灵魂能力从来不曾不情愿地被内在的道德困境所拖累,以至于失去了做出自己的决断并且提升道德的能力。

某些学者,如威廉·巴布柯克(William Babcock)将上述受限的意愿能力或自由看作能够以其他方式行事的绝对能力(the absolute ability to do otherwise)的残余,借助它奥古斯丁"在人类在其最初的罪之后所忍受的巨大损害中,分切出一块狭窄然而极为关键的道德主体性区域"[1]。然而,巴布柯克自己也承认,这一对人在堕落之后道德责任难题的解决,是"脆弱而且不稳靠的",因为从神学的观点看,它显然不如直接把我们天生的条件等同于对我们自己在亚当中的原罪的惩罚这一解释更有说服力。奥古斯丁晚年似乎也因此而抛弃了这一不彻底的解决方案。[2]

需要再次强调的是,这样一种对奥古斯丁思想历程的读解依赖于这样一个假设:只有在我们拥有以别的方式行为的能力或选择时,我们的道德责任才能得以确立。在奥古斯丁晚年的写作中,他明确地放弃了这样一个成问题的假设,这当然首先是因为这样一种自由观和道德观不能解释人的意愿在被恩典解救之前所处的受奴役状态。然而,这一神学洞察同时也奠基于奥古斯丁对人的意愿能力的现实处境的深刻观察,它远远超出了行他事的自由这一空洞概念。[3]

如所周知,奥古斯丁在写于396年的《致辛普力丘》一书中,在注

---

[1] Babcock 1993, 230.
[2] Ibid. 230.
[3] 参见第六章,特别是第一节和第三节。

解《罗马书》时引入了"原罪"(peccatum originale)这一表述。[1] 后世学者则指出,奥古斯丁在 412 年撰写《论罪之惩戒与赦免及婴儿受洗》驳斥裴拉基派时,才形成其成熟的原罪理论。[2] 在那里,奥古斯丁用原罪这一术语指承继自亚当的婴孩之罪。[3] 原罪的后果首要地体现在肉欲的叛逆之中,特别是与性有关的欲望。[4] 在这部著作中,奥古斯丁细致地区分了肉欲的出场和肉欲的罪恶(reatus)。

因此,肉欲留存于这可朽的肢体中,犹如罪的法律。它在婴孩出生时出场,尽管它的罪恶(reatus)在婴孩受洗时已经涤除。肉欲留下来是为了争斗,但它并不以永罚报复那些在争斗前死去的人。但它捆绑那些未受洗的有罪的婴孩,将他们这些"义怒之子"拖曳

---

〔1〕 *Simpl*. I, 1, 10,相关引文见第 283 页注释〔2〕。有关其他表述原罪的断语,例如 *peccata originalia*(原罪,复数)、*peccatum naturale*(自然之罪),参见法国学者 Athanase Sage 的经典研究, id. 1969, 76-81。

〔2〕 正如 Rigby 所指出,在 1967 年前,学界通常认为奥古斯丁在《致辛普力丘》一书中已经达到了对原罪和恩典的成熟解释。而 Ahtanse Sage 在其写于 1967 年的经典论文《原罪教义的诞生》(id. 1967)中,首次指出与裴拉基的论战才给予奥古斯丁发展其原罪理论的机会,这才深刻地改变了基督教传统。参见 Rigby 1999, 607-614。Sage 的主张广为接受,但其后也有部分奥古斯丁学者认为这一学说诞生更要早,如完成于《〈创世纪〉字义解》(TeSelle 1970, 265)、《忏悔录》(Rigby 1987)、也有人坚持传统主张《致辛普力丘》(Babcock 1985, 473-479; Ring 1991)。最新的讨论,参见第 291 页注释〔1〕。本书无力也无意承担这一有关奥古斯丁原罪学说发展史的讨论,在此我们关注的只是人对肉欲这一原罪的首要后果的道德责任。而奥古斯丁有关肉欲作为意愿软弱性的洞见成就于他和裴拉基派的论争。参见第一章的相关论述。因此,此处我接受 Sage 的主张不作进一步的讨论。

〔3〕 *pecc. mer*. I, 9, 9. "Hinc enim etiam in paruulis nolunt credere per baptismum solui originale peccatum, quod in nascentibus nullum esse omnino contendunt."

〔4〕 Ibid., I, 29, 57. "Bonum ergo coniugii non est feruor concupiscentiae, sed quidam licitus et honestus illo feruore utendi modus propagandae proli, non explendae libidini accommodatus. Voluntas ista, non uoluptas illa nuptialis est. Quod igitur in membris corporis mortis huius inoboedienter mouetur totumque animum in se deiectum conatur adtrahere et neque cum mens uoluerit exsurgit neque cum mens uoluerit conquiescit, hoc est malum peccati, cum quo nascitur omnis homo." 然而,这并不意味着奥古斯丁忽视了无知这一原罪的后果,参见该书 I, 36, 67。而关于肉欲与性欲的关系,见本书第一章第一节第一部分。

至永罚,即使他们在婴孩时死去。但在那些成年的受洗者中,他们有能力使用理性,当心灵认可(consentire)这同一个肉欲,这就是出于自己的意愿了。[1]

一方面,肉欲被明确地看作应当受责罚的罪,除非神恩通过洗礼这一圣事宽宥了它的罪恶。同时,这罪也同个人的罪或本罪区别开来,因为婴儿在获得理性之前显然不能以自己的意愿犯罪。他们天生的无知和无力牢牢地限制着他们。[2] 尽管如此,奥古斯丁仍然认为在洗礼前死去的婴孩要为这天生的罪恶承担罪责,因为整个人类在亚当中都犯了罪,因此都必须要从罪之必然性和死亡中拯救出来。[3]

另一方面,在这部著作中,奥古斯丁将肉欲和意愿的无能联系起来。在之前的分析中,我们已经提到,奥古斯丁在这部著作中将无知和无力作为阻碍意愿求善避恶的两种缺陷(uitia)。[4] 这一无力或道德

---

〔1〕 *pecc. mer.* II, 4, 4. "Concupiscentia igitur tamquam lex peccati manens in membris corporis mortis huius cum paruulis nascitur, in paruulis baptizatis a reatu soluitur, ad agonem relinquitur, ante agonem mortuos nulla damnatione persequitur; paruulos non baptizatos reos innectit et tamquam irae filios, etiamsi paruuli moriantur, ad condemnationem trahit. In grandibus autem baptizatis, in quibus iam ratione utentibus quidquid eidem concupiscentiae mens ad peccandum consensit, propriae uoluntatis est;"

〔2〕 Ibid., I, 35, 65. "An uero et hoc quaesituri et de hoc disputaturi et tempus ad hoc inpensuri sumus, ut probemus atque doceamus, quomodo per propriam uoluntatem, sine qua nullum uitae propriae potest esse peccatum, nihil mali commiserint infantes, qui propter hoc uocantur ab omnibus innocentes? Nonne tanta infirmitas animi et corporis, tanta rerum ignorantia, tam nulla omnino praecepti capacitas, nullus uel naturalis uel conscriptae legis sensus aut motus, nullus in alterutram partem rationis usus, hoc multo testatiore silentio quam sermo noster proclamat atque indicat? Valeat aliquid ad se ipsam persuadendam ipsa euidentia; nam nusquam sic non inuenio quod dicam, quam ubi res, de qua dicitur, manifestior est quam omne quod dicitur."

〔3〕 Ibid., I, 10, 11ff; I, 16, 21ff.

〔4〕 Ibid., II, 17, 26. "Nolunt hominess facere quod iustum est, siue quia latet an iustum sit siue quia non delectat. Tanto enim quidque uehementius uolumus, quanto certius quam bonum sit nouimus eoque delectamur ardentius. Ignorantia igitur et infirmitas uitia sunt, quae inpediunt uoluntatem, ne moueatur ad faciendum opus bonum uel ab opere malo abstinendum."

困难首先呈现在追求自足的不法欲求，它将会导致骄傲（*superbia*）这一经过意愿认可的情绪：

> 膨胀到骄傲，这当然是出于人自己的意愿，而不是上帝的作为，因为上帝既不会强迫也不会帮助人这么做。因此在人的意愿中首先出现的是对于自己的权能的欲求（*appetitus*），以至于因骄傲而悖逆。但是如果这一欲求并不存在，那就没有什么难事存在，而且只要人愿意，他就可以毫无困难地拒绝［悖逆］。但是，这一缺陷来自人应得的正义的惩罚，以至于要服从正义成为了难事。[1]

尽管我们难以抵御来自这一欲求的诱惑，奥古斯丁仍然坚持受过洗的成年人是因为意愿不法的倾向才认可这一欲求（*inlicita uoluntatis inclinatio*）。[2] 换句话说，受过洗的成年人仍然保有拒绝来自肉欲的诱惑的能力。

此处奥古斯丁似乎只是对他早年在《论自由决断》第三卷中有关堕落之后道德责任的讨论做了些进一步的限定。此处引入的新要素是洗礼，它象征着神意所决定的人的重生。奥古斯丁突出婴孩受洗的必要性，他强调重生的理性行为者尽管不能够根除，但是可以对抗肉欲这一承继而来的恶。因此，受过洗的成年人有罪，是因为他们同意了来自肉欲的诱惑，而不是仅仅因为肉欲的出场自身，因为洗礼这一圣事已

---

[1] *pecc. mer*. II, 19, 33. "Extolli quippe in superbiam propriae uoluntatis est hominum, non operis Dei; neque enim ad hoc eos conpellit aut adiuuat Deus. Praecedit ergo in uoluntate hominis appetitus quidam propriae potestatis, ut fiat inoboediens per superbiam. Hic autem adpetitus etiam si non esset, nihil molestum esset, et cum hoc uoluit homo, sine difficultate noluisset; secutum est autem ex debita iusta poena tale uitium, ut iam molestum esset oboedire iustitiae."

[2] Ibid., II, 4, 4. "Si ergo his desideriis concupiscentiae carnis inlicita uoluntatis inclinatione consensimus, ad hoc sanandum dicimus: *dimitte nobis debita nostra*."

经赦免了其罪责(culpability)。也就是说,尽管肉欲在洗礼后仍然存在,但它已经不再是某种能够劫持意愿的强制性力量。[1]

然而,从哲学的角度看,引入洗礼只会使问题更加复杂。首先,奥古斯丁未加言明地假设只有受过洗礼的人才能有效地与肉体欲求抗争。从神学的角度看,年老的希波主教显然不能接受未受过洗礼的人能够在没有神恩的帮助下,克服他自己意愿内在的软弱。由此可知,在这一语境中,在洗礼中被宽恕的罪恶指的是肉欲作为罪的强制性。[2] 这也就意味着没有受洗的人犯罪是不可避免的,因为他们的心灵由肉欲这一强制力所辖治。而如果道德责任只能奠基于意愿免于非法诱惑的能力的话,那么奥古斯丁就很难解释没有受洗的人在肉欲束缚下的罪行。在这一文本中,奥古斯丁开始意识到我们所承继的原罪的强制力,但除了诉诸我们在亚当中的同一性之外,他没能为我们所应承担的相应罪责给出合理的哲学解释。[3]

在稍晚写成的对裴拉基的佚著《论本性》一书的回应中,奥古斯丁讨论了我们如何为源自原罪的恶行承担责任:

"而且,人们怎么会因为那他们不看作是自己的罪的罪恶(*peccati reatus*)而屈从于上帝呢? 因为那出于必然的",他(案:指

---

[1] *pecc. mer.* II, 28, 45. "Haec autem lex peccati, quod etiam peccatum appellat Apostolus, cum dicit: *Non ergo regnet peccatum in uestro mortali corpore ad oboediendum desideriis eius*, non sic manet in membris eorum, qui ex aqua et spiritu renati sunt, tamquam non sit eius facta remissio, ubi omnino plena et perfecta fit remissio peccatorum omnibus inimicitiis interfectis, quibus separabamur a Deo, sed manet in uetustate carnis tamquam superatum et peremptum, si non inlicitis consensionibus quodam modo reuiuescat et in regnum proprium dominationemque reuocetur."

[2] 奥古斯丁使用"罪的法律"、"罪的永罚"来指我们本性中这一持存的居于主导地位的恶。例如 *pecc. mer.* I, 16, 21. "Ex hac igitur inoboedientia carnis, ex hac lege peccati et mortis quisquis carnaliter generatur, regenerari spiritaliter opus habet, ut non solum ad regnum Dei perducatur, uerum etiam a peccati damnatione liberetur." 亦见 II, 28, 45。

[3] Cf. *pecc. mer.* I, 9, 9-10, 11.

裴拉基）说:"那就不是他自己的。而如果它是自己的,那它就是有意的(uoluntarium);如果是有意的,它就可以避免。"我们这样回答:这罪当然是他们自己的,但是那导致他们犯罪的缺陷还没有被完全治愈,而且由于没有正确地运用他们自己的健康状态,这缺陷还渐渐壮大。现在由于这一缺陷,他们境况糟糕,或者出于软弱,或者出于盲目,他们犯下了很多罪。为此他们应当祷告,以便他们能被治愈,而能在持久的健康中生活。他们不该骄傲,好像凭借那使他们染上缺陷的能力就可以使自己同样被治愈。[1]

按照奥古斯丁的说法,裴拉基认为我们道德性的根基只在于行为的自愿性,或我们能够以其他方式行事的自由。在其回应中,奥古斯丁只是断言我们应当为心灵的隐疾所导致的罪负责,因为它是我们自己与生俱来的缺陷,应当被治愈。这一天生的缺陷由于我们理性本性的误用而在心灵里扎下根来,尽管其后果在那些没有神恩的人看来是不可避免的。然而,在这一文本中,奥古斯丁仍然没有解释为何这一继承来的恶是我们自己的缺陷,而不能作为我们那些出于必然性的罪的借口。

写于415年的《论人之义德的成全》的一书,是一部针对裴拉基派的凯利撒士(Caelestius)所作的《定义》一书的论战著作。奥古斯丁在其中进一步将在义人中仍能出场的肉欲确认为罪,尽管义人们并不会认可来自灵魂先天的向恶倾向的任何诱惑或欲望。

---

[1] *nat. et gr.* 30, 34. "...dicit 'deinde quomodo deo pro illius peccati reatu subditus esse poterit, quod suum non esse cognouerit? Suum enim non est', inquit, 'si necesarium est. Aut si suum est, uoluntarium est; et si uoluntarium est, uitari potest.' Nos respondemus: Suum est omnino, sed uitium quo committitur nondum omni ex parte sanatum est; quod quidem ut inolesceret, de non recte usa sanitate descendit; ex quo uitio iam male ualens uel infirmitate uel caecitate plura committit pro quo supplicandum est, ut sanetur et deinceps in perpetua sanitate uiuatur, non superbiendum, quasi homo eadem potestate sanetur qua potestate uitiatus est."

但是当他们不允许罪在他们必死的身体里为王,以致他们顺从它的欲望(desiderium),当他们也不把他们的肢体交与罪,做不义的武器时(《罗马书》6:12—13),在他们的肢体里确实存在罪,但它没有为王,因为他们没有顺从它的欲望。[1]

这一内在的罪通过激起犯罪的欲望来维持其现实性。奥古斯丁着重指出,与个人的罪或本罪不同,我们的心或良知并不谴责(reprehendere)这一内在的罪,因为它只是栖居于我们的本性之中,尚未转化为公开的错误行径。[2]此外,在此生中要根除这些罪的欲望,这并不在我们的权能之下。[3]尽管如此,当奥古斯丁将这一天生的缺陷称之为罪(peccatum)时,这暗示了受过洗的人仍然要为其存在和出场负责,尽管这一责任不同于那些基于意愿的认同和顺从而产生的罪责。[4]因此,奥古斯丁需要澄清的不仅仅是没有受洗的人在肉欲强自为王时,他们的罪行如何是应受责备的,而且还要说明基督徒出自他们内在缺陷的行为

---

[1] perf. iust. 11, 28. "Cum uero non sinit regnare *peccatum in suo mortali corpore ad oboediendum desideriis eius nec exhibet membra sua arma iniquitatis peccato* (Rom. 6:12-3), inest quidem peccatum in membris eius, sed non regnat, quia non oboeditur desideriis eius."

[2] Ibid., "Sed iam non ipse operatur illud, sed id quod in illo habitat peccatum. Ideo non eum reprehendit cor eius in omni uita eius..."

[3] Ibid., "quod ut omnino ibi non sit (sc. *peccatum in membris*), *adiacet ei uelle*, sed perficere bonum non adiacet."

[4] Ibid., "Ita nec in uita sua, id est in fide sua a corde suo reprehenditur et sine peccato non esse conuincitur."奥古斯丁在其他场合也将肉欲在受洗者中的出场称为"罪"或"罪的法律",参见第295页注释[1]—[2]。这一说法显然受到保禄书信的影响。值得注意的是,奥古斯丁通常更愿意把它称为残留的但不产生危害的缺陷。例如,*gr. et pecc. or.* II, 39, 44. "Obesset ista carnis concupiscentia, etiam tantummodo quod inesset, nisi peccatorum remissio sic prodesset ut quae in eis est, et nato et renato, nato quidem et inesse et obesse, renato autem inesse quidem, sed non obesse possit... Manet quippe in prole, ita ut ream faciat, originis uitium, etiam si in parente reatus eiusdem uitii remissione ablutus est peccatorum, donec omne uitium, cui consentiendo peccatur, regeneratione nouissima consumatur..." 亦见该书 I, 19, 20; II, 33, 38,另可参见第293页注释[1]。

是如何被归罪的。这一任务直到奥古斯丁撰文驳斥埃克拉努的尤利安(Julian of Eclanum)时才得以完成,它建立在对肉欲及其和意愿关系更加深刻地认识之上。

从和尤利安论战的一开始,奥古斯丁就着手阐明肉欲之罪的确切含义:

> 因为实际上肉欲自身,在那些已经重生的人中并不是罪,只要他们不认可它朝向那禁制的行为,只要心灵仍然为王,没有把肢体交付给肉欲去实现那些行为……把它说成是罪,这只是一种说法而已(modo quodam loquendi),因为它由罪产生,并且只要它占了上风就会造成罪。[1]

在这里,肉欲只是作为隐喻而被称之为罪,因为它既是对一个人的原罪的惩罚(罪的女儿),同时又是引发更多的罪的原因之一(罪的母亲)。[2] 它残存下来,如同我们内在的软弱(nostra infirmitas),某种恶的特质(mala qualitas)或者是有待治愈的疾病(languor),而不是作为要受良心谴责的严格意义的罪。[3]

然而,如前所述,肉欲并非无所事事,而是用恶的欲望搅扰着我们,

---

[1] *nupt. et conc.* I, 23, 25. "Nam ipsa quidem concupiscentia iam non est peccatum in regeneratis, quando illi ad inlicita opera non consentitur, atque ut ea perpetrent a regina mente membra non dantur... Sed quia modo quodam loquendi peccatum uocatur, quod et peccato facta est et peccatum, si uicerit, facit..."

[2] Ibid., I, 24, 27. "...concupiscentia carnis tamquam filia peccati et, quando illi ad turpia consentitur, etiam peccatorum matre multorum..."

[3] Ibid., I, 25, 28. "Quamuis autem reatu suo iam soluto, manet tamen, donec sanetur omnis infirmitas nostra, proficiente renouatione interioris hominis de die in diem, cum exterior induerit incorruptionem; non enim substantialiter manet, sicut aliquod corpus aut spiritus, sed affectio est quaedam malae qualitatis, sicut languor."

提醒我们此生不可克服的缺失。[1] 显然在奥古斯丁看来,来自肉欲的欲望并非道德上中立的自然欲求。根据定义,它们是和心灵的灵性渴求相冲突的倒错欲望,尽管它们的完全实现还有待意愿的认可。[2] 奥古斯丁在后来和尤利安的论战中明确指出,肉欲正是因为它不肯顺从理性心灵的统治而被称为罪。

同理,肉欲和良善的灵性所渴求的全然相左,它是罪,因为它包含着对心灵统治的叛逆;它是对罪的惩罚,因为它是上述叛逆的报应;它是罪的原因,因为它挫败了认可他的人或者污染了那初生的人。[3]

然而,肉欲并不是出于意愿的行为,而是人的意愿在尘世中从一开始就不得不承受的内在的软弱。在受过洗礼的基督徒中,特别是在那些毕生忠贞的信徒中,肉欲确实存在,但它不包含意愿的明确认可。但是,如果肉欲不仅仅是罪的惩罚,而且在其罪恶被宽恕之后还仍然实实在在地是罪,我们就必须说明它不仅仅是内在于我们中的恶而且是我们应当负责的恶(responsible),尽管不一定要为其承担罪责(guilty)。对于奥古斯丁来说,特别需要说明的是受洗者的肉欲。

奥古斯丁很清楚此处的困难:如何证明在意愿认可缺席的情形下

---

[1] *nupt. et conc.* I, 27, 30. "Agit enim aliquid concupiscentia carnis et quando ei non exhibetur uel cordis adsensus, ubi regnet, uel membra uelut arma quibus inpleatur quod iubet. Agit autem quid nisi ipsa desideria mala et turpia?"

[2] Ibid., I, 29, 32. "Quando autem sunt (sc. desideria) quidem, sed non eis oboeditur, nec malum perficitur, quia non eis oboeditur, nec bonum, quia sunt, sed fit ex aliqua parte bonum, quia concupiscentiae malae non consentitur, et ex aliqua parte remanet malum, quia uel concupiscitur."

[3] *c. Iul.* V, 3, 8. "Ita concupiscentia carnis, aduersus quam bonus concupiscit spiritus, et peccatum est, quia inest illi inoboedientia contra dominatum mentis; et poena peccati est, quia reddita est meritis inoboedientis; et causa peccati est, defectione consentientis uel contagione nascentis."

我们仍有责任需要承担。当他借用保禄《罗马书》7:23 中的"虏获"（*captiuare*）这一动词来刻画肉欲对世人的影响时，他暗示了即使使徒保禄也处于这一受奴役的状态之中，同时这一状态和意愿的认同全然无关。[1]根据这一解释，肉欲的出场应当归咎于我们有缺陷的本性：

> 也就是说，当他说"把我虏获"时，他说的是肉体，而不是心灵，说的是冲动（*motio*），而不是认可，因此，当他说"把我虏获"，这是因为在肉体之中的不是某种外来的本性，而是我们自己的本性。[2]

肉欲归之于我们的本性正是因为肉体（*caro*）是我们本性不可分割的一部分。然而这一事实自身并不足以证明这一自然缺陷就是罪，因为没有人会把耳聋眼瞎叫做罪。

为了说明肉欲中的道德主体性和道德责任，奥古斯丁将我们的注意力引向这一天性的内在缺陷的独特性。如前所论，我们因为这一灵魂的恶疾而失去的不是其他，正是意愿爱善和向善的能力。因此，它不可能像身体的疾病或缺陷那样在道德上是中立的。此外，我们已经揭示了肉欲的现实性（*actus*）在于激发搅扰人的欲望，这已经暗含了意愿的默许（implicit approval）。[3]如果不是这样的话，我们的灵魂根本不会意识到这一深藏于我们本性之中恶的特质的存在，更不会被其触动。基于这一理由，有德行的人能够通过意愿明确的决断来拒绝来自肉欲的诱惑。然而，他却无力根除在肉欲的现实性中所包含的意愿的最小限度的认可。奥古斯丁对圣洁的信徒们梦中所出现的肉欲的解释更进

---

[1] *c. ep. Pel.* I, 10, 20. "Sed quod dixit *captiuantem me* potest mouere, si nulla consensio est."

[2] Ibid., "... ut 'captiuantem me' dixerit 'carne', non mente, 'motione', non consensione, et ideo 'captiuantem me', quia et in ipsa carne non est aliena natura, sed nostra."

[3] 参见第一章第二节，尤见第 51 页注释[1]。

一步确证了这一意愿的最小认可的存在：

> 如果它（指肉欲）从他们这里偷走了任何一点认可（ullus assensus），哪怕是在梦中，当他们醒来时，他们就会在呻吟中哀号，"我的灵魂何以充满幻影？"因为当梦境欺骗了熟睡的感官，这令人困窘的认可也会发生在贞洁的灵魂身上。如果那至高者因为这认可来反对他们，那还有什么人能过贞节的生活？[1]

显然，这里所说的认可（assensus）不是建立在意愿自由决断的基础上，因此也不受上帝责罚。毋宁说，它是意愿在无意识状态下无意的认可或默许。同样，在人们清醒时肉欲的出场自身也已经包含了意愿这一无意的认可，因为如果没有意愿的意向我们不会产生任何欲望。意愿无意的出场恰恰表明肉欲正是意愿自身的软弱所在。我们的内心不会谴责这一无意的出场，因为它并不认可并因此而犯下更多的罪。然而，圣人们却会为其哀号，因为它揭示出他们自己内在的本性、他们的意愿能力并不完满这一现实。正由于此，奥古斯丁后来强调原罪及其后果在任何场合都应当申斥，无论是在受洗者还是未受洗者中。[2] 在回应尤利安时，奥古斯丁最终将这一内在的罪解释为"无意之罪"（peccatum non uoluntarium）。[3] 它不是有意之罪，因为没有意愿的认可它照样出

---

[1] c. Iul. IV, 2, 10. "Et si quando ab eis ullum uel in somnis furatur assensum, cum euigilauerint, gemere et inter gemitus dicere, *Quomodo impleta est anima mea illustionibus?* Quia cum sopitos deludunt somnia sensus, nescio quomodo etiam castae animae in turpes labutur assensus."

[2] Cf. corrept. 6. 9, "Immo uero corripiatur et in singulis, quod est omnium. Non enim propterea cuiusquam non est, quod ab ea nullus immunis est. Peccata quidem ista originalia ideo dicuntur aliena, quod ea singuli de parentibus trahunt: sed non sine causa dicuntur et nostra, quia in illo uno omnes, sicut dicit Apostolus, peccauerunt. Corripiatur ergo origo damnabilis, ut ex dolore correptionis uoluntas regenerationis oriatur."

[3] c. Iul. imp. IV, 93. "Cur non attendis esse peccatum etiam non uoluntarium, certe in illo qui dicit, quacumque causa hoc dicat: *Si autem quod nolo ego hoc facio, iam non ego operor illud, sed quod habitat in me peccatum?*"

现。然而，它仍然是罪，因为它是恶，而且它作为恶的现实性本质上包含了意愿的无意认可。

在和尤利安的论争中，奥古斯丁还处理了未受洗的成人如何为他们出于无知和无力的行为负责这一难题。

> 那么，就不是像某些人所宣称的那样，我们说过而且像这个人（案：指尤利安）一样胆敢写道，"所有人都是受他们自己的肉体的必然性（necessitas）强迫（cogi）而犯罪"，好像这违背他们的意愿一样（inuiti）。并非如此。如果他们到了自己心灵可以作出决断（arbitrium）的年纪，他们是因为自己的意愿（sua uoluntate）而被扣留在罪之中，因为自己的意愿而从一个罪被扔到另一个罪。那说服他们、欺骗他们的人所做的，无外乎让他们以自己的意愿犯罪，无论是出自对真理的无知，还是对邪恶的享受，或者是同时出于这两种恶，也就是盲目和软弱。但是这意愿可以自由地作恶（libera in malis），因为它享受这些恶行，但它却不能自由地行善（in bonis），因为它还没有获释（liberata）。[1]

此处奥古斯丁清楚地表明，我们所承继的罪之必然性并不能强迫任何人违背他的意愿犯罪。作为亚当的后裔，我们陷入必然性之中（in necessitatem），然而，这并不意味着我们在必然性枷锁之下的进一步作恶就不是我们意愿自己的行为。要注意的是，在奥古斯丁看来，这些恶被

---

[1] *c. ep. Pel.* I, 3, 7. "Non itaque, sicut dicunt nos quidam dicere et iste audet insuper scribere, 'omnes in peccatum' uelut inuiti 'carnis suae necessitate coguntur', sed si iam in ea aetate sunt ut propriae mentis utantur arbitrio, et in peccato sua uoluntate retinentur, et a peccato in peccatum sua uoluntate praecipitantur. Neque enim agit in eis etiam qui suadet et decipit, nisi ut peccatum uoluntate committant uel ignorantia ueritatis uel delectatione iniquitatis uel utroque malo et caecitatis et infirmitatis. Sed haec uoluntas, quae libera est in malis, quia delectatur malis, ideo libera in bonis non est, quia liberata non est."

看作是自愿的、有意的,并不是因为意愿这一官能可以自由地选取其他的行为方式。奥古斯丁毫无保留地断言,那些还没有获释的意愿,或者说还没有真正获得自由的意愿,如同那些没有受洗的人,它凭借自身的努力并不能自由地实现正义的行为。如果没有额外的帮助,这些可以自由作恶的意愿就必然地会认同那些来自他们的内在缺陷的邪恶欲望。这一不可避免的认可仍然被视为意愿的意向,因为意愿享受当受谴责的欲望,没有任何东西强迫它如此做。

此处,我们再次遭遇必然性和意愿之间的微妙关联,以及必然性和强制性之间的细微差别。此前的讨论已经证明了极为关键的两点:首先,奥古斯丁在《忏悔录》中关于他自己的两个意愿(duae uoluntates)的区分已经表明,意愿本质上独立于任何强制,无论是外在的还是内在的。习性作为一种必然性并不能强迫意愿接纳某个特定的邪恶欲望。其次,在批评尤利安将自由决断定义为免于任何必然性的双向选择能力时,奥古斯丁展示了他对于意愿这一官能中所包含的必然性的深刻的哲学洞察。他罗列了习性、对善的无知、情感等尤利安自己也并不否认意愿必须面对的必然性。[1]

现在,我们将推进到奥古斯丁为意愿和必然性相容所作的论证,这最终确立于他对尤利安的最后答复之中,即《驳尤利安残稿》。

首先,奥古斯丁指出我们可以意愿那必然出现的东西,例如对死亡

---

[1] *c. Iul. imp.* I, 105, "... si enim necessitas nulla peccandi est, ut omittam uim mali eius, quod originaliter trahitur, hoc enim nullum esse uos uultis, quid patiebatur, quaeso, qui secundum uestrum sensum tanta mole malae consuetudinis premebatur, ut diceret: *Non quod uolo facio bonum, sed quod nolo malum hoc ago?*"

的意愿。例如保禄就渴求解脱而与基督同在。[1] 这是对必然性的意愿(*uoluntas necessitatis*)。

其次,同样存在意愿的必然性(*necessitas uoluntatis*),"由于它我们必然意愿幸福生活"[2]。幸福乃是可以预知的人所共有的意愿对象,从这一事实我们并不能推出我们是被迫把它作为我们意愿的终极目的。显然,说某个人是不情愿地想要幸福,这是荒谬的,而更荒谬的是说人能够违背意愿而获得幸福。[3]

再次,意愿所产生的必然性可以不顾意愿而留存下来。[4] 正如前文已经证明的,我们的习性的养成很好地说明这一类必然性。奥古斯丁相信肉欲同样属于这一范畴。因为它既是人类始祖的意愿最初过犯的后果,同时也是一种必然发生在每一个人类个体身上的罪。这一必然性的存在无疑褫夺了亚当的后代在堕落之后能够凭借自己的能力免于犯罪的能力。然而,意愿这一官能从未失去不受任何强迫做出自己

---

[1] *c. Iul. imp.* IV, 103, (1) "Cum enim sit moriendi necessitas, quis neget quod possit esse et uoluntas? Vnde ait apostolus *concupiscentiam* se habere *dissolui et esse cum Christo* (Phil 1: 23). Cum ergo uult mori quem necesse est mori, simul sunt necessitas et uoluntas, quod tu (sc. Julianus) fieri posse uana uoluntate, nulla necessitate negaueras."

[2] Ibid., IV, 93. "Cur non attendis esse etiam necessitatem, qua necesse est uelimus beate uiuere, et clausis oculis sic alteri alteram opponis, quasi uoluntas necessitatis aut necessitas uoluntatis esse non possit?"

[3] 奥古斯丁强调,即使上帝预知了某人将会幸福,而某人也因此必然幸福,这一必然性并不意味着幸福就不再是这个人意愿的对象。见 *lib. arb.* III, 3, 7. "Nam et de beatitudine quod dixisti, non abs te ipso beatum fieri, ita dixisti, quasi hoc ego negauerim: sed dico, cum futurus es beatus, non te inuitum, sed uolentem futurum. Cum igitur praescius sit Deus futurae beatitudinis tuae—nec aliter aliquid fieri possit quam ille praesciuit, alioquin nulla praescientia est—, non tamen ex eo cogimur sentire, quod absurdissimum est et longe a ueritate seclusum, non te uolentem beatum futurum."

[4] *c. Iul. imp.* IV, 103, (2). "...et est iam necessitas etiam sine uoluntate, quam fecit uoluntas sine necessitate. Nam et ille qui dicit: *Non quod uolo ago*, certe secundum uos necessitate consuetudinis premitur; hanc autem necessitatem, ne liberum auferatis arbitrium, eum sibi uoluntate fecisse contenditis..."

决断的能力。因此,甚至在肉欲这一强制力的作用下,我们的意愿仍然可以自由地做出决断,尽管在原罪被宽宥之前,意愿还没有能力获得对正义的意愿。而且,奥古斯丁强调这一罪之必然性仍然留存在受洗者之中,和他对正义的意愿并存,这进一步表明必然性并没有破坏意愿的自由。[1]

带着这一对必然性和意愿之间关联的精微阐释,我们回到道德责任这一难题。显然,没有受洗的人并不是被他们先天的条件强迫着去犯罪,尽管他们自己不足以改变当下的状态。罪的必然性不能混同于强迫犯罪。后者是自相矛盾的。因为罪没有意愿的参与不可能存在,而意愿不可能和强迫并存。因此,没有受洗的成年人的恶行既是他们的肉欲的必然结果,也是他们基于意愿自由决断的自愿行为。考虑到这一点,受洗者和未受洗者在罪的必然性重负下的错误行为都不应当称为"无意之罪",因为在两种情形下它们都是来自意愿的自由决断,它从本质上免于任何类型的强迫。他们是自愿的罪,不是因为他们是意愿在不同的行为方式中自由选择的结果,而是因为他们来自意愿的非强迫的决断,这一决断忠实地体现了意愿者当下的生存处境。通过洗礼或神恩所带来的差别仅在于,受洗的人有能力向善避恶。他们享受更大的自由不是因为它们能够在善恶中选择,而是因为他们借助这一能力更接近自身善的实现。

现在已经清楚,通过确认肉欲现实性中所包含的意愿的无意默许,奥古斯丁澄清了我们对于意愿自身内在缺陷的责任,当然这一责任有其自身的限度。通过他对意愿自由概念的独特理解,奥古斯丁建立了

---

[1] *c. Iul. imp.* IV, 103, (4). "... profecto in homine mole consuetudinis presso simul esse possunt et iustitiae uoluntas et peccati necessitas, quoniam *uelle adiacet mihi* professio est uoluntatis, *perficere autem bonum non inuenio* confessio est necessitatis."

我们在罪之必然性条件下对于自己的进一步恶行的责任。尽管这些恶行的产生有时是不可避免的。因此,即使心灵的软弱和盲目不被看作是人类的惩罚性条件,而是天生条件,我们仍然可以建立我们在必死的生命中得到的责任(responsibility)。我们不能只通过哲学论证加以确立的是我们对于肉欲的罪责(culpability),特别是那些未受洗的婴孩的肉欲。我们要为肉欲单纯的存在负责,正如我们要为梦中的不自觉的认可负责,但不是像我们为那些由意愿自觉地决定所导致的外在行为那样负责。要说明我们对于意愿天生的软弱的罪过或者罪责,我们必须得把奥古斯丁对于肉欲的反思放回他的神学语境之中。通过把肉欲确认为一种罪,奥古斯丁表明我们不仅应当为它受申斥,而且理所当然地应当为它受惩罚,直到我们的罪过被在先的恩典所宽免。尽管这一罪责对于奥古斯丁在神学上论证婴孩洗礼的必然性极为关键,以此说明在先的恩典的必要性,但是,它对于在哲学上揭示我们对自身道德缺陷的责任却不是必不可少的。对意愿及其自由的深刻理解使得奥古斯丁能够更好地解释我们对于人性条件中内在的软弱的责任,这远远胜过"起因的自愿性"这一传统理解。

第八章

神圣恩典与自由意愿

奥古斯丁晚年回顾其写作生涯时，曾经写道："我极力为人的意愿的自由决断辩护，但最终胜出的是上帝的恩典。"[1] 奥古斯丁此处的感言是针对其396年所作的《答辛普力丘》(*Ad Simplicianum*)中的第二篇答复，在那里奥古斯丁讨论了《罗马书》9∶10—29中提到的厄撒乌和雅各布这一对双生子的拣选问题。正是由于这一段评述，《答辛普力丘》一书通常被看作奥古斯丁思想的转折点，特别是就他对神的行为和自由意愿的理解而言。[2] 恩典这一论题在奥古斯丁晚年的著作，特别是

---

[1] *retr.* II, 1, 1. "In cuius quaestionis solutione laboratum est quidem pro libero arbitrio uoluntatis humanae, sed uicit dei gratia." 亦见 *prae. sanc.* 4, 8。

[2] Burleigh 在其为《奥古斯丁早期著作》所写的序言中指出，奥古斯丁自己也把《答辛普力丘》看作自己写作生涯一个新的开始。见 Burleigh 1953, 14。奥古斯丁的《再思录》分两个部分，对应其早期和晚期写作，其分界点正在于他晋升主教职位的395—396年，而第二部分回顾的第一本著作就是《答辛普力丘》。有关奥古斯丁这一思想转变的研究，参见 Kurt Flasch 为此书的第一卷第二章所作的评注，id. 1990。而对 Flasch 立场的批评，则可参见 Ring 1994 和 Madec 2001。相关讨论，亦见 Burns 1980，尤见39-44；Fredriksen 1988；Wetzel 1992, 155-160；id. 1992b, 121-132；Lössl 1997；Drecoll 1999；Cary 2008。

他和裴拉基派的论战中占据了核心地位。[1] 我们在第四章中已经提到,要治愈心灵与生俱来的恶疾,神圣的恩典必须作用于人的理智和意愿。而在和裴拉基派的论战中,奥古斯丁奋力捍卫神恩的恩赐性和无上权威,坚持认为恩典从来不是作为对我们的功德的报偿而被给予,而且人的意愿也不能抗拒它。因此,不仔细地考虑神意对于我们的道德决断的作用和无可抗拒的影响,我们对意愿及其自由的哲学反思就不可能完整。

奥古斯丁刻意强调神圣主体在尘世中的主宰和作为,特别是在晚年还完善了其极富争议的预定论学说,若干世纪以来这一直吸引着学者们的注意。将相关文献称之为汗牛充栋绝非夸大其词。[2] 限于这一研究的范围和主题,我们没有可能也没有必要仔细地考察奥古斯丁影响深远的恩典理论的每一个方面。我们首先要关注的是神意的绝对权威,它如何能与前面章节所呈现的奥古斯丁对意愿自由和道德责任的坚持相融贯。因此,我们也并不打算全面地论述奥古斯丁思想中恩典和自由的关系,而只是力图完成我们先前对奥古斯丁将意愿作为心灵根本动力所作的道德心理学反思。

在本章的第一节中,我将致力于将奥古斯丁的意愿概念重置回其神学语境。我们将考察奥古斯丁有关神圣预知和神圣预定的论述,以此揭示在一个由超验的全能的行为者所主宰的世界中如何捍卫人的意

---

[1] 尽管奥古斯丁期待人们相信他自己有关恩典的立场在396年写完《答辛普力丘》之后始终未变,但大多数学者还是在这些后期著作中区分出奥古斯丁恩典理论发展的不同阶段。这是奥古斯丁晚期思想研究的一个极为重大的论题,非本书所能处理,晚近的讨论可以参看 Burns 1980; Hombert 1996; Lössl 1997; Drecoll 1999; id. 2004; Cary 2008。值得注意的是,Hombert 并不认为奥古斯丁的思想在396年之后有任何根本的变化。

[2] 例如,以 gratia 为关键词我们可以在 www.augustinus.de 网站所提供的二手文献索引中得到1985篇文献。相关的书目可以参考 Drecoll 2004, 236-242。有关预定论的研究文献,参见 Ogliari 2003, XIX-LVII。

愿自由。我们将从一个新的角度来考察必然性和意愿自由这一古老论题。

然而,上帝不仅预知和一次性地预定了人在历史中的行为,而且现实地给予那些预定要获救的圣徒必需的帮助。我们将证明,如果不澄清恩典在我们的心理行为特别是在意愿中的作用,我们就不可能理解他的预定论。此外,在和裴拉基派论战中,奥古斯丁甚至断言没有神的帮助,我们甚至不能够意愿善,更不用说实现善。因此,在最后一节中,我将以信仰的发端(*initium fidei*)为例,来解释上帝如何通过作用于圣徒们的意愿来实现他所预定的拯救。同时,我们也将从哲学的立场出发来考察人的意愿自由在这一预定论的框架中如何可能。

第一节 神圣必然性与人的意愿(*Necessitas diuina et uoluntas humana*):从预知到预定

一 《论自由决断》第三卷中的神圣预知与自由意愿

奥古斯丁有关神圣预知(*praescientia Dei*)与自由意愿(*uoluntas libera*)的共容性的反思在其卷帙浩繁的著作中集中在三个短小的段落:即《论自由决断》III,2,4—4,11;《上帝之城》V,9—10;《〈若望福音〉布道辞》53,4—10。[1]

按照编年顺序,我们先来看《论自由决断》第三卷中的讨论,这也是奥古斯丁最完整的讨论,它在晚近的研究中得到了充分的讨论。[2] 这里我并不打算做一个细致的学术史梳理并详细评述当代研究者毁誉

---

[1] 参见 Gerven 1957,尤见 318。
[2] 例如 Gerven 1957; Rowe 1964; Decelles 1977; Hopkins 1977; Kondoleon 1987; Craig 1984; Kirwan 1989, 97-103; Pang 1994; Morgan 1994; Hunt 1996; David 2001a。

不同的评价。我更愿意直接指出奥古斯丁论证中几个被忽视的方面,以此来揭示这一较早版本的预知论在理解人的意愿的主体性上的内在缺陷。

这一论题直接来自奥古斯丁的对谈者埃伏第乌斯的困惑,在对话的展开中,他已经接受灵魂朝向可以朽坏的善的活动乃是有意之罪[1]:

> 就算如此,这样一个问题仍然以一种难以言述的方式困扰着我:上帝预知所有未来的事情(*omnium futurorum*)而我们却不是出于必然性(*necessitate*)犯罪,这究竟如何可能? 毕竟谁要是说某件事情会不是按照上帝所预知的方式发生,他就是在试图以最疯狂的亵渎来摧毁神圣的预知……但是,我要说,既然上帝预知了人(案:此处特指亚当)将会犯罪,那么上帝所预知的未来的事情就必然地(*necesse*)会发生。那么,当必然性显得不可避免时,怎么会有自由意愿(*uoluntas libera*)呢?[2]

值得注意的是,埃伏第乌斯将这一问题特别和人类最初的罪联系起来。而奥古斯丁自己在重构埃伏第乌斯的困境时,则将这一论题扩大到覆盖我们在堕落之后所有自愿的决断。[3] 这决不是一个微不足道的改

---

[1] Cf. *lib. arb.* III, 1, 1-3.

[2] Ibid., III, 2, 4. "Quae cum ita sint ineffabiliter me mouet, quo modo fieri possit ut et deus praescius sit omnium futurorum et nos nulla necessitate peccemus. Quisquis enim dixerit aliter euenire aliquid posse quam deus ante praesciuit, praescientiam dei destruere insanissima impietate molitur…. sed hoc dico, quoniam peccaturum esse praesciuerat, necesse erat id fieri quod futurum esse praesciebat deus. Quo modo est igitur uoluntas libera ubi tam ineuitabilis apparet necessitas?"

[3] Ibid., III, 3, 6. "Certe enim hoc te mouet, et hoc miraris, quo modo non sint contraria et repugnantia, ut et deus praescius sit omnium futurorum et **nos** non necessitate, sed uoluntate peccemus. Si enim praescius est Deus, inquis, peccaturum esse hominem, necesse est ut peccet: si autem necesse est, non ergo est in peccando uoluntatis arbitrium, sed potius ineuitabilis et fixa necessitas. Qua ratiocinatione hoc uidelicet ne conficiatur times, ut aut deus futurorum omnium praescius impie negetur aut, si hoc negare non possumus, fateamur non uoluntate sed necessitate peccari. An aliquid aliud te mouet?" (黑体为笔者所加)

变,因为亚当的意愿的自由绝不同于我们的意愿的自由。[1] 这是所有评注者都忽视的一个细节,而我们将证明这是忠实地重构奥古斯丁的共容性论证的关键,特别是当我们把他的三部著作中的论述看作一个连续发展的统一体时。[2]

根据奥古斯丁的诊断,埃伏第乌斯的纠结在于他相信"所有上帝预知的事情都不是出于意愿而是必然发生(*non uoluntate sed necessitate*)"[3]。这一论断包含两层含义:

(A) 上帝所知的必然发生。

(B) 必然发生的不是出于意愿。

当代评论者通常认为这两个命题乃是埃伏第乌斯认为神圣预知和自由意愿不相容推论的关键预设。然而他们对奥古斯丁反驳的解释却各不相同:有些学者如威廉·洛(William Rowe)和贾斯泊·霍普金斯(Jasper Hopkins)认为奥古斯丁否认(B)但是接受(A)[4];其他学者,如威廉·莱恩·克雷格(William Lane Craig)和旺斯·摩根(Vance G. Morgan)认为奥古斯丁认为(A)错(B)对[5];还有一些学者如彭安(Ann

---

[1] 这一主张清楚地体现在奥古斯丁稍后的论述中,见 *lib. arb*. III, 18, 52. "Cum autem de libera uoluntate recte faciendi loquimur, de illa scilicet in qua homo factus est loquimur."奥古斯丁晚年在重思《论自由决断》时,强调这一区分已经预先回应了裴拉基派对于自由意愿的错误解读。见 *retr*. I, 9, 5.我们在第六章中已经谈到了奥古斯丁晚期著作中对这两种自由的区分,见 6.1。

[2] 很遗憾,当代学者大多忽视了这一点,而将三者等同起来,例如 DeCelles 1977, 151。Kirwan 注意到了奥古斯丁论证的发展,但后面的讨论将表明他的解释没有击中要害。见 id. 1989, 101。Barry David 撰写了两篇文章来分别详细地分析《论自由决断》和《上帝之城》中的论证细节,但他并没有讨论二者间的内在关联,见 David 2001a 和 2001b。

[3] *lib. arb*. III, 3, 6. "Res ergo uniuersas quarum deus est praescius non uoluntate sed necessitate fieri putas."

[4] Cf. Rowe 1964, 357ff. Hopkins 1994 (1977), 80. 需要指出的是 Hopkins 对 Rowe 的论证细节提出尖锐批评,特别是 Rowe 对奥古斯丁论证的重构。

[5] Cf. Craig 1984, 55ff; Morgan 1994, 231.

A. Pang),戴维·亨特(David Hunt)和巴里·戴维(Barry David),则认为奥古斯丁不是简单地否认(A)或(B),而是充分地利用这两个前提中"必然"(necessitas)一词的含混性来解决这一难题。[1]

以上这些解释无一例外地确认了必然性和意愿的关系乃是在有神论框架下理解奥古斯丁的自由意愿理论的关键所在,尤其是他在本体论上对意愿独立性的捍卫。然而,以往的文本解释和哲学重构不约而同地忽视了必然性和意愿关系的心理学维度,而我们在分析奥古斯丁和尤利安有关肉欲和无意之罪的论争时已经指明了奥古斯丁意愿学说的这一原创贡献。以下的分析力图表明奥古斯丁《论自由决断》第三卷中对预知和意愿自由的解释已经暗含了这一论证方向,它是我们正确地理解奥古斯丁相关论述的关键。[2]

奥古斯丁提供的第一个论证是上帝的预知和上帝的自由意愿显然不会冲突。上帝预知他自己未来的行为,但如果我们因此断言他未来的行为不是出于意愿而是必然发生(*non uoluntate sed necessitate*),这无疑是荒谬的,因为这势必意味着还有比上帝更伟大的存在制约他的行为。[3] 然而埃伏第乌斯并没有就此作罢,而是提醒奥古斯丁,我们的行为乃是出现在时空之中,而上帝自己的行为则是永恒的,不会在时间的意义上发生。[4] 相应地,埃伏第乌斯相信上帝一劳永逸地决定了宇

---

[1] Cf. Pang 1994, 427ff; Hunt 1996, 11ff; David 2001a, 143ff.

[2] 有关奥古斯丁晚期著作中必然性和意愿在道德心理层面的共容性,见第七章第二节第三部分。

[3] *lib. arb.* III, 3, 6. "E. Prosus si meorum operum praescium deum dico, multo fidentius eum dixerim praescire opera sua et quid sit facturus certissime praeuidere. A. Nonne igitur caues ne tibi dicatur etiam ipsum quaecumque facturus est non uoluntate sed necessitate facturum, si omnia quorum praescius deus est, necessitate fiunt, non uoluntate?"

[4] *lib. arb.* E. "Ego cum dicerem necessitate uniuersa fieri quae deus futura praesciuit, ea sola intuebar quae in creatura eius fiunt, non autem quae in ipso. Non enim ea fiunt, sed sunt sempiterna."

宙的秩序(ordo uniuersitatis),而不会再产生新的意愿(noua uoluntate)来管理他的造物。[1] 埃伏第乌斯认为上帝的预知不会威胁上帝的意愿,因为他们都在时空之外发生。就上帝自己的行为来说,上帝预知它的发生和上帝以一种非时间的方式自愿地决定它的发生实际上是一回事,没有时间和因果的差别。然而,埃伏第乌斯坚信上帝的预知对于当下时空中人的意愿来说则是无可避免的必然性。

奥古斯丁并没有直接处理神圣预知的非时间性,而是将埃伏第乌斯的注意力引向有关神圣预知和神圣意愿在时空中的作用这一更为紧迫的问题。[2] 在第二个论证中,奥古斯丁则以上帝预知埃伏第乌斯未来的幸福为例,来说明预知的存在并不会剥夺人在幸福生活中的主体性。他的论证可以还原如下:(1)如果上帝预知埃伏第乌斯一年以后的幸福,他一定会在那一时刻让埃伏第乌斯幸福[3];(2)如果埃伏第乌斯变得幸福了,这一幸福一定发生在他自己身上[4];(3)如果幸福确

---

[1] *lib. arb.* E. "Iam semel statuit quem ad modum feratur ordo eius uniuersitatis quam condidit; neque enim aliquid noua uoluntate administrat."

[2] 正如 Barry A. David 所论,在他之前的奥古斯丁学者,如 Pontifex、DeCelles、Craig、Kirwan 和 Hunt 等人都非常困惑为何奥古斯丁未能论及上帝的预知的不可变性和非时间性,否则它可以更好地解释他所面对的难题。因为,如果上帝对我们未来的行为的预知可以解释为对我们现在时间中的行为的永恒认知,那么我们同样就可以断言这一没有时间的知识并不会在时空中产生任何必然效应。见 David 2001a, 118-119。David 本人在对这一文本中的"预知"(*praescientia*)一词的深入考察中,令人信服地证明了奥古斯丁并非对这一论证策略一无所知。他提醒我们注意奥古斯丁使用"预知"而不是用"知识"来刻画上帝对于人事的认识,而"知识"一词无疑更能体现这一神圣认识的非时间性。奥古斯丁的理由首先在于他的主要目的是为了解释预知和人类在罪之中的主体性之间的共容性,而不是神圣实体的无时间性。其次,奥古斯丁打算利用西塞罗的术语来捍卫基督教和柏拉图主义的上帝,Evodius 的论证暗示了西塞罗的影响,而我们马上会看到奥古斯丁在《上帝之城》中直接针对西塞罗对神和命运的理解。参见 David 2001a, 尤见 125ff。

[3] *lib. arb.* III, 3, 6. "A. Numquid neminem beatum facit (sc. deus)? E. Facit uero. A. Tunc utique facit quando ille fit."

[4] Ibid., III, 3, 7. "A. Dic, quaeso, num tu creatura eius non es aut tua beatitudo non in te fiet? E. Imo et creatura eius sum et in me fiet quod beatus ero."

实地发生在埃伏第乌斯身上，那么它不可能违背他的意愿发生，而是与他的意愿相一致。[1] 在论证通过对话展开时，埃伏第乌斯觉得第三步存在问题，他认为我们并没有能力只通过意愿就获得幸福，因此我们的幸福本质上依赖于上帝。[2] 在这里，奥古斯丁同样没有直接回应埃伏第乌斯的困惑来阐明上帝的恩典在我们通往幸福的旅程中的作用，而是转而强调我们的意愿官能(uoluntas)始终有能力控制它自己的行为倾向(uelle)。"只要我们愿意，意愿就在眼前。"[3] 基于这一原因，当上帝使埃伏第乌斯在未来的某一时刻幸福时，那想要幸福的意向或意愿仍然在埃伏第乌斯的权能之内，因此，这一意向仍然可以归于埃伏第乌斯自己。因此，这一幸福生活同样符合他自己的意愿。

在确立了以上三个前提之后，奥古斯丁很自然地得出结论：上帝对于埃伏第乌斯幸福的预知确保了后者在那一时刻实现幸福，但这并没有夺走后者在实际获得幸福的那一刻对于幸福的意愿。说一个人能够违背自己的意愿而幸福，这无疑是荒谬的。[4]

在接下来的分析中，奥古斯丁进一步指出，想要幸福的意愿免于任何形态的必然性。说一个人必然地意愿，这是自相矛盾的。[5] 如前所

---

[1] *lib. arb.* "A. ... sed dico, cum futurus es beatus, non te inuitum, sed uolentem futurum."

[2] Ibid., "E. Mihi si esset potestas ut essem beatus, iam profecto essem. Volo enim etiam nunc et non sum, quia non ego sed ille me beatum facit."

[3] Ibid., "A. Non enim posses aliud sentire esse in potestate nostra, nisi quod cum uolumus facimus. Quapropter nihil tam in nostra potestate quam ipsa uoluntas est. Ea enim prorsus nullo interuallo mox ut uolumus praesto est."

[4] Ibid., "A. Sicut autem uoluntatem beatitudinis, cum esse coeperis beatus, non tibi aufert praescientia dei, quae hodieque de tua futura beatitudine certa est..."

[5] *lib. arb.* III, 3, 8. "A. '... si autem necesse est, non iam uoluntate, sed necessitate id me uelle fatendum est.' O stultitiam singularem!... Si enim necesse est ut uelit, unde uolet cum uoluntas non erit?"

述,一个意愿之所以成其为意愿,正是因为它在我们的权能之内。这一观点进一步得到推进,"因为它在我们权能之内,它对于我们来说就是自由的。因为那不在我们权能之内的东西对我们来说就不是自由的,或者不是我们所拥有的"[1]。因此,想要幸福的意愿应该也是自由的意愿。相应地,上帝的预知也就不和意愿的自由发生冲突。而且,既然上帝所预知的幸福和埃伏第乌斯自己的意愿相一致,这就意味着上帝同时也预知埃伏第乌斯的意愿,否则的话,上帝的预知就不再是永无谬误的。而这一意愿根据其定义就一定在埃伏第乌斯的能力之内。由此可知,上帝也预知埃伏第乌斯意愿的能力。因此,上帝的预知并没有褫夺意愿的能力,而是确保了它的存在和实现,因为这一知识永无谬误。[2]

在推进到奥古斯丁在《论自由决断》第三卷第四章中提出的进一步论证之前,我们不妨简单地回应一下当代学者的批评,因为以上所说的第三章中的前两个论证通常被看作奥古斯丁为自由意愿的辩护的核心,或者至少是最不易理解的部分。[3]

首先,前面已经提到有学者抱怨这一章里出现的必然性概念意义模棱两可。[4] 这无疑是个正确的观察。一方面,奥古斯丁认为,"没有任何事情不按照上帝所预知的方式发生"。这明确地肯定了我们先前

---

[1] *lib. arb.* III, 3, 8. "Porro, quia est in potestate, libera est nobis. Non enim est nobis liberum, quod in potestate non habemus, aut potest non esse quod habemus."

[2] Ibid. "Cum enim sit praescius uoluntatis nostrae, cuius est praescius ipsa erit. Voluntas ergo erit, quia uoluntatis est praescius. Nec uoluntas esse poterit, si in potestate non erit. Ergo et potestatis est praescius. Non igitur per eius praescientiam mihi potestas adimitur, quae propterea mihi certior aderit, quia ille cuius praescient(i)a non fallitur, adfuturam mihi esse praesciuit."

[3] 只有 Hunt 坚信奥古斯丁为上帝预知下的意愿自由的辩护完成于第四章,而不是第三章。他认为自己的先行者未能充分意识到这一点。见 Hunt 1996, 尤见 17。

[4] 参见第 312 页注释[1]。

提到的命题(A)，即上帝所知道的必然发生。[1] 另一方面，前面的分析同样表明，奥古斯丁同样公开地将意愿和必然性对立起来："如果一个人必然地愿意，那么没了意愿，他如何可能愿意？"[2] 如此看来，命题(B)对于奥古斯丁也为真。然而，(A)和(B)不可能同时为真，否则埃伏第乌斯有关上帝使我们所有自愿行为(包括罪)成为必然的论证就可以成立了。因此，奥古斯丁的论证如果要成立，那么必然性(*necessitas*)一词在命题(A)和(B)中的意义就不可能等同。正如戴维·亨特(David Hunt)所论，"不存在单一的'必然'的意义使这两个前提为真"[3]。我们在后面对《论自由决断》III, 4 和《上帝之城》V, 10 的分析中将表明，奥古斯丁通过区分必然和强迫来克服这一困难。当然，我们也不得不承认，必然性这一术语当下的含混确实削弱了奥古斯丁的前两个论证。

对《论自由决断》III, 3 的第二个抱怨则是，奥古斯丁过于轻率地将意愿和自由意愿相等同。[4] 这一批评和当代评述者的一个基本预设相关：奥古斯丁在这一论证中要捍卫的是选择的自由。[5] 他们通过征引第三卷第一章中关于自然运动和自愿活动的区别来支持这一信念。而我们在前面的讨论中已经指出，灵魂向下堕落的自愿特性在于灵魂有能力停止这一活动。[6] 因此，在这些学者看来，奥古斯丁要论证神圣预知之下意愿的自由，就必须证明意愿行为不仅在我们能力之内，而且确实是我们在不同行为方式中选择的结果。也就是说，我们的

---

[1] *lib. arb.* III, 3, 7. "Cum igitur praescius deus sit futurae beatitudinis tuae—nec aliter aliquid fieri possit quam ile praesciuit, alioquin nulla praescientia est…"

[2] Ibid., III, 3, 8. "Si enim necesse est ut uelit, unde uolet cum uoluntas non erit?"

[3] Hunt 1996, 12.

[4] 例如 Kirwan 1989, 101. Hunt 1996, 15。

[5] 例如 DeCelles 1977, 158-9. Craig 1984, 44。

[6] Cf. *lib. arb.* III, 1, 2. 引文见第 232 页注释[1]。

意愿必须有可能按其他的方式行事。

然而,先前的讨论特别是第六章的分析已经表明《论自由决断》第三卷中所谈及的意愿的自由决断并不一定要解释为自由选择或者"以其他方式行为的能力"。[1] 此外,我们先前指出,奥古斯丁将此处的论题从亚当的罪转换为我们的罪,这就暗示了我们这里所关心的不是亚当所拥有的在善恶之间进行选择的能力,而是堕落之后人的意愿仍然拥有的不受任何强迫而作出决断的自由,或者说以幸福为目的的心灵的自发活动。我想先前的讨论足以证明奥古斯丁认为只有亚当才享有作为双向能力的意愿。[2]

尽管如此,我们仍然必须承认奥古斯丁在《论自由决断》第三卷前四章中所作的论证从道德心理学的角度看并不成熟,它并没有充分反映奥古斯丁对于意愿的历史性和现实性的敏锐洞察。例如,在这部著作中,他并没有将肉欲作为意愿内在的软肋,没有意识到它的存在会产生必然性,会使指向可朽的尘世之物的意向成为必然。[3] 相应地,他才能得出如此激进的结论:意愿不在任何必然性之下,这一立场更接近裴拉基和尤利安,而不是他成熟时期的主张。[4] 这和他之前有关自愿活动的讨论一起给人造成这样的印象:奥古斯丁试图捍卫自由主义的自由概念,但最终未能成功。然而,我们之前有关奥古斯丁意愿和自由的分析足以表明他从来没有接受过如此简化的意愿概念。

此外,我们还可以从另外一个角度对奥古斯丁这一不成熟的论证加以批评,这牵涉到他所举的例子。正如当代评述者已经注意到的,奥古斯丁以我们对幸福的意愿为例并非出于偶然。我们已经在第六章中

---

[1] 另一种解释的可能,见第六章第三节第三部分。
[2] Cf. *lib. arb.* III, 18, 52. 参见第六章第一节。
[3] Cf. *lib. arb.* III, 22, 64ff. 相关分析见第七章第二节第三部分。
[4] *c. Iul. imp.* I, 46-47, (1), 相关讨论,见第六章第三节。

论证,对于自我幸福的意愿在堕落之后仍然未加改变,而是为所有理性存在所共有。[1] 奥古斯丁甚至将它称之为灵魂的自然欲望(concupiscentia naturalis)。[2] 想要幸福的意愿乃是意愿官能的一个特殊意向,它不足以作为典型的案例来说明意愿共有的特征。在这一案例中,奥古斯丁很容易确保意愿存在于上帝所预知的世界中,他只需诉诸这一对幸福的普遍意愿,因为没有人会去否认所有理性的生物都想要幸福。然而,当意向的对象不再是幸福,而是其他的善,例如对上帝的爱,那时,我们就不是很容易确定在神恩所决定的世界中意愿的能力是否在我们的能力之内。后面的讨论将进一步指明,这也是为什么奥古斯丁在他晚期的著作中谈论预定而不是预知的重要原因。

再者,想要幸福的意愿无疑是一个善好的意愿。考虑到意愿的非对称结构,我们不能毫无保留地任由奥古斯丁将这一案例直接用来解释我们对有意之罪的责任。[3] 幸福可以是意愿的对象,既可以为神所意愿,也可以为人所意愿。然而,上帝从不会愿意我们的意愿成为有罪的,即使他预知我们的堕落。这也就解释了为什么到了《论自由决断》第三卷第四章,他仍然纠结于上帝对我们的罪的预知和我们犯罪时的意愿自由如何得以共存,因此他在第三卷之后的讨论中又再次回到恶的意愿的起源问题。[4]

---

[1] Cf. *lib. arb.* I, 14, 30. "Quam ob rem nihil mirum est, quod miseri homines non adipiscuntur quod uolunt id est, beatam uitam. Illud enim, cui comes est et sine qua ea nemo dignus est nemoque assequitur, recte scilicet uiuere, non itidem uolunt." 有关奥古斯丁就人的幸福意愿作为人的自然欲望的进一步反思,参见第六章第三节第三部分。

[2] 例如 *C. Iul. imp.* IV, 67, 引文见第 24 页注释[1]。

[3] Cf. *lib. arb.* III, 3, 7. "Sicut autem uoluntatis beatitudinis…. Sic etiam uoluntas culpabilis, si qua in te futura est, non propterea uoluntas non erit quoniam, deus eam futuram esse praesciuit."

[4] 《论自由决断》第三卷中有关恶的意愿的原因的分析,参见第五章第二节第三部分。

《论自由决断》第三卷第四章一开始,奥古斯丁就提醒埃伏第乌斯回忆他们在第一卷中讨论过的人的意愿是否会受其他实体强迫这一论题。[1] 第一卷已经证明心灵不会受任何外在压力而获得恶的意愿。现在,奥古斯丁则力图说服他的对谈者,心灵的这一自由不仅与上帝的预知相容,而且和任何一种预知相容。[2] 正是在这一语境中,奥古斯丁引入必然和强迫的区分。一方面,预知作为一种知识,它确保了所预知的事件必然发生。另一方面,尽管预知使得人类偷食禁果这样的事件的出现无可避免,预知自身却并不会强迫(cogere)未来的罪人去在那一时刻犯罪。[3] 因此,前面提到的两个命题可以同时为真,只要命题(A)中 necessitas 指的是发生的必然性,而命题(B)中则指的是强迫。相应地,上帝对于罪的预知也就不会和意愿免于强迫的自由发生冲突。

奥古斯丁借助这一区分来处理特别困扰埃伏第乌斯的难题,即全知的上帝如何能同他的造物的恶共存。奥古斯丁先利用我们的记忆来和上帝的预知类比,以此论证说就像我们在回忆已经发生过的事情时,我们没有能力去强迫这些事实出现,而神圣的预知,也不会给我们将来的行为添加强迫。此外,上帝并没有造成所有他所预知的事情,特别是

---

[1] Cf. *lib. arb.* I, 10, 20. 对这一论证的评述,见第五章第二节第二部分。

[2] Ibid., III, 4, 10. "A. Non igitur quia dei praescientia est, necesse est fieri quae praescierit, sed tantum modo quia praescientia est; quae si non certa praenoscit, utique nulla est. E. Consentio. Sed quorsum ista?"

[3] Ibid., "Quia, nisi fallor, non continuo tu peccare cogeres quem peccaturum esse praescires; neque ipsa praescientia tua peccare eum cogeret quamuis sine dubio peccaturus esset; non enim aliter id futurum esse praescires."

没有造成那些恶行。[1] 否则的话,上帝的审判的正义性将会毫无根据。[2] 这一作为基督信仰核心的神正论也要求我们承认以上提到的相容性。[3]

然而,当奥古斯丁将论题从上帝的预知转换为一般的预知,正如戴瑟勒(DeCelles)所正确指出的:

> 两个极大的困难很快出现在脑海中:1)这一类比的普遍合法性,即将那其知识和权能密不可分的存在与那有限的存在相类比,后者的局限恰恰暴露出他的两种有限的官能的疏远;2)以下论断的合法性:我们竟然能实际拥有这样的经验(案:指预知),拥有如此敏锐的先见之明而不只是猜测?[4]

关于第二个困难,美国学者贾斯泊·霍普金斯(Jasper Hopkins)在评述威廉·洛(William Rowe)对这一论证的标准论述时已经指出,任何对于未来人未来的意愿的决断的预知都只能来自上帝的启示。[5] 根据这一理由,预知或者属于上帝,或者由上帝在其他存在上产生。显然,人的预知如果存在的话,它对于意愿这一本质上属于他自己的行为的

---

[1] *lib. arb.* III, 4, 11. "Sicut enim tu memoria tua non cogis facta esse quae praeterierunt; sic deus praescientia sua non cogit facienda quae futura sunt. Et sicut tu quaedam quae fecisti meministi nec tamen quae meministi omnia fecisti; ita deus omnia quorum ipse auctor est praescit, nec tamen omnium quae praescit, ipse auctor est. Quorum autem non est malus auctor, iustus est ultor."

[2] Ibid., "Hinc ergo iam intellege qua iustitia deus peccata puniat, quia quae nouit futura non facit. Nam si propterea non debet retribuere supplicium peccantibus, quia praeuidet peccaturos, nec recte facientibus debet praemia retribuere, quia et recte facturos nihilominus praeuidet."

[3] Ibid., "Immo uero fateamur et ad praescientiam eius pertinere ne quid eum lateat futurorum, et ad iustitiam ut peccatum, quia uoluntate committitur, ita iudicio eius inpune non fiat, sicut praescientia non cogitur fieri."

[4] DeCelles 1977, 154.

[5] Hopkins, 1994 (1977), 87. Rowe 把这一段解释为一个单纯应景的(ad hominem)论证,见 id. 1964, 362-363。

作用仍然是外在的。然而，上帝的预知，对于意愿的决断来说却可以是内在的，因为我们在后面将指明上帝的预知可以现实地准备我们的意愿。即使在这一文本中，奥古斯丁也宣称上帝预知并且实际使得（facere）埃伏第乌斯在未来的某一刻幸福。[1] 不过，奥古斯丁并没有进一步处理上帝如何使得一个人爱他的幸福这一棘手问题。

前面我们已经指出，奥古斯丁在《论自由决断》中还未能建立意愿免于任何内在强迫的独立性。[2] 借用里斯特广为人知的表述来说，这里所说的人的意愿可以只是一个能动的玩偶。当意愿的倾向在道德上为善时尤其如此。而我们本章的目的恰恰在于阐明人在获得这一向善的行为倾向时的主体性根基。而在上述论证中，奥古斯丁只是将神意的功能简单地外在化，将它视为没有任何因果效力的预知。而在基督教信仰的框架内，神圣预知用来解释上帝在人的意愿中的作用，无疑太过柔弱而不够确切。

或许人们可以争辩，《论自由决断》第三卷中的论证只在于说明上帝的预知和人的向罪意愿相容，与善的意愿无关。即使承认这一点，我们也不得不说奥古斯丁的论证并不能令人信服。他将上帝的预知和人的记忆所作的类比同样不可信。首先，预知所关涉的是我们未来的幸福，而记忆则涉及过去。我们的心灵当下的状态显然不能够对过去的行为产生因果作用，但是它却有可能作用于尚未发生的未来行为。奥古斯丁必须说明而不是假定上帝的预知如同我们的记忆一样，没有对

---

[1] *lib. arb.* III, 3, 6. "A. Numquid neminem beatum facit (sc. deus)? E. Facit uero."
[2] 见第五章第二节。

我们的心理行为使用强力。[1]

　　此外，上帝自己确实使很多他所预知的事件成为事实，例如使人幸福，但另外一些则不是如此，例如使人成为欲望的奴隶。我们必须证明而不是假定人的罪行属于后一种类别。而这一任务，奥古斯丁是通过一系列有关意愿独立性的形而上学和心理学论证来完成的，这一点我们在第五章中已经仔细地做了查验。[2] 但是，尽管恶的意愿没有作用因，向善的意愿却必然有原因。这一意愿的非对称性同样是理解上帝的两种不同预知的关键。而《论自由决断》第三卷第四章中的论证则使人产生这样的印象，即上帝不是任何人类行为的始作俑者，无论善恶。上帝正当地惩罚并非由他所造成的恶，同时回报义人的善，仿佛义人的行为也不来自上帝。而这一立场无疑和奥古斯丁成熟时期有关神意的主张相冲突。

　　我们略作小结，和他早期对意愿独立性的不成熟理解相应，奥古斯丁在《论自由决断》中的论证还不足以在神意统治下的世界中确保人的意愿的自由。他对必然和强迫所作的区分，仍然太过含混，不足以澄清上帝如何作用于人的意愿而不通过强力毁坏人的自由，特别是当其结果乃是向善的行为倾向。

二　《上帝之城》第五卷和《〈若望福音〉布道辞》第 53 篇中的神圣预知与自由意愿

　　与有关《论自由决断》第三卷中上帝预知的激烈争论形成对照的

---

　　[1]　见第 320 页注释[1]。Barry David 在这一预知和记忆的类比读出了上帝的预知的不可变性和非时间性。奥古斯丁通过将预知和记忆联系起来暗示上帝所预知的未来和人类所知道的过去一样已经发生，不可改变。这无疑是一个有趣的论点，但缺乏必要的文本依据。因为，这里并不像 David 所认为的那样，奥古斯丁在明确地区分人和上帝的预知。因为这一类比同样可以运用于人的预知，尽管奥古斯丁在 III, 4, 11 中确实明确地提到了上帝的预知。

　　[2]　Cf. *ciu. Dei*, XII, 6. 相关的论述见第五章第二节第四部分。

是,奥古斯丁在其他两部著作中对神圣预知与人的主体性相容的论证很少得到学界的注意。[1] 为简明起见,我们在这里不再重构奥古斯丁整个论证的细节,而着重考察他在后来的论述中引入的新要素。

《上帝之城》第五卷大约完成于 415 年,此时与裴拉基派的论争已经开始 4 年。[2] 在第五卷的前十章中,奥古斯丁着手处理"命运"(*fatum*)这一术语和宿命论主张。如所周知,奥古斯丁的论证通过在两个层面上与西塞罗的对话来展开。[3] 第一章到第七章,奥古斯丁借助著名的双生子不同命运的案例(可能直接源自西塞罗的《论命运》一书),和西塞罗一起反对星象宿命论。[4] 而在第八章中奥古斯丁则转向西塞罗为了捍卫人的自由而大加批驳的斯多亚派的命运概念(*fatum*)

有些人并不把"命运"这一术语用来指某物受孕、出生或开始时星体的位置,而是指所有原因的关联和序列(*omnium conexio seriesque causarum*),通过它所有要发生的事物得以发生。[5]

---

[1] 奥古斯丁在《上帝之城》中的论述通常被视为对《论自由决断》论证的补充。而且,正如 David 所见,过往的研究对于奥古斯丁的哲学论述自身的价值也没有太多关心,往往只将目光集中在其论辩的语境,例如奥古斯丁和非宿命论传统之间的关系。见 David 2001b,尤见 481-483。更早的有关奥古斯丁的论证和传统的宿命论之间的关系,参见 Rordorf 1974;Oroz Reta 1981;Pic 1997。值得注意的是,在 David 所忽视的一篇文献中,德国学者 Siegbert Peetz 为奥古斯丁在《上帝之城》中的相关论述的哲学有效性作了深入的考察,见 Peetz 1997。我将在后文中论及 Peetz 的洞见。

[2] 有关这一卷的写作年代,参见 *ep.* 169, 1,引自 O'Daly 1999, 34。

[3] 西塞罗对奥古斯丁的影响,参见 Testard 出版于 1958 年的经典研究,亦见 Hagendahl 1967, vol. 2, 525-535。

[4] Cf. *ciu. Dei*. V, 2. "Cicero dicit Hippocratem ... scriptum reliquisse, quosdam fratres, cum simul aegrotare coepissent et eorum morbus eodem tempore ingrauesceret, eodem leuaretur, geminos suspicatum; quos Posidonius Stoicus, multum astrologiae deditus, eadem constitutione astrorum natos eademque conceptos solebat asserere."

[5] *ciu. Dei* V, 8. "Qui uero non astrorum constitutionem, sicuti est cum quidque concipitur uel nascitur uel inchoatur, sed omnium conexionem seriemque causarum, qua fit omne quod fit, fati nomine appellant."

奥古斯丁认为这一观点很接近基督教对于神意的理解：

> 因为他们将这一因果秩序和关联归于至高上帝的意愿和权能（*Dei summi uoluntas et potestas*），而人们最大限度地和最为真切地相信上帝在一切事情发生之前就已经知道它们，上帝不让任何事物不守秩序———一切权能都来自上帝，尽管并不是所有人的意愿都来自他。由此可见，他们所说的命运，主要是指至高上帝的意愿，他的权能泽被万物，不可僭越。[1]

通过将命运还原为上帝的意愿，奥古斯丁为之后的论证奠定基调，他在接下来的两章中全力反驳西塞罗对神圣预知的否认。

奥古斯丁首先简单地重述西塞罗自己的立场。西塞罗在《论神谕》一书中由于担心会破坏人的意愿的自由，他断然否认任何有关未来的知识，无论这知识来自人还是上帝。以现代的标准看，奥古斯丁如下对西塞罗论证主线的重构很不学术：[2]

> 在对未来事物的预知中，令西塞罗如此害怕的究竟是什么，以至于他要用如此可憎的论辩来诋毁它呢？显然，如果所有未来的事件都被预知，那么它们就会按照所预知的次序（*in ordine*）出现。而如果它们按照这一次序出现，那么作为预知者的上帝就确定（*certus*）了事物的秩序（*ordo rerum*）。而如果事物的秩序已经确

---

[1] *ciu. Dei* V, 8. "…quando quidem ipsum causarum ordinem et quandam conexionem Dei summi tribuunt uoluntati et potestati, qui optime et ueracissime creditur et cuncta scire antequam fiant et nihil inordinatum relinquere; a quo sunt omnes potestates, quamuis ab illo non sint omnium uoluntates. Ipsam itaque praecipue Dei summi uoluntatem, cuius potestas insuperabiliter per cuncta porrigitur, eos appellare fatum sic probatur."

[2] 首先，奥古斯丁只提到了《论神谕》一书，然而他以下的重构中却包含着《论命运》一书的内容。见 Testard 1958, vol.1 240-2; vol.2, 47-51。亦见 Hagendahl 1967, vol.2, 533-535。其次，正如 David 所见，奥古斯丁完全忽视了西塞罗反对神圣预知的知识论论证，这来自亚里士多德在《解释篇》中有关海战的著名讨论，见 David 2001b, 尤见 485ff。

定,因果的秩序(*ordo causarum*)也就确定,因为任何事物的发生都有一个在先的作用因(*causa efficiens*)。然而,如果因果的秩序已经确定,一切因它而发生,那么,西塞罗说,所有要发生的事件就是命运注定(*fato*)。如果是这样,那么就没有什么在我们的权能之内(*in nostra potestate*),也没有什么意愿的决断可言(*arbitrium uoluntatis*)。而且,如果我们承认这点,整个人的生活就被摧毁了……为了避免这一切对于人类事务来说不可容忍、极为荒谬和致命性的后果,西塞罗就不愿意对未来的预知存在。[1]

根据奥古斯丁的转述,西塞罗论证的关键仍然在这样一个难解的对立:一方面,永无谬误的预知确定了未来事件的发生不可避免;另一方面,人的意愿应该能够自由地决定自己的行为。

这一论证的新意在于强调因果秩序,它鲜明地展示出西塞罗所认定的神圣预知的强制力。西塞罗相信预知的存在不仅确认了事件的发生秩序(*ordo rerum*),而且确定了束缚整个世界的因果链条,而这正是斯多亚派所定义的命运。显然,西塞罗的这一推论基于这样一个在古代世界广为流传的公理:有果必有因。西塞罗强调这里的因指的是作用因或动力因。与此相应,包含在神圣预知中的必然性实际上就被等同于威胁到人的自由的因果必然性:神的预知被判定为所有事件的最

---

[1] *ciu. Dei.* V, 9. "Quid est ergo, quod Cicero timuit in praescientia futurorum, ut eam labefactare disputatione detestabili niteretur? Videlicet quia, si praescita sunt omnia futura, hoc ordine uenient, quo uentura esse praescita sunt; et si hoc ordine uenient, certus est ordo rerum praescienti Deo; et si certus est ordo rerum, certus est ordo causarum; non enim fieri aliquid potest, quod non aliqua efficiens causa praecesserit; si autem certus est ordo causarum, quo fit omne quod fit, fato, inquit, fiunt omnia quae fiunt. Quod si ita est, nihil est in nostra potestate nullumque est arbitrium uoluntatis; quod si concedimus, inquit, omnis humana uita subuertitur. Haec ergo ne consequantur indigna et absurda et perniciosa rebus humanis, non uult esse praescientiam futurorum." Cf. Cicero, *De fato*, 17, 40. 有关这一文本中"确定"(*certus*)一词的含混性,见 Kirwan 1989, 100,和 David 2001b,484。

终作用因。如果神预知所有的事件,他也就决定了一切,没有什么可以逃脱这一确定的因果秩序而留存在我们的控制之下。为了捍卫人的自由和尊严,西塞罗坚决抵制神圣预知,特别是上帝对于未来的全知全能。[1]

作为回应,奥古斯丁首先谈到"命运"一词的含混性。在日常语言中,"命运"指的是星座的位置所象征甚至所产生的不可抗拒的力量。[2] 就此而言,斯多亚派将其理解为因果秩序显得有些怪异而产生误导,它给我们留下这样的印象:这一不可改变的秩序就如同来自天宫图的神秘力量,凌驾于我们的意愿之上,使得意愿的决断变得毫无意义。然而,奥古斯丁指出,*fatum* 一词在词源上来自动词 *fari*,"说"。他因此认为如果我们将 *fatum* 解释为上帝的话,它确定了未来万物的秩序,那么作为基督徒就可以接受斯多亚派的这一解释。在这一语境中,意指因果秩序的"命运"一词被看作是对上帝的意愿的见证,这神圣的意愿在圣言中展示自身,或者更准确地说,在对事物秩序的预知中展示自身。[3] 与此相衬,当我们宣称所有事件都是命运注定时,这应当被理解为一切都在因果链条之中,因此一切都由神圣意愿所统辖。

---

〔1〕 Kirwan 指出,西塞罗的论证意图在于否定对于未来的完全知识,而不是像奥古斯丁所转述的那样针对一般意义的对于未来的预知。见 Kirwan 1989, 99。不过这一点并不影响奥古斯丁以下的论证,因为他所关心的正是上帝的预知。

〔2〕 *ciu. Dei.* V, 9. "quoniam fati nomen ubi solet a loquentibus poni, id est in constitutione siderum cum quisque conceptus aut natus est …" 亦参 ibid., V, 1. "Nam, id (sc. fatum) homines quando audiunt, usitata loquendi consuetudine non intellegunt nisi uim positionis siderum, qualis est quando quis nascitur siue concipitur."

〔3〕 *ciu. Dei.* V, 9. "Ordinem autem causarum, ubi uoluntas Dei plurimum potest, neque negamus, neque fati uocabulo nuncupamus, nisi forte ut fatum a fando dictum intellegamus, id est a loquendo; non enim abnuere possumus esse scriptum in litteris sanctis: *Semel locutus est Deus, duo haec audiui, quoniam potestas Dei est, et tibi, Domine, misericordia, qui reddis unicuique secundum opera eius.* Quod enim dictum est: Semel locutus est, intellegitur inmobiliter, hoc est incommutabiliter, est locutus, sicut nouit incommutabiliter omnia quae futura sunt et quae ipse facturus est."

在将命运还原为神圣意愿之后,奥古斯丁进一步详细论证,命运或因果律,它和意愿的自由并不冲突,这构成了奥古斯丁反驳西塞罗的论证内核:

> 此外,即使因果秩序由上帝确定,这并不能推出就没有任何东西留给我们的意愿的决断。因为我们的意愿自身也在因果秩序之中——这秩序由上帝确定包含在他的预知之中,因为人的意愿乃是人的作为(opus)的原因;所以谁要是预知了事物的所有原因,他就不可能不知道我们的意愿也在这些原因之中,因为他预知这些意愿会是我们的作为的原因。[1]

奥古斯丁通过加深我们对因果秩序这一概念的理解,进一步发展了他有关预知与自由相容的形而上学论证,而这一点在他的《论自由决断》中已经有所暗示。[2] 简单地说,意愿的自由并不在上帝的预知所决定的因果秩序之外,而是构成了其中一个不可缺少的环节。[3]

在接下来的段落中,奥古斯丁进一步断定在因果秩序中起作用的原因只有意愿,或者来自造物主,或者来自理性的受造物。前面我们已经提到,奥古斯丁证明了西塞罗所提到的各种形式的作用因都可以还原为上帝、天使、人类甚至非理性动物的意愿。[4] 因此,确定的因果秩序非但没有夺走意愿的尊严,反而牢固地将意愿奠定为自愿行为的原因。

---

[1] ciu. Dei. V, 9. "Non est autem consequens, ut, si Deo certus est omnium ordo causarum, ideo nihil sit in nostrae uoluntatis arbitrio. Et ipsae quippe nostrae uoluntates in causarum ordine sunt qui certus est Deo eiusque praescientia continetur, quoniam et humanae uoluntates humanorum operum causae sunt; atque ita, qui omnes rerum causas praesciuit, profecto in eis causis etiam nostras uoluntates ignorare non potuit, quas nostrorum operum causas esse praesciuit."

[2] Cf. lib. arb. III, 3, 8. 见第 314 页注释[5]。

[3] ciu. Dei. V, 9. "...cum in ipso causarum ordine magnum habeant locum nostrae uoluntates?"

[4] ciu. Dei. V, 9. 见第 187 页注释[3]。

对于因果秩序的这一创造性解释同时也反映了奥古斯丁在其成熟著作中对于意愿及其自由的洞见。在《论自由决断》的论述中,读者们往往会产生错误的印象,以为意愿的自由在于它拥有绝对的权能去不选择某个确定秩序中自己的作为。而在《上帝之城》的这一论证中,奥古斯丁毫不犹豫地指出并不存在超越因果秩序的绝对权能,甚至上帝的意愿也不例外。因为上帝的意愿可以绝对地等同于他自己的行为。上帝所意愿的必然会以完满的方式实现,否则上帝的权能就会受到制限。在至高的意愿和至高的权能之间没有任何微小的分歧。然而,至高的权能不仅仅是超验的力量,而且通过上帝的圣言(fari)规定着尘世。因此,所有的一切都如上帝所意愿的那样依次出现,因为上帝的意愿不受任何束缚。[1]

毫无疑问,奥古斯丁和西塞罗的形而上学都依赖因果律,尤其是作用因或动力因的作用。考虑到这一点,事件的秩序也就是因果的秩序。而我们也很容易推论上帝的意愿不会毁坏这一已经由他的权能所确定的秩序,因为上帝的意愿不可能自相矛盾。[2]

与神圣意愿和因果秩序的关联相一致,人类的意愿的自由也通过这一确定的必然的因果秩序而得到界定。为了说明这一点,奥古斯丁在《上帝之城》第五卷第十章中进一步区分了不同的必然性。有一种必然性,例如死亡,它不在我们的权能内,对我们的意愿不屑一顾。显然,这一必然性会和意愿的自由相冲突,因为意愿作为自我的亲密体现

---

[1] *ciu. Dei.* V, 9. "sed omnia maxime Dei uoluntati subdita sunt, cui etiam uoluntates omnes subiciuntur, quia non habent potestatem nisi quam ille concedit."

[2] 在阐述三一论中的统一性时,奥古斯丁强调圣父和圣子不仅分有同一实体,而且分有同一意愿。见 *trin.* IV, 9, 12. "ut quemadmodum Pater et Filius, non tantum aequalitate substantiae, sed etiam uoluntate unum sunt."

总是在我们的能力之内。[1] 但是必然性也可以指某事必然因此存在或者因此发生,奥古斯丁认为因果秩序的必然性属于这一类,而且不会和人的意愿自由发生冲突。[2] 首先,根据他对作用因的激进解释,所有事件只有意愿作为其原因。[3] 而只有当人的意愿自由在这个世界中得到承认,它才能成为人的自愿行为的作用因。也就是说,只有当我们的行为是出自意愿的决断时,我们才能把这一行为称为"我们的"行为。[4] 由此,如果我们的意愿所倾向的行为并没有按我们所意愿的那样紧随我们的意向而出现,甚至违背我们的意愿,他们显然就不能算作我们的所作所为(opus)。因此,自愿的行为会紧随我们的意愿作为我们的意愿的必然结果。否则的话,这些行为就变成了纯粹偶然的结果而不在我们的权能之内。换个角度来说,这就意味着,没有了因果秩序,也就没有了自愿行为,同时也就无所谓自由意愿!因此,意愿的自由非但不同因果秩序相冲突,反而植根于其中。此外,正如奥古斯丁早期的论证已经指出,因为上帝的预知永无谬误,这保障了因果秩序的必然性,也因此确保了意愿的自由。[5]

在这一完成于同裴拉基派论战期间的论证中,奥古斯丁甚至提到上帝的意愿如何作用于人类行为者,这同样是《论自由决断》第三卷中

---

[1] ciu. Dei. V, 10. "Si enim necessitas nostra illa dicenda est, quae non est in nostra potestate, sed etiamsi nolimus efficit quod potest, sicut est necessitas mortis: manifestum est uoluntates nostras, quibus recte uel perperam uiuitur, sub tali necessitate non esse. Multa enim facimus, quae si nollemus, non utique faceremus. Quo primitus pertinet ipsum uelle; nam si uolumus, est, si nolumus, non est; non enim uellemus, si nollemus."

[2] Ibid. "Si autem illa definitur esse necessitas, secundum quam dicimus necesse esse ut ita sit aliquid uel ita fiat, nescio cur eam timeamus, ne nobis libertatem auferat uoluntatis."

[3] ciu. Dei. V, 9. "Ac per hoc colligitur non esse causas efficientes omnium quae fiunt nisi uoluntarias, illius naturae scilicet, quae spiritus uitae est."

[4] 尤见第七章第一节。

[5] Cf. ciu. Dei. V, 10. 亦见 lib. arb. III, 3, 8。

不曾谈到的。奥古斯丁将神意的作用分为两方面：它既规定受造物的意愿(*uoluntas*)，又赐予它们相应的权能(*potestas*)。

> 在他的至高意愿中是这样一种权能，它帮助受造的灵的善的意愿，裁断恶的意愿，规定一切意愿。有的他分予权能，另外的则不分予。正如他是所有本性的造物主，它也是所有权能的赐予者，但却不是所有意愿的赐予者。恶的意愿一定不来自他，因为恶的意愿反对自然，而自然来自于他。[1]

奥古斯丁指出在人的主体行为中意愿和权能的不同来源，这也正是由意愿的非对称结构所决定的：善的意愿需要的神意不同于恶的意愿。

意愿和权能的区分揭示出奥古斯丁对上帝的预知的本体论论证的道德面向和心理面向。正如当代学者所论，上述段落同时还为奥古斯丁的神圣预定论铺平了道路。[2] 我将在有关信仰开端的反思中回到意愿和权能的区分这一论题。现在我们只须指出，奥古斯丁在《上帝之城》第五卷中并没有进一步解释上帝如何帮助(*adiuuare*)人的善好意愿而不触及人的意愿的自由。更重要的是，在这里权能似乎只是指实现善行的能力，我们并不清楚获得向善的行为倾向，或善的意愿自身是不是也是一种权能，来自全能的上帝。而如果向善的意愿不仅为上帝所预知而且又上帝所准备，那么它如何又能称之为我们的自由意愿呢？

奥古斯丁在生命的最后几年和所谓的半裴拉基派论争中对上述难

---

[1] *ciu. Dei.* V, 9. "In eius uoluntate summa potestas est, quae creatorum spirituum bonas uoluntates adiuuat, malas iudicat, omnes ordinat et quibusdam tribuit potestates, quibusdam non tribuit. Sicut enim omnium naturatum creator est, ita omnium potestatum dator, non uoluntatum. Malae quippe uoluntates ab illo non sunt, quoniam contra naturam sunt, quae ab illo est."

[2] 有关这一段落的预定论内涵，参见 Wolfson 1959, 559-561; Colish 1985, vol. 2, 232; Peetz 1997, 77。

题作了更深入的反思,在做此推进之前,我们简单地交代一下奥古斯丁在《〈若望福音〉布道辞》53,4—10 中有关上帝预知的论述。这篇布道辞注解《若望福音》12:38—40,大约作于 414 年,略早于《上帝之城》第五卷。奥古斯丁力图证明上帝如何预知了犹太人的背信却又不是他们背信的原因。[1] 显然,此处他所关注的首先是神圣的预言和我们对于罪的责任的相容性,而并不是人在正义行为中的主体性。

在布道辞中,奥古斯丁再次区分知识和因果、必然性和强迫,同时借助上帝预知永无谬误来解释预知和道德责任表面的冲突。值得注意的是,奥古斯丁在这里明确地指明他所说的自由不是按其他方式行事的自由,因为圣经上明确地写道,犹太人不能信。[2]

然而,奥古斯丁认为他们之所以不能信,在于他们不愿意(nolle)信。[3] 这一不愿,或者说这一自愿的拒斥,当然需要进一步的解释,但是奥古斯丁在这里只是提到上帝隐秘的判决(iudicium occultum),根据这一判决,犹太人没能得到神意的帮助。[4] 奥古斯丁强调神意的这一不可思议的特性,断言犹太人理当承受因为背信而来的后果。[5] 此处尽管没有进一步展开,但我们在后文的讨论中将看到,这一上帝行为的不可思议性正是奥古斯丁在有神论特别是预定论框架下捍卫人的自由的关键。此外,犹太人没有能力相信,这也是因为他们错误地将正义生活的能力归于自己的意愿而否认神圣恩典的必要。奥古斯丁指出信仰

---

[1] *Io. eu. tr.* 53, 4. "Quibus respondemus Dominum praescium futurorum per prophetam praedixisse infidelitatem iudaeorum, praedixisse tamen, non fecisse." 这篇布道辞的系年,见 Berrouard 1971,引自她为 BA 版拉法对照本所作的导言(BA 72, 9-12)。

[2] Cf.《若望福音》12:39,此处征引《依撒意亚》6:10。

[3] *Io. eu. tr.* 53, 6. "Quare autem non poterant si a me quaeratur, cito respondeo quia nolebant."

[4] Ibid. "Etiam hoc eorum uoluntatem meruisse respondeo. Sic enim excaecat, sic obdurat Deus, deserendo et non adiuuando, quod occulto iudicio facere potest, iniquo non potest."

[5] Cf. Ibid., 53, 6-7.

的权能只能来自神圣实体的帮助,特别是通过基督的救恩。[1] 不过基督的恩典如何开启我们的信仰而不触动我们对于自己的信仰行为的主体性,则有待奥古斯丁在后来的有关预定论的论争中解决。

三 与"半裴拉基派"论争中的神圣预定和自由意愿

奥古斯丁有关神圣预定的讨论可以追溯到他在393—394年间写成的《〈罗马书〉要旨评注》。[2] 他在为《罗马书》8:28—30一段所作的字面疏解中提到了上帝的预定,但并没有把它和预知严格区分开来。[3] 正如德国学者沃尔克·海宁·德雷科尔(Volker Henning Drecoll)和约瑟夫·勒斯尔(Josef Lössl)所见,奥古斯丁对于预定的理解在393年到397年之间经历了转变。[4] 在《答辛普力丘》的第二篇答复中,奥古斯丁在分析《罗马书》中所提到的雅各伯和厄撒乌这一对双生子得到的不同恩典时,奥古斯丁得出结论:上帝之所以拣选(electio)[5]雅各伯而不是他的兄弟,这是基于上帝对于未来的功德的预知(praescientia),不论这功德是信仰还是事功。[6] 和先知们的预见不同,

---

[1] Cf. *Io. eu. tr.* 53, 10. "Ecce dico et ego quod qui tam superbe sapiunt ut suae uoluntatis uiribus tantum existiment esse tribuendum ut negent sibi esse necessarium diuinum adiutorium ad bene uiuendum, non possunt credere in Christum.

[2] Cf. Lössl 1997, 54-55; id. 2002, 242; Drecoll 1999, 165.

[3] 例如 *ex. prop. Rm.* 55. "Nec praedestinauit aliquem, nisi quem praesciuit crediturum et securutum uocationem suum, quos et electos dicit." 该书中有关预知的讨论,又见 ibid., 60-61。对这一文本的评述,见 Lössl 1996, 54-55; id. 2002, 242-243; Ogliari 2003, 311-313。

[4] 奥古斯丁早期著作中的这一预定论解释和他这一时期对保禄书信的救赎论读解联系在一起。Cf. Drecoll 1999, 21-22。亦见 Lössl 2002, 241-255。需要指出的是他们都认为《答辛普力丘》作于397年而不是396年。

[5] 正如 Ring 所指出,在奥古斯丁的著作中,拣选等同于预定,见 id. 1994, 78。

[6] *Simpl.* I, 2, 5. "Non igitur ex praescientia uoluit (sc. deus) intellegi factam electionem minoris, ut maior ei seruiret." 相关评注,参见 Lössl 2002, 247-255。

上帝的判断或者预定并不是在未来发生的事件中彰显出来，而是隐蔽的（occulta）和不可思议的（inscrutablis）。[1] 与此前写成的保禄书信评注不同，奥古斯丁在此突出地强调上帝拣选的无偿性或恩赐性（gratuitousness），这为奥古斯丁后来对预定论的反思奠定了基调。[2]

三十年之后，"预定"才成为奥古斯丁最后几部论战著作中的核心主题。其间，奥古斯丁很少专门讨论这一论题，唯一的例外是他418年写给罗马神父西克斯图斯（Sixtus）的书信。[3] 在这封书信中，奥古斯丁详细地谈论了上帝对婴孩的拣选，并且拒绝将上帝的预定解释为对未来的功德的预知，认为上帝确实地为那些预定将被救赎的人们准备好了接受信仰的意愿。[4] 而正是这封信中有关恩典和自由意愿的主张，约在425年间通过一位叫弗洛茹斯（Florus）的修士流传到北非的哈德鲁梅（Hadrumetum，今突尼斯苏塞市）的修院，并在修士们中引发了争议，他们要求奥古斯丁进一步揭示其中有关恩典的主张，由此引发

---

[1] Cf. *Simpl.*, I, 2, 22.

[2] Cf. *perseu.* 20, 52. "Quod plenius sapere coepi in ea disputatione（sc. gratuita misericordia dei）, quam scripsi ad beatae memoriae Simplicianum episcopum Mediolanensis Ecclesiae, in mei episcopatus exordio, quando et initium fidei donum Dei esse cognoui, et asserui." 前面已经提到，正是因为这一点，《答辛普力丘》被视为奥古斯丁思想，特别是恩典理论转变的关键，参见第307页注释[2]。

[3] 正如英国学者James P. Burns所见，预定论这一主题在他和多纳图斯派的论争中隐没在背景之中。见id. 1980, 77-79。在奥古斯丁和裴拉基派的论争中，预定由于和作用的恩典直接相关因此成为一个重要的问题，但奥古斯丁在于所谓的"半裴拉基派"论战之前并没有作专门深入的讨论。有关奥古斯丁预定或拣选学说在与裴拉基论战期间的发展，见Burns 1980, 121ff; Ogliari 2003, 310-330。值得注意的是，比利时学者Lamberigts与主流观点不同，认为预定论学说在奥古斯丁与裴拉基派的论战中并不重要。

[4] Cf. *ep.* 194.15.

了奥古斯丁最后的年月中和所谓的"半裴拉基派"的论战。[1] 修士们怀疑奥古斯丁由于使用"预定"这一术语重新引入了宿命论。[2] 他们征引奥古斯丁早年《罗马书》注解,将上帝对圣徒的预定还原为对他们未来的信仰的预知,而这信仰源自圣徒们自己的意愿。[3] 在回应这一批评时,奥古斯丁坚持他在《答辛普力丘》I, 2 中的基本立场,警告他们不要将预定和预知相混淆,以免导致裴拉基派的如下异端主张:

> 裴拉基派说,"因此上帝预知谁将会通过他们自由意愿的决断成为圣洁无瑕的人,也正因此,在创造世界之前,他已经在自己的预知中选定了他们,通过这预知(*praescientia*)他预先知道他们会成为这样的人。因此,在他们存在之前他已经选定,他预定了这些他预先知道会成为圣洁无瑕的孩子们。当然,他并不曾将他们造成(*facere*)这样的人,他将来也不会这么做,他只是预见(*praeuidere*)了他们会成为这样的人"。[4]

与此相对,奥古斯丁明确地区分了神圣行为在人事中的两种不同的作

---

[1] Cf. *ep*. 214-216. 请参看晚近有关这场论战的出色研究 Ogliari 2003,其中第 28—41 页中评述了奥古斯丁给西克斯图斯的信在这场论争中的决定性影响,而第 5—16 页则指出了"半裴拉基派"这一 16 世纪开始使用的术语的不妥。我们此处为了方便起见沿用传统称谓。

[2] *ep*. 225, 3. "et sub hoc praedestinationis nomine, fatalem quamdam induci necessitatem."

[3] Cf. *ep*. 226, 4. "Caeterum praescientiam, et praedestinationem, uel propositum, ad id ualere contendunt, ut eos praescierit, uel praedestinauerit, uel proposuerit eligere qui fuerant credituri: nec de hac fide posse dici: Quid habes quod non accepisti? Cum in eadem natura remanserit, licet uitiata, quae prius sana ac perfecta donata sit."

[4] *praed. sanct*. 18, 36. "'Praesciebat ergo', ait Pelagianus, 'qui futuri essent sancti et immaculati per liberae uoluntatis arbitrium: et ideo eos ante mundi constitutionem in ipsa sua praescientia, qua tales futuros esse praesciuit, elegit. Elegit ergo, inquit, antequam essent, praedestinans filios, quos futuros sanctos immaculatosque praesciuit: utique ipse non fecit, nec se facturum, sed illos futuros esse praeuidit.'"

用形式：

> 预定离开了预知就不可能存在；但是预知却可以没有预定。通过预定，上帝一定也预知了那些他自己要去做的事情，因此经上写道，"他造成了（*facere*）那些将来的事情"（《依撒意亚》45：11，七十子译本）。但是他还能预知那些不是他自己做的事情，例如任何一种罪。[1]

在这一语境中，奥古斯丁用预知来指对于未来事件的单纯察觉，而预定则指在意识到未来事件的同时，现实地使神圣的决断作用于人事。如前所述，对于人的意愿的自由决断来说，上帝的预知可能是外在的，并不直接进入我们的行为的因果序列，这一点充分体现在以上奥古斯丁所重构的裴拉基派的立场之中。与此同时，包含在永无谬误的神圣预知中的必然性也就被解释为单纯认知性的（cognitional），而不是因果性的（causal）。[2] 与此相对，"造成"（*facere*）这一动词鲜明地标示出上帝的行为对于人事的因果作用。也就是说，上帝对于救赎的预定，不仅在于预知人的向善行为，而且在于通过神意使这些行为成为现实。

在428—429年间写成的《论坚持的恩典》，奥古斯丁给出了预定的明确定义：

> 圣徒的预定不外乎出于上帝善意（*beneficia*）的预知和准备（*praeparatio*），这善意使那些获得自由的人最为确实地获得自由

---

[1] *praed. sanct.* 10, 19. "...praedestinatio est, quae sine praescientia non potest esse; potest autem esse sine praedestinatione praescientia. Praedestinatione quippe deus ea praesciuit, quae fuerat ipse facturus: unde dictum est: *Fecit quae futura sunt*. Praescire autem potens est etiam quae ipse non facit; sicut quaecumque peccata."

[2] 当代学者也常常借助这一区分来解释奥古斯丁在《论自由决断》中为上帝预知人的意愿的自由来作辩护。例如 DeCelles 1977, 153; Craig 1984, 49, 这无疑更接近裴拉基派对于奥古斯丁早期著作的解读。

(*liberantur*)。而其他人因为神圣的正义，如果不是留在败亡的一群（*massa perditionis*）中，又会在哪里呢？[1]

因此，要解释上帝预先规定的人类行为在何种意义上仍然是人类自己的行为，或者说我们在这一类行为中的主体性，我们必须厘清上帝的准备在人事中的作用，也就是行动的恩典（operative grace）的作用。正如当代学者所见，奥古斯丁的预定论主张和他有关恩典的绝对权威和无偿性的强调紧密地联系在一起。[2] 在同期写成的《论圣徒的预定》中，奥古斯丁断言：

> 然而，在恩典和预定之间只存在这样的区别，也就是说，预定是恩典的准备（*praeparatio*），而恩典则是它实际的馈赠（*donatio*）。[3]

此前我们已经提到，奥古斯丁在生命的最后年月中坚持认为上帝不仅在我们身上产生实现善行的能力，而且产生向善的意愿。在他晚年的著作中常常引述《箴言》8:35,"意愿由上主准备"（*Preparatur uoluntas a Domino*,仅见于七十子译本）。[4] 由此可见，这里需要解决的不仅仅是全知全能的存在与人作为有限存在的主体性是否相容这一形而上学论题，而且首先涉及神恩在人的意愿倾向中的作用这一心理层

---

[1] *perseu.* 14, 35. "Haec est praedestinatio sanctorum, nihil aliud: praescientia scilicet, et praeparatio beneficiorum Dei, quibus certissime liberantur, quicumque liberantur. Caeteri autem ubi nisi in massa perditionis iusto diuino relinquuntur?" 此处的 massa perditionis 指那些不能得到拯救的人。

[2] 这一关联可以追溯到《答辛普力丘》I, 2, 5 中的相关讨论，而有关二手文献中将预定论作为奥古斯丁恩典学说必然推论的讨论，参见 Ogliari 2003, 324-326, 尤见 note 117。

[3] *praed. sanct.* 10, 19. "Inter gratiam porro et praedestinationem hoc tantum interest, quod praedestinatio est gratiae praeparatio, gratia uero iam ipsa donatio."

[4] 这一文本最早出现在 411—412 年所作的《论罪之惩戒与赦免及婴儿受洗》，随后成为与裴拉基论战中的重要主题。Cf. Sage 1964, 1.

面。根据奥古斯丁的主张,如果不理解行动的恩典在我们的心理行为中的作用,我们就不可能谈论神圣预定。因此,我们有必要考察人的信仰如何得以发端,它如何能在尘世中得以坚持等等。这也解释了奥古斯丁有关圣徒预定的讨论为什么从对信仰的发端开始[1],而且以有关坚持的美德的讨论而结束。[2]

在转向奥古斯丁有关神圣意愿和人的意愿在信仰发端时如何交互作用的细致分析之前,我们有必要简单地提及奥古斯丁预定论学说中最为人诟病的一个主张,即所谓的双重预定论(*praedestinatio gemina*)。

一直有学者认为奥古斯丁所说的预定,不仅预定将要得救的圣徒,而且预定将受惩戒的罪人。[3] 首先,奥古斯丁确实在著作中偶尔提及"惩戒的预定"、"永死的预定"和"定罪的预定"[4]。更重要的是,这看似奥古斯丁有关圣徒的预定的论证的逻辑后果。奥古斯丁断言神圣预定享有无上权威,因此,他不可能设想一个人可以没有神意而获救,而

---

[1] Cf. Sage 1964, 2, 3ff.

[2] 《论圣徒的预定》和《论坚持的恩典》本为同一部著作的两个部分,但至少从9世纪起,它们就被看作两部单独的著作,见 WSA I/26, 21. Cf. Ogliari 2003, note 153。

[3] 例如 Burns 1980, 177; Kirwan 1989, 144-146。有关奥古斯丁神学中这一论题的晚近综述,参见 Ogliari 366-376。一方面,Ogliary 坚持认为奥古斯丁著作中有关惩戒的预定不应当解释为上帝正面地引导人犯罪,并使人因此遭受惩戒。另一方面,Ogliary 追随19世纪德国学者 Rottmanner 论证上帝通过不给那些非选民恩典,"以一种间接的方式(或者通过其后果)认可了罪人所招致的弃绝(reprobatio)"。见 id. 2003, 371; Cf. Rottmanner 1892, 17。

[4] Cf. ench. 26, 100. "...bene utens et malis, tamquam summe bonus, ad eorum damnationem quos iuste praedestinauit ad poenam, et ad eorum salutem quos benigne praedestinauit ad gratiam..." 另见 *an. et or.* IV, 11, 16. "... qui est et illis quos praedestinauit ad aeternam mortem iustissimus supplicii retributor." 亦见 *pecc. mer.* II, 17, 26. "Vt autem innotescat quod latebat et suaue fiat quod non delectabat, gratiae dei est, qua hominum adiuuat uoluntates; qua ut non adiuuentur, in ipsis itidem causa est, non in deo, siue damn 和 i praedestinati sunt propter iniquitatem superbiae siue contra ipsam suam superbiam iudic 和 i et erudiendi, si filii sunt misericordiae." *ciu. Dei* XV, 1. "... hoc est duas societates hominum, quarum est una quae praedestinata est in aeternum regnare cum deo, altera aeternum supplicium subire cum diabolo."

神意在创世之前就规定着世界。人只能通过先于任何功绩白白赐予的恩典才能获救。然而,正如奥古斯丁的批评者所论,根据他的预定论主张,预定获救的圣徒的总数必然是确定的(certus)。[1] 由此可以推出那些没有包括在这一名单中的人们无可避免地被拒绝了获得救赎,也就是说他们被预先定罪,尽管上帝并没有强迫他们犯罪。[2]

要回应这一批评,我们首先应当注意到奥古斯丁预定论的非对称性特征。[3] 正如前面所引述的段落中所示,和信仰以及善工不同,我们的罪不是由上帝的恩典所造成,而是基于我们的意愿当受谴责的行为倾向,因此上帝仅仅预知而并没有预定它们的发生。作为至善,神圣实体不可能是我们的恶行的原因。因此,就人类行为者的恶的意愿而言,上帝的行为仅限于觉察这些有违造物真正本性的行为,这是一种非时间性的意识。

这也就意味着奥古斯丁早期对于神圣预知和人的主体性相容的论证至少在这点上可以运用到他的预定论中,运用到定罪的预定。相应地,对于那些未被拣选的人来说,他们被定罪无可避免,这是因为他们必然犯罪。然而这里所说的罪的必然性,我们已经指出,它应该和那夺走人的意愿自由的强迫区别开来。[4] 定罪乃是对于那些未被拣选的成年的理性存在者的过犯的正当惩罚。而对于那些尚未在信仰中得到重生就死去的婴儿,奥古斯丁他们被定罪也是正当的,因为他们承受了

---

[1] corrept. 13, 39. "Haec de his loquor, qui praedestinati sunt in regnum dei, quorum ita certus est numerus, ut nec addatur eis quisquam, nec minuatur ex eis: non de his qui cum annuntiasset et locutus esset, multiplicati sunt super numerum." 如 Ogliari 所见,"确定数目"(certus numerus)这一段与何以追溯到奥古斯丁 401 年所作《论洗礼:驳多纳图斯派》,见 id. 2003, 348-352。

[2] Cf. Kirwan 1989, 145-146。

[3] 晚近的讨论,见 Ogliari 2003, 339-366。

[4] Cf. 8.1.1-2.

源自亚当的原罪。[1]

在晚期著作中,奥古斯丁还用"罪人群"(massa peccati)、"被定罪的一群"(massa damnata)来谈论人的有罪的状态,它必须被定罪并且经由洗礼净化。[2] 从神学上看,这正是人性在亚当堕落之后的现实处境,没有上帝赋予自由的恩典和无偿的拣选,人类就不能从这一"群"中拔身而出,他们也就只配得上承受死亡和惩戒。因此,上帝只是确认了这一定罪无可避免,但他并没有积极地决定或是造成那应当定罪的行为。[3] 正如英国学者杰拉德·邦纳(Gerald Bonner)所论,当奥古斯丁很不严谨地提到"定罪的预定"时,他所要强调的实际上是,定罪正是对于那些迷失者的不道德行为的正当惩罚(poena, supplicium)。[4]

在人类的向恶意愿中,上帝的作为相对消极,犹如公正的法官,他只是确保在罪的意愿产生之后,有罪的行为得到应有的量刑,而并不试图从一开始就使罪不可能发生。或者说上帝的主体性外在于人类的恶的意愿倾向。与此形成对照,神圣主体在人的善的意愿的形成中却起着绝对主导的作用,他现实地产生或引起他所预知预定的效果。对于重构奥古斯丁道德主体性学说来说,更有挑战性的无疑是人的意愿在正当的意向中的功用,因为它直接处于上帝行为的因果作用之下。如果我们能在神圣主体这一主动积极的干预中捍卫意愿的自由,那么我们就能很轻易地解决为何上帝的预定不是我们的罪的原因。

---

[1] 例如 praed. sanct. 12, 24. "Ad quod tempus corporis pertinet etiam quod Pelagiani negant, sed Christi ecclesia confitetur, originale peccatum: quo siue soluto per dei gratiam, siue per dei iudicium non soluto, cum moriuntur infantes, aut merito regenerationis transeunt ex malis ad bona, aut merito originis transeunt ex malis ad mala."

[2] 对奥古斯丁著作中"群"(massa)的深入论述,见 Ogliari 2003, 340-348。

[3] praed. sanct. 18, 35. "Numquid eligeret (sc. deus) impios et immundos?"

[4] 参见 Bonner 2002, 388-389。

第二节　信仰的发端：例证上帝准备的意愿

为了回应非洲的僧侣在理解恩典和意愿，特别是神意与向善的意愿这一论题上的困难，奥古斯丁首先于 426—427 年撰写了《论恩典和自由决断》(*De gratia et libero arbitrio*) 一书。在这部著作中，他将上帝对被拣选者的救赎的神圣干预区分为三个阶段：皈依 (conversion)、善工 (good works) 和永生。[1] 基督徒一生中在信仰上所取得的成就都应归于来自上帝的恩赐，它们是白白赐予的，而不是用来偿付我们的善意或者善工。

尽管如此，奥古斯丁并不否认来自人的意愿的自由决断同样参与了通往救赎的每一个步骤。[2] 皈依，或者说信仰的发端 (*initium fidei*)，首先意味着意愿的皈依，意愿转向对永恒真理的爱，这一点在奥古斯丁对自己皈依历程的叙事中尤为清楚。[3] 而善工总是预设了善意 (good wills) 作为在先的作用因或动力因 (*causa efficiens*)。最后，永生本身是对之前的善意和善工的报答。

在《论恩典和自由决断》之中，奥古斯丁不惜耗费笔墨论述，坚持神意 (divine providence) 的支配地位并不必然导致对义人的自由的否定。他认为在救赎过程中，神的行动不是独自起作用的，而是作用于 (*operari*) 我们的意愿并且与我们的意愿合作 (*cooperari*) 使其完满。恩

---

[1]　*gr. et lib. arb.* 5, 10-7, 18.

[2]　例如 *gr. et lib. arb.* 2, 2. "Primum, quia ipsa diuina praecepta homini non prodessent, nisi haberet liberum uoluntatis arbitrium, quo ea faciens ad promissa praemia perueniret."

[3]　奥古斯丁明确地把意愿的恶疾作为阻碍他全心归向基督新信仰的最终障碍。见 *conf.* VIII, 5, 10; VIII, 8, 20-10, 22。参见第 200 页注释[1]。

典是通过准备或者产生向善的意愿并与之合作而对人事产生影响的。[1]

如前所述,要澄清奥古斯丁晚年有关自由意愿和人的道德主体性的最后立场,特别是人的意愿在正直行为中的贡献,我们应当考虑神恩如何在人的心灵中发生作用,论证人的意愿如何能在神恩的主动干预下保全真正的自由。在接下来的讨论中,我们将集中讨论信仰的发端这一案例,这主要是出于如下理由。

首先,追随保禄对信仰和事工的区分,奥古斯丁认为我们首先不是因为善工而是因为信仰得以成义,因为信仰先被赐予作为善工的根基。[2] 接受基督信仰标志着德性的发端,也就是说我们因此才第一次拥有了可以借以追寻正义生活的向善意愿。[3] 通过源自神恩的信仰,我们才有了功德(merits)。[4] 在愿意接受信仰之前,去讨论人的善工中的道德主体性是没有意义的,因为除非以信仰为前导,没有任何事工

---

[1] *gr. et lib. arb.* 5, 12. "*Non ego autem, sed gratia dei mecum*: id est, non solus, sed gratia dei mecum; ac per hoc nec gratia dei sola, nec ipse solus, sed gratia dei cum illo." Ibid., 17, 33. "Et quis istam etsi paruam dare coeperat charitatem, nisi ille qui praeparat uoluntatem, et cooperando perficit, quod operando incipit? Quoniam ipse ut uelimus operatur incipiens, qui uolentibus cooperatur perficiens... Vt ergo uelimus, sine nobis operatur; cum autem uolumus, et sic uolumus ut faciamus, nobiscum cooperatur."

[2] *praed. sanct.* 7, 12. "Sic ergo distinguit Apostolus ab operibus fidem, quemadmodum in duobus regnis hebraeorum distinguitur iudas ab israel, cum et ipse iudas sit israel. Ex fide autem ideo dicit iustificari hominem, non ex operibus, quia ipsa prima datur, ex qua impetrentur caetera, quae proprie opera nuncupantur, in quibus iuste uiuitur."

[3] 奥古斯丁强调基督信仰是真正的德性的必要条件,参见王昌祉(Wang Tchang-Tche)的杰出研究,Wang 1938, 尤见 66ff。

[4] *gr. et lib. arb.* 6, 13. "Sed plane cum data fuerit, incipiunt esse etiam merita nostra bona, per illam tamen;..."

是真正值得称赞的。[1]因此,在皈依这一时刻,上帝在我们之中产生了最初的向善意愿,我们要理解人在善意和善工中的作用,就必须由此开始。

此外,当把信仰的开端归之于上帝行动的恩典(operative grace)时,奥古斯丁明确地承认了神意和我们最初的向善意愿之间的因果关联:

> 当然,在我们意愿的时候是我们在意愿,但他[案:指上帝]如此作为使得(facere ut)我们意愿善,关于这一点经上写道……上主准备了意愿。(《箴言》8:35,仅见于七十子译本)[2]

至福的恩典和善工的恩典都是作用于一个已经通过信仰有了向善意愿的道德行为者,而与此不同,信仰的恩典直接作用于意愿这一官能,使之产生一个全新的意向。因此,在皈依过程中上帝的直接干预对于意愿的自由是一个更加严重的威胁。

最后,在和这些被错误地命名为"半裴拉基派"的僧侣的论辩中,奥古斯丁详细地讨论了行动的恩典的两种不同的形式:皈依的恩典和坚持的恩典(grace of perseverance)。尽管与接受信仰比起来,坚守信仰这一品德成就要大[3],但是论者已经指出奥古斯丁对坚持的恩典

---

[1] 在讨论保禄书信中对信仰和事工的区分时,奥古斯丁甚至断言如《宗徒大事录》10:4中所记载的罗马人科尔乃略在接受基督宗教之前乐善好施的行为,也是以某种信仰(*aliqua fides*)为前提的。当然,这一信仰同样应当归于上帝,见 *praed. sanct.* 7, 12. "Quod de Cornelio dici potest, cuius acceptae sunt eleemosynae et exauditae orationes antequam credidisset in Christum; nec tamen sine aliqua fide donabat et orabat. Nam quomodo inuocabat, in quem non credidcrat?... Quidquid igitur et antequam in Christum crederet, et cum crederet, et cum credidisset, bene operatus est Cornelius, totum Deo dandum est, ne forte quis extollatur."

[2] *gr. et lib. arb.* 16, 32. "Certum est nos uelle, cum uolumus; sed ille **facit** ut uelimus bonum, de quo dictum est, ...: *Praeparatur uoluntas a Domino.*"

[3] *perseu.* 21, 54. "...multo magis nos habere a nobis illud initium (fidei), si a nobis habemus permanere usque in finem, cum perficere quam inchoare sit maius."

的理解是以他对皈依时的神圣行动的解释为模板的。[1] 细致地考察信仰的发端这一难题足以帮助我们重构奥古斯丁晚期思想中行动的恩典和自由意愿并存的基本模型。

本章将首先重构奥古斯丁有关信仰的发端的理论反思的发展历程。重点将在于考察神圣恩典在信仰这一行为中对于人的意愿这一心理过程所发生的实际作用。以此表明奥古斯丁晚年强调恩典的绝对权威,这和他对意愿及其自由逐步深化的理解相呼应。通过将奥古斯丁的信仰的发端这一观念重置回其理论语境,我将诉诸奥古斯丁晚年对意愿的反思来论证,他生命的最后岁月有关神圣恩典的严厉立场和他对人的道德主体性的真诚捍卫是可以相容的。

一 奥古斯丁"信仰的发端"观念的发展

前面提到奥古斯丁撰写《论恩典和自由决断》来答复哈德鲁梅的僧侣,但这反而在高卢南部的同修中激起了更大的不安。[2] 奥古斯丁有关恩典不可抗拒的主张遭遇了严厉的批评,而信仰的发端也成为奥古斯丁和这些普罗旺斯的僧侣们("马赛派",Massilianism)论争的中心。[3] 为了回应他们的反驳,奥古斯丁写成《论圣徒的预定》(*De praedestinatione sanctorum*)和《论坚持的恩典》(*De dono perseuerantiae*)两书。

---

[1] Cf. Burns 1980, 9; 168-175.

[2] 参见高卢的两个奥古斯丁主义者普罗斯柏(Prosper)和希拉利(Hilary)写给奥古斯丁的信,ep. 225-226。此处追随 Ogliary 将这些信的年代断作 427 年而不是传统的 429 年,见 Ogliary 2003, 93-97。

[3] Cf. Djuth 1999; Ring 2004. 应当指出"信仰的发端"(*initium fidei*)是奥古斯丁偏好的术语,普罗斯柏和希拉利在信中并没有使用这一术语。而 Cassian 这一"马赛派"(Massilianism)的明星,只提到过一次这个短语。见 Ogliari 2003, 289。

他们争论的是,我们的灵魂得以走向拯救或者至福的第一步究竟源出何处:这是上帝在任何功德之前白白赐予的馈赠,还是对来自人作为道德行为者的功德的回报?马赛派认为尽管亚当堕落之后,人的本性受到损害,但是信仰或接受信仰仍然在人的权能之内。[1] 这是人的本性的善,尽管它可能很微弱,但它足以推动人们归向基督真理,神恩的作用则在于增强这一源自人性的对真信仰的渴望。然而,在马赛派这一对人的本性和意愿的善的强调中,奥古斯丁却觉察出潜在的裴拉基派的危险:"上帝的恩典是根据我们的功德而给予的。"[2] 奥古斯丁在其回应中承认,这样的危险同样存在于他396年前写成的有关保禄书信的解经著作之中。[3] 当然,奥古斯丁也没有忘记提醒他的读者,他在396年写成的《答辛普力丘》一书中已经纠正了这一错误,并且将信仰的发端理解为上帝的馈赠。[4]

《答辛普力丘》一书标志着奥古斯丁早年注解保禄书信的释经工作的高峰或终结,而它同时也成为他有关信仰的发端的立场的一个转折点。[5] 奥古斯丁第一次明确地提到"信仰的发端"这一短语,是在他394至395年写成的《〈迦拉达书〉评注》(*Expositio Epistulae ad Gala-*

---

[1] *ep.* 226, 4 "... nec de hac fide posse dici: *Quid habes quod non accepisti*? cum in eadem natura remanserit, licet uitiata, quae prius sana ac perfecta donata sit."

[2] Cf. *praed. sanct.* 2, 3. "Non ergo receditur ab ea sententia, quam Pelagius ipse in episcopali iudicio Palaestino, sicut eadem *Gesta* testantur, damnare compulsus est: 'Gratiam Dei secundum merita nostra dari'; si non pertinet ad Dei gratiam quod credere coepimus, sed illud potius quod propter hoc nobis additur, ut plenius perfectiusque credamus."

[3] Ibid., 3, 7.

[4] Ibid., 4, 8; *perseu.* 20, 52.

[5] 参见 Drecoll 1999, 21-22; Lössl 2002, 241-255。

tas)中。[1] 然而,正如德国学者格哈德·林(Gerhard Ring)所见,奥古斯丁在他早期对信仰的反思中,并没有把这一短语和信仰究竟是功德还是恩典这一问题联系起来。[2]

而上述问题第一次被提及,则和奥古斯丁的预定论主张联系在一起,出现在他393至394年写成的《〈罗马书〉要旨评注》(Expositio quarundam propositionum ex epistula ad Romanos)中,尽管在该书中他并未直接使用"信仰的发端"这一术语。[3] 在评述《罗马书》9:10—29中提到的厄撒乌和雅各布这一对孪生兄弟时,奥古斯丁断言拣选(electio)基于功德(meritum)。[4] 上帝对雅各布的偏爱是根据他对雅各布未来的信仰的预知。当然,上帝不是通过我们的善工来加以拣选,而是通过信仰,因为善工毫无例外地归属于神恩,是在我们获得了爱这一馈赠之后才能实现的。[5] 这里,信仰明确地被视为人作为行为者的唯一的功德,它使我们作为信徒能够接受上帝的馈赠而完成善工。[6] 当然,奥古斯丁也注意到人要能通过意愿的决断来接受基督信仰,必须得有来

---

[1] ex. Ga. 38, 9. "Non ergo propter initium fidei, quo iam nati erant, sed propter robur et perfectionem dictum est: Quos iterum parturio, donec Christus formetur in uobis." Cf. Ring 2004, 177. Djuth 则认为奥古斯丁的《〈圣咏集〉释义》9,14才是 initium fidei 一语的最早出处,并将其确定为392年,见 ea. 1999, 448。然而,Ring 追随 Rondet 的研究强调《圣咏集》释义》第九篇的年代是有争议的,见 Rondet 1961, 114-127, 引自 Ring 2004, 178, note 6。

[2] Cf. Rings 2004, 177-178. 有关这一术语在奥古斯丁早期著作中的使用,特别是他为《圣咏集》所作释义中的使用,参见该文第178页。

[3] Cf. ibid., 178-179.

[4] ex. prop. Rm. 52 (60), "Si enim nullo merito, non est electio; aequales enim omnes sunt ante meritum nec potest in rebus omnino aequalibus electio nominari."

[5] Ibid., "Sed quoniam spiritus sanctus non datur nisi credentibus, non quidem deus eligit opera, quae ipse largitur, cum dat spiritum sanctum, ut per caritatem bona operemur, sed tamen elegit fidem."

[6] Ibid., "Quod ergo credimus, nostrum est, quod autem bonum operamur, illius qui credentibus in se dat spiritum sanctum."

自仁慈上帝的召唤(uocatio)。[1] 尽管如此,是否听从这一召唤的最终决定权,即信仰的发端,仍然留给了人类,特别是留给了自由决断(liberum arbitrium)这一理性生物特有的能力。[2] 相应的,上帝的帮助也仅在于仁慈的召唤,以及赐予我们完成和实现信仰这一决断的能力。在这一文本中,前者只是为信仰铺平道路,它并没有直接作用于意愿这一官能,而后者则是作为一个回报跟随我们的自由决断之后。[3] 人作为行为者的主体性在于他能够完全控制我们是否同意来自神的召唤。这也造成了这样一种印象,仿佛奥古斯丁在其早期著作中认为意愿的真正自由在于它能够以其他的方式行事,也就是说,它能够拒绝神圣的召唤。[4]

类似的对信仰发端的理解也出现在奥古斯丁同一时期所写的《八十三杂问》(De diuersis quaestionibus octoginta tribus)的第 68 个问题中。[5] 奥古斯丁再次强调在通往救赎的过程中,信仰(credere)是人类唯一可以通过自己努力而实现的功绩。当然,在意愿作出决断接受信仰之前,基督的圣死已经召唤并且驱策人们走向信仰,圣子的牺牲这一

---

〔1〕 例见 ex. prop. Rm. 54 (62),"Quia neque uelle possumus nisi uocemur."; 56 (64),"Misericordia Dei uocamur, ut credamus."

〔2〕 Ibid., 52 (60),"Quod si uocatus uocantem secutus fuerit, quod est iam in libero arbitrio..."

〔3〕 学者们已经注意到,奥古斯丁这一时期并没有充分发掘"召唤"的深刻内涵以及它对我们接受信仰这一决定的影响,如他后来在《答辛普力丘》中所做的那样。正如 Ring 所言,"召唤只是外在的恩典"。见 id. 2004, 180. 亦参 Burns 1980, 37ff. Drecoll 2004, 195-198. Ogliari 2003, 299。

〔4〕 Cf. ex. prop. Rm. 54 (62) "cum tamen homini non auferatur liberum uoluntatis arbitrium siue ad credendum deo, ut consequatur nos misericordia, siue ad impietatem, ut consequatur supplicium."

〔5〕 有关这一问题的写作时间,参见 BA 10, 30-36。

恩典先于任何功德。[1] 另一方面，单凭信仰的意愿自身，并不足以为我们确保心灵的平安，除非上帝因为我们这一在先的向善意愿而进一步怜悯我们，赐予我们额外的恩典。[2] 与此前的保禄书信评注相一致，奥古斯丁将信仰的功绩置于两种恩典之间，即在先的呼召的恩典和随后的善工的恩典之间。然而，在第68个问题中，奥古斯丁重点在于理解《罗马书》9:20:"人呀！你是谁，竟敢向上帝抗辩？"由于这一语境的不同，奥古斯丁特别关注皈依之前的呼召的恩典的功用及其对意愿行为的作用。

  而且，没有人能有所意愿，除非是受了激励或者蒙受召唤，这召唤要么是在无人可见的内心之中，要么是通过外在的有声的言辞，或通过某些可见的迹象。正是由于这一点，甚至这意愿（uelle ipsum）本身，也是上帝在我们内作用（operari）的产物（《斐理伯书》2:13）。……因此，那些来了的人，不应该把功劳归给自己，因为他们是蒙召而来；而那些不愿意来的，也不应该归罪别人，而只应该怪他们自己，因为他们是在自由意愿中蒙召。因此，在功德出现之前，召唤作用于（operari）意愿。由于这一原因，即使（et si）某人将他蒙召而来归功于自己，他也不能把蒙召这事归于自己。而对于那些蒙召不来的人，就像他们没有任何功过（meritum）能使他们得到蒙召这一回报一样，当他们蒙召而不来时，他们也就开启了当

---

[1] diu. qu. 68, 3. "Merces enim cognitionis meritis redditur; credendo autem meritum comparatur. Ipsa autem gratia quae data est per fidem, nullis nostris meritis praecedentibus data est... Christus autem pro impiis et peccatoribus mortuus est, ut ad credendum non merito, sed gratia uocaremur, credendo autem etiam meritum compararemus."

[2] Ibid., 68, 5. "Parum est enim uelle nisi deus misereatur; sed deus non miseretur, qui ad pacem uocat, nisi uoluntas praecesserit, quia in terra pax hominibus bonae uoluntatis."

受惩罚的功过。[1]

多少有些出人意料的是，在这篇写于 396 年之前的段落中，奥古斯丁已经明确地承认恩典对意愿官能的作用。此外，这一神恩不仅外在地表现为可以察觉的召唤，而且还出现在内心之中（intrinsecus）。然而，召唤的这一内在作用不宜夸大，以至于认为奥古斯丁在这里宣称它能够决定意愿的倾向。[2] 考虑上下文，我们不难推出这一内在的召唤更像是某个在我们的心灵中自发产生的念头或想法，因为外在的召唤指的是心灵之外可以感知的记号或迹象。[3] 上帝的召唤仅仅在这样一个意义上作用于我们的意愿：它提供了一个邀请或一个机遇，使我们可以获得信仰。内在的召唤如同心灵中一闪而过的念头一样，并没有直接地、不可抗拒地推动着意愿形成一个预先确定的行为倾向。概而言之，内在的召唤对于意愿的关键决断仍然是**外在的**（external）。这是因为那些不虔敬的人和罪人同样未加区别地（indiscriminately）蒙召，因此他们的意愿始终有能力忽视或无视上帝的邀请。人类也因信或不信的决断而接受奖惩。尽管如此，由于意识到神恩的这一内在向度，奥古

---

[1] *diu. qu.* 68, 3. "Et quoniam nec uelle quisquam potest, nisi admonitus et uocatus, siue intrinsecus, ubi nullus hominum uidet, siue extrinsecus per sermonem sonantem, aut per aliqua signa uisibilia; efficitur ut etiam ipsum uelle deus operetur in nobis. ... Itaque nec illi debent sibi tribuere qui uenerunt; quia uocati uenerunt: nec illi qui noluerunt uenire, debent alteri tribuere, sed tantum sibi; quoniam ut uenirent, uocati erant in libera uoluntate. Vocatio ergo ante meritum uoluntatem operatur. Propterea et si quisquam sibi tribuit quod uenit uocatus, non sibi potest tribuere quod uocatus est. Qui autem uocatus non uenit, sicut non habuit meritum praemii ut uocaretur, sic inchoat meritum supplicii cum uocatus uenire neglexit."

[2] 参见 Burns 1980, 38-39; Ogliari 2003, 300-301; Ring 2004, 192-193。值得一提的是，"召唤作用于意愿"这一句，BA 的法译文和 FC 的英译文分别把关键的动词 operari 翻译为 déterminer 和 cause, 在此都误认为在先的恩典直接决定了我们的意愿。

[3] 奥古斯丁强调想法（*cogitatio*）始终先于意愿的认同，参见 *praed. sanct.* 2, 5. "Nullus quipped credit aliquid, nisi prius cogitauerit esse credendum.... necesse est tamen ut omnia quae creduntur, praeveniente cogitatione credantur."

斯丁在谈到我们在多大程度上能把信仰这一行为归于自己时,特地加上了一个连词"即使"(*et si*)来表示怀疑。

　　这一怀疑到了奥古斯丁为辛普力丘解释"召唤"(*uocatio*)一词的含义时则逐步演变成对人在信仰进程中的功绩的完全否定。[1] 在《答辛普力丘》I,2中,奥古斯丁重新解读《罗马书》9:10—20。他首先表明这篇使徒书信的宗旨在于论述人不应该夸耀他们的事工。[2] 如果没有先行的恩典,从一开始就不会有任何善工。[3] 然而,需要注意的是,在奥古斯丁刚开始疏解这段经文时,他仍然把在召唤的恩典限定为那推动意愿去相信的外在的和内在的劝诫。[4] 如前所述,它先于信仰之发端出现在心灵之中,但仍然外在于意愿的决断。

　　在《罗马书》这段需要注解的经文中,保禄提到上帝在双生子出生之前就召选了雅各布,抛弃了厄撒乌。这一区别的根据正是奥古斯丁需要加以反思的关键。这一次,奥古斯丁明确拒绝将上述拣选还原为上帝对二者未来信仰与否的预知。因为同样的逻辑也可以运用在善工上,上帝在雅各布出生之前不仅可以预知他的信仰,而且可以预知他的

---

[1] 甚至在《答辛普力丘》一书的一开始,奥古斯丁仍然坚持认为一个"律法之下"(*sub lege*)的人或堕落以后的人在接受神恩的帮助之前,仍然有能力意愿善,尽管这一意愿如此软弱以致它不能克服人内在的灵肉分裂,也因此不去做那他所愿意的善。在这里,信仰的发端明确地归于人的意愿行为,见 *Simpl.* I,1,11。"Certe enim ipsum uelle in potestate est, quoniam adiacet nobis; sed quod perficere bonum non est in potestate, ad meritum pertinet originalis peccatis." I,1,14. "Hoc enim restat in ista mortali uita libero arbitrio, non ut impleat homo iustitiam cum uoluerit, sed ut se supplici pietate conuertat ad eum cuius dono eam possit implere."

[2] Ibid., I,2,2. "Et primo intentionem apostoli quae per totam epistulam uiget tenebo quam consulam. Haec est autem, ut de operum meritis nemo glorietur."

[3] Ibid., "Nihil tamen horum sine gratia misericordiae dei, quia et opera si qua sunt bona consequuntur, ut dictum est, illam gratiam non praecedunt."

[4] Ibid., "Incipit autem homo percipere gratiam, ex quo incipit deo credere uel interna uel externa admonitione motus ad fidem…. nullo modo autem credidisset, nisi uel secretis per uisa mentis aut spiritus uel manifestioribus per sensus corporis admonitionibus uocaretur."

善工。然而,圣经中明白无误地写道,拣选不是基于他们的事工,因为在上帝的预定宣告时,他们还没有出生。由此可知上帝所召选的也不是信仰,因为他们在出生前,既没有事工也没有信仰。[1] 同样的理由迫使奥古斯丁开始考虑,信仰自身是否也应当算作来自恩典的馈赠。[2] 毫无疑问,召唤的恩典是在信仰之前,它先于任何功德,既面向虔敬者也面向不信的人。[3] 然而,同样清楚的是,这一白白赐予的召唤其效果在雅各布和厄撒乌身上却并不相同。在这一文本中,为了杜绝人们任何形式的夸耀,无论是为善工还是为信仰,奥古斯丁明确地将上述差异归于神圣召唤的性质而不是兄弟两人的回应。信仰的发端,或者说我们决意听从召唤,这首先已经不再是意愿的决断,而是上帝仁慈的结果:

> 因为如果上帝怜悯一个人以至于去召唤(uocare)他,上帝就会怜悯他以使他能信仰(ut credat);而如果上帝将要仁慈地待一个人以使他信仰,他就会彰显仁慈,也就是说他也会使那人成为仁慈,以便他能完成善工。……如果有人自夸他因为信仰而配得上[上帝的怜悯],让他晓得是上帝预先彰显了[仁慈]他才能信

---

[1] Simpl. I, 2, 5. "Si igitur electio per praescientiam, praesciuit autem deus fidem Iacob, unde probas quia non etiam ex operibus elegit eum? Si propterea quia nondum nati erant et nondum aliquid egerant bonum seu malum, ita etiam nondum crediderat aliquis eorum. Sed praescientia uidit crediturum. Ita prascientia uidere poterat operaturum, ut quomodo dicitur electus propter fidem futuram, quam praesciebat deus, sic alius possit dicere propter opera futura potius electum, quae nihilo minus prasciebat deus. Quapropter unde ostendit apostolus non ex operibus dictum esse: maior seruiet minori? Si quoniam nondum nati erant, non solum non ex operibus, sed nec ex fide dictum est, quia utrumque deerat nondum natis."

[2] Ibid., I, 2, 7. "Quaeritur autem, utrum uel fides mereatur hominis iustificationem, an uero nec fidei merita praecedant misericordiam dei, sed et fides ipsa inter dona gratiae numeretur..."

[3] Ibid., "Nisi ergo uocando praecedat misericordia dei, nec credere quisquam potest, ut ex hoc incipiat iustificari et accipere facultatem bene operandi. Ergo ante omne meritum est gratia. Et enim Christus pro impiis mortuus est."

仰。上帝怜悯人,他激发(inspirare)人的信仰,而且上帝先前已经怜悯了这人,他使这人在还没有信仰之前就能领受他的召唤。[1]

如当代学者所见,"以使他能信仰"(ut credat)这一目的从句已经明确地表明召唤的恩典和信仰行为之间的因果关联。[2] 相应地,信仰的发端也被看作是神恩的馈赠。尽管雅各布不可能违背意愿(inuitus)去信仰,但他并不是因为自己愿意相信才获得了信仰,否则信仰的赐予就不再是白白地馈赠了。[3] 雅各布无疑是自愿地信仰(uolens)[4],然而,信仰这一可能性来自神意,一如行正义之事和达到幸福的能力。[5] 奥古斯丁主张,上帝的恩典作用在人的意愿行为之上,这并没有取消人在信仰行为中的主体性。"上帝愿意我们的意愿行为既是他的也是我们的,是他的,因为他召唤我们;是我们的,因为我们听从召唤。"[6]这里,奥古斯丁似乎仍在坚持他早些时候对人的行为主体性的捍卫,强调我们在同意或认同信仰这一决断中所做的努力。

然而,"听从召唤"这一貌似意愿的自主决断显然和奥古斯丁在

---

[1] Simpl. I, 2, 9. "... quia cui misertus erit deus ut eum uocet, miserebitur eius ut credat, et cui misericors fuerit ut credat, misericordiam praestabit, hoc est faciet eum misericordem, ut etiam bene operetur?... Quod si eam credendo se meruisse quis iactat, nouerit eum sibi praestitisse ut crederet, qui miseretur inspirando fidem cuius misertus est, ut adhuc infideli uocationem impertiret."

[2] Ring 敏锐地观察到在较早写成的《〈罗马书〉要旨评注》中奥古斯丁谈到上帝的仁慈的效果时,他更愿意使用"当他信仰时"(cum crediderit)这一表述来强调人在信仰发端时的积极贡献。Cf. Ring. 2004, 192;亦见 Ogliari 2003, 301。

[3] Simpl. I, 2, 10. "Si ergo Iacob ideo credidit quia uoluit, non ei deus donauit fidem, sed eam sibi ipse uolendo praestitit et habuit aliquid quod non accepit. An quia nemo potest credere nisi uelit, nemo uelle nisi uocetur, nemo autem sibi potest praestare ut uocetur, uocando deus praestat et fidem, quia sine uocatione non potest quisquam credere, quamuis nullus credat inuitus?"

[4] Ibid., "Volentes autem sine dubio crediderunt."

[5] Ibid., "Aliter enim deus praestat ut uelimus, aliter praestat quod uoluerimus."

[6] Ibid., "Vt uelimus enim et suum esse uoluit et nostrum, suum uocando nostrum sequendo."

《答辛普力丘》中断然否认任何人的可夸耀的功德这一主旨相冲突。考虑到这一点,奥古斯丁强调神恩的效力并不取决于我们的同意或不同意。[1] 恰恰相反,召唤才是我们向善意愿的动因[2],我们对信仰的接受和上帝召唤我们的方式是一致的。[3] 此处,奥古斯丁引入了著名的"应和的召唤"(uocatio congruens)理论来说明上帝的仁慈在激发信仰时的效力。

因为上帝的仁慈的效力(effectus)不在人的权能之内,即使人不愿意,上帝的仁慈也不会受挫。如果上帝愿意仁慈地待人,他就能以这样一种适合他们(aptum)的方式召唤,以使他们受触动而能理解(intelligere)并且听从。因此,这是真的,许多人被召唤但只有少数被拣选。那些被拣选的是以一种应和的方式(congruenter)被召唤。而那些不能应和召唤也没有相应地调节[自身]的人,他们没有被拣选,因为尽管他们也被召唤,但却没有听从。[4]

显然在受选者或选民中,信仰初始阶段中他们意愿的决断直接地受到召唤这一恩典的直接影响。[5] 我们这里关注的是这一神恩的实际作

---

[1] Simpl., I, 2, 12. "Illud autem nescio, quomodo dicatur frustra deum misereri, nisi nos uelimus."

[2] Ibid., I, 2, 13. "Sed si uocatio ista ita est effectrix bonae uoluntatis, ut omnis eam uocatus sequatur..."

[3] Ibid., "An forte illi, qui hoc modo uocati non consentiunt, possent alio modo uocati accomodare fidei uoluntatem."

[4] Ibid., "...quoniam non potest effectus misericordiae dei esse in hominis potestate, ut frustra ille misereatur, si homo nolit; quia si uellet etiam ipsorum misereri, posset ita uocare, quomodo illis aptum esset, ut et mouerentur et intellegerent et sequerentur. Verum est ergo: Multi uocati, pauci electi. Illi enim electi qui congruenter uocati, illi autem qui non congruebant neque contemperabantur uocationi non electi, quia non secuti quamuis uocati."

[5] 至于那些未受拣选的人,奥古斯丁则坚持认为,上帝使他们心硬只是表明上帝不愿意表现仁慈,这并不会迫使那些人因此而变坏。那些人应当为他们进一步的恶行而正当地受惩罚,因为他们是凭借意愿的自由决断而行事。Cf. Simpl., I, 2, 15.

用,亦即上帝如何感动一个人而使他愿意认同信仰。我们注意到在上面引用的这段文字中,奥古斯丁在谈到恩典的推动效用时首先提到了理智这一官能的作为(*intelligere*)。而奥古斯丁在随后的讨论中进一步印证了这一印象,他列数了不同的召唤形式,诸如彰显真理、布道说教、施行奇迹等等。[1] 正如帕图特·伯恩斯(J. Patout Burns)所论:"这一劝导性的、指向信仰的召唤是通过给予知识来推动意愿。"[2] 据此,我们有理由相信这一"应合的召唤",它直接作用于我们的理智官能,其效果对于意愿在信还是不信这一决断而言仍然是外在的。它不足以直接决定意愿的抉择。[3]

伯恩斯认为,为了捍卫选择的自由,奥古斯丁在此避免将"召唤"解释为行动的恩典。[4] 然而这一断定需要加上一定的限定。首先,我们一再强调,用自由选择或者抗拒神圣召唤的能力来刻画人的自由意愿,并没有抓住奥古斯丁对于意愿这一心灵能力及其独立性的深刻洞察。更重要的是,伯恩斯自己也注意到,奥古斯丁坚持认为"召唤"这一实效的恩典(efficacious grace)不仅通过启蒙理智来为信仰准备必要的行为动机,而且使这些动机富有吸引力:[5]

> 然而,如果不是被某种召唤所触动,也就是说被某种事实之见证所触动,谁能够相信呢?谁有权能控制那触及自己心灵的图像(*uisum*),正是它推动着他的意愿朝向信仰?谁会在心灵里抱紧

---

[1] Cf. *Simpl.*, I, 2, 14.

[2] Burns 1980, 44. 对 Burns 将此处的恩典还原为理性认知的批评,参见 Drecoll 1999, 231。然而, Josef Lössl 在晚近的论文中反过来批评 Drecoll 对 *intellegere* 的理解过于狭隘,仅仅把它等同于认同权威,见 id. 2004, 250 note 42。

[3] 参见奥古斯丁有关知识与爱两种不同类别的恩典的区分及其与人的理智和意愿的对应关系,相关讨论见第四章第三节。

[4] Burns 1980, 44.

[5] Ibid., 43.

(*amplecti*)不能给他快乐的东西呢？但是谁又有权能确保那能给他快乐的东西一定出现，或者那出现的东西一定给他快乐？如果那些给我们快乐的东西能使我们得以走向上帝，这是由上帝的恩典所启发和彰显，而不是由我们的认同（*nutus*）和努力，或者任何值得称赞的事工所预备。因为之所以会有意愿的认同，会有热切的努力，会有出于炽热的仁爱的事工，这些都是由于上帝分发配与，上帝慷慨馈赠。[1]

伯恩斯将这一来自神圣召唤的快乐仅仅解释为某种影响个体选择氛围的外在吸引。[2] 在这一语境中，我们必须要承认，信仰的邀请中所包含的快乐确实先于意愿拥抱信仰的公开认同（*nutus*）。但是，正如我们在此前的讨论中已经充分论证的，当信仰的快乐触动我们时，这一心灵对于外在暗示的最初反应或回应已经包含着意愿的默许。[3] 在这一意义上，"应合的召唤"已经直接地作用于意愿这一官能。但是奥古斯丁在其早期著作中并没有充分意识到情感的最初反应中所包含的意愿作用，相应地，他也就未能在《答辛普力丘》中将"召唤"解释为行动的恩典。尽管如此，神恩的这一内在向度在奥古斯丁晚年有关信仰发端的论述中逐步占据了上风。

在马赛派重新将信仰开端的问题带到台前之前，奥古斯丁很少注

---

〔1〕 *Simpl.* I, 2, 21. "Sed quis potest credere, nisi aliqua uocatione, hoc est aliqua rerum testifictione, tangatur? Quis habet in potestate tali uiso attingi mentem suam, quo eius uoluntas moueatur ad fidem? Quis autem animo amplectitur aliquid quod eum non delectat? Aut quis habet in potestate, ut uel occurrat quod eum delectare possit, uel delectet cum occurrerit? Cum ergo nos ea delectant quibus proficiamus ad deum, inspiratur hoc et praebetur gratia dei, non nutu nostro et industria aut operum meritis comparatur, quia ut sit nutus uoluntatis, ut sit industria studii, ut sint opera caritate feruentia, ille tribuit, ille largitur."

〔2〕 Burns 1980, 43. 亦见 Lössl 2004, 254。

〔3〕 参见第二章。

意到这一论题。[1] 在 412 年写成的《论圣灵与文字》中,奥古斯丁自 396 年以来首次提及这一问题。[2] 奥古斯丁指出我们信仰的意愿是上帝的馈赠,这不仅是因为它出自我们的自由决断,出自神恩所造的人的本性的一部分,而且更是因为上帝卓有成效地将(effectually)信仰这一图景带到人的灵魂之前。[3] 尽管这一通往信仰的邀请只应当归于上帝的召唤,但是认可或者拒斥这一召唤却在意愿的权能之内。[4] 奥古斯丁认为,信仰不过是对于永恒真理的认同,它始终是在意愿的掌控之中的。[5] 只有我们愿意,我们才会相信,而当我们相信时,我们是自愿地相信。[6] 此处,上帝的救助被限定在外在的劝勉和产生内在的心灵图像上,这二者显然都不能为心灵自身所控制。[7] 确如伯恩斯所言,奥古斯丁在此避免卷入预定论和神恩的实效的相关论争。[8]

有学者认为奥古斯丁在 418 年写成的《论基督的恩典与原罪》一书中第一次明确地承认了恩典的内在实效,并将整个信仰过程归于行为的

---

[1] Djuth 1999, 448. Ring 2004, 194. Djuth 的文章开头论及《忏悔录》VIII, 12, 28 – IX, 1, 1, 她认为在那里奥古斯丁揭示了恩典在他的皈依过程中的重要意义。Cf. ea. 1999, 447. 然而,正如 Ring 所指出,奥古斯丁在那一文本中的意旨显然不仅仅在于信仰的发端,见 id. 2004, 194, note 1。

[2] Burns 1980, 127.

[3] spir. et litt. 34, 60. "... non ideo tantum istam uoluntatem diuino muneri tribuendam, quia ex libero arbitrio est, quod nobis naturaliter concreatum est, uerum etiam quod uisorum suasionibus agit deus, ut uelimus et ut credamus..."

[4] Ibid., "...consentire autem uocationi dei uel ab ea dissentire, sicut dixi, propriae uoluntatis est."

[5] Ibid., 31, 54. "...quid est enim credere nisi consentire uerum esse quod dicitur? Consensio autem utique uolentis est, profecto fides in potestate est."

[6] Ibid., 32, 55. "Cum ergo fides in potestate sit, quoniam cum uult quisque credit et, cum credit, uolens credit..."

[7] Ibid., 34, 60. "...siue extrinsecus per euangelicas exhortationes... siue intrinsecus, ubi nemo habet in potestate quid ei ueniat in mentem."

[8] Burns 1980, 129-130.

恩典,这一主张在同年写成的给西克斯图斯(Sixtus)那封引起轩然大波的信件中得到进一步阐发。[1] 在切入奥古斯丁有关信仰的发端的最后论述之前,我将简要地考察奥古斯丁在418年前后的相关立场。

在《论基督的恩典与原罪》I, 14, 15 中, 奥古斯丁对上帝的劝勉之于我们信仰的意愿的作用提供了某种内在化的解读方案:

> 因此,当上帝不仅通过律法的文字,而且通过圣灵的恩典教诲世人,他的教诲不仅使得(ut)世人得以通过认知了解他们所学的内容,而且使得他们在意愿中渴求它,在行为中成全它。在这样一种神圣的教诲方式中,得到救助的不仅是意愿和行为的天赋能力,而且是这意愿自身和行为自身。[2]

在此,神意对于人这一行为主体的作用不只在于通过启蒙提供必要的行为动机,而且在于援助人的意愿行为。如前所述,这一援助在《答辛普力丘》中被限定在灵魂在信仰的邀请中所体会到的初始的快乐。[3] 而在上述引文中,通过诉诸律法和圣灵这两种恩典的区分,奥古斯丁明确地将上帝在信仰发端中的作为或行动和意愿的决断直接联系起来。[4]

---

〔1〕 Burns 1980, 134; 141ff. 亦见 Wetzel 1992, 187-190; Ring 2004, 194-195. 对 Burns 这一论断的批评,参见 Katayanagi 1991, 645-657。

〔2〕 *gr. et pecc. or.* I, 14, 15. "Ac per hoc, quando Deus docet non per legis litteram, sed per Spiritus gratiam ita docet ut quod quisque didicerit non tantum cognoscendo uideat, sed etiam uolendo appetat agendoque perficiat. Et isto diuino docendi modo etiam ipsa uoluntas et ipsa operatio, non sola uolendi et operandi naturalis possibilitas adiuuatur."

〔3〕 见第354页注释[1]。

〔4〕 在这篇论著中,奥古斯丁将律法和圣灵的张力发挥为知识和爱的区分,见 *gr. et pecc. or.* I, 26, 27, "Cognitionem et dilectionem, sicut sunt discernenda, discernat, quia *scientia inflat, caritas aedificat*—et tunc scientia non inflat, quando caritas aedificat—, et cum sit utrumque donum Dei, sed unum minus, alterum maius, non sic iustitiam nostram super laudem nostri iustificatoris extollat, ut horum duorum quod minus est, diuino tribuat adiutorio, quod autem maius est humano usurpet arbitrio."

这一有关"行动的恩典"的主张在给西克斯图斯(Sixtus)的信中进一步得到阐发。奥古斯丁坚持认为一切公义的开端,乃是上帝白白赐予的馈赠,它不能归之于人的选择或者任何在先的功德。[1] 为使我们得以分享信仰这一馈赠,上帝不仅让我们听福音,而且分予我们各自信仰的尺度(mensura fidei)。[2] 此处的信仰不仅仅是简单的相信:因为魔鬼也会相信,但它们是因为恐惧而相信,但这显然不是出于爱(dilectio)上帝的基督信仰,后者只能来自圣灵的恩典。[3] 奥古斯丁将此处的信仰和爱归于三位一体中的第三位的馈赠。[4] 这一恩典的效用不仅在于启示真理,因为有人明明认识了真理却仍然执意为恶。[5] 这些人找不到任何借口为自己的恶行开脱,因为他们是因为自己的邪恶意愿(pessima uoluntas)而不服从真理。[6] 此处,奥古斯丁暗示在那些借着向善的意愿听从真理的选民之中,恩典的作用也应及于意愿自身,否则选民们就会夸耀他们自己的意愿作出了应受奖励的决断。但是在这封长信中,奥古斯丁仍然没有进一步澄清恩典的这一内在功用,而只是

---

[1] *ep.* 194, 3, 9. "Restat igitur ut ipsam fidem unde omnis iustitia sumit initium... restat, inquam, ut ipsam fidem non humano, quod isti extollunt, tribuamus arbitrio, nec ullis praecedentibus meritis, quoniam inde incipiunt bona quaecumque sunt merita; sed gratuitum donum Dei esse fateamur, si gratiam ueram, id est sine meritis, cogitamus."

[2] Ibid., 3, 10. "...quia nec omnium est fides, qui audiunt uerbum, sed quibus deus partitur mensuram fidei..."

[3] Ibid., 3, 11. "Hanc enim fidem Apostolus definiuit, dicens: *Neque circumcisio est aliquid, neque praeputium; sed fides, quae per dilectionem operatur.* Ista quippe fides est Christianorum, non daemoniorum; nam et *daemones credunt et contremiscunt*; sed numquid et diligunt?"

[4] Ibid., 3, 15. "ita non haberet fidem nisi accepisset Spiritum fidei" Cf. TeSelle 1970, 334; Burns 1980, 149.

[5] Ibid., 6, 24. "...quos non latet ueritas et in eis perseuerat iniquitas..."

[6] Ibid., "Vnde non obedit, nisi sua pessima uoluntate?"

把它称作爱的恩典,断言它直接而且内在地作用于我们的意愿能力。[1]

到了419—420年间,奥古斯丁撰写《驳裴拉基派二书》回应尤利安时,信仰的发端中恩典对个体心理的作用才得以完全揭示。在同尤利安的论战中,奥古斯丁对原罪的后果亦即肉欲(*concupiscentia carnis*)的评判更加严苛。肉欲这一堕落之后的人天生的内在倾向剥夺了意愿向善的自由(*libertas*)。[2] 正是在这一意义上,肉欲被看作是意愿的软弱所在。因此,人的最初的向善的意愿应当看作来自恩典的馈赠,它为那些愿意信仰的人恢复了向善的自由。[3] 显然,这一恩典有能力治愈意愿内在的软弱,使其得以弃恶向善。在这一文本中,奥古斯丁通过评述《若望福音》6:44"凡不是派遣我的父所牵引(*trahere*)的人,谁也不能到我这里来",生动地描述了神恩在意愿这一心灵官能中的行动:

> 他(案:指福音书作者)说的不是"引导"(*ducere*),以免我们以为在某种意义上是有人的意愿在先。如果已经愿意了,谁还会被牵引?但是,没有人会来,除非他愿意。因此,那一位深知如何内在地(*intus*)作用于人心,他以一种不可思议的方式牵引着他们让他们愿意如此,这不是要让人们不情愿地信仰——这是做不到的,而是要使他们从不情愿地变成情愿地。[4]

---

[1] Burns 认为这封书信的贡献在于明确地将皈依的整个过程,从确认真理到全心地爱上帝,都归于圣灵的工作,它内在地作用于灵魂的气质。Cf. id. 1980, 149。尽管如此,我们必须强调从行动的恩典的心理效果这一视角来看,奥古斯丁这一论述取得的进展实在非常有限。

[2] *c. ep. Pel.* I, 2, 5 引文及相关讨论见第六章。

[3] 参见 Burns 1980, 150。

[4] *c. ep. Pel.* I, 19, 37. "Non enim ait ' duxerit', ut illic aliquo modo intellegamus praecedere uoluntatem. Quis trahitur, si iam uolebat? Et tamen nemo uenit, nisi uelit. Trahitur ergo miris modis, ut uelit, ab illo qui nouit intus in ipsis hominum cordibus operari, non ut homines, quod fieri non potest, nolentes credant, sed ut uolentes ex nolentibus fiant."

此处细致地区分"牵引"和"引导",用"内在地"这一副词来刻画行动的恩典,并且将其作用的对象明确为"人心",所有这些都明白无误地指向神恩对意愿行为的直接效用。

在随后的讨论中,奥古斯丁把这一初始阶段的善好意愿和向善的欲望(cupiditas boni)联系起来。神恩的作用不仅使罪人能够思及(cogitare)善而且能够实际地欲望(cupere)善。前者显然不如后者,如果我们把向善的欲望这一更了不起的能力归于人,这就意味着作为善好意愿的信仰这一恩典不过是在回报我们之前的向善的欲望。[1] 此外,在《答辛普力丘》中,奥古斯丁坚定地将信仰的快乐作为外在于我们的意愿的召唤的效应,与此不同,在这里奥古斯丁坚定地认为我们的欲望倾向乃是我们的意愿的明确展示。

概言之,奥古斯丁在此将意愿的向善倾向视为神意在人心中作用的直接结果,这无疑区别于奥古斯丁先前的立场,它不再将神恩的救助局限在外在和内在的召唤中,因为它们始终外在于意愿自身的决断。奥古斯丁有关行动的恩典的这一理论在他和尤利安的论争中进一步得以充实,此处我们无暇进一步详加考察。[2]

现在我们来看在面对所谓的"半裴拉基派"的质疑时,奥古斯丁在生命的最后年月中如何处理"信仰的发端"这一难题。在《论圣徒的预定》一书中,奥古斯丁将"信"这一行为定义为"赞同地思"(assensione

---

[1] *c. ep. Pel.* II, 8, 18. "minus est autem cogitare quam cupere. Cogitamus quippe omne quod cupimus, nec tamen cupimus omne quod cogitamus, quoniam nonnumquam et quod non cupimus cogitamus ... quomodo ad id quod minus est, id est ad cogitandum aliquid boni, non sumus idonei tamquam ex nobismet ipsis, sed sufficientia nostra ex deo est, et ad id quod est amplius, id est ad cupidendum aiquid boni, sine diuino adiutorio idonei sumus ex libero arbitrio?"

[2] 相关的经典研究,见 Burns 1980, 150ff。

cogitare)。[1] 在此奥古斯丁明确地将"思"看作信仰的开端,因为它显然在"信"之先。[2] 在这一语境中,奥古斯丁毫不迟疑地承认他在396年写作《答辛普力丘》之前错误地把信仰中的"赞同"归于人而不是上帝。[3] 现在,奥古斯丁坦率地承认,这一赞同同样是来自上帝的馈赠,上帝以隐秘的方式作用于我们的内心,使我们的意愿弃恶从善。[4]

从神学的角度看,奥古斯丁有关信仰的发端的最后论断,似乎只是总结了他之前有关神恩的内在作用的分析,特别是在418年之后写成的论著中。[5] 然而,在回应同代的僧侣们有关无上神恩之下人有何为的焦虑和困惑,奥古斯丁深入地讨论了人的意愿在信仰发端时的作用。他强调,信仰和善工既是我们的,也是上帝的馈赠。

> 两者都(案:指相信和行善)是我们的,这是由于我们的意愿的决断;然而,它们也是通过信和爱的圣灵而被赐予的……两者都归于他(案:指圣灵),因为他准备了我们的意愿,两者都归于我们,是因为如果我们不愿意,两者都做不成。[6]

---

[1] *praed. sanct.* 2, 5. "Quamquam et ipsum credere, nihil aliud est, quam cum assensione cogitare."

[2] Ibid., "...quoniam fides si non cogitetur, nulla est."

[3] Ibid., 3, 7. "...ut autem praedicato nobis Euangelio consentiremus, nostrum esse proprium, et nobis ex nobis esse arbitrabar."正如前文已经提到,奥古斯丁坚持认为他在给辛普力丘的答复中已经纠正了这一错误,见 Ibid. 4, 8; *perseu.* 20, 52。这里,奥古斯丁没有注意到在他412年写《论圣灵与文字》时他仍然认为赞同或者拒绝乃是在于人的意愿。见第355页注释[4]。

[4] Cf. Ibid., 7, 12; 8, 15. *perseu.* 6, 12; 14, 37.

[5] Cf. Burns, 167. 有些学者甚至根据奥古斯丁自己的表述,认为奥古斯丁在这一论题的立场非常接近(如果不是完全等同的话)他在《答辛普力丘》中的论述,见 Lössl 2002; Ring 2004; Drecoll 2004, 尤见224。

[6] *praed. sanct.* 3, 7. "Vtrumque (sc. credere et bonum operari) ergo nostrum est propter arbitrium uoluntatis, et utrumque tamen datum est per Spiritum fidei et charitatis... et utrumque ipsius est, quia ipse praeparat uoluntatem; et utrumque nostrum, quia non fit nisi uolentibus nobis."

尽管如此,奥古斯丁在给普罗旺斯的僧侣们的回信中,并没有解决这里神人作为的相容性,也就是说,内在的恩典如何作用于我们的意愿,甚至决定我们对信仰的认同,同时并不破坏我们对自己的意愿行为的所有权。[1] 这里的人的意愿的自由决断和行为的主体性看起来不过是个空名。与此相对,奥古斯丁早年的"应合的召唤"的模型似乎更为可信。通过把"认同"(consensio, nutus)这一关键行为归于人的意愿的自由决断,奥古斯丁至少在救恩开始的关键时刻为人的作为留下了一定的空间,尽管信仰所需的行为动机以及这些动机的吸引力都源自上帝在先的召唤。

然而,以上对奥古斯丁"信仰的发端"这一观念发展历程的重构,足以揭示奥古斯丁在他最后岁月对行动的恩典的内在维度的强调不仅和他对恩典的绝对主权的不断增强的关注相一致,而且也对应于他对意愿这一心灵行为的不断深化的理解。在奥古斯丁的成熟思想中,他不再把人的意愿看作某种绝对的神秘力量,仿佛它在任何情形下都能自由地在不同的行为方式中做出自由选择。奥古斯丁对意愿的认识更加现实,他强调人的意愿总是为其生存条件所限制,而在基督教语境中这意味着我们生而柔弱,无力意愿善和正义。原罪正是我们的意愿能力的隐疾,因此针对它的治疗也必然触及意愿及其决断能力。换言之,如果奥古斯丁晚年对于人的意愿的现实洞察是合理的,那么他对神恩的绝对权威的维护就有辩护的可能。在接下来的讨论中,我将通过分析奥古斯丁晚年意愿观念中的几个重要特性来论证他有关神恩和人的自由的主张在有神论的基本背景下,至少在理论上是可以捍卫的。也就是说,如果我们接受一个全能的存在者,相信他创造了并管理着世界,那么这就意味着只有当行动的恩典切实地准备了我们的意愿,我们的意愿才有真正的自由。

---

[1] 参见 Wetzel 1992, 167。

二 权能与意愿:对奥古斯丁晚年"信仰的发端"观念的理论反思

我们先对奥古斯丁道德心理学中的"权能"(*potestas*)概念略作考察,因为有关"信仰的发端"的论争的核心问题在于:去相信的意愿是否在我们的权能之内(*in potestate*)。

在其早年的哲学对话中,奥古斯丁毫不犹豫地断言:"没有什么东西比意愿更在我们的权能之内。因为只要我们愿意,意愿就毫不迟疑地出现在眼前。"[1]奥古斯丁相信,对于作为道德行为者的人来说,他在任何情况下都不会缺乏意愿的能力。但是,如果没有任何心灵表象或是念想(*cogitatio*, thought)的刺激,意愿也不会有所作为。然而,心灵并不能控制呈现在心灵之中包含着行为暗示的表象或是念想。由于这一原因,意愿的权能就被界定为赞同或拒绝预先出现的念头的能力。同时,意愿的认可或拒斥也被确认为道德主体性的根基。[2]奥古斯丁早年在评述我们在内心中犯罪的心理过程时,将罪的实现过程区分为三个步骤:暗示、快感或欲望、认可。如果理性或者意愿不认可初始的欲望,那么我们就还没有堕入罪恶,因此也不必为那些包含不道德暗示的念头的出现以及随之而来的不由自主的快感或冲动承担罪责。[3]

正如之前已经提到,在和裴拉基派的争端之初,奥古斯丁仍然认为

---

[1] *lib. arb*. III, 3, 7. "...nihil tamen in nostra potestate, quam ipsa uoluntas est." Ea enim prosus nullo intervallo, mox ut volumus praesto est."

[2] Ibid., III, 25, 74. "Sed quia uoluntatem non allicit ad faciendum quodlibet, nisi aliquod uisum; quid autem quisque uel sumat uel respuat, est in potestate, sed quo uiso tangatur, nulla potestas est: fatendum est ex superioribus et ex inferioribus uisis animum tangi ut rationalis substantia ex utroque sumat quod uoluerit, et ex merito sumendi uel miseria uel beatitas subsequatur."

[3] 参见第二章。

认可或拒斥的能力始终在意愿的权能之内,尽管上帝通过神圣的启示或邀请预备了我们信仰的意愿。[1] 当然,在这一时期,奥古斯丁已经注意到我们认信的意愿是如此微弱,以至于它必须接受上帝的疗治才能得以增强,以便重获爱和行正义之事的能力或自由。考虑到这一点,奥古斯丁区分了意愿和权能。[2] 在这里,意愿显然是指当某人愿意做某事时的意图,而权能则是指实现这一来自意愿的意图的能力,奥古斯丁将后者归于上帝的恩典。[3] 在此,奥古斯丁强调权能的赐予并不会给意愿的决断施加任何强迫。人的意愿仍然有能力做出自己的决断。[4] 总之,去认可的意愿是我们的,然而去行动或实现这一认可的能力则来自上帝。相应地,在信仰的发端中,人所缺乏的只是将他们指向信仰的意向付诸实践的能力。

然而,在与尤利安的论争中,奥古斯丁不再满意这一对意愿和权能的理解。首先,他开始意识到肉欲或者说灵魂内在的向恶倾向,它并不外在于意愿这一官能。[5] 肉欲的存在及其活动都限制着意愿的自由。从一开始,意愿就不是某种绝对的能力,能够无所顾忌地决定自己的意向。恰恰相反,意愿在某一时刻的决断总是受制于它先前的意向,或者来自意愿先前明确的认可或者来自默许。这特别适用于堕落之后的人,他们出生在无知和软弱之中,因此意愿无力向善。对于此世的个体,他的意愿从一开始就处于自己所不情愿的境地之中。

---

[1] *Spir. et litt*. 34, 60. 见第 355 页注释[3]—[4]。

[2] Ibid., 31, 53. "Cum enim duo quaedam sint uelle et posse-unde nec qui uult continuo potest nec qui potest continuo uult."

[3] Cf. Ibid., "... quidem hanc dicimus potestatem, ubi uoluntati adiacet facultas faciendi."

[4] Ibid., 31, 54. "Sed cum potestas datur, non necessitas utique imponitur."

[5] 例见 *c. Iul*. VI, 19, 60;*c. Iul. imp*. II, 221, (1);亦见 *ciu. Dei*, XIV, 16. 相关讨论,见第一章。

此外，意愿作为我们道德抉择的根基，它自身具有非对称的特征：向善的意愿比向恶的意愿要求更多。例如，没有对所意愿的善的知识，我们的意愿很难成为善的意愿；然而无知则能直接使我们的意愿倾向恶。考虑到这一非对称性，奥古斯丁强调，亚当自愿犯下的第一次罪，使得他自己和他的后裔都失去了凭借自身努力就能获得向善的意愿的能力。换句话说，我们所短缺的不仅是根据向善的意愿行事的能力，而更重要的是这向善的意愿自身。

显然，奥古斯丁在《论圣灵和文字》中对意愿和权能所作的区分没有意识到意愿自身也是一种能力或权能。而且，这一能力可以被意愿自身先前的决断所毁损，因此必须通过某种超验的绝对的权能加以恢复。例如，一个瘾君子自愿地选择吸食毒品，他因此失去的不仅仅是使自己摆脱毒瘾的能力，而且他也没有能力全身心地(wholeheartedly)去爱另外一种生活方式，否则的话，仅凭这一毫无保留的爱或者意愿他就足以克服他的恶习。简单来说，由于意愿这一官能有其自身的历史，总是运作于这一历史的阴影中，特定的意愿的倾向或者行为(uoluntates，复数)并不总是在意愿这一官能(uoluntas 单数)的控制之下。[1]

而在给非洲的哈德雷梅图的修士们的答复中，奥古斯丁同样论及亚当所拥有的意愿和权能的关系，以此来论证在堕落之后恩典之于意愿行为的必要性。亚当最初确实被赐予了正直生活的权能，但是他并没有意愿这一善行。因此，在亚当堕落之前，他有能力意愿或者选择正直或者不义的生活。当然，他是否能坚持这一向善的意愿，奥古斯丁认为这需要神恩的帮助，但是这一帮助是在他的意愿作出的选择之后。[2] 然而，

---

〔1〕参见第五章第三节。
〔2〕*Corrept.* 11, 32. "ut autem in eo permaneret, egebat adiutorio gratiae, sine quo id omnino non posset; et acceperat posse si uellet, sed non habuit uelle quod posset..."

我们这些堕落之后的世人,却无可回转地失去了凭借自身获得向善意愿的权能。因此,我们所需要的救恩必须更加强大,以使我们既能够意愿(*uelle*)又有能力(*posse*)实现我们的意愿。[1]

在奥古斯丁最后年月中,他更加强调意愿和权能的统一,这同样在我们的日常经验中可以得到验证。他敏锐地观察到我们无力服从上帝的诫命,认为这正是意愿软弱无力的表现:

> 经上说,"如果你愿意,你将服从诫命"(《训道篇》15:16,七十子译本),也就是说一个人要是愿意服从却又不能服从,他应该承认他还没有完全(*plene*)愿意服从诫命,他应该祈祷以便能有这样一个意愿,足以使他能够完成诫命。这样的话,他显然得到了救助,以便他能够做他被命令去做的事情。因为当我们有能力的时候,我们愿意去做,这才有意义;同时,当我们愿意的时候,我们有能力去做,这也才有意义。如果我们愿意的事情我们不能做,我们能做的事情我们又不愿意,这对我们有什么意义呢?[2]

显然,意愿的倾向如果没有了相应地使之实现的能力,那它只是一个空洞的愿望或一相情愿,和我们的道德行为没有太多关联。

如果我们按照奥古斯丁早年的主张,将信仰的发端的关键决断归给作为信仰者的人的意愿,那么这一最初的向善倾向就只是这样一个空洞的愿望。因为如前所述,我们所必需的实现这一愿望的权能来自

---

[1] *Corrept.* 11, 32. "... ergo plus potest (sc. gratia), qua etiam fit ut uelit, et tantum uelit, tantoque ardore diligat, ut carnis uoluntatem contraria concupiscentem uoluntate spiritus uincat."

[2] *gr. et lib. arb.* 15, 31. "Ad hoc enim ualet quod scriptum est: *Si uolueris, seruabis mandata*: ut homo qui uoluerit et non potuerit, nondum se plene uelle cognoscat, et oret ut habeat tantam uoluntatem, quanta sufficit ad implenda mandata. Sic quippe adiuuatur, ut faciat quod iubetur. Tunc enim utile est uelle, cum possumus; et tunc utile est posse, cum uolumus: nam quid prodest, si quod non possumus uolumus, aut quod possumus nolumus."

上帝,取决于上帝的意愿。然而,要获得行善工和服从神圣诫命的权能,我们必须首先全心全意地信仰上帝和上帝的全能。但是,另一方面,奥古斯丁自己的皈依经历以及他后来和裴拉基派的论战已经揭示了,人的意愿由于自身内在的软弱,它并不能够产生这样一个完满的意愿去接受信仰,否则救赎的恩典就不是必须的了。这就必然意味着如果人是他自己的意愿的唯一作者,那么他永远不可能凭借自身获得一个无条件的向善意愿以开启自我的救赎之旅。然而,如果我们追随奥古斯丁晚年的主张,把意愿对信仰的最初认同也归因于神意的预备,而神恩显然从不受挫,那么,一个堕落之后的个体也就有可能获得对信仰的无条件意愿。

为了在哲学上论证上述主张,下面我们来反思奥古斯丁晚年有关信仰的发端的讨论中的第二个重要论题:意愿的动机。

首先,我要强调,在奥古斯丁谈论信仰的意愿的时候,他所考虑的是全心全意的爱。甚至在《论圣灵与文字》中,他就强调:"这是信仰,它通过爱(dilectio)而起作用,而不是通过恐惧,不在于害怕惩罚,而在于热爱正义。"[1] 然而,如果按照奥古斯丁早期对信仰发端的解释,这一出自我们自身的去相信的意愿,就很难算作对上帝无条件的爱。因为,奥古斯丁同时认为,我们每个人意愿的最终目标都是至福或美好生活(beata uita)。[2] 而要达到幸福(beatitudo),在奥古斯丁看来,就必须终身行正义之事。然而,在这一神学语境中,行正义之事或者行善的能力只能来自上帝。根据奥古斯丁早期对信仰发端的解释,要获得这一能力,我们就必须先有信仰上帝的意愿,亦即认同并且跟随上帝的召

---

[1] *spir. et litt.* 32, 56. "... haec est fides, quae per dilectionem operatur, non per timorem, non formidando poenam, sed amando iustitiam." 亦参 *ep.* 194, 3, 11。

[2] 例如 *conf.* X, 20, 29. "Cum enim te, deum meum, quaero, uitam beatam quaero." 有关奥古斯丁哲学中美好生活的重要性,见 Holte 的经典研究,id. 1962;Rist 1994, 48-53。

唤。按照这一解释,信仰发端的关键决断在于人的意愿,而人的意愿毫无例外地指向幸福,将其作为终极目标,这就意味着他们对上帝信仰更多地是工具性的,其目的在于各人自己的幸福。也就是说,这信仰不像是出自我们毫无保留的爱,而更多地类似于功利主义的考虑和对于来世永罚的畏惧。

此外,如前所述,在《忏悔录》中奥古斯丁有关双重意愿的叙述已经清楚表明,意愿内在的独立性决定了意愿自身不能够通过自己的努力来克服其内在的矛盾以获得对上帝全心全意的爱。奥古斯丁的原罪理论,特别是在和尤利安的论战中,则进一步肯定了意愿的这一自我分裂的现象,它因为我们所承继的肉欲这一意愿之软肋所在,而成为普遍事实。因此,要克服意愿与生俱来的困境,我们同样需要意愿之外的帮助使我们获得对于善和上帝绝对的爱。

在上述分析中,我从哲学心理学的角度,强调了恩典对于我们的信仰意愿的必要性。在接下来的讨论中,我将继续从这一视角深入,来论证这一必需的恩典如何作用于人的意愿,却又不破坏人的道德主体性。

此中关键在于奥古斯丁对上帝的裁决之不可思议(inscrutable)的特性的强调,尽管这一点常常被学者们贬斥为转向神秘主义,公然承认理智的失败。[1] 奥古斯丁认为上帝的拣选基于他的判断,而这一判断对于我们来说毫无疑问超越了我们的理解能力,它是不可思议的。[2] 因此,作为行动者的个人并不知道他是属于还是不属于那预定得救的选民。[3] 相应地,在信仰发端的时刻,当我们最终决定相信时,我们并

---

[1] 例如 Rist 1969, 437, 439-440; id. 1994, 133. Flash 1990, 65-71。有关当代学者对于这一论题的论证,见 Rigby 2002, 213-215。Rigby 利用神恩的不可思议为奥古斯丁的预定论作了有力辩护。

[2] 例如 Simpl. I, 2, 18; corrept. 8, 18; Praed. Sanct. 8, 16; perseu. 11, 25.

[3] corrept. 15, 46. "Nescientes enim quis pertineat ad praedestinatorum numerum, quis non pertineat..."

不能确信我们是否属于选民。也就是说,尽管神恩作用于我们,但它是以这样一种方式:我们在实际有所意愿之前并不能觉察到它的作用和效果。如果没有意愿的实际认可,我们对神恩的知识就不能转化为能够有助于我们的意愿做出决断的活的知识。在这里,信仰的决断仍然是意愿的自由决断,这不是因为我们可以选择其他,而是因为它自发地从意愿这一官能出现。如果上帝预定了我们应当相信,我们就会相信。然而,上帝作为恩典的施行者作用于人的意愿但并不会强迫意愿,否则,由这一恩典而产生的意愿就根本不是意愿。因此,我们的信仰决断既是由神意所预备,也是由我们自己意愿的认可所决定。

我们的这一生存处境如同所有人都参与的一场竞赛。我们都听说有一个万能的主宰,他创造并且管理着这场竞赛。我们同样听说在比赛开始之前,这个全能的管理者已经预先确定获胜者的数目。然而我们这些竞赛的参与者却没有途径得知管理者的决定。我们唯一确信的事情时,如果我们认为这管理者是全能的存在,我们在逻辑上就不得不承认他也是至善,他的裁决不可能是不公正的。由此可以推出只有那些确实在竞赛中表现出色的选手才能成为全能公义的管理者所预定的获胜者。正如前面所强调的,我们对于这一预定的了解被限定为一种信念,而不是经过合法性证明的知识。而我们在这场竞争中的表现取决于我们的意愿的决断,而上述有关全能的监督者的信念不足以逼迫我们的意愿做出改变。因为我们并不能够仅仅凭借我们的努力来捍卫我们这一对于超自然力量的认知。换句话说,我们在这个时空中的世界并不能够认识超时空的真理自身。正如奥古斯丁在评论人们为了获得仁爱这一美德的努力时所言:

……因此,一个人,上帝预定了他未来将会忠贞,尽管他自己不能确认(*incertum habere*)这一点,他并不会放弃使自己成为忠贞的努力,因为他听到(audire)借着上帝的馈赠,他将来会成为那样的人。[1]

因此,对永恒真理的信仰只是确认了只有表现好的参赛者才能赢得竞赛。它不会给我们为了获胜而做出的决断强加任何东西。

然而,目前这一类比只能说明上帝的预定和人的行为主体性如何在神恩不直接作用于意愿行为时起作用。现在,我来稍作调整,使它更贴近信仰的发端这一论题。现在我们得知,要赢得这场竞争,我们所需的能力远远不是我们凭借自身的努力就能达到。与此同时,我们被告知,只有那些全身心地相信超验管理者的存在和全能的人,他们才能获得赢得竞争所必需的能力。此外,我们听说甚至这信仰也只有通过这卓绝的神圣存在的直接作用才能获得。然而,与先前一样,我们并不确信我们自己是否被预定为竞赛的获胜者。当我们尽力去获得那具有决定性的能力或权能时,我们同样不确信我们是否拥有对超验者的绝对信仰。甚至当我们认为并且相信自己是那幸运者,我们仍然不能向自己证明这一点,除非我们最终确实赢得竞赛。我们唯一确定的仍然只是这样一点:胜利只归属于那些通过信仰和行为证明了他们的能力的人。考虑到这一点,上帝对人的信仰意愿的预定可以平行于人们通过扭转自己的意愿方向的努力。如果我们相信,我们认可了我们所听到的东西。与此同时,我们的信仰意愿证明了上帝预定我们如此。另一方面,如果我们不相信,这表明我们拒斥了我们所听到的东西。相应地,这表明我们并不是注定要赢得这场竞赛。在这两种情形中,我们都是在作出了自己的决断之后才能够确信上帝的决定,因此上帝的预定

---

[1] *perseu.* 17, 41. "... ita ille quem castum futurum praedestinauit, quamuis id **incertum habeat**, non ideo non agit ut castus sit, quoniam dei dono se **audit** futurum esse quod erit."(黑体为笔者所加)

并没有影响决断的过程自身。

　　此外,正如奥古斯丁自己的皈依经历表明,我们不能够通过号令的方式来决定或扭转意愿的倾向。尽管我们在先的意愿行为规定着当下心灵的处境,但它们并不能通过发号施令决定我们当下的意向。也就是说,心灵当下的或新的意向,它自行其是地出现。这同样适用于我们对上帝恩典的认知。甚至在我们把我们的信仰和行为的能力都归于行动的恩典的时候,这一归于并不能破坏意愿的独立性和我们在意愿行为中的行为主体性。这一归于只是有待证明的信念,而不是意愿明确的决断。我们如此行为,只是因为我们相信这是对神圣权威更加适宜的理解。用奥古斯丁自己的话说:"因此,如果我们把所有都归于上帝,而不是部分归于他部分归于我们自己,这样我们就生活得更安全。"[1] 这一归属并不会必然导致对基督教真理的彻底认信。奥古斯丁强调,他有关人如何变得忠贞的努力的评述也可以使用于信仰的发端。因此,在信仰的发端,同样由于上帝的裁决不可把握、不可思议,在行动的恩典作用下的人就不是一个会动的木偶,而是只要自己愿意他的意愿就能自发地做出决定的自由的行为者。

　　也就是说,如果我们接受奥古斯丁的基督教有神论的基本立场,承认存在全能的造物主,他的决断远在我们理性把握的能力之外,我们唯一所知的是他是至善的公义的,那么我们就相应地必须接受他晚年有关信仰的意愿由上帝所预定的极端立场,而这一立场甚至比他早年的"应合的召唤"的恩典解释模型能更加有力地捍卫人的意愿的内在独立性,使人的意愿不再只是空洞的愿望,而是在人的权能内自发产生的决断。

---

　　〔1〕 *perseu.* 6,12. "**Tutiores** igitur uiuimus, si totum deo damus, non autem nos illi ex parte, et nobis ex parte committimus…" The emphasis is added.(黑体为笔者所加)

结 论

奥古斯丁晚年系统性地梳理毕生著述，修正早年主张，于427年写成《再思录》一书。其中提及的最后一部著作是《论训斥与恩典》，他以此回应北非僧侣们对于行动的恩典的困惑，论证尽管上帝预定了我们的获救，赐予我们坚持的恩典，但是驳斥错误、斥责罪行对于我们在尘世中的生活仍然是必要的。在这部著作中，奥古斯丁精要地概述了自由决断在尘世生活中的作用：

> 应当承认，我们拥有自由决断（*liberum arbitrium*），它既能为恶也能行善。而在作恶时，一个人也就自由地失去了（*liber*）[1]正义，而成为罪的奴仆，而在行善时，没有人能够自由，除非他已经从说这句话的那一位那里获得了自由（*liberatus*）："如果圣子使你们自由，你们的确就会自由。"（《若望福音》8:36）[2]

---

[1] 此处的"liber"实际上是指"缺乏"、"没有"，并不必然指通过自由决断而造成失去的后果，此处的翻译意在强调它字面上所含有的"自由"的含义。

[2] *corrept.* 1, 2. "Liberum itaque arbitrium et ad malum et ad bonum faciendum confitendum est nos habere: sed in malo faciendo liber est quisque iustitiae seruusque peccati; in bono autem liber esse nullus potest, nisi fuerit liberatus ab eo qui dixit: *Si uos filius liberauerit, tunc uere liberi eritis.*"

这一描述把握住奥古斯丁意愿概念的两个重要特征。首先,意愿乃是我们心灵所固有的能力,它能够自由地做出决断决定我们的行为,无论是为恶还是为善,并且为此承担应有的责任。其次,意愿一旦通过自由决断成为低级事物的奴隶,意愿也就失去了维持心灵健康生活的真正自由。为了赢回这一真正向善的自由,意愿必须首先被治愈。用奥古斯丁自己的话说,"我们总是拥有自由意愿,但它并不总是善的"[1]。

在这一语境中,奥古斯丁所说的意愿首先将自己显示为这样一种道德能力,它奠定着我们必须为之负责的心灵状态和外在行为,无论善恶。然而,奥古斯丁进一步追问意愿的这一道德向度的心理根基。为什么是意愿而不是其他的心理能力,例如情感和实践理性,成为我们道德责任的所在(locus)?为什么意愿会失去本有的能力,进而无力使心灵处于健康的状态之中,也就是说,不能保持自身的善和真正的自由?

首先,在奥古斯丁的哲学心理学中,意愿无所不在,遍布一切心灵活动,既包括感性的也包括理性的,从心灵最初的无意波动直到谨慎的实践推理。

我们不难在认知行为中辨识意愿的构架性作用。所有认识行为,感觉、记忆、理性认识(针对现世)、理智认识(针对永恒真理),都包含着意愿或意向的联结作用,它使得感官指向可感事物,心灵的目光转向物体的图像,注意力集中于认识对象,如此等等。

而在情感的形成中,意愿同样占据主导地位,尽管不如在理智活动中那么明显。在愤怒这样的情感变化中,灵魂首先会产生涉及某一具体事态的表象或心灵图像(*phantasiae*; *uisa*),例如产生被人冒犯的印

---

[1] *gr. et lib. arb.* 15, 31. "Semper est autem in nobis uoluntas libera, sed non semper est bona."

象。尽管我们没有能力决定什么样的图像会侵入我们的脑海，但是意愿仍然能够自由地认可或者拒斥这一图像所暗含的诱惑。如果没有意愿的认可，任何感受性活动都不会发生。而一个经受认可的完整的情感实际上就是意愿的明确表达，也可以称之为意愿的行为。

此外，在其成熟思想中，奥古斯丁断定，我们对于来自心灵图像的暗示的初始情感反应，或者说所谓的"最初波动"，它已经包含"念想的快感"(*cogitationis delectatio*)。这一单纯的认知快感奠基于灵魂的默许，它使得心灵对于表象的无意反应——例如察觉到自己被人冒犯时呼吸急促心跳加速——转化为对于意愿在尘世中的无能无力的自发显现。根据奥古斯丁的情感理论，我们的意愿在其理想状态中能够完全掌控我们的情感活动，甚至包括对于这一现在不在我们能力之内的"最初波动"。

而我们之所以无力改变"念想的快感"中所包含的意愿的默许，奥古斯丁将它归之于肉欲(*concupiscentia carnis*)，灵魂对于可朽之物的内在倾向。尽管我们在能够运用意愿这一官能之前已经先天地继承了灵魂的这一强制性倾向，奥古斯丁仍然认为，肉欲并不是全然和意愿异质的心理力量。这一灵魂的秉性通过激发放纵的欲望来保持其现实性。但是，甚至心灵最轻微的变化都包含着意愿的默许。因此，尽管我们能够胜利克服这些不节制的欲望，但是肉欲自身不再作为本性中潜在的倾向而是通过欲望现实出场，这已经是意愿作为的表现。如果没有意愿的许可，肉欲就不能展示其与人的灵性存在相抗衡的力量，而只是潜藏于灵魂深处。因此，尽管肉欲和"最初波动"都遵循自己的法则，不在意愿的控制之内，但是它们的出现却如实地反映出意愿当下的状态，反映出我们希望得以摆脱的无力状态。

对于奥古斯丁来说，意愿作为心理动力无所不在的特性具有两重后果。它同时标明了意愿内在的独立性和意愿受限于其实际所处的状态。一方面，意愿行为（*uoluntates*，复数的意愿）乃是心灵自发的活动，它依据定义就免于外在和内在的强迫。没有任何心理活动可以离开意愿的参与而发生，而在这些心灵活动中，意愿又有着自己特有的使命：或者是连接或分离（例如感官和可感对象），或者是认可或拒斥（例如心灵图像所带来的诱惑）。不用说意愿在非理性的心灵变化中的绝对权威，由于我们此世生命的不完满性，即使是理性的实践判断也需要意愿的决断才能推动我们有所作为。另一方面，意愿官能（*uoluntas*，单数的意愿）从来不是无所由来的绝对力量。意愿有其自身的历史，它界定着意愿在此生任一时刻的生存处境。在这一意义上，我们的心理活动制约和限定着意愿的强度：我们的心理活动包含着意愿自己过往和当下的行为，因此也如实地再现着意愿当下的状态。

奥古斯丁在《忏悔录》第八卷中有关自己皈依前两种意愿相互交战的分析很好地展示了以上所论及的意愿的两个貌似冲突的特性，即意愿的自主性和意愿的现实依赖性。基于意愿内在的独立性，心灵已有的行为倾向，诸如欲望、快乐、恐惧、实践判断等等，都不能通过发号施令来强制意愿产生新的意向。然而，这些现存的意向又确实地影响和限定着意愿，它们或者削弱或者增强意愿获得某个新的行为倾向的能力。因此，即使是意愿官能自身，由于这一受到现实和自身历史限制的能力，它也不能够号令自己无条件地去获得一个特定意向，某个已经在理性认识中得以确立的意向，例如去全心地爱至善的上帝。

显然，以上这些心理洞见支撑着我们先前所提及的《论训斥与恩典》中所概括的意愿的道德特性。奥古斯丁将意愿确认为责任的根基，这首先是因为意愿构成一切心灵活动的基础但却有未丧失其内在的独立性。与此同时，意愿官能却又可能因为自己的意向或行为而制限，乃至被囚禁（*captiua*），特别是那些源自与生俱来的肉欲的意向。奥古斯丁认为这一原罪的后果褫夺了意愿通过自己的努力去全心地爱和享受真正的善的能力。

奥古斯丁对于意愿及其自由决断的追问始于在青年时代一直困扰着他的恶的来源这一道德难题。[1] 我们对于自己的罪的责任,无论是原罪还是个人的罪,有意之罪和无意之罪,一直是奥古斯丁反思意愿这一心灵现象时所关注的核心论题。他不仅揭示出意愿作为心理根本动力的基本特征,而且竭力通过理性的论证在道德哲学领域证实其合法性。

奥古斯丁首先论证在我们的道德行为中包含着意愿作为一种心灵独立能力的存在(单数的意愿)及其活动(复数的意愿)。我们无法否认在那些归之于我们的行为中包含着我们的意向或意愿倾向(复数的意愿),否则会使我们的行为失去目的和意义。与此同时,奥古斯丁从本体论立场证明上帝所确立的事物的等级秩序(*ordo*)决定了心灵的意愿行为(复数的意愿)不会受到外力的强迫,至少不会受外力强迫欲求某种低于自身的善。而在《忏悔录》第八卷中,奥古斯丁借助对于自己内在分裂的两个意愿(*duae uoluntates*)的洞察,从哲学心理学的分析出发,论证了没有任何内在的力量,甚至包括意愿(单数的意愿)自身能够强迫心灵产生一个新的意愿行为。因此,我们需要一个独立的心灵能力来解释这些不受外在和内在的强迫的意愿倾向的产生,而拉丁语中用 *uoluntas* 一词来同时指这样一种心灵能力和我们的种种意向,因此,我们有充分的理由将它称之为意愿,并得以确认它能在心灵中独立地发挥作用,赋予我们的道德行为相应的目的和意义。

然而,这一单纯的独立性自身并不能解释意愿在决定道德责任归

---

[1] Cf. *conf.* VII, 3, 5. "Et intendebam ut cernerem quod audiebam, liberum uoluntatis arbitrium causam esse ut male faceremus et rectum iudicium tuum ut pateremur…" 亦见 ibid., VII, 16, 22. "Et quaesiui quid esset iniquitas et non inueni substantiam, sed a summa substantia, te deo, detortae in infima uoluntatis peruersitatem, proicientis intima sua et tumescentis foras."

属中的关键作用。例如,一个单纯的念头或想法(*cogitatio*),它的产生同样可以不受任何外在的和内在的强迫,但是我们并不会因为脑海中这一自发产生的念想而被赞颂或谴责。

因此,在意愿内在的独立性之外,奥古斯丁的道德心理学还展示出意愿这一道德官能的另一特征,即它和善的本质关联。这既是指所有的意愿都指向某种善,同时也是指只有善的意愿才是真正自由的意愿。在奥古斯丁看来,意愿的自由决断(*liberum uoluntatis arbitrium*)绝不能等同于类似选择能力的中立力量,向善和恶同样敞开。与此相反,上帝之所以将意愿和它的自由决断作为馈赠交付人类,是为了我们能够正直地生活并因此获得幸福。所有意愿倾向都以不同的方式表达着我们朝向至福(*beatitudo*)这一人生最终目标的努力。即使在被逐出伊甸园之后,这一欲求幸福的能力仍然完好无损地存留于我们这些道德行为者之中。另一方面,幸福作为如此个人化的善,以至于我们不可能违背自己的意愿(*inuitus*)而获得幸福。幸福的状态正是意愿自由的完满体现。此外,奥古斯丁追随古代哲学的传统,强调只有有德性的生活才是幸福生活。相应地,如果没有了正直的意愿倾向,我们对于幸福的欲求只是一个空洞的愿望。而要实现我们对于幸福的内在渴求,我们的意愿能力就必须从肉欲和其他指向低级的善的意愿倾向的奴役中解放出来,获得真正的自由。也就是说,只有当意愿为善,它才能获得真正的自由,全心地投入幸福生活。

如果说独立于强迫的自由表达了意愿自由的消极层面,那么意愿和善的内在关联就界定了它的积极层面。基于对意愿及其自由的这一原创性理解,奥古斯丁的道德哲学也为我们提供了一种具有想象力和说服力的道德责任理论。我们必须为那些自由地出于我们自己的意愿(*propria uoluntate*)的行为负责。然而,我们的道德主体性并不在于选择其他行为方式的自由,因为意愿自身并不是同等地向善恶敞开的双向力量。我们通过意愿成为我们的行为的主人,这是因为意愿的行为倾向,它的产生不受任何强迫,同时又最为忠实地呈现着自我的状态。无论是人生中的非出自愿的现实处境,还是来自神圣恩典的帮助,都不会破坏意愿的这一自由。我们生命中无法摆脱的这样一些必然性力量,例如无知、肉欲和习性,他们会使得心灵的某些行为倾向不可避免,然而,它们同样不能迫使意愿沿着某一个预定的方向行进,否则就不可能存在摆脱习性和其他现实条件束缚的彻底转变的意愿。而且,以上这些束缚心灵的心理力量,它们自身的出场或现实性中已经包含着无所不在的意愿的认可。此外,神意也不会夺走意愿的自由。通过预定和预备意愿使其能够全心地爱和享受至善,神恩治愈了意愿与生俱来的隐疾,后者突出地体现在以上提到的种种意愿所不愿面对的心理桎梏。这也就意味着,只有通过恩典这一超验力量,意愿才能重新获得指向正义和幸福生活的真正自由。

在结束我们对于意愿的道德心理学追问之前,我想简单地对奥古斯丁的 *uoluntas* 概念中所体现的意愿和自我的亲密关联再略作提示。"因此当我愿意或不愿意(*uelle aut nolle*)时,我全然确定愿或不愿是我自己,而不是什么别的。"[1]这一亲密关系奠定了意愿的所有心理和道德特性。意愿这一官能能够独立于其他心理力量,首先是因为意愿最为紧密地联结着自我的状态。通过意愿的认可,我们或者明确接受,或者默然允许那些出现在心灵之中的内心图像、情感波动、实践推理和其他心理现象。正是通过这一认同功用,那些包含着意愿倾向的行为才被看作我们自己的行为。

在写于421年至422年间的《驳裴拉基派尤利安》一书中,奥古斯

---

[1] *conf.* VII, 3, 5. "Itaque cum alquid uellem aut nollem, non alium quam me uelle ac nolle certissimus eram..."

丁最为明确地勾勒了意愿和人性(humana natura)的这一微妙关联,来解释善的本性如何能成为恶的意愿的源泉。

因为,甚至恶的意愿也一定仍然是某种自然存在(natura)的意愿。天使和人都是自然存在。毕竟,只要意愿存在,它就不可能不是某人的意愿。而正是这样的意愿它们拥有如此的力量去造成(facere)它们所属于的那些自然存在的特性(qualitas)。如果有人问那拥有恶的意愿的天使或人是什么样的,最为正确的答案是:恶的。因为这[恶的]性质,其理由在于那恶的意愿而不是善的自然存在(bona natura)。因为自然存在自身乃是实体,它可以为善也可以为恶。它通过分有那创造它自己的善而能为善,但是它也会吸引恶,这不是通过分有恶,而是由于缺乏善……因此,上帝是一切善的创作者,因为他是一切自然存在的创作者;[这些善]自发地背离了善,这所揭示的不是它们由谁创造,而是它们从何被造。后者不是某种存在,因为它是绝对的虚无,而正因为它是虚无,它也没有任何创作者。[1]

首先,意愿依赖于自然实体。意愿不可能离开自然实体而独立存在,确切地说,它离不开理性的存在。其次,意愿是为它奠基的自然存

---

[1] c. Iul. I, 8, 37. "Quia et ipsa uoluntas mala, nonnisi alicuius uoluntas est profecto naturae. Et angelus quippe et homo naturae sunt. Non enim potest esse nullius uoluntas, quano est uoluntas. Et tantum ualent eaedem uoluntates, ut earum naturarum, quarum sunt, faciant qualitates. Nam si quaeratur, qualis sit angelus uel homo malae uoluntatis: rectissime respondetur: Malus; magis accipiens qualitatis nomen ex uoluntate mala, quam ex natura bona. Quoniam natura est ipsa substantia et bonitatis et malitiae capax: bonitatis capax est, participatione boni a quo facta est; malitiam uero capit non participatione mali, sed priuatione boni, id est, non cum miscetur naturae quae aliquod malum est, ... Quapropter bonorum auctor est Deus, dum auctor est naturarum: quarum spontaneus defectus a bono, non indicat a quo factae sunt, sed unde factae sunt. Et hoc non est aliquid, quoniam penitus nihil est; et ideo non potest auctorem habere quod nihil est."

在的最为亲密的表现,因为正是意愿的行为倾向而不是自然存在所固有的价值在界定着理性存在者的道德特性。显然,由于意愿自身的私密性,意愿所规定的特性各自不同。在这一意义上,意愿在道德心理学领域规定着某个特定的理性存在的个体性。最后,自然存在或者理性实体并不能通过强力来决定意愿的意向。正如第五章中我们已经提到,意愿不能够说成是心灵的"后代"(proles)。[1] 在这里,心灵只是这样一个基体,它使得善恶这两种不同的道德特性成为可能。在以上这段文本中,奥古斯丁只是提到了恶的意愿的可能性的本体论根基:自虚无中创造。而要使这一纯粹的可能性成为现实,我们已经充分地论证,只有当意愿遵循其自身的准则自发出现才有可能。

因此,如果我们追随奥古斯丁假定自我是这样一种实体,它奠基着我们在此生中的一切活动,那么以上所提到的自然存在也就可以等同于我们所谈论的自我。这一实体性的自我乃是我们的意愿的本体论根基,它使我们向善和向恶的意愿成为可能。而意愿和它的自由决断反过来又规定着道德生活中的自我的现实特性。自我确定但并不能决定意愿的倾向。与此同时,意愿的行为倾向表达着自我状态但又不能等同于自我,因为自我不是它所拥有的某种能力。[2]

奥古斯丁对于意愿的神学和哲学反思蕴涵着他对于自我的深刻理解。他坚持认为在这个有限的时空中,自我作为承载着意愿和其他官能的基体,它对于我们来说,乃是一个神秘的事实:"我们正是那不能够把握(comprehendere)自己的人。"[3] 我们不能够理解我们的全部。[4]

---

[1] Cf. 5.3.

[2] Cf. *trin*. XV, 22, 42. "Ego per omnia illa tria memini, ego intellego, ego diligo, qui nec memoria sum nec intellegentia nec dilectio, sed haec habeo."

[3] *an. et or*. IV, 6, 8. "nos sumus qui nos conprehnedere non ualemus." 奥古斯丁著作中其他提到这一神秘的地方,特别是在《忏悔录》中,参见 Pelikan 1986, 17-18。

[4] Cf. *conf*. VIII, 8, 15.

在离开此生之前,我们所见的只是我们的外在和内在的行为,通过它们在我得以在这个时空中显现自身。然而,这些行为都基于意愿的作用。此外,正如约翰·里斯特所见,自我问题对于奥古斯丁来说首先并不是有关作为认识者的"我"的认识论问题,而是涉及行为者的道德论题。[1] 而理解奥古斯丁道德主体性理论的关键,我们同样已经证明,仍然是意愿及其自由决断。因此,要把握道德自我,我们这些理性的存在必须回到意愿这一官能和它的所作所为。

重构奥古斯丁对于自我的理解无疑需要更加深入的反思和另一部专著。[2] 我期待我们这部从道德心理学视角对其意愿概念的详尽阐述,为进一步追问这位"意愿哲学家"所洞见的人性的深度,奠定了坚

---

〔1〕 Rist 2000b,尤见 98ff.

〔2〕 Charles Taylor 1989 年出版的《自我的根源:现代认同的形成》一书极大地推进了近年来学界对于奥古斯丁自我理论的重视。泰勒认为奥古斯丁对于自我的内在性的强调乃是柏拉图和笛卡尔之间自我哲学的重要进展。Cf. Taylor 1989, 127-142. 追随 Taylor 的这一近代主义的解释,Phillip Cary 进一步论述奥古斯丁发明了个人自我这一概念,这是普罗提诺强调心理的内在性理论之后自我理论的重大发展。Cf. Cary 1999. 对于 Cary 有关奥古斯丁和新柏拉图派的自我理论解释的批评,见 Kenney 2002。而 Taylor 的奥古斯丁阐释也遭到了 Susan Mennel 和 John Milbank 等神学家的批评,他们认为奥古斯丁的内在自我理论并不是柏拉图所说的内在性的发展,而是对其的颠覆。见 Mennel 1994;Milbank 1997。与此相近的对于奥古斯丁自我知识理论的阐释,参见 Williams 1993。而晚近对于 Milbank 等人主张的进一步推进,见 Hankey 2001。而 John Rist 则强调先前的研究忽视了奥古斯丁自我概念的道德层面,见 Rist 2000b。最后,但其实最为重要的是,在本书完稿之后,笔者才读到法国著名哲学家、神学家 Jean-Luc Marion 2008 年的新著《取代自我:奥古斯丁的进路》,在这部著作中他拒绝将奥古斯丁的原创性思考置于形而上学传统之中,而坚持认为奥古斯丁在经验自我和超验自我之外敞开了对于自我理解的新的可能,即不是在笛卡尔的内在反思之中,而是在出自于自我的行为中书写自我和确定自我真理的标准,以此致力于将奥古斯丁的自我概念重新带入当下的哲学反思当中。Marion 的主张在学界已经引起了极大反响,法国的《形而上学与道德评论》杂志 2009 年第三期则出了《圣奥古斯丁,"自我"思想家:论 Jean-Luc Marion 的解读》专号,刊载 Alain de Libera, Emmanuele Falque 等人所作的六篇长文专门讨论和回应 Marion 的主张,而在英语学界,也有比利时学者 Joeri Schrijvers 从神学角度做出回应,见 Schrijvers 2009,可以想见在不久的将来,奥古斯丁的自我理论将再次成为学界关注的焦点。

实的一步。[1] 正如奥古斯丁在《论自由决断》第三卷中所断言:"如果我们得以愿和不愿的意愿不是我自己的,那么我真不知道还能把什么说成我自己的。"[2]

---

〔1〕 Cf. Arendt 1978, II, 84.
〔2〕 *lib. arb.* III, 1, 3. "...quid autem meum dicam prorsus non inuenio si uoluntas qua uolo et nolo non est mea."

参考文献

一 缩 写

ACW　*Ancient Christian writer*, ed. J. Quaston and J. C. Plumpe (Westminster, Md.;Newman, 1946—).

AugLex　*Augustinus-Lexikon*, ed. C. Mayer (Basel; Schwabe & Co. 1986—).

AugStud　*Augustinian Studies* (Villanova; Villanova University Press, 1970—).

BA　*Bibliothèque Augustinienne*, Oeuvres de Saint Augustin (Paris; Desclée; De Brouwer, 1949—).

CCL　Corpus Christianorum. Series Latina (Turnhout;Brepols, 1953—).

CSEL　Corpus Scriptorum Ecclesiasticorum Latinorum (Vienna; Tempsky, 1865—).

DS　*Enchiridion Symbolorum Definitionum et Declarationum de Rebus Fidei et Morum*, eds. H. J. Denzinger and A. Schönmetzer (Barcinone; Herder, 1965).

FC　The Fathers of the Church, ed. R. J. Deferrari (Washington, D. C.; Catholic University Press, 1947—).

MA	*Miscellanea Agostiniana*, 2vols. (Rome: Tipografia Poliglotta Vaticana, 1930—1931).
LCC	Library of Christian Classics, ed. J. Baillie, J. T. McNeill, and H. P. van Dusen (Philadelphia and London: 1953—1966).
NPNF	A Select Library of the Nicene and Post-Nicene fathers of the Christian Church (Oxford; repr.: Grand Rapids: William b. Eerdmans, 1994).
PL	Patrologiae Cursus Completus, Series Latina, ed. J. P. Migne (Paris 1844—1864).
RechAug	*Recherches Augustiniennes* (Paris: Études Augustiniennes).
REtAug	*Revue des Études Augustiniennes* (Paris: Études Augustiniennes, 1955—).
SP	*Studia Patristica*, ed. E. A. Livingstone (Leuven: Peeters Press).
WSA	*The Works of Saint Augustine: A Translation for the 21st Century*, ed. J. E. rotelle (New York: New City Press, 1990—).

二 原始文献

1. 奥古斯丁著作集：缩写、拉丁书名、中文译名、版本以及翻译[1]

以下清单收入本书中所引用的奥古斯丁著作，仅列出在写作过程中实际使用或参考的版本和英文翻译。正文中在引用奥古斯丁著作文本时，沿用传统的征引方式，以三层数字的方式尽可能精确到卷（或书信、布道辞编号）、章和段落号。

c. Acad.	*Contra Academicos*（《驳学园派》），**CCL 29**, *Against the Academics*, trans. John J. O'Meara, **ACW 12**.

---

[1] 奥古斯丁著作的中文译名参考了夏洞奇的《奥古斯丁相关著作对照表》，见氏著《尘世的权威：奥古斯丁的社会政治思想》，上海：上海三联书店，2007，第351—355页。此外，因本书最初在国外以英文写成，此次为保持风格统一，现有的中文译本中仅参考了周士良先生翻译的《忏悔录》，而没有借鉴其他译本，全由作者直接从原文直译。有关2007年前出版的奥古斯丁中译本情况请参见上表。

an. et or.	*De anima et eius origine* (《论灵魂及其起源》), **CSEL 60**, **BA 22**, *The Nature and Origin of the Soul*, trans. Roland J. Teske, S. J. **WSA I/26**.
quant.	*De animae quantitate* (《论灵魂的数量》), **CSEL 89**, *The Magnitude of the Soul*, trans. John J. Mcmahon, **FC 4**.
b. uita	*De beata vita*, (《论美好生活》) **CCL 29**, *The Happy Life*, trans. Ludwig Schopp, **FC 5**.
ciu. Dei	*De civitate Dei* (《上帝之城》), **CCL 47-48**, *The City of God against the Pagans*, trans. R. W. Dyson, (Cambridge: Cambridge University Press, 1998); *City of God*, trans. Henry Bettenson, (London: Penguin books, 1984).
conf.	*Confessiones* (《忏悔录》), **CCL 27**, Cf. O'Donnell 1992, I; *Confessions*, trans. H. Chadwick (Oxford: Oxford University Press, 1991); 《忏悔录》, 周士良译(北京:商务印书馆,1963 年第一版)。
cont.	*De continentia* (《论自制》), **CSEL 41**, *On Continence*, trans. Ray Kearney, **WSA I/9**.
corrept.	*De correptione et gratia* (《论训斥与恩典》), **PL 44**, **BA 24**, *Rebuke and Grace*, trans. Roland J. Teske, **WSA I/26**.
diu. qu.	*De diversis quaestionibus octoginta tribus* (《八十三杂问》), **CCL 44A**, *Eighty-Three Different Questions*, trans. David L. Mosher, **FC 70**
doc. Chr.	*De doctrina Christiana* (《论基督教教诲》), **CCL 32**, *On Christian Teaching*, trans. R. P. H. Green (Oxford: Oxford University Press, 1997).
duab. an.	*De duabus animabus* (《论两种灵魂》), **CSEL 25**, *The Two Souls*, trans. Roland Teske, **WSA I/19**.
en. Ps.	*Enarrationes in Psalmos* (《〈圣咏集〉释义》) **CCL 38-40**, *Expositions of the Psalms*, trans. Maria Boulding, **WSA III/15-19**.
ench.	*Enchiridion ad Laurentium de fide spe et caritate* (《教义手册》) **CCL 46**, trans. B. M. Peebles, **FC 4**.
ep.	*Epistulae* (《书信》) **CSEL 34, 44, 57, 58, 88**, *Letters*, trans. Roland J. Teske, **WSA II/1-4**.
c. ep. Pel.	*Contra duas epistulas Pelagianorum* (《驳裴拉基派二书》, **CSEL 60**, *Answer to the Two Letters of the Pelagians*, trans. Roland J. Teske, **WSA I/24**.

ep. Rm. inch.	*Epistulae ad Romanos inchoate expositio* (《〈罗马书〉评注残稿》), **CSEL 84**, *Unfinished commentary on the Letter to the Romans*, trans. Paula Fredriksen Landes, in *Augustine on Romans*, (Chico, California: Scholars Press, 1982), 52-89.
ex. Ga	*Expositio Epistulae ad Galatas* (《〈迦拉达书〉评注》) **CSEL 84**. *Augustine's Commentary on Galatians*, intro., texts, trans., and notes by Eric Plumer (Oxford: Oxford University Press, 2003).
ex. prop. Rm.	*Expositio quarundam propositionum ex epistula Apostoli ad Romanos* (《〈罗马书〉要旨评注》) **CSEL 84**, *Commentary on Statements in the Letter to the Romans*, in *Augustine on Romans*, (Chico, California: Scholars Press, 1982), 1-51.
f. et op.	*De fide et operibus* (《论信仰与信经》), **CSEL 41**, *On Faith and Works*, trans. J. H. S. Burleigh, in **LCC 6**.
c. Fort.	*Contra Fortunatum Manichaeum disputatio* (《与摩尼教徒福图纳图斯辩》), **CSEL 25/1**, *A Debate with Fortunatus, a Manichean*, trans. Roland Teske, **WSA I/19**.
gest. Pel.	*De gestis Pelagii* (《裴拉基行迹》) **CSEL 42**, *The Deeds of Pelagius*, trans. Roland Teske, **WSA I/23**.
Gn. litt	*De Genesi ad litteram* (《〈创世纪〉字义解》) **CSEL 28.1**, *The Literal Meaning of Genesis*, trans. Edmund Hill, **WSA I/13**.
Gn. litt imp	*De Genesi ad litteram imperfectus liber* (《〈创世纪〉字义解残篇》) **CSEL 28.1**, *Unfinished Literal Commentary on Genesis*, trans. Edmund Hill, **WSA I/13**.
Gn. adu. Man	*De Genesi aduersus Manicheos* (《〈创世纪〉解:驳摩尼教》) **CSEL 91**, *On Genesis: A Refutation of the Manichees*, trans. Edmund Hill, **WSA I/13**.
gr. et lib. arb.	*De gratia et libero arbitrio* (《论恩典与自由决断》) **PL 44**, **BA 24**, *Grace and Free Choice*, trans. Roland Teske, **WSA I/26**.
gr. et pecc. or.	*De gratia Christi et de peccato originali* (《论基督的恩典与原罪》) **CSEL 42**, *The Grace of Christ and Original Sin*, trans. Roland Teske, **WSA I/23**.
imm. an.	*De immortalitate animae* (《论灵魂的不朽》) **CSEL 89**, *The Immortality of the Soul*, trans. Ludwig Schopp, **FC 4**.
Io. eu. tr.	*In Iohannis euangelium tractatus* (《〈若望福音〉布道辞》) **CCL 36**, *Tractates on the Gospel of John*, trans. John W. Rettig, **FC 78, 79, 88, 90, 92**.

c. Iul.	*Contra Iulianum Pelagianum*(《驳裴拉基派尤利安》), **PL 44**, *Answer to Julian*, trans. Roland Teske, **WSA I/24**.
c. Iul. imp.	*Contra Iulianum opus imperfectum*(《驳尤利安残稿》) **CSEL 85.1-2**, *Unfinished Work in Answer to Julian*, trans. Roland Teske, **WSA I/25**.
lib. arb.	*De libero arbitrio*(《论自由决断》) **CCL 29**, trans. J. H. S. Burleigh, **LCC 6**; See also *On Free Choice of the Will*, trans. Anna S. Benjamin and L. H. Hachstaff (Indianapolis: The bobs-Merrill Company, Inc. 1964).
mor.	*De moribus ecclesiae catholicae et de moribus Manichaeorum*(《论天主教德行与摩尼教德行》) **CSEL 90**, *The Catholic Way of Life and the Manichaean Ways of Life*, trans. Roland Teske, **WSA I/19**.
mus.	*De musica*(《论音乐》) **PL 32**, **BA 7**, *On Music*, trans. Robert Catesby Taliaferro, **FC 4**.
nat. b.	*De natura boni*(《论善之本性》) **CSEL 25.2**, *The Nature of the Good*, trans. Roland Teske, **WSA I/19**.
nat. et gr.	*De natura et gratia*(《论自然本性与恩典》) **CSEL 60**, *Nature and Grace*, trans. Roland Teske, **WSA I/23**.
nupt. et conc.	*De nuptiis et concupiscentia*(《论婚姻与肉欲》) **CSEL 42**, **BA 23**, *Marriage and Desire*, trans. Roland Teske, **WSA I/24**.
ord.	*De ordine*(《论秩序》) **CCL 29**, *Divine Providence and the Problem of Evil*, trans. Robert P. Russell, **FC 5**.
pat.	*De patientia*(《论忍耐》) **CSEL 41**, *On Patience*, trans. Luanne Meagher, **FC 16**.
pecc. mer.	*De peccatorum meritis et remissione et de baptismo parvulorum*《论罪之惩戒与赦免及婴儿受洗》) **CSEL 60**, *The Punishment and Forgiveness of Sins and the Baptism of Little Ones*, trans. Roland Teske, **WSA I/23**.
perf. iust.	*De perfectione iustitiae hominis*(《论人之义德的成全》) **CSEL 42**, *The Perfection of Human Righteousness*, trans. Roland Teske, **WSA I/23**.
perseu.	*De dono perseuerantiae*(《论坚持的恩典》) **PL 45**, **BA 24**, *The Gift of Perseverance*, trans. Roland Teske, **WSA I/26**.
praed. sanct.	*De predestinatione sanctorum*(《论圣徒的预定》) **PL 45**, **BA 24**, *The Predestination of the Saints*, trans. Roland Teske, **WSA I/26**.
qu. Hep.	*Questiones in Heptateuchum*(《〈旧约〉前七经问答》) **CCL 33**.

retr.	*Retractiones*（《再思录》）**CCL 57**, *The Retractations*, trans. Mary Inez Bogan, **FC 60**.
s.	*Sermones*（《布道辞》）**PL 38**, **39**, **PLS 2**, **CCL 41**, *Sermons*, trans. Edmund Hill, **WSA III/1-11**.
s. dom. mon	*De sermone domini in monte*（《论登山宝训》）**CCL 35**, *Lord's Sermon on the Mount*, trans. Denis j. Kavaragh, **FC 11**.
Simpl.	*Ad Simplicianum*（《致辛普力丘》）**CCL 44**, *To Simplician—On Various Questions, Book I*, trans. J. H. S. Burleigh, **LCC 6**.
sol.	*Solioquia*（《独语录》）**CSEL 89**, *The Soliloquies*, trans. Thomas F. Gilligan, **FC 5**.
spir. et litt.	*De spiritu et littera*（《论圣灵与文字》）**CSEL 60**, *The Spirit and the Letter*, trans. Roland Teske, **WSA I/23**.
trin.	*De trinitate*（《三一论》）**CCL 50/50A**, *On the Trinity Books 8-15*, trans. Stephen McKenna. (Cambridge: Cambridge University Press, 2002); *The Trinity*, trans. Edmund Hill, **WSA I/5**.
uera rel.	*De uera religion*（《论真宗教》）**CCL 32**, *Of True Religion*, trans. J. H. S. Burleigh, **LCC 6**.

2. 其他古代作家著作

Apuleius（阿普留斯）, *De deo Socratis*（《论苏格拉底之神》）, ed. C. Moreschini, in *Opera quae supersunt* vol. III (Stuttgart: Teubner, 1991).

Aquinas（阿奎那）, *Summa theologiae*（《神学大全》）ed. P. Caramello (Turin: Marietti, 1948—1950).

Aristotle（亚里士多德）, *De anima*（《论灵魂》）ed. W. D. Ross (Oxford Clarendon Press, 1961). *De anima*, with translation, introduction and notes by R. D. Hicks (Amsterdam: Hakkert, 1965; Repr. Of 1907).

——, *Ethica Nicomachea*（《尼各马可伦理学》）ed. I. Bywater (Oxford: Clarendon Press, 1988). *Nicomachean Ethics*, trans. C. J. Rowe and S. W. Broadie (Oxford: Oxford University Press, 2002). see also Gauthier 1970.

——, *De interpretation*（《解释篇》）ed. L. Minio-Paluello (Oxford: Clarendon Press, 1949). *Aristotle's Categories and De interpretatione* trans. With notes by J. L. Ackrill (Oxford: Clarendon Press, 1985).

——, *Metaphysica* (《形而上学》) ed. W. Jaeger, (Oxford: Clarendon Press, 1957).

Aulus Gellius (奥鲁·格利乌斯), *Noctes Atticae* (《阿提卡之夜》), ed. P. K. Marshall (Oxford: Clarendon Press, 1990). *The Attic nights of Aulus Gellius*, trans. J. C. Rolfe (Cambridge, Mass.: Harvard University Press 1984).

Cicero(西塞罗), *De diuinatione* (《论神谕》) trans. W. A. Falconer (Cambridge, Mass.: Harvard University Press, 1927).

——, *De fato* (《论命运》) latin texts in *On Fate: The Consolation of Philosophy IV*, 5-7; *V*, ed. with an intro. trans. and comments by R. W. Sharples (Warminster: Aris and Philips, 1991).

——, *De officiis* (《论义务》) ed. M. Winterbottom (Oxford: Clarendon Press, 1994). *On Obligations*, trans. P. G. Walsh (Oxford: Oxford University Press, 2000).

——, *De re publica* (《国家篇》) ed. J. G. F. Powell (Oxford: Clarendon Press, 2006).

——, *Tusculanae disputations* (《图斯库兰论谈集》) ed. M. Pohlenz (Leipzig: Teubner, 1918); *Tusculan Disputations*, trans. J. E. King (Cambridge, Mass.: Harvard University Press, 1960).

Epicurus (伊壁鸠鲁), *Opere* (《全集》), ed. G. Arrighetti (Turin: Einaudi Editore, 1973). *Epicurus: The Extant Remains*, trans and notes by C. Bailey (Oxford: Clarendon Press, 1926).

Epictetus(爱比克泰德), *Disserttiones ab Arriano digestae* (《谈话录》), ed. H. Schenkl (Stuttgart: Teubner, 1965). *The Discourses as reported by Arrian*; *Fragments*; *Encheiridion*, trans. W. A. Oldfather (Cambridge, Mass.: Harvard University Press, 1928).

Hume(休谟), *An enquiry concerning human understanding* (《人类理解研究》) ed. T. L. Beauchamp (Oxford: Oxford University Press, 1999).

Livy (李维), *Ab urbe condita* (《建城以来史》) ed. R. S. Conway (Oxford: Clarendon Press, 1928—1965).

Lucretius（卢克莱修）, *De natura rerum*（《论事物的本性》）ed. C. Bailey（Oxford: Oxford University Press, 1955）.

Origin（奥利金）, *Commentarii in epistulam ad Romanos*（《〈罗马书〉评注》）übersetzt und eingeleitet von Theresia Heither, *Fontes Christiani* Band 2/1- 6（Freiburg: Herder）.

Plato（柏拉图）, *Opera*（《全集》）ed. J. Burnet（Oxford: Clarendon Press, 1900—1907）.

Plotinus（普罗提诺）, *Opera I-III*（《全集》）ed. P. Henry and H. -R. Schwyzer（Oxford Clarendon Press, 1964—1982）; *Enneads*, trans. A. H. Armstrong, 7vols.（Cambridge, Mass.: Harvard University Press, 1966—1988）

Seneca（塞涅卡）, *De ira*（《论愤怒》）ed. L. D. Reynolds, in *Seneca Dialogi*（Oxford: Clarendon, 1977）. English translation in *Seneca: Moral and Political Essays*, ed. J. M. Cooper and J. F. Procopé（Cambridge: Cambridge Unviversity Press, 1995）.

——, *Ad Lucilum episculae morales*（《道德书信集》）ed. L. D. Reynolds,（Oxford: Clarendon, 1965）. *The Epistles of Seneca*, trans. Richard M. Gummere（Cambridge: Harvard University Press, 1917）.

三　研究文献

以下仅列出本书写作时实际引用的文献。

Adkins, **Arthur W. H.**（1960）*Merit and Responsibility: A study in Greek Values*（Oxford: Clarendon Press）.

Alfaric, **Prosper**（1918）*L'évolution intellectuelle de saint Augustin*（Paris: E. Nourry）.

Alflatt, **Malcolm E.**（1974）"The Development of the Idea of Involuntary Sin in St. Augustine", **REtAug 20**: 113-134.

——,（1975）"The Responsibility for Involuntary Sin in Saint Augustine", **RechAug**

10: 171-186.

Anderson, J. G. (1965) *St. Augustine and Being: A Metaphysical Essay* (The Hague: Nijhoff).

Angus, S. (1906) *The Sources of the First Ten Books of Augustine's De Civitate Dei* (Princeton, New Jersey: dissertation).

Arendt, Hannah (1978) *The Life of Mind*, 2vols (London: Secker & Warburg).

——, (1996) *Love and Saint Augustine*, eds. J. V. Scott and J. C. Stark (Chicago: University of Chicago Press).

Armstrong, Arthur Hilary & Markus, Robert A. (1960) (eds.) *Christian Faith and Greek Philosophy* (London 1960, X + 162p.; New York 1964).

——, (1967) *St. Augustine and Christian Platonism* (The Saint Augustine Lecture 1966, Villanova: Villanova University Press; also in *Plotinian and Christian Studies*, London: Variorum Reprints).

Babcock, William S. (1988) "Augustine on Sin and Moral Agency", *The Journal of Religious Ethics* 16: 28-55.

——, (1992) "The Human and the Angelic Fall: Will and Moral Agency in Augustine's City of God" in *Augustine, from Rhetor to Theologian*, ed. by **J. McWilliam** (Waterloo: Wilfried Laurier University Press), 133-149.

——, (1993a) "Sin, Penalty and the Responsability of the Soul: A problem in Augustine's *De Libero Arbitrio* III", **SP** 27: 225-230.

——, (1993b) "Sin and Punishment: The Early Augustine on Evil", in **J. T. Lienhard & Roland Teske** (1993).

Baguette, Ch. (1968) *Le Stoïcisme dans la formation de saint Augustin*, Thèse de doctorat en philosophie et lettres, Louvain.

Ball, J. (1945) "Libre arbitre et liberté dans S. Augustin", *Année théologique* 6: 368-382.

——, (1946) "Le développement de la doctrine de la liberté chez S. Augustin", *Année théologique* 7: 400-430.

Bardy, Gustave (1952) "Béatitude, connaissance et amour", in **BA** 10: 717-719.

——, (1959a) "Le question du suicide", in **BA** 33: 773-775.

——, (1959b) "Liberté et prescience", in **BA** 33: 827-828.

Barth, Karl (1950) "Die Bedeutung der Freiheit bei Epiktet und Augustin", in *Das Menschenbild im Lichte des Evangeliums*, *Festschrift E. Brunner* (Zürich: Zwingli) 49-64.

Baudet, Patrick, (1988) "L'opinion de saint Augustin sur le suicide," in *Saint Augustin. Dossier conçu et dirigé par P. Ranson* (Lausanne: L'Age d'homme).

Beane, J. T. (1993) *The Development of the notion of concupiscence in Saint Augustine. A dissertation submitted to the Graduate School of the University of Notre Dame* (Notre Dame, Indiana).

Beatrice, P. F. (1989) "*Quosdam platonicorum libros*. The Platonic Readings of Augustine in Milan", *Vigiliae Christianae* 43: 248-281.

Beek, Peter van (2003) "Das Willensdrama der Befreiung: Anmerkungen zur Lektüre von *Confessiones* 8", *Theologie und Glaube* 93: 223-239.

Benedict, Ruth (1946), *The Chrysanthermum and the Sword: Patterns of Japanese Culture* (Boston: Houghton Mifflin).

Benz, Ernst (1932) *Marius Victorinus und die Entwicklung der abendländischen Willensmetaphysik* (Stuttgart: Kohlhammer).

Berdyaev, Nikolaj Alksandrovic (1937) *The Destiny of Man* (London: Bles).

Bermon, Emmanuel (2001) *Le cogito dans la pensée de saint Augustin* (Paris: Vrin).

——, (2003) "La théorie des passions chez saint Augustin", in *Les passions antiques et médiévaleséd* eds. B. Besnier/P. F. Moreau/L. Renault (Paris: PUF).

Bernasconi, Robert (1992) "At War within Oneself: Augustine's Phenomenology of the Will in the 'Confessions'" in *Eros and Eris. Contributions to a Hermeneutical Phenomenology. Liber Amicorum for Adriaan Peperzak*, eds. Paul G. M. Van Tongeren and Paul Sars (Dordrecht: Kluwer).

Berrouard, Marie-François (1971) "La date des Tractatus I-LIV in Iohannis Evangelium de saint Augustin," **RechAug** 7: 105-168.

———, (1981) "L'éxégèse augustinienne de Rom., 7,7-25 entre 396 et 418 avec des remarques sur les deux premières périodes de la crise 'pélagienne'", **RechAug** 16: 101-196.

———, (1989) "La grâce et la liberté" **BA** 73B: 480-481.

———, (1998) "Les démolisseurs du libre arbitre", **BA** 74B: 442-444.

Berthold jr., Fred (1981) "Free Will and Theodicy in Augustine: An Exposition and Critique", *Religious Studies* 17: 525-535.

Bettetini, Maria (1997) "Die Wahl der Engel. Übel, Materie und Willensfreiheit (Buch XI-XII)", See **Christoph Horn** 1997, 131-155.

Bianchi, Ugo (1989) "Augustine on Concupiscence", **SP** 22: 202-212.

Bobzien, Suzanne (1998) *Determinism and Freedom in Stoic Philosophy* (Oxford: Oxford University Press).

———, (2000) "Did Epicurus Discover the Free Will Problem?", in *Oxford Studies in Ancient Philosophy*, XIX: 287-337.

Bochet, Isabelle (1982) *Saint Augustin et le désir de Dieu* (Paris: Etudes Augustiniennes).

Bok, Nico den (1994) "Freedom of the Will: A systematic and biographical Sounding of Augustine's Thoughts on Human Willing", *Augustiniana* 44: 237-270.

Boler, J. (1995) "The Influence of Christianity on the emergence of the Notion of Will," in *Moral and Political Philosophies in the Middle Ages. Proceedings of the Ninth International Congress of Medieval Philosophy*.

———, (1998) "Will as Power: Some Remarks on its Explanatory Function: Augustine, Thomas Aquinas and Duns Scotus Postulating on the Facultiers of the Soul", *Vivarium* 36: 5-22.

Bonner, Gerald (1962) "*libido* and *concupiscentia* in St. Augustine", **SP** 6: 303-314.

——, (1972) *Augustine and Modern Research on Pelagianism* (Villanova: Villanova University Press).

——, (1984) "Augustine's Doctrine of Man: Image of God and Sinner" 495-514 *Augustinianum* 24: 495-514.

——, (1986) *St. Augustine of Hippo: Life and Controversies* (Norwich: Canterbury Press).

——, (1993) "Augustine and Pelagianism", **AugStud** 24: 27-47.

——, (1986—1994a) "Adam", **AugLex** 1: 63-87.

——, (1986—1994b) "Concupiscentia", in **AugLex** 1: 1113-1122.

——, (2007) *Freedom and Necessity: St. Augustine's Teaching on Divine Power and Human Freedom* (Washington, D. C.: The Catholic Universtity of America Press).

Booth, Edward (1977—1979) "St. Augustine's 'notitia sui' Related to Aristotle and the Early Neo-Platonists", *Augustiniana* 27: 70-132; 364-401; 28: 183-221; 29: 97-124.

Bourke, Vernon J. (1958) "Human Tendencies, Will and Freedom" in *L'Homme et son Destin d'après les Penseurs du moyen âge. Actes du premier congrès international de Philosophie Médiévale* (Louvain: Nauwelaerts, 1960), 71-84.

——, (1964) *Will in Western Though: An Historico-Critical Survey* (New York: Sheed and Ward).

——, (1970) "Voluntarism in Augustine's Ethic-Legal Thought", **AugStud** 1: 3-17.

Bouton-Touboulic, Anne-Isabelle (2004) *L'ordre caché: la notion d'ordre chez saint Augustin* (Paris: Institute d'étude augustiniennes).

——, (2005) "Origines de l'homme, origins des homes chez saint Augustin" in *Vita Latina* 172: 41-52.

Bowery, Anne-Marie (2001) "St. Augustine's Dilemma. Grace and Eternal Law in the Major Works of Augustine of Hippo", **AugStud** 32/1: 147-150.

Brachtendorf, Johannes (1997) "Cicero and Augustine on the Passions", **REtAug** 43: 289-308.

——, (2005) *Augustins 'Confessiones'* (Darmstadt: Wissenschaftliche Buchgesellschaft).

Broglie, Guy de (1955) "Pour une meilleure intelligence du *De Correptione et Gratia*", *Augustinus Magister* (Congrès International Augustinien, Paris, 21-24 septembre 1954), 3, 317-337.

Brown, Peter (1983a) "Sexuality and Society in the Fifth Century A. D. : Augustine and Julian of Eclanum", in *Tria Corda: Scritti in onore di Arnaldo Momigliano*, ed. by **E. Gabba**, (Como: Edizioni New Press), 49-70.

——, (1983b) "Augustine and Sexuality", in *Colloquy* 46: 1-13. (Publication of the Center for Hermeneutical Studies, Berkeley, Calif.)

——, (1988) *The Body and Society: Men, Women and Sexual Renunciation in Early Christianity* (New York: Columbia University Press).

——, (2000) *Augustine of Hippo: A Biography (A New Edition with an Epilogue)*, (Berkeley and Los Angeles: University of California Press).

——, (2002) "*Emotion and Peace of Mind*" (Review), in *Philosophcial Books* 43: 185-208.

Brown, Robert F. (1978) "The First Evil Will Must Be Incomprehensible: A Critique of Augustine" *Journal of the American Academy of Religion* 46: 315-329.

Bubacz, Bruce (1981) *St. Augustine's Theory of Knowledge: A Contemporay Analysis* (New York: Edwin Mellen Press).

Burnaby, John (1938) *Amor Dei: A Study in the Religious Thought of St. Augustine* (London: Hodder and Stoughton).

Burnell, Peter (1995) "Concupiscence and Moral Freedom in Augustine and before Augustine," **AugStud** 26: 49-63.

Burns, James Patout (1979) "The Interpretation of Romans in the Pelagian Controversy", **AugStud** 10: 43-54.

——, (1980) *The Development of Augustine's Doctrine of Operative Grace* (Paris: Etudes Augustiniennes).

——, (1994) "The Atmosphere of Election: Augustinianism as Common Sense", *Journal of Early Christian Studies* 2: 325-339.

Burt, Donald X. (1987) "Augustine and Divine Voluntarism", *Angelicum* 64: 424-436.

——, (1996) *Augustine's World. An Introduction to his Speculative Philosophy* (Lanham: University Press of America).

Buss Sarah (2002) (ed.) *Contours of Agency: Essays on Themes from Harry Frankfurt* (Cambridge, Mass.: The MIT Press).

Byers, Sarah (2003) "Augustine and the cognitive cause of Stoic 'preliminary passions' (propatheiai)", *Journal of the History of Philosophy* 41: 433-448.

——, (2006) "The Meaning of Voluntas in Augustine", **AugStud** 37: 171-189.

Cavadini John C. (2005) "Feeling Right: Augustine on the Passions and Sexual Desire", in **AugStud** 36/1: 195-217.

Cairns, Douglas L. (1993) *Aidos: The Psychology and Ethics of Honour and Shame in Ancient Greek Literature* (Oxford: Clarendon Press).

Capps, Donald (1990a) "Augustine's Confessions: The Scourge of Shame and the Silencing of Adeodatus", in *The Hunger of the Heart. Reflections on the Confessions of Augustine*, edited by **D. Capps** and **J. E. Dittes** (West Lafayette: Society for the Scientific Study of Religion Monograph Series, 1990), 69-94.

——, (1990b) "Augustine as Narcissist: Of Grandiosity and Shame", in *The Hunger of the Heart. Reflections on the Confessions of Augustine*, 169-184.

Cary, Philip (2000) *Augustine's Invention of the Inner Self: The Legacy of a Christian Platonist*, (New York: Oxford University Press).

Caston, Victor (2001) "Connecting Traditions: Augustine and the Greeks on Intentionality", in *Ancient and Medieval Theories of Intentionality*, ed. by **D. Perler** (Leiden: Brill).

Chadwick, Henry (1983) "Freedom and Necessity in Early Christian Thought about God", in **D. Tracy** and **N. Lash**, eds., *Cosmology and Theology* (New York:

Seabury Press).

——, (1986) *Augustine* (Oxford/New York: Oxford University Press).

Chappell, T. D. (1995) *Aristotle and Augustine on Freedom. Two Theories of Freedom, Voluntary Action and Akrasia* (New York: St. Martin's).

Charlton, W. (1988) *Weakness of Will: A Philosophical Introduction* (Oxford: Blackwell).

Chéné, Jean (1962) "La coexistence de la grâce et du libre arbitre", **BA** 24: 781-783.

Clark, Elizabeth A. (1986) "Adam's Only Companion: Augustine and the Early Christian Debate on Marriage", RechAug 21: 139-162.

——, (1992) "Sex, Shame, and Rhetoric: Engendering Early Christian Ethics", *Journal of the American Academy of Religion*, 59: 221-245.

Clark, Mary T. (1958) *Augustine, Philosopher of Freedom: A Study in Comparative Philosophy* (New York: Desclée Company).

——, (1990) "Was Augustine a Voluntarist?", **SP** 18/4: 8-13.

——, (1994) "Augustinian Freedom", *Augustinus* 39: 123-129.

Colish, Marcia L. (1985) *The Stoic Tradition from Antiquity to the early Middle Ages* (Leiden: Brill).

Courcelle, Pierre (1950) *Recherches sur les Confessions de saint Augustin* (Paris: de Boccard).

Coyle, John Kevin (1999) "De duabus animabus", in **Fitzgerald** 1999: 287-288.

Craig, W. L. (1984) "Augustine on foreknowledge and Free Will", **AugStud** 15: 41-67.

Crawford, D. D. (1988) "Intellect and will in Augustine's Confessions", *Religious Studies* 24: 291-302.

Creswell, Dennis Roger (1997) *St. Augustine's Dilemma. Grace and Eternal Law in the Major Works of Augustine of Hippo* (New York: Lang).

Crouse, Robert D. (1981) "In Multa Defluximus: Confessions X, 29-43, and St.

Augustine's Theory of Personality", in *Neoplatonism and Early Christian Thought. Essays in honour of A. H. Armstrong* eds. H. J. Blumenthal & R. A. Markus (London: Variorum) ,180-185.

Daudin, Henri (1950) *La liberté de la volonté. Signification des doctrines classiques* (Paris: PUF).

David, Barry A. (2001a) "The Meaning and Usage of 'Divine Foreknowledge' in augustine's *De libero arbitrio* (lib. arb.) 3.2.14-4.41", in **AugStud** 32: 117-155.

——, (2001b) "Divine Foreknowledge in *De ciuitate Dei* 5.9: The Philosophical Value of Augustine's Polemic", in *American Catholic Philosophical Quarterly* 75: 479-495.

Davidson, Donald. (1970) "How is Weakness of the Will Possible?", in *Moral Concepts* ed. **Joel Feinberg** (Oxford: Oxford University Press).

DeCelles, David (1977) "Divine Prescience and Human Freedom in Augustine", **AugStud** 8: 151-160.

Decret, François (1996—2002) "Duabus animabus (De—)" **AugLex** 2: 667-672.

Delaroche, Bruno (1996) *Saint Augustin lecteur et interprete de saint Paul dans le* De peccatorum meritis et remissione (hiver 411-412), (Paris: Etudes augustiniennes).

Dideberg, Dany (1986-1994a) "Amor", **AugLex** 1: 294-300.

——, (1986-1994b) "Caritas", **AugLex** 1: 730-743.

Dihle, Albrecht (1982) *The Theory of Will in Classical Antiquity* (Berkely/Los Angeles/London: University of California Press).

Dilman, Ilham (1999) *Free Will. An historical and philosophical Introduction* (London/New York: Routledge).

Djuth, Marianne (1990) "Stoicism and Augustine's Doctrine of Human Freedom after 396", in **F. Van Fleteren** (1990): 387-401.

——, (1991) "The hermeneutics of '*De libero arbitrio* III': are there two Augustines?" **SP** 27: 281-289.

——, (1994) "Where there's a Will, there's a Way: Augustine on the Good Will's Origin and the 'recta uia'", *The University of Dayton Review* 22: 237-250.

——, (1999a) "Liberty", in **A. D. Fitzgerald** (1999): 495-498.

——, (1999b) "Will", in **A. D. Fitzgerald** (1999): 881-885.

Dodaro, Robert (1989) "'Christus Iustus' and Fear of Death in augustine's Dispute with Pelagius", in *Signum Pietatis: Festgabe für Cornelius Petrus Mayer OSA zum 60. Geburtstag*, hrsg. v. **A. Zumkeller**, (Würzburg: Augustinus Verl.), 341-361.

——, **and Lawless George** (2000) (eds.) *Augustine and His Critics* (London: Routledge).

——, (2004a) "'Ego miser homo' Augustine, the Pelagian Controversy, and the Paul of Romans 7:7-25." in *Augustinianum* 44: 135-144.

——, (2004b) *Christ and the Just Society in the Thought of Augustine* (Cambridge: Cambridge University Press).

Dodds, E. R. (1951) *The Greeks and the Irrational* (Berkeley and Los Angeles: University of California Press).

Doignon, Jean (1984) "'servi facientes voluntatem Dei ex animo' (Eph. 6,6). Un éclatement de la notion de servitude chez Ambroise, Jérôme, Augustin?", *Revue des sciences philosophiques et théologiques* 68: 201-211.

Donaldson, Ian *The Rapes of Lucretia: A Myth and its Transformations*, Oxford: Clarendon Press, 1982.

Drecoll, Volker Henning (1999) *Die Entstehung der Gnadelehre Augustins* (Tübingen: Mohr Siebeck).

——, (2004) "Gratia", in **AugLex** 3: 182-242.

Duffy, Stephen J. (1993) *The Dynamics of Grace. Perspectives in Theological Anthropology* (Collegeville: Liturgical Press).

Dupont, Anthony (2004) "Using or Enjoying Humans: Vti and Frui in Augustine", *Augustiniana* 54: 475-506.

Duval, Yves-Marie (1990) "La date du *De natura* de Pélage. Les premières étapes de la controverse sur la nature de la grâce", REtAug 36: 257-283.

Evans, G. R. (1982) *Augustine on Evil* (Cambridge: Cambridge University Press).

Feltz, Lawrence Michael (1993) *The Enigmatic Character of Moral Evil in the Thought of Augustine* (Ann Arbor: UMI).

Fendt, Gene (2001) "Between a Pelagian Rock and a Hard Predestinarianism: The Currents of Controversy in City of God 11 and 12", *The Journal of Religion* 81: 211-227.

Ferguson, John (1956) *Pelagius: A Historical and Theological Study* (Cambridge: Cambridge University Press).

Fischer, Norbert (1987) *Augustins Philosophie der Endlichkeit. Zur systematischen Entfaltung seines Denkens aus der Geschichte der Chorismos-Problematik* (Bonn: Grundmann).

——, (1998) (ed.) *Die Confessiones des Augustinus von Hippo. Einführung und Interpretation zu den dreizehn Büchern* (Bern: Herder).

——, (2003) (ed.), *Freiheit und Gnade in Augustins Confessiones* (Paderborn: Schöningh).

Fitzgerald, Allan D. (1999) (ed.) *Augustine through the Ages: An Encyclopedia* (Grand Rapids, Michigan/ Cambridge: William B. Eerdmans Publishing Company).

——, (1996-2002) "Culpa", **AugLex** 2: 152-157.

Flasch, Kurt (1990) *Logik des Schrecekens* (Mainz: Dieterich).

——, (1994) *Augustin. Einführung in sein Denken* (Stuttgart: Reclam).

Fleischer, Margot (1997) "Der Ursprung des Bösen und wie wir ihn wissen können: eine systematische Erörterung in engem Anschluβ an Augustin, *Der Gottesstaat* XII, 6 und 7", *Philosophisches Jahrbuch* 104: 80-88.

Fowler, Don Paul (2002) *Lucretius on Atomic Motion: A Commentary on De rerum natura: Book Two, Lines 1-332* (Oxford: Oxford University Press).

Frankfurt Harry (1988) *The Importance of What We Care About* (Cambridge: Cambridge University Press).

——, (1999) *Necessity, Volition, and Love* (Cambridge: Cambridge University Press).

Fredriksen, Paula (1986) "Paul and Augustine: Conversion Narratives, Orthodox Traditions, and the Retrospective Self", *Journal of Theological Studies* 37: 3-34.

——, (1988) "Beyond the Body/Soul Dichotomy. Augustine on Paul against the Manichees and the Pelagians", **RechAug** 23: 87-114.

Ganssle, Gregory E. (1996) "The Development of Augustine's View of the Freedom of the Will (386-397)", *The Modern Schoolman* 74: 1-18.

Gaudel, A. (1947) "'Libertas' et 'liberum arbitrium'", **BA** 9: 351-354.

Gauthier, R. A. (1970) *Aristote: L'Ethique à Nicomaque*, 2nd edn. (Louvain: Publication universitaire de Louvain).

Gerven, Joseph van (1955) *Liberté humaine et Providence d'après saint Augustin* (Dissertation Louvain).

Gilbert, Neal W. (1963) "The Concept of Will in Early Latin Philosophy", *Journal of the History of Philosophy* 1: 17-35.

Gilson, Etienne (1949) *Introduction à l'étude de saint Augustin* 4e. (Paris: Vrin).

Gosling, Justin (1990) *Weakness of the Will* (London: Routledge).

Graver, M. (1999) "Philo of Alexandria and the Origins of the Stoic *Propatheiai*," *Phronesis* 44: 300-325.

Greer, Rowan A. (1996) "Augustine's Transformation of the Free Will Defense", *Faith and Philosophy* 13: 471-486.

Hagendahl, H. (1967) *Augustine and the Latin Classics* (Göteborg: Almqvist and Wiksell).

Haji, Ishtiyaque (1999) "On Being Morally Responsible in a Dream", in **G. B. Mathews** (1999): 166-182.

Hankey, Wayne J. (2001) "Between and beyond Augustine and Descartes: More than a Source of the Self", **AugStud** 32: 65-88.

Hanly, Michael (1999) "Desire: Augustine beyond Western Subjectivity", in **John Milbank**, *Radical Orthodoxy: a new Theology*, (London/New York: Routledge, 1999): 109-126.

——, (2003) *Augustine and Modernity* (London: Routledge).

Harding, Brian (2006) "Epistemology and Eudaimonism in Augustine's *Contra Academicos*", **AugStud** 37: 247-271.

Hare, John E. (1999) "Augustine, Kant, and the Moral Gap", in **G. B. Matthews** (1999): 251-262.

Harrison, Carol (2006), *Rethinking Augustine's Early Theology: An Argument for Continuity* (Oxford: Oxford University Press).

Harrison, Simon (1999) "Do We Have a Will? Augustine's Way in to the Will" in **G. B. Matthews** (1999): 195-205.

——, (2006) *Augustine's Way into the Will: The Theological and Philosophical Significance of* De libero arbitrio (Oxford: Clarendon).

Helm, Paul (1979) "Grace and Causation", *Scottish Journal of Theology* 32: 101-112.

Hendley, Brian (1987) "Saint Augustine and Cicero's dilemma" in *Plato, time and education. Essays in honor of R. Brumbaugh*, ed. by **B. P. Hendley** (New York: Albany State Univ. of New York Press), 195-204.

Hick, John (1968) "The Problem of Evil in the First an Last Things", *The Journal of Theological Studies* 19: 591-602.

Hölscher, Ludger (1986) *The Reality of Mind. Augustine's Philosophical Arguments for the Human Soul as a Spiritual Substance* (London/New York: Routledge).

Holte, Ragnar (1962) *Béatitude et sagesse. Saint Augustin et le problème de la fin de l'homme dans la philosophie ancienne et médiévale* (Paris: Études Augustiniennes).

——, (1990) "St. Augustine on Free Will (*De libero arbitrio* 3)", in "*De libero arbitrio*" *di Agostino d'Ippona*, Lectio Augustini. Settimana Agostiniana Pavese 6 (Palermo: Augustinus), 67-84.

Hombert, P. - M. (1996) *Gloria Gratiae: Se glorifier en Dieu, principe et fin de la théologie augustinienne de la grâce* (Paris: Institut d'études augustiniennes).

——, (2000) *Nouvelle recherche de chronologie Augustinienne* (Paris: Etudes augustiniennes).

Hopkins, Jasper (1977) "Augustine on Foreknowledge and Free Will", *International Journal for Philosophy of Religion* 8: 111-126; reprinted in **Jasper Hopkins** 1994: 75-89.

——, (1994) *Philosophical Criticism* (Minneapolis: Banning Press).

Horn, Christoph (1996) "Augustinus und die Entstehung des philosophischen Willensbegriffs", *Zeitschrift für Philosophische Forschung* 50: 113-132.

——, (1997) ed. *Augustinus: De civitate Dei* (Berlin: Akademie Verl.).

——, (2004) "Willensschwäche und zerrissener Wille. Augustinus' Handlungstheorie in Confessiones VIII" in *Unruhig ist unser Herz. Interpretationen zu Augustins Confessiones*, hrsg. von **M. Fiedrowicz** (Trier: Paulinus): 105-122.

Huby, Pamela (1967) "The First Discovery of the Free will Problem", *Philosophy* 42: 353-362.

Huftier, Maurice (1966) "Libre arbitre, liberté et péché chez saint Augustin", *Recherches de théologie ancienne et médiévale* 33: 187-281.

Hunt, David P. (1994) "Augustinian Pessimisism? A New Look at Augustine's Teaching on Sex, Marriage, and Celibacy", **AugStud** 25: 153-177.

——, (1996) "Augustine on Theological Fatalism: The Argument of *De Libero Arbitrio* 3.1-4", *Medieval Philosophy and Theology* 5: 1-30.

Inwood, Brad (1993), "Seneca and Psychological Dualism", in *Passions and Perceptions: Studies in Hellenistic Philosophy of Mind*, eds. Jacques Brunschwig and Martha C. Nussbaum (Cambridge: Cambridge University Press).

——, (2005) *Reading Seneca: Stoic Philosophy at Rome* (Oxford: Clarendon).

Innes, Robert (1997) "Integrating the Self through the Desire of God" **AugStud** 28/

1: 67-109.

Irwin, Terence (1992) "Who Discovered the Will?" in *Philosophical Perspectives*, 6, *Ethics*: 453-473.

Johnson, Erich L. (1998) "Some Contributions of Augustine to a Christian Psychology", *Journal of Psychology and Christianity* 17: 293-305.

Jonas, Hans (1965) *Augustin und das Paulinische Freiheitsproblem: Eine philosophische Studie zum pelagianischen Streit*, 2nd edn. (Göttingen: Vandenhoeck und Ruprecht).

Joshel, S. R. (2002) "The Body Female and the Body Politic: Livy's Lucretia and Verginia", in *Sexuality and Gender in the Classical World: Readings and Sources*, edited by **Laura K. McClure** (Oxford: Blackwell), 174.

Kahn, Charles (1988) "Discovering the Will: From Aristotle to Augustine", in The *Question of 'Eclecticism'*, ed. **J. M. Dillon** and **A. A. Long** (Berkeley and Los Angeles: University of California Press).

Katayanagi, Elichi (1991) "The Last Congruous Vocation", *Augustiniana* 41: 645-657.

Kaufmann, Peter Iver (1978) "A Confirmation of Augustine's Soteriology: Human Will's Collaboration with divine Grace according to Anselm of Canterbury" *Mediaevalia* 4: 147-160.

——, (1980) "The Lesson of Conversion: A Note on the Question of Continuity in Augustine's Understanding of Grace and Human Will", **AugStud** 11: 49-64.

Kenney, John Peter (2002) "Augustine's Inner Self", **AugStud** 33: 79-90.

Kenny, Anthony (1979) *Aristotle's Theory of the Will* (London: Duckworth).

Kent, Bonnie (1995) *The Virtues of the Will* (Washington D. C.: Catholic University of America Press).

Kirwan, Christopher (1989) *Augustine* (London/New York: Routledge).

Knuuttila, Simo (1999) "The Emergence of the Logic of Will in Medieval Thought", in **Gareth B. Matthews** (1999), 206-221.

——, (2004) *Emotion in Ancient and Medieval Philosophy* (Oxford: Oxford University Press).

Kohler, Georg (1993) "Selbstbezug, Selbsttranszendenz und die Nichtigkeit der Freiheit. Zur augustinischen Theorie des Bösen in *De Ciuitate Dei* XII", in *Die Philosophie und das Böse*, hrsg. von **H. Holzhey & J.-P. Leyraz** (Bern: Haupt) 67-79.

Kondoleon, Theodore J. (1987) "Augustine and the Problem of Divine Foreknowledge and Free Will" **AugStud** 18: 165-187.

Korolec, J. B. (1982) "Free will and Free Choice" in **Norman Kretzmann** ed. *The Cambridge History of Later Medieval Philosophy from the rediscovery of Aristotle to the disintegration of the Scholasticism* (Cambridge: Cambridge University Press).

Koterski, Joseph W. (1980) "St. Augustine on the Moral Law", **AugStud** 11: 65-77.

Lamberigts, Mathijs (1989) "Augustine, Julian of Aeclanum and E. Pagels' Adam, Eve, and the Serpent", *Augustiniana* 39: 393-435.

——, (2000) "A Critical Evaluation of Critiques of Augustine's View of Sexuality", in **Robert Dodaro** (2000): 176-197.

——, (2002) "Recent Research into Pelagianism with Particular Emphasis on the Role of Julian of Aeclanum",*Augustiniana* 52:175-198.

——, (2004) "Augustine on Predestination: some Quaestiones Disputatae Revisited", *Augustiniana* 54: 279-305.

——, (2008) "The Philosophical and Theological Background of Julian of Aeclanum's Concept of Concupiscence", in *Die christlich-philosophischen Diskurse der Spätantike: Texte, Personen, Institutionen.* (Stuttgart: Franz Steiner Verlag), 245-260.

Lebourlier, Jean (1955) "Essai sur la responsabilité du pécheur dans la réflexion de saint Augustin", in *Augustinus Magister* 3 (Paris: Études augustiniennes): 287-300.

Lee, Kam-lun Edwin (1999) *Augustine, Manichaeism, and the Good* (New York:

Lang).

Léon-Dufour, X. (1946) "Grâce et libre arbitre chez S. Augustin", *Recherches de science religieuse* 33: 129-163.

Lienhard, Joseph T. (1993) (ed.) *Augustine: Presbyter factus sum*, Collectanea Augustiniana 2 (Villanova: Villanova University Press).

Lieu, Samuel (1985) *Manichaeism in the Later Roman Empire and Medieval China: A Historical Survey* (Manchester: Manchester University Press).

Liugi, Giola (2008) *The theological epistemology of Augustine's De Trinitate* (Oxford: Oxford University Press).

Lorenz, Rudolf (1951) "Fruitio bei Augustin" in *Zeitschrift für Kircengeschichte* 63: 75-132.

——, (1953) "Die Herkunft des augustinischen FRUI DEO", in *Zeitschrift für Kircengeschichte* 64: 34-60; 359-360.

——, (1964) "Gnade und Erkenntnis bei Augustinus", in *Zeitschrift für Kircengeschichte* 75: 21-78, reprinted in *Zum Augustin-Gespräch der Gegenwart II*, hrsg. von **C. Anderson**, (Darmstadt, 1981), 43-125.

Lössl, Josef (1995) "Wege der Argumentation in Augustinus'*de libero arbitrio*", *Theologie und Philosophie* 70: 221-254.

——, (1997) *Intellectus gratiae: die erkenntnistheoretische und hermeneutische Dimension der Gnadenlehre Augustins von Hippo* (Leiden: Brill).

——, (2001) *Julian von Aeclanum. Studien zu seinem Leben, seinem Werk, seiner Lehre und ihrer Überlieferung* (Leiden/Boston/Köln: Brill).

——, (2002) "Augustine on Predestination: Consequences for the Reception", *Augustiniana* 52: 241-272.

——, (2004) "Augustine on the Will", in *The Will and Human Action. From Antiquity to the Present Day*, eds. **T. Pink** and **M. Stone** (London: Routledge), 53-77.

Lynd, Helen Merrell (1961) *On Shame and the Search for Identity*, (New York: Science Editions, Inc.).

MacIntyre, A. C., (1990) *Three Rival Versions of Moral Enquiry* (Notre Dame: Notre Dame University Press).

Macken, Raymond (1975) "La volonté humaine, faculté plus élevée que l'intelligence selon Henri de Gand", *Recherches de théologie ancienne et médiévale* 4: 25-51.

Madec, Goulven (1976) "Liberté, volonté, libre arbitre", **BA** 6: 571-575.

——, (1995) "Pélage et Augustin, le débat sur la liberté et la grâce", *Itinéraires augustiniens* 13: 5-14.

——, (1996) *Saint Augustin et la Philosophie: notes critiques* (Paris: Institut d'études augustiniennes).

——, (2001) *Lectures Augustiniennes* (Paris: Institut d'études augustiniennes).

Mansfeld, Jaap (1991) "The Idea of Will in Chrysippus, Posidonius and Galen", *The Boston Area Colloquium in Ancient Philosophy* 7: 107-145.

Marion, Jean-Luc (2008) *Au lieu de soi: L' approche de Saint Augustin* (Paris: Presses Universitaires de France).

Martin, Jules (1921) *Saint Augustin*, 2nd edn. (Paris: Alcan).

Matthews, Gareth B. (1992) *Thought's Ego in Augustine and Descartes* (Ithaca and London: Cornell University Press).

——, (1999) (Ed.) *The Augustinian Tradition* (Berkeley: University of California Press).

Mausbach, Joseph (1929) *Die Ethik des heiligen Augustinus* 1-2, 2nd edition (Freiburg: Herder).

Mayer, Cornelius Petrus (2003) "Augustinus-Doctor gratiae. Das Werden der augustinischen Gnadenlehre von den Frühschriften bis zur Abfassung der Confessiones" in **Norbert Fischer** (2003): 37-49.

Menn, Stephen (1998) *Descartes and Augustine* (Cambridge: Cambridge University Press).

Mennel, S. (1994) "Augustine's I: The 'knowing subject' and the Self", in *Journal* *of Early Christian Studies* 2: 291-324.

Milbank, John (1997) "Sacred Triads: Augustine and the Indo-european Soul", in *Modern Theology* 13: 451-474.

Miles, Margaret Ruth (1979) *Augustine on the Body* (Missoula, MT.: Scholars Press).

Morgan, Vance G. (1994) "Foreknowledge and human freedom in Augustine", *Journal of Philosophical Research* 19: 223-242.

Müller, Jörn (2007) "Zerrissener Wille, Willensschwäche und menschliche Freiheit bei Augustinus: Eine analytische Kontextualisierung von *Confessiones* VIII", in *Philosophisches Jahrbuch* 114. (forthcoming).

Müller, Michael (1954) *Die Lehre des hl. Augustinus von der Paradiesesehe und ihre Auswirkung in der Sexualethik des* 12. *und* 13. *Jahrhunderts bis Thomas von Aquin* (Regensburg: Pustet).

Neveut, E. (1931) "Formules augustiniennes. La liberté et le libre arbitre", *Divus Thomas* 34: 294-299.

Nygren, Gotthard (1956) *Das Prädestinationsproblem in der Theologie Augustins. Eine systematisch-theologische Studie* (Göttingen: Vandenhoeck & Ruprecht).

O Connell, Robert J. (1968) *St. Augustine's Early Theory of Man* (Cambridge: Cambridge University Press).

——, (1970) "*De libero arbitrio* I: Stoicism Revisited", **AugStud** 1: 49-68.

——, (1987) *The Origin of the Soul in St. Augustine's Later Works* (New York: Fordham University Press).

——, (1991) "'Involuntary Sin' in the De libero arbitrio", **REtAug** 37: 23-36.

——, (1996) *Images of Conversion in St. Augustine's Confessions* (New York: Fordham University Press).

O'Daly, Gerard J. P. (1987) *Augustine's Philosophy of Mind* (London: Duckworth).

——, (1989) "Predestination and Freedom in Augustine's Ethics", in Gerard O'Daly (2001), X 85-97.

——, & **Zumkeller, Adolar** (1986-1994a) "Affectus (passio, perturbatio)", **AugLex** 1: 166-180.

——, (1986—1994b) "Anima, animus", **AugLex** 1: 315-340.

——, (1999) *Augustine's City of God: A Reader's Guide* (Oxford: Clarendon).

——, (2001) *Platonism Pagan and Christian. Studies in Plotinus and Augustine* (Aldershot: Variorum).

O'Donnell, James J. (1985) *Augustine* (Boston:Twayne).

——, (1992) *Augustine: Confessions*, 3 vols. (Oxford: Clarendon Press).

O'Donovan, O. (1980) *The Problem of Self-Love in St. Augustine* (New Haven and London: Yale University Press).

——, "Usus and Fruitio in Augustine, *De doctrina christiana* I", *The Journal of Theological Studies*, 33: 361-397.

Ogliari, Donato (2003) *Gratia et certamen: The Relationship between Grace and Free Will in the Discussion of Augustine with the So-called Semipelagians* (Louvain: Peeters).

O'Meara, John J. (1980a) *The Young Augustine. An Introduction to the "Confessions" of St. Augustine*, 2nd edition (London: Longman).

——, (1980b) *The Creation of Man in* De Genesi ad Litteram (Villanova: Villanova University Press).

Oort, Johannes van, (1987) "Augustine and Mani on concupiscentia sexualis", in *Augustiniana Traiectina*, eds. J. den Boeft & J. van Oort (Paris: Études augustiniennes).

——, **Wermelinger, O. & Wurst, G.** (2001) (eds.) *Augustine and Manichaeism in the Latin West* (Leiden: Brill).

Oroz Reta, José (1981) "Une polémique augustinienne contre Cicéron: Du fatalisme à la préscience divine." **AugStud** 12: 19-41.

O'shaughnessy, Brian (1980) *The Will: A Dual Aspect Theory*, 2 vols (Cambridge: Cambridge University Press).

Pagels, Elaine H. (1988) *Adam, Eve, and the Serpent* (New York: Random House).

Pang, Ann A. (1994) "Augustine on Divine Foreknowledge and Human Free Will", **REtAug** 40: 417-431.

Peetz, Siegbert (1997) "Augustin über menschliche Freiheit (Buch V)", in **Chrisoph Horn** (1997): 63-86.

Pic, Augustin (1997), "Saint Augustin et l'impiété de Cicéron: Etude du *De ciuitate Dei* V, 9", **SP** 33: 213-220.

Pink, Thomas (1996) *The Psychology of Freedom* (Cambridge: Cambridge University Press).

——, **& Stone, M. W. F.** eds. (2004) *The Will and Human Action: From Antiquity to the Present Day* (London and New York: Routledge).

Plinval, Georges de (1943) *Pélage. Ses écrits, sa vie et sa réforme* (Lausanne: Payot).

Portalié E, (1960) *A Guide to the Thought of Saint Augustine*, trans. R. J. Bastian (Chicago: Henry regnery).

Prendiville J. (1972) "The Development of the Idea of Habit in the Thought of St. Augustine", *Traditio* 28: 29-99.

Rakus, Daniel T. (1997) "Augustinian 'libertas': The Foundation of an Ethics of Being", *The Downside Review* 115: 79-98.

Rannikko, E. (1997) *Liberum Arbitrium and Necessitas. A Philosophical Inquiry into Augustine's Conception of the Will* (Helsinki: Luther-agricola-society).

Rees, B. R. (1988) *Pelagius, a Reluctant Heretic* (Woodbridge: Suffolk).

Refoulé, François (1964) "Julien d'Eclane, théologien et philosophe", *Recherches de science religieuse* 52: 42-84; 233-247).

Rigby, Paul (1987) *Original Sin in Augustine's* Confessions (Ottawa: University of Ottawa Press).

——, (2002) "The Role of God's 'inscrutable Judgments' in augustine's Doctrine of

Predestination", **AugStud** 33: 213-222.

Ring, Thomas Gerhard (1994) "Bruch oder Entwicklung in Gnadenbegriff Augustins?" (Kritische Anmerkungen zu K. Flasch, *Logik des Schreckens*.), *Augustiniana* 44: 31-113.

———, (1996—2002) "Expositio quarundam propositionum ex epistula apostoli ad Romanos", **AugLex** 2: 1209-1218.

———, (2004) "Der Anfang des Glaubens: Verdienst oder Gnade?", *Augustiniana* 54: 177-202.

———, (2004—) "Initium fidei", **AugLex** 3: 605-610.

Rist, John M. (1969) Augustine on Free Will and Predestination (*The Journal of Theological Studies* 20: 420-447; repr. in *Augustinus. A Collection of Critical Essays*, edited by **R. A. Markus** (Garden City, Double day, 1972), 218-252.

———, (1994) *Augustine, Ancient Thought Baptized* (Cambridge: Cambridge University Press).

———, (1997) "Augustine: Freedom, Love and Intention", in *Il mistero del male e la libertà possible* (*IV*), a cura di **L. Alici e. o.** (Roma: Institutum patristicum Augustinianum): 7-21.

———, (2000a) "Love and Will. Around De trinitate XV 20,38", in *Gott und sein Bild-Augustins De trinitate im Spiegel gegenwärtiger Forschung*, hrsg. von J. Brachtendorf (Paderborn: Schöningh): 205-216.

———, (2002b) "What Will I Be like Tomorrow? Augustine versus Hume", *American Catholic Philosophical Quarterly* 74: 95-114.

Rohmer, J. (1954) "L'intentionnalité des sensations chez saint Augustin", in *Augustinus Magister* I (Paris: Études augustiniennes), 491-498.

Rondet, Henri (1954) "La liberté et la grâce dans la théologie augustinienne", in *Saint Augustin parmi nous* ed. by **Henri Rondet** (Le Puy: Mapus): 199-222.

———, (1966) "La prédestination augustinienne: Genése d'une doctrine", in *Sciences ecclésiastiques* 18: 229-251.

———, (1967) *Le péché originel dans la tradition patristique et théologie* (Paris).

Rordorf, Willy (1974) "Saint Augustin et la tradition philosophique antifataliste, à propos de De ciu. dei 5,1-11", *Vigiliae christianae* 28: 190-202.

Rottmanner, Odilo (1892) *Der Augustinismus: eine dogmengeschictliche Studie*, (München:Lentner).

Rowe, William L. (1964—1965) "Augustine on foreknowledge and free will", *Review of Metaphysics* 18: 356-363.

Ruhstorfer, Karlheinz (1998) "Die Platoniker und Paulus. Augustins neue Sicht auf das Denken, Wollen und Tun der Wahrheit", in **Norbert Fischer** (1998): 283-341.

Ryle, Gilbert (1949) *The Concept of Mind* (London: Hutchinson's University Library).

Saarinen, Risto (1994) *Weakness of the Will in Medieval Thought. From Augustine to Buridan* (Leiden: Brill).

Sage, Athanase (1964) "Praeparatur voluntas a Domino", **REtAug** 10: 1-20.

———, (1965) "La volonté salvifique universelle de Dieu dans la pensée de saint Augustin", **RechAug** 3: 107-131.

———, (1967) "Péché originel: Naissance d'un dogme", **REtAug** 13: 211-248.

———, (1969) "Le péché originel dans la pensée de saint Augustin, de 412 à 430", **REtAug** 15: 75-112.

Saint-Martin, Jules (1949) "La grâce et le libre arbitre", **BA** 3: 465-466.

Scanlon, Michael J. (1989) "The Augustinian Tradition. A Retrieval", **AugStud** 20: 61-92.

Scheler, Max (1987) "Shame and Feelings of Modesty", in *Person and Self-Value: Three Essays*, edited and partially translated by **M. S. Frings** (Dordrecht: Martinus Nijhoff Publishers), 1-86.

Schindler, David C. (2005) "Freedom Beyond Our Choosing: Augustine on the Will and Its Objects," *Augustine and Politics* ed. by **J. Doody, K. L. Hughes**, and **K.**

Paffenroth = *Augustine in Conversation: Tradition and Innovation* (Lanham, Md./ Boulder/New York/Toronto/Oxford): 67-96.

Schmitt, Émile (1983) *Le Mariage chrétien dans l'oeuvre de Saint Augustin* (Paris: Étude Augustinienne).

Schrijvers, Joeri (2009) "In (the) Place of the Self: A Critical Study of Jean-Luc Marion's *Au lieu de soi: L'approche de Saint Augustin*", in *Modern Theology*, 25,4: 661-686.

Scott, T. Kermit (1995) *Augustine. His Thought in Context* (New York:Paulist).

Sedley, David (1991) "Commentary on Mansfeld", *The Boston Area Colloquium in Ancient Philosophy* 7: 146-152.

Shioji, Ken-ichi (1985) "On the Free Will and the Grace in St. Augustine's *De libero arbitrio* III", *Journal of Religious Studies* 58: 120-121.

Snell, Bruno (1953) *The Discovery of the Mind: The Greek Origin of European Thought* (Oxford: Blackwell).

Solère, Jean-Luc (2003) "Les images psychiques selon S. Augustin", in *De la phantasia à l'imagination*, sous la direction de Danielle Lories et Laura Rizzerio (Leuven: Peeters), 103-136.

Solignac, Aimé (1962) "La psychologie augustinienne de la volonté", **BA** 14: 543.

Sontag, Frederick (1967) "Augustine's Metaphysics and Free Will", *The Harvard Theological Review* 60: 297-306.

Sorabji, Richard (2000) *Emotion and Peace of Mind* (Oxford: Oxford University Press).

Springsted, Eric. O. (1998) "Will and Order: the Moral Self in Augustine's *De libero arbitrio*", **AugStud** 29/2: 77-96.

Stark, Judith Chelius (1987) "Augustine and Hannah Arendt on the Will: A Complex Tradition", in *Congresso Internazionale su S. Agostino nel XVI centenario della conversione*, Atti 2 (Roma: Institutum Patristicum Augustinianum), 509-524.

——, (1989) "The Pauline Influence on Augustine's Notion of the Will", *Vigiliae* christianae 43: 345-361.

——, (1990) "The Dynamics of the Will in Augustine's Conversion", in F. Van Fleteren (1990): 45-64.

Steel, Carlos (1988) "The Devils'Faith: Some Considerations on the Nature of Faith in Augustine and Aquinas", *Louvain Studies* 13: 291-304.

——, (1994) "Does Evil have a Cause? Augustine's Perplexity and Thomas's Answer", in *The Review of Metaphysics*, 48: 251-273.

——, (2002) "Der Baum der Erkenntnis des Guten und Bösen: christliche und neuplatonische Diskussionen über den Ursprung des Bösen", in *Metaphysik und Religion: zur Signatur des spätantiken Denkens*, hrsg. von **Theo Kobusch** und **Michael Erler** (München: Saur), 167-191.

Stevens, J. (2000) "Preliminary Impulse in Stoic Psychology", *Ancient Philosophy* 20: 139-168.

Stone, M. W. F., (2001a) "Moral Psychology after 1277. Did the Parisian Condemnations Make a Difference to Philosophical Discussions of Human Agency?", in **J. A. Aertsen, K. Emery, Jr., & A. Speer** eds. *Nach der Verurteilung von 1277: Philosophie und theologie an der Universität von Paris im letzten Viertel des 13. Jahrhunderts: Sutien un Texte* (Berlin-New York:), 795-826.

——, (2001b) "Augustine and Medieval Philosophy", in **Stump** 2001b., 253-66.

——, (2004) "Moral Psychology before 1277: The Will, *liberum arbitrium*, and moral rectitude in Bonaventure", in **Pink & Stone** 2004, 99-126.

Stump, Eleonore (1988) "Sanctification, Hardening of the Heart, and Frankfurt's Concept of Free Will", *Journal of Philosophy* 85: 395-420.

——, (2001a) "Augustine on Free Will", in **Eleonore Stump** (2001):124-147.

——, (2001b) (ed.) *The Cambridge Companion to Augustine* (Cambridge: Cambridge University Press).

Suzuki, Hiroshi (1996) *Augustine, The doctrine of original Sin: its historical Essentials and doctrinal Essence* (Ann Arbor:).

Taylor, Charles (1989) *Sources of the Self* (Cambridge: Cambridge University Press).

Taylor, Gabriele (1985) *Pride, Shame, and Guilt: Emotions of self-assessment* (Oxford: Clarendon Press).

TeSelle, Eugene (1970) *Augustine the Theologian* (New York: Herder and Herder).

——, (2001) "Exploring the Inner Conflict: Augustine's Sermons on Romans 7 and 8", in *Collectanea Augustiniana: Augustine, Biblical Exegete*, ed. **F. Van Fleteren & J. C. Schnaubelt**, (New York 2001), 313-345. Also in **TeSelle** 2002, 111-146.

——, (2002) (ed.) *Engaging Augustine on Romans : self, context, and theology in interpretation* (Harrisburg: Trinity Press International).

Testard, Maurice (1958) *Saint Augustin et Cicéron* (Paris: Etudes augustiniennes).

Thonnard, François-Joseph (1965) "La notion de concupiscence en philosophie augustinienne", **RechAug** 3: 59-105.

——, (1966) "Volonté et nécessité, nature et libre arbitre", **BA** 21: 612-613.

——, (1970) "La notion de liberté en philosophie augustinienne", **REtAug** 16: 243-270.

——, (1974a) "La concupiscence comme péché originel", **BA** 23: 690-696.

——, (1974b) "L'appétit de la volonté", **BA** 23: 710-713.

——, (1974c) "Pudeur, révolte des sens et lois psychologiques", **BA** 23: 671-675.

Torchia, N. Joseph (1993), "The Significance of Ordo in St. Augustine's Moral Theory", in **Lienhard** 1993, 263-276.

Trout, Dennis (1994) "Re-textualizing Lucretia: Cultural Subversion in *the City of God*", in *Journal of Early Christian Studies* 2: 53-70.

Ubl, Karl (1999) "Verantwortlichkeit und autonomes Handeln: zur Entwicklung zweier Freiheitsbegriffe von Augustinus bis Thomas von Aquino", *Freiburger Zeitschrift für Philosophie und Theologie* 46: 79-114.

Van Bavel, Tarcisius J. (1986) "De la raison à la foi: La conversion d'Augustin",

Augustiniana 36: 5-27.

——, (1993) "Fruitio, delectatio and voluptas in Augustine", *Augustinus* 38: 499-510.

Van Fleteren, Frederick (1973) "Authority and Reason, faith and Understanding in the Thought of St. Augustine", **AugStud** 4: 33-71.

——, (1990) (ed.) *Augustine: Second Founder of the Faith* (New York: Lang).

Van Riel, Gerd (2004) "Mens inmota mota manet: Neoplatonic Tendencies in Augustine's Theory of the Passions", *Augustiniana* 54, 507-531.

——, (2007) "Augustine's Will: An Aristotelian Notion? On the Antecedents of Augustine's Doctrine of the Will", **AugStud** (forthcoming).

Veer, Albert C. de (1974) "Manichéisme et pélagianisme", **BA** 23: 810-813.

Verheijen, Luc (1987) "Le premier livre du *De doctrina christiana* d'Augustin", in *Augustiniana Traiectina*, eds. J. den Boeft & J. van Oort (Paris: Études augustiniennes), 169-187.

Vershoren, M. (2002) "The Appearance of the Concept Concupiscentia in Augustine's Early Antimanichaean Writings (388-391)", *Augustiniana* 52: 199-240.

——, (2004) "'I do the evil that I do not will', Augustine and Julian on Romans 7: 5-25 during the second Pelagian Controversy (418-430)", *Augustiniana* 54: 223-242.

Volke, André-Jean (1973) *L'idée de volonté dans le stoïcisme* (Paris: PUF).

Wallace, R. Jay (1999) *Reason, Emotion, and Will* (Aldershot: Ashgate).

——, (2006) *Normativity and the Will* (New York: Oxford University Press).

Wang, Joseph Ch'ang-Chi (1938) *Saint Augustin et les vertus des paiens* (Paris: Beauchesne).

Watson, Gary (2003) *Free Will*, 2nd edition (Oxford: Oxford University Press).

——, (2004) *Agency and Answerability* (Oxford: Clarendon).

Weaver, R. H. (1996) *Divine Grace and Human Agency: A Study of the Semi-Pelagian Controversy* (Macon, Ga.: Mercer University Press).

Weismann, Francisco José (1989) "The Problematic of Freedom in St. Augustine: Towards a New Hermeneutics", **REtAug** 35: 104-119.

Wetzel, James (1987) "The Rediscovery of Free Agency in the Theology of St. Augustine", *The Harvard Theological Review* 80: 101-126

——, (1992) *Augustine and the Limits of Virtue* (Cambridge: Cambridge University Press).

——, (2000a) "Snares of Truth. Augustine on Free Will and Predestination", in **Robert Dodaro** (2000): 124-141.

——, (2000b) "The Question of Consuetudo Carnalis in Confessions 7.17.23", **AugStud** 31: 165-171.

——, (2002a) "Will and Interiority in Augustine: Travels in an Unlikely Place", **AugStud** 33: 139-160.

——, (2002b) "Predestination, Pelagianism, and Foreknowledge", in Eleonore Stump (2002b): 49-58.

Williams, Bernard (1993) *Shame and Necessity* (Berkeley and Los Angeles: California Press).

——, (1994) "Descartes and the Historiography of Philosophy" in *Reason, Will and Sensation: Studies in Descartes' Metaphysics*, ed. John Cottingham (Oxford: Clarendon Press), 19-27. Also in id. *The Sense of the Past: Essays in the History of Philosophy*, ed. Myles Burnyeat (Princeton: Princeton University Press), 2006, 257-266.

Wolfson, Harry Austryn (1959) "Philosophical Implications of the Pelagian Controversy", *Proceedings of the American Philosophical Society* 103: 554-562.

Wohlfarth, Karl Anton (1969) *Der metaphysische Ansatz bei Augustinus* (Meisenheim am Glan: Hain).

Wu, Tianyue (2007a) "Shame in the Context of Sin: Augustine on the Feeling of Shame in *De ciuitate Dei*", in *Recherches de Théologie et Philosophie médiévales*, 74, 1: 77-107.

——, (2007b) "Did Augustine Lose the Philosophical Battle in the Debate with Julian of Eclanum on *Concupiscentia Carnis* and Voluntas?" in *Augustiniana* 57: 185-208.

Zänker, O. (1907) *Der Primat des Willens vor dem Intellekt bei Augustinus* (Gütersloh: Bertelsmann).

Zum Brunn, Emilie (1984) *Le dilemme de l'être et du néant chez Saint Augustin: des premiers dialogues aux Confessions* (Amsterdam: Grüner).

主题索引[1]

埃伏第乌斯（Evodius）/120，163-168，181，182，229，231，310-316，319，321

爱（amor/dilectio/caritas，love）/27，44，47，75，77，85，92，125，145，147，148，150，176，209，357，366

暗示（suggestio，suggestion）/13，19，21，35，38-40，52，69-72，75，76，82-84，87，95，98，99，105，106，114，127，128，137，146，175，192，204，208，217，241，253，275，281，283，296，299，313，317，321，327，354，357，362，373

奥利金（Origen）/39，82，389

柏拉图（Plato）/3，5，7，45，59，78，86，104，175，200，313，380，389

柏拉图派（Platonism）/3，56-59，61，103，123，137，161，178，191，195，207，380

半裴拉基派（Semi-Pelagianism）/10，14，220，252，330，332，333，342，359

保禄（Paul）/25，36，45，51，100，123，138，149，150，242，271，282，286，296，299，303，332，333，341，344，347，349

本性（natura，nature）/6，15，25，26，41，45，47，52，53，87，100，105，106，109，113，127，134，140，146，147，155，172，175，176，180-182，188，191，204，205，210，212，220，221，225，237，240，243，244，249，251，273，282，294-296，299-301，330，338，344，355，373，377

---

〔1〕 本索引涵盖正文中的重要概念和古代重要作家，其中，主题词尽可能注出相应的拉丁文和英文，而古代人名则只注出通行的英文名。

必然性(necessitas, necessity)/11,48,49,67,191,201,216,225,235-238,240-242,244,245,247,249,250,252,267,271,281,284-288,292,295,301-305,308-310,312-317,319,325,328,329,331,335,338,377

冲动(impetus, impulse)/28,30,36,42,53,54,63,65-68,70,76,90,96,99-101,103,104,110,169,172,201,237,245,256,299,362

道德责任(moral responsibility)/5,9,11,14,15,47-49,53,73,84,95,113,135,137,166,167,169,189,194,196,203,237,257-260,262,265,269,270,274,276-278,280,281,284,285,288-291,293,294,300,304,308,331,372,375,376

道德主体性(moral agency)/3,5,9,10,12,13,15,115,158,159,189,193,196,212,213,231,243,257-260,262,263,266,268,269,272,274,280,284,285,290,300,339,341,343,362,367,376,380

德尔图良(Tertullian)/89,210

德性(uirtus, virtue)/87-90,92,94-97,103,106,109,136,177,227,237,295,341,376

恶(malum, evil)/260,265

恶的起源(unde malum, origin of evil)/161-163,189,190,194

恩典(gratia, grace)/7,10,11,13-15,30,78,116,127,134,136,138,141,147-151,153-155,157,158,179,199,204,207,212,219-223,226,227,233-235,237,238,242,247,249,252,257,259,267,268,275,277,282,287-289,291,305,307-309,314,331-333,336-340,342,343,345-358,361,363,366-368,370,377

行动的恩典(gratia operatiua, operative grace)/148,336,337,342,343,353,354,357,359,361,370,371

格利乌斯(Gellius)/58,59,64,66,69,388

功德(meritum, merit)/308,332,333,341,344-347,350,352,357

归罪(culpabilis, culpable)/183,270,274,281,283,284,289,297,347

皈依(conuersio, conversion)/9,87,115,116,123,125,126,133,155,158,170,178,199-201,203,206,207,253,340,342,347,354,357,366,370,374

骄傲(superbia, pride)/4,48,186,293,295

拣选(electio, election)/237,307,332,333,338-340,345,349,350,352,367

决断（arbitrium, decision）/4,13,36,46,
　　52,53,59,63,68,69,76,77,84,94,
　　95,100,102,103,105,106,108-111,
　　113-116,121,135,142-144,149,158,
　　162,172,177,178,181,184,191,192,
　　197-199,201,214,216,221,226,229-
　　233,235,237,239,240,243,245,247,
　　252-254,262,263,265,267,271,279-
　　281,283,289,290,300,301,304,305,
　　308,310,317,320,321,325-327,329,
　　334,335,345,346,348-353,356,357,
　　359-361,363-365,367-370,372,374
克里希普（Chrysippius）/66
快乐（uoluptas/gaudium/delectatio/laetitia,
　　pleasure/joy）/13,22,24,25,27-29,
　　32,33,44,49,57,61,62,75,79,94,
　　96,126-128,145,201,207,215,235,
　　354,356,359,374
困苦（difficultas, difficulty 参见无力）
理解（intelligere/intellegentia, understand/
　　understanding）/4,10-13,15,19,21,
　　33,38-40,47,48,50,64,68,74,82-
　　84,87,88,91,92,96,98-100,102,
　　113,115,120-124,132,137,138,141,
　　148,149,151,152,157,158,164,165,
　　167,169-171,174,177-179,187,188,
　　195-197,204,210-212,214,218,223,
　　224,227,228,234,246,248,251,254,

255,268,269,273,274,276,277,284,
288,305-307,309,310,312,313,315,
322,324,326,327,332,337,339,342-
344,346,347,352,353,361,363,367,
370,376,379,380,388
理性（ratio, reason）/2,268
理智（intellectus, intellect）/4,5,7,12,
　　13,29,33,45,57,61,96,111-116,
　　119,123-134,136-139,143,145,148,
　　150-152,157,158,162,169,184,200,
　　202,207,256,285,308,353,367,372
李维（Livy）/13,88-90
良知（conscientia, conscience）/70,77,
　　93,97,103,215,238,296
灵魂（anima, soul）/6,11,13,25-27,29,
　　30,32-39,42,43,45-48,51-54,56-63,
　　71,72,74,78,79,81,89,90,95,97,
　　99,100,103-106,108,110,111,119,
　　120,122,123,127,131,134,136,137,
　　139,140,142,143,146,152,153,161,
　　162,164,167,168,171,172,174,175,
　　201,202,204,210,214-217,230-234,
　　238,242,246,260,265,266,272,274,
　　275,278,284,287-290,296,300,310,
　　316,318,344,355-357,363,372,373
卢克莱提亚（Lucretia）/87-93,97,107
律法（lex, law）/95,138,139,141,150-
　　157,179,231,349,356

马赛派(Massilianism)/343,344,354

美好生活(beata uita, happy life 参见幸福)/115-122,126-128,130-134,138,139,144-147,154,157,158,162,165,167,168,366

命运(fatum, fate)/21,89,92,95,268,313,323-326

摩尼教(Manichaei, Manichaen)/9,24,52,69,73,133,135,161,182,188,194,195,225,239,241,259,260,266,271,272,283

默许(默认 implicit approval)/13,54,75-80,82-84,109,111,142,198,207,210,254,300,305,354,363,373

目的论(teleology)/167,230

念想(cogitatio, thought)/69-71,74-79,213,362,376

念想的快感(cogitationis delectatio, pleasure of thought)/38,75,80,82,279,373

裴拉基(Pelagius)/14,19,295,317,333

普罗提诺(Plotinus)/3,4,56,123,139,161,195,274,275,278,380

情感(affectio, passio)/4,12,13,21,25,26,28-40,45,46,50,55-75,77-88,95,98,101-111,113,115,117,126-128,131,153,155,156,162,163,184,198,214,216,242,244,253,303,354,372,373,377

情感的最初波动(primus motus, first movement)/63,65,83,84,95,152

权能(potestas, power)/49,173,178,193,218-220,222,223,226,238,247,251-255,263,293,296,320,324,328,330,331,353,354,361-366,369,370

权能之内(in potestate, in one's power)/49,81,141,215,314,315,325,329,344,352,355,362,363

认可(consentio / consensus / consentire, consent)/30,32,33,40-42,44,50,52-54,58,63,65-67,69-78,84,97,101,102,110,142,143,146,152-154,156,157,198,201-203,210,216,223,225,252,270,279,283,292,293,296-302,305,337,355,362,363,368,369,373,374,377

肉体(caro, flesh)/22,23,25-28,30,31,35,36,44-46,53,61,71,74,79,94-96,99-101,103-106,113,139-141,173,201,215,264,278,282,284,286,287,294,299,301

肉欲(concupiscentia carnis, carnal concupiscence)/13-15,19-27,29-38,42-55,63,71,72,80,81,83,85,87,91,95-100,102,103,105,106,108-110,135,140-143,145,146,150-152,154,

156-158,162,184,207,213,234,240,
241,253,260,265,269,278,281-294,
296-301,304,305,312,317,358,363,
367,373,374,376,377

塞涅卡(Seneca)/3,13,37,65-68,70,
71,84,89,389

善工(opus bonum, good work)/226,
338,340-342,345,347,349,350,360,
366

身体(corpus, body)/6,22,23,25-33,
37,38,40-43,45,46,51,52,61,62,
68,69,74,77,79-81,83,89,90,92,
94-96,98-108,110,111,127,139,
140,145,175,191,197,204,211,214-
217,238,272,275,286,287,296,300

活的身体(corpus animale, living body)/
215,216

神明(daimon, daemon)/56,57

神意(diuina prouidentia, divine providence)/135,148,151,179,180,222,
223,248,252,267,294,308,321,322,
324,330,331,335,337,339,340,342,
351,356,359,366,368,377

神正论(theodicy)/161,320

斯多亚派(Stoic)/3,5,21,33,34,37,38,
57-59,61,63-67,69,71,76,81,84,
323,325,326

宿命论(fatalism)/187,323,334

天使(Angelus, angel)/61,172,177,
178,185-187,189,191-193,196-199,
211,213,229,233,250,266-268,327,
378

唯理智论(intellectualism)/4,7,8,13,
59,63,115,119,122,127,131,133,
138,141,158,256

唯意愿论(voluntarism)/4-8,12,13,50,
63,111,112,115,158,162,169,183,
228

我思(cogito)/122,166

无力(infirmitas, weakness 参见困苦,意
愿的软弱)/13,21,27,31,32,38,42,
46,49,52,54,55,84,94,100,101,
103,105,108,124,134-136,138-140,
143-147,149,154,155,157,158,184,
197,204,207,234,243,244,251,265,
266,273-277,280,281,283,291-293,
300,301,361,363,365,372,373

无知(ignorantia, ignorance)/85,109,
132,134-139,144-147,149,151,152,
156-158,164,168,169,184,197,199,
210,211,233,234,242,244,255,260,
261,265,266,269,273,274,276,277,
281,284-286,289-293,301-303,363,
364,377

西塞罗(Cicero)/41,59,85,103,115-
117,187,278,313,323-328,388

习性（consuetudo, habit）/63, 79-81, 141, 201, 202, 206, 207, 212, 242, 244, 254, 260, 271, 272, 277-284, 302-304, 377

肉体习性（consuetudo carnis, carnal habit）/140, 264, 272, 278, 283, 284

享受（frui, enjoy）/35, 74-77, 83, 95, 104, 118, 119, 122-128, 131, 157, 158, 186, 199, 201, 212, 215, 217, 219, 231, 278, 279, 302, 305, 374, 377

享受和使用（frui et uti, enjoy and use）/124

消解因（causa deficiens, deficient cause）/187, 190-193, 197, 211

心灵（animus/mens, mind）/1, 4-7, 9-13, 17, 28-33, 35, 38-40, 44, 46-59, 61-63, 65-86, 90, 93-97, 100-109, 111-116, 119-122, 127, 129-131, 133, 137, 138, 145-148, 151-154, 156-158, 162-164, 168-181, 184, 186, 187, 189, 191, 192, 195-213, 215, 223, 226, 229, 235-237, 239, 242, 245, 246, 249, 252, 255, 256, 259, 260, 262, 263, 269, 272, 279, 281, 283, 285, 292, 294, 295, 297-299, 301, 305, 308, 317, 319, 321, 341, 347-349, 353-355, 358, 361, 362, 370, 372-375, 377, 379

心灵图像（phantasia/phantasma/visio, mental image 参见印象）/48, 69-71, 75, 76, 79, 81, 82, 84, 198, 355, 372-374

信仰的发端（intium fidei, beginning of faith）/15, 252, 309, 337, 339-341, 343-346, 349-351, 354, 356, 358-363, 365, 366, 369, 370

幸福（beatitudo, happiness 参见美好生活）/24, 105, 109, 115-134, 136, 146-148, 154, 157, 158, 167, 180, 185, 199, 214, 217-220, 222, 223, 233, 234, 240, 245-247, 249, 250, 256, 259, 264, 267, 268, 303, 313-315, 317, 318, 321, 322, 351, 366, 367, 376, 377

幸福主义（eudaimonism）/115, 119, 124

羞（pudor, shame）/86, 92, 98

羞感文化（shame-culture）/86, 91, 92

亚当（Adam）/20, 30, 32, 46, 48, 53, 69, 71, 72, 74, 80, 83, 87, 98, 99, 101, 104, 105, 107, 134-136, 139, 193, 214-221, 233, 237, 240, 241, 247, 251, 254, 255, 266-268, 270-277, 281, 283, 286, 289-292, 294, 302, 304, 310, 317, 338, 339, 344, 364

意向（intentio, intention）/3, 11, 15, 20, 50, 54, 60, 71, 78, 81, 111, 112, 115, 129, 152, 169, 170, 175, 183, 197, 202-204, 206, 208, 210, 212, 223, 228, 252-

254,256,265-267,277,281,301,302,
314,317,318,329,339,342,363,370,
372,374,375,379

意愿（uoluntas, will）/1-15, 17, 19-22,
27-43, 45-56, 61-67, 69, 71, 73, 74,
76, 78-87, 90, 94-97, 100-106, 108-
118, 124-129, 133-136, 138-159, 161-
173, 175-189, 191-193, 196-218, 220-
224, 226-272, 274-281, 283-294, 296-
322, 324-331, 333-370, 372-380

单数的意愿（will in singular）/11, 55,
102, 202, 203, 208, 214, 255, 374, 375

恶的意愿（mala uoluntas, evil will）/4,
15, 147, 162, 181, 182, 184-193, 195-
197, 202, 211-214, 216, 217, 243, 248,
267, 302, 318, 319, 322, 330, 338, 339,
364, 377-379

复数的意愿（will in plural）/11, 55, 62,
102, 202-205, 208, 214, 255, 373, 375

两个意愿（duae uoluntates, two wills）/
201, 206, 243, 254, 302, 375

善的意愿（善好的意愿，向善的意愿
uoluntas bona, good will）/15, 35, 142,
144, 146, 147, 180, 185, 188, 196, 199,
211, 215, 224, 227, 247, 249, 252, 255,
256, 259, 275, 321, 322, 330, 336, 339,
340, 357, 358, 364, 376

意愿的软弱（infirmitas uoluntatis, weak-ness of will 参见无力）/85, 100, 104,
110, 134, 138, 144, 146, 150, 152, 154,
155, 157, 158, 250, 256, 284-286, 358

意愿的行为（uoluntates, acts of will 参见
复数的意愿）/1, 55, 62, 63, 102, 139,
142, 156, 162, 189, 197, 198, 201-203,
206, 209, 210, 212, 243, 244, 259, 263,
299, 373, 376, 378, 379

意愿官能（facultas uoluntatis, faculty of
will 参见单数的意愿）/11, 48, 53, 78,
102, 114, 152, 156, 196, 202-205, 213,
214, 218, 234, 247, 251-255, 281, 284,
285, 314, 318, 348, 374

印象（phantasia/phantasma/visio, vision
参见心灵图像）/67

尤利安（Julian of Eclanum）/9, 10, 14,
19-21, 23, 24, 33, 38, 40-42, 45, 52,
105, 140, 151, 191-193, 195, 197, 212,
223, 228, 234-245, 247, 253, 278, 280,
283, 284, 297, 298, 301, 303, 312, 317,
358, 359, 363, 367

预定（praedestinatio, predestination）/10,
12, 14, 15, 275, 277, 308, 309, 318,
330-339, 345, 350, 355, 367-371, 377

双重预定（praedestinatio gemina, double
predestination）/337

预知（prescientia, foreknowledge）/13,
181, 184, 199, 246, 268, 303, 308-316,

318-327,329-335,338,339,345,349

欲念（libido, lust）/21,22,24,26,28-36,40,42-47,70,71,73,77,79,80,85,88,90,92,94-96,100-104,140,145,146,154,168,176-178,180,198,200,201,206,207,229,240,254,279,280,284

召唤（uocatio, vocation）/345-355,359,361,366

应合的召唤（uocatio congruens, congruent vocation）/353,354,361,370

哲罗姆（Jerome）/89

真理（ueritas, truth）/59,100,112-114,118-122,125,127,130,132,136,153,157,158,166,175,180,185,199,200,231,232,252,268,278,302,340,344,353,355,357,368-370,372,380

贞节（pudicitia/verecundia/castitas, chastity）/30,88-95,97,101,198,300

芝诺（Zeno of Citium）/65

知识（scientia, knowledge）/6,7,75,112-115,117,119,120,128-130,133,136,138,142,144,146-158,166-168,171,199,200,208-210,246,268,289,313,315,319,320,324,326,331,353,356,364,368,380

智慧（sapientia, wisdom）/24,44,57,75,114,115,118,119,121,122,125,127,132,147,164,165,167,168,199,218,268,269

秩序（ordo, order）/6,120,121,143,162,173,177-180,184,220,254,312,324-328,375

因果秩序（ordo causarum, order of causes）/6,324-329

自杀（suicidium, suicide）/79,87-92,248

自我（self）/15,28,36,52,53,75,91-93,96-98,100,102-104,106-109,141,161,166,167,200,203,208-210,212,214,216,223,224,227,243,245-247,250,255,256,260,262,283,284,318,328,355,366,367,376,377,379,380

自虚无中创造（creatio ex nihilo）/191-196,239,379

自由（libertas, freedom）/1,4,5,8,10,196,213,220,221,223,224,226,231,247,255,256,335,358,371

行他事的自由（freedom to do otherwise）/226,233,234,237,291

中立的自由（libertas indifferentiae, freedom of indifference）/222,223,225,228,256

自发性的自由（libertas spontaneitatis, freedom of spontaneity）/226,228,241,245,256

自由决断（liberum arbitrium, free deci-

sion)/3,4,8,9,11-13,15,47,73,80,
83,84,96,108,134,141,142,144,
146,153,161,163-165,168,176,180,
198,201,207,213,217,218,220-223,
225,226,228-236,238-247,249-251,
253,255-263,265,267,271,272,275-
277,284,300,303,305,307,317,335,
340,346,352,355,361,368,371,372,
375,376,379,380
自由选择(free choice)/5,162,219,223,
224,226,228,234,236,237,260,276,
277,281,305,317,353,361
自由意愿(libera uoluntas, free will)/7,
11,13,19,47,48,150,179,181,222,
227,230,241,242,247,256,266,270,
271,277,278,307,309-312,315,316,
322,329,330,332-334,341,343,347,
353,372
自由意志(freewill)/1,165,179,194,
223,226

罪(peccatum, sin)/78-80,273,286
无意之罪(peccatum inuoluntarium, involuntary sin)/15,47,80,134,135,
184,227,254,260,263,265,266,269,
270,272,274-277,283-286,288,290,
301,305,312,375
有意之罪(peccatum uoluntarium, voluntary sin)/227,260,262,265-268,283,
301,310,318,375
原罪(peccatum originale, original sin)/
10,12-14,19,21,29,34,291
罪恶(reatus, guilt)/25,50,74,134,154,
181,207,248,264,287-289,291,292,
295
罪责(culpabilitas, culpability)/294,
299,305
作用因(causa efficiens, efficient cause)/
186,187,189,190,195-197,244,263,
267,322,325,327-329,340

奥古斯丁著作出处索引

c. Acad.（《驳学园派》）

    I, 2, **5**/119

an. et or.（《论灵魂及其起源》）

    I, 4, **4**/211

    III, 4, **4**/211

    IV, 6, **8**/211

    IV, 7, **11**/211

    IV, 11, **16**/337

quant.（《论灵魂的数量》）

    15, **26-19**, **33**/137

    20, **34**/137

    25, **48**/82, 111

    33, **70-76**/122

    34, **78**/233

b. uita（《论美好生活》）

    1, **1**/116

    2, **7**/25, 122

    2, **10**/117

    2, **11**/118

    2, **12**/118

    3, **18-19**/118

    4, **27**/118

    4, **34**/118, 123

    4, **35**/119, 123

ciu. Dei（《上帝之城》）

    I, **16**/79, 90, 94

    I, **19**/90-93, 96, 97

    I, **22**/97

    I, **25**/95

    IV, **3**/252

V, **2**/323
V, **8**/323, 324
V, **9**/172, 187, 325-330
V, **10**/49, 329
VIII, **14**/56
VIII, **17**/56, 66
IX, **3**/57
IX, **4**/31, 59, 69
IX, **5**/60, 61, 86
IX, **8**/56
IX, **10**/56
XI, **11**/199, 269
XI, **15**/186
XI, **16**/178
XI, **25**/126
XI, **26**/122
XII, **1**/185
XII, **6**/185, 186, 188, 189, 191, 198, 322
XII, **7**/95
XII, **8**/195
XII, **9**/196
XIII, **13**/99
XIII, **14**/252, 275
XIV, **2**/25
XIV, **3-4**/27
XIV, **5**/61
XIV, **6**/55, 62

XIV, **7**/24, 157, 218
XIV, **9**/80, 85, 109
XIV, **10**/80, 83, 104
XIV, **12-15**/255
XIV, **13**/218
XIV, **15**/24, 53, 61
XIV, **16**/22, 29, 33, 36, 100, 363
XIV, **17**/30, 98-100
XIV, **18**/107
XIV, **19**/31, 59, 101, 103
XIV, **23**/103-105, 107
XIV, **24**/32, 104
XIV, **26**/32, 35, 216
XIV, **27**/255
XIV, **28**/27, 100
XV, **1**/337
XIX, **1**/115
XXII, **22**/145
XXII, **30**/220, 234

conf.（《忏悔录》）
II, **9**, **17**/109
III, **4**, **7**/115
VII, **1**, **1-2**/279
VII, **3**, **5**/167, 230, 375, 377
VII, **10**, **16**/161
VII, **12**, **18**/178
VII, **16**, **22**/162, 375

VII, 17, 23/279

VIII, 5, 10/80, 201, 206, 244, 255,
281, 282, 340

VIII, 5, 11/64, 201, 207, 284

VIII, 8, 15/379

VIII, 8, 20/155, 204, 282, 340

VIII, 9, 21/95, 205, 208

VIII, 10, 22/212, 255, 284, 340

VIII, 10, 24/244

X, 6, 9/25

X, 20, 29/115, 146, 366

X, 23, 33/127

X, 30, 41/22, 95

XII, 3, 3/194

cont.（《论自制》）

6, 16/220

corrept.（《论训斥与恩典》）/

1, 2/371

6, 9/288, 301

8, 18/367

10, 28/368

11, 32/218, 364, 365

12, 33/220, 234

12, 34/220

13, 39/338

15, 46/367

diu. qu.（《八十三杂问》）

3, 4/73

8/214, 245

24/73, 259

30/126

33/154

35, 1/129, 130

35, 2/128, 130, 131

40/281

66, 5/239

68, 3/347, 348

68, 5/347

79, 5/253

doc. Chr.（《论基督教教诲》）

I, 3, 3/124

I, 4, 4/124

I, 5, 5/125

I, 8, 8/122

I, 22, 21/127

I, 32, 35/122

II, 7, 9-11/122

duab. an.（《论两种灵魂》）

10, 12/73, 262, 263

10, 13/167

10, 14/48, 170, 264

11, 15/73, 231

13, 19/134, 266, 273

en. Ps. (《〈圣咏集〉释义》)

4, 8/126

ench. (《教义手册》)

9, 32/223

22, 81/144

26, 100/337

ep. (《书信》)

7, 1, 2/137

118, 15/186

130, 5, 10/117

143/140

166/140

169, 1/323

190/277

190, 1, 2/277

194, 3, 9/357

194, 3, 10/357

194, 3, 11/357, 366

194, 3, 15/357

194, 6, 24/357

214-216/334

225, 3/334

226, 4/334, 344

6∗, 5/24

6∗, 8/32

c. ep. Pel. (《驳裴拉基派二书》)

I, 2, 5/222, 358

I, 3, 7/246, 302

I, 10, 20/300

I, 19, 37/358

II, 5, 9/222, 276

III, 9, 25/52

IV, 5, 11/150

ex. Ga (《〈迦拉达书〉评注》)

38, 9/345

ex. prop. Rm. (《〈罗马书〉要旨评注》)

52 (60)/345, 346

54 (62)/346

55 (63)/332

f. et op. (《论信仰与信经》)

10, 23/280

c. Fort. (《与摩尼教徒福图纳图斯辨》)

20/262, 272

21/272

22/134, 218, 273, 280, 282

Gn. litt（《〈创世纪〉字义解》）

    VI, 1, 1 ff. /140

    VI, 28, 39/217

    VII, 5, 7ff. /140

    VIII, 4, 8-6, 12/249

    VIII, 13, 28/249

    X, 1, 1ff. /140

    IX, 10, 16-18/32

    X, 12, 20/27

    XI, 16, 21/186

    XI, 31, 40-34, 46/187

    XII, 15, 31/49

    XII, 16, 33/26, 82

Gn. adu. Man（《〈创世纪〉解：驳摩尼教》）

    II, 12, 16/72

    II, 13, 19/72

    II, 14, 21/38, 70, 83

    II, 21, 32/32

gr. et lib. arb.《论恩典与自由决断》）

    2, 2/340

    5, 10-7, 18/340

    5, 12/341

    6, 13/341

    15, 31/365, 372

    16, 32/342

gr. et pecc. or.（《论基督的恩典与原罪》）

    I, 14, 15/356

    I, 26, 27/150, 356

    II, 39, 44/297

imm. an.（《论灵魂的不朽》）

    1, 1/171

    5, 7/62

    6, 11/171

    13, 20/172

    13, 21/173, 174

    13, 22/175

    14, 23/175

Io. eu. tr.（《〈若望福音〉布道辞》）

    53, 4/331

    53, 6/331

    53, 6-7/331

c. Iul.（《驳裴拉基派尤利安》）

    I, 8, 37/378

    I, 8, 38/52

    III, 13, 26/36

    III, 15, 29/51

    III, 26, 63/54

IV, 2, 7/38, 45

IV, 2, 10/301

IV, 2, 11/146

IV, 5, 35/35

IV, 7, 39/36

IV, 11, 57/32, 33

IV, 13, 62/33, 43

IV, 14, 65/144

IV, 14, 67/144

V, 3, 8/299

V, 5, 20/33, 41

V, 5, 20-22/40

V, 5, 22/42

VI, 16, 50/24, 145, 152

VI, 18, 55/284

VI, 19, 60/51, 363

VI, 19, 62/51, 53

c. Iul. imp. (《驳尤利安残稿》)

I, 44/236, 241

I, 46/197

I, 47/49, 287

I, 57/277

I, 71/33, 342

I, 71, (2)/217

I, 79/238

I, 82/238

I, 85/221, 242

I, 91/221, 238

I, 95/238, 239

I, 100/241, 242

I, 101, (1)/242

I, 101, (3)/288

I, 105/80, 284, 303

I, 105, (1)/243

I, 105, (2)/244

II, 154/236

II, 221, (1)/54, 288, 363

III, 57/242

III, 109, (2)/238

III, 109, (3)/238

III, 110/146, 246

III, 112, (2)/251

III, 113/238

III, 114/238

III, 122/243

III, 166ff./52

III, 187/36

IV, 28/23

IV, 29/33

IV, 44/87

IV, 67/24, 318

IV, 93/301, 304

IV, 103/285

IV, 103, (2)/279, 304

IV, 103, (3)/281

IV, 103, (4)/305

V, 31-38/191

V, 31/195, 197

V, 38, (2)/192, 195

V, 41/195, 197

V, 41, (1)/240

V, 41, (2)/240

V, 42, (1)-(2)/244

V, 42, (2)/261

V, 47, (1)/240

V, 47, (5)/240

V, 56/241

V, 56, (2)/244, 245

V, 57, (2)/245

V, 64/284

VI, 11/223

VI, 11, (4)/247

VI, 12/230, 284

VI, 12, (7)/248

VI, 14/52

VI, 17/287

VI, 18-19/221

lib. arb.（《论自由决断》）

    I, 1, 1/161, 179, 183, 261, 271

    I, 4, 9-10/249, 250

    I, 7, 17/113, 121

    I, 10, 20/177, 319

    I, 11, 21/163, 168, 176, 183, 230, 261

    I, 11, 22/164, 265, 273

    I, 12, 26/254

    I, 13, 28/260

    I, 13, 29/265, 271

    I, 14, 30/146, 318

    I, 15, 32/232, 250

    I, 16, 35/232

    II, 1, 3/230, 231, 233

    II, 3, 7/121, 122

    II, 6, 13/121

    II, 6, 14/124

    II, 12, 34/122

    II, 13, 36/125

    II, 13, 37/233

    II, 17, 46/122

    II, 18, 47/143

    II, 19, 50/231, 232

    II, 19, 52/247

    III, 1, 2-3/95

    III, 1, 2/232, 316

    III, 1, 3/381

    III, 2, 4/310

    III, 3, 6/310-313, 321

    III, 3, 7/304, 313, 316, 318, 362

    III, 3, 8/247, 314-316, 327

    III, 5, 14/234

III, 5, 16/143, 177
III, 8, 22/249
III, 8, 23/173
III, 10, 29/183
III, 13, 36/178
III, 15, 42/118
III, 17, 47-18, 50/73
III, 17, 47/134, 181
III, 17, 48/182
III, 18, 50/73
III, 18, 51/135, 139, 287
III, 18, 52/135, 136, 139, 140,
　　234, 267, 286, 289, 311, 317
III, 19, 53-54/137
III, 19, 53/135, 136, 140, 274, 286
III, 19, 54/271
III, 20, 56-58/277
III, 20, 57/139
III, 22, 64/137, 290
III, 22, 65/140, 142, 235, 286, 290
III, 24, 71/219
III, 24, 72/219, 269
III, 25, 74/362
III, 25, 75/170, 249

mor.（《论天主教德行与摩尼教德行》）

I, 3, 4/125

I, 4, 5/216

I, 4, 6/25

I, 11, 18/128

mus.（《论音乐》）

VI, 5, 9-10/82

VI, 5, 10/111

nat. b.（《论善之本性》）

19, 19/194

nat. et gr.（《论自然本性与恩典》）

4, 4-5, 5/275

23, 25/260

30, 34/296

43, 50/221

48, 56/218

nupt. et conc.（《论婚姻与肉欲》）

I, 1, 1/20

I, 5, 6/99

I, 8, 9/49

I, 23, 25/298

I, 24, 27/298

I, 25, 28/298

I, 27, 30/299

I, 29, 32/299

I, 31, 35/25

II, 5, 15/275

II, 7, 17/23

II, 10, 23/24

II, 26, 42/54

II, 28, 48/191

ord.（《论秩序》）

I, 4, 11/187

I, 10, 28/179

II, 9, 26/133

II, 18, 47/120

II, 19, 50/25

pecc. mer.（《论罪之惩戒与赦免及婴儿受洗》）

I, 9, 9-10, 11/295

I, 9, 9/292

I, 16, 21/295

II, 2, 2-4, 4/286

II, 17, 26/144, 286, 293, 337

II, 28, 45/295

perf. iust.（《论人之义德的成全》）

4, 9/221, 251

8, 19/27

11, 28/297

perseu.（《论坚持的恩典》）

6, 12/360, 370

8, 19/81

11, 25/367

14, 35/336

14, 37/360

17, 41/369

20, 52/333, 344, 360

21, 54/342

praed. sanct.（《论圣徒的预定》）

2, 3/344

2, 5/156, 348

3, 7/344, 360

4, 8/276, 344

7, 12/342

8, 16/367

10, 19/335, 336

12, 24/339

18, 35/339

18, 36/334

qu. Hep.（《〈旧约〉前七经问答》）

I, 30/64

retr.（《再思录》）

I, 1, 2/120

I, 2/133

I, 3, 2/133

I, 4, 3/133

I, 5, 1/171

I, 5, 2/171

I, 9, 3/254

I, 9, 5/311

I, 15, 3/49

I, 19, 1-2/72, 73

I, 26/132

II, 1, 1/142, 276, 307

II, 50, 77/148

s.（《布道辞》）

    96, 2/186

    150, 4-5/25

s. dom. mon（《论登山宝训》）

    I, 4, 11-12/72

    I, 12, 34/38, 64, 71, 72, 79, 83

Simpl.（《致辛普力丘》）

    I, 1, 1/139

    I, 1, 10/283, 292

    I, 1, 11/141, 221, 283, 349

    I, 2, 2/349

    I, 2, 5/332, 350

    I, 2, 7/350

    I, 2, 9/351

    I, 2, 10/351

    I, 2, 12/352

I, 2, 13/352

I, 2, 14/353

I, 2, 15/352

I, 2, 18/367

I, 2, 21/354

I, 2, 22/333

sol.（《独语录》）

    I, 7, 1/133

    II, 1, 1/122

    II, 20, 35/137

spir. et litt.（《论圣灵与文字》）

    4, 6/151

    5, 7/150

    9, 15/155

    13, 21/155

    13, 22/156

    14, 26/153

    19, 34/154

    30, 52/257

    31, 53/254, 363

    31, 54/253, 355, 363

    32, 55/355

    32, 56/366

    33, 57/231

    33, 58/226

    34, 51/140

34, **60**/156, 355, 363

trin.（《三一论》）

  IV, **9**, **12**/328

  VIII, **3**, **4**/249

  VIII, **8**, **12**/132

  IX, **3**, **3**/209

  IX, **12**, **18**/209, 210

  X, **11**, **17**/11, 126

  XI, **2**, **2**/81, 170

  XI, **2**, **5**/82, 112, 157

  XI, **3**, **6**/81, 112

  XI, **8**, **15**/82

  XII, **3**, **3**/114

  XII, **12**, **17**/38, 39, 75, 83, 114, 280

  XII, **12**, **18**/76, 78

  XII, **15**, **24**/137

  XII, **15**, **25**/112, 114

  XIII, **3**, **6**/146

  XIII, **4**, **7**/146, 147

  XIII, **5**, **8**/116, 117, 147

  XIII, **6**, **9**/147

  XIII, **13**, **17**/147, 250

  XV, **3**, **5**/132

  XV, **12**, **21**/122

  XV, **17**, **31**/132

  XV, **21**, **41**/112, 157

  XV, **22**, **42**/379

uera rel.（《论真宗教》）

  14, **27**/73

  31, **57**/121, 122

  33-36/82

  39, **73**/122

  48, **93**/233

后　记

本书译写自我的博士论文。自本科毕业论文以奥古斯丁的《论自由决断》一书为题，迄今已近十载。十年寒窗，甘苦自知，此书的翻译出版也算是学术生涯开端的纪念，既是告别，也是为了新的开始。

2002年底负笈游学，师从比利时鲁汶大学的Carlos Steel教授治古代中世纪哲学。五年的留学生涯，从导师处受益良多，尤其是在具体的语境中理解和把握古代与中世纪哲学文本，以及在哲学史的研习中推进当代哲学反思，这一思想路数对我影响甚深。在写作过程中，我们从整个论证框架到具体的文本分析都曾经产生过多次争论，这些鲜活的学术论争既使我避免了若干错误，也教会了我如何通过分析的方法构造和完善哲学论证。本书在文本梳理和哲学思考上若能有些许推进，大多要归功于此。

我也非常感激Mathijs Lamberigts教授、Martin Stone教授、Russell Friedman教授、Gerd Van Riel教授和德国友人Jörn Müller，以及复旦大学的夏洞奇教授，他们对本书初稿的批评都为之增色不少。同时，我也要感谢鲁汶大学De Wulf-Mansion古代中世纪文艺复兴哲学研究中心的其他师友，那里严谨专注同时平易近人的学术氛围令人怀念。我如今坚持在古代和中世纪哲学两个方向上工作,也是在尽力延续这样一个学术传统。

  博士毕业后回北京大学哲学系任教,往日的师长成了同事,外国哲学研究所同样宽松的气氛使我能够有机会写完此书。我特别要借此机会感谢靳希平和赵敦华老师,他们当年促成我赴比留学,回国就职后,在学术和生活上也一直大力扶持。还有历史系的彭小瑜老师,是他唤起了我对拉丁语和教父思想的热情。此外,和同事刘哲多年来有关各种哲学论题的讨论让我受益匪浅。

  本书的出版同时得到责任编辑田炜女士的热情帮助,非常感谢她辛勤而细致的编辑工作。本书的出版获得北京大学哲学系985经费的资助,在写作过程中同时得到中国博士后科学基金的特别资助,特此致谢。

  最后,我永远亏欠我的家庭多年来对我的无私支持。父母多年如一日没有终止的爱和支援,我难以回报。我的两个天使(间或也是可爱的小魔鬼)——瓜瓜和心心——带给我无尽的欢乐,支撑我度过各种艰难岁月。最后的最后,我不知道如何借言语表达我对妻子惠慧多年的默默支持,为我清理那些繁杂的窗外之事,不辞辛劳地校对每一处拉丁引文。她的爱和理解滋养着我的思考。我将此书题献给她,期待能够些许减轻我这些年常以办公室为家的愧疚。

  本书个别章节的部分内容曾经刊行于如下刊物,特标明如下:

"Shame in the Context of Sin: Augustine on the Feeling of Shame in *De civitate Dei*" in *Les Recherches de Théologie et Philosophie Médiévales* 74, 1 (2007): 1-31.

"Did Augustine Lose the Philosophical Battle in the Debate with Julian of Eclanum on *Concupiscentia Carnis* and *Voluntas*?" in *Augustiniana* 57: 7-30.

"Augustine on Involuntary Sin: A Philosophical Defense" in *Augustiniana*, 59 (2009): 45-78.

《罪与罚中的羞:重构奥古斯丁〈上帝之城〉中的羞感》,发表于《基督教思想评论》第四辑(2006年),第69—87页。

《奥古斯丁论"自由决断"》,发表于《中外人文精神研究》第二辑(2009年),第112—125页。

吴天岳

2010年3月9日识于燕园